南京大学新时代文科卓越研究计划"中长期研究专项"
"多卷本《卢卡奇文集》的编译与研究"阶段性成果

卢卡奇研究指南

张亮 主编

第三卷

审美与本体论：
后期卢卡奇的理论体系构建

孙建茵 刘健 谢瑞丰 编

江苏人民出版社

图书在版编目(CIP)数据

卢卡奇研究指南.第三卷,审美与本体论:后期卢卡奇的理论体系构建/孙建茵,刘健,谢瑞丰编.--南京:江苏人民出版社,2022.8
ISBN 978-7-214-27372-7

Ⅰ.①卢… Ⅱ.①孙…②刘…③谢… Ⅲ.①卢卡奇(Lukacs,Georg1885-1971)-哲学思想-研究 Ⅳ.①B515

中国版本图书馆CIP数据核字(2022)第126445号

卢卡奇研究指南
张　亮　主编
第三卷　审美与本体论:后期卢卡奇的理论体系构建
孙建茵　刘　健　谢瑞丰　编

责 任 编 辑	曾　偲
特 约 编 辑	王暮涵　贺银垠
装 帧 设 计	林　夏
责 任 监 制	王　娟
出 版 发 行	江苏人民出版社
地　　　　址	南京市湖南路1号A楼,邮编:210009
照　　　　排	江苏凤凰制版有限公司
印　　　　刷	江苏凤凰扬州鑫华印刷有限公司
开　　　　本	718毫米×1000毫米　1/16
总 印 张	72.5　插页6
总 字 数	928千字
版　　　　次	2022年8月第1版
印　　　　次	2022年8月第1次印刷
标 准 书 号	ISBN 978-7-214-27372-7
总 定 价	288.00元(全三册)

(江苏人民出版社图书凡印装错误可向承印厂调换)

目 录

001 | 黑格尔哲学的研究者——格奥尔格·卢卡奇 [俄]特奥多尔·奥伊泽尔曼

011 | 论卢卡奇现实主义理论的黑格尔根源 [美]瓦迪姆·施耐德

026 | 卢卡奇与海德堡的黑格尔复兴 [德]伊丽莎白·魏瑟-罗曼

040 | 卢卡奇《悲剧的形而上学》:接受与语境 [俄]伊万诺夫·博尔德列夫

052 | 卢卡奇与斯大林主义 [法]米夏埃尔·洛维

076 | 德国哲学与纳粹的崛起 [美]朱利安·杨

096 | 为《理性的毁灭》而辩 [匈]亚诺什·科勒曼

112 | 论卢卡奇20世纪30年代哲学、美学、文学批评理论的内在关联 [匈]拉斯洛·伊勒斯

119 | 卢卡奇与现实主义 [德]维尔纳·荣格

131 | 重访卢卡奇的现实主义 [英]加林·提汉诺夫

140 | 格奥尔格·卢卡奇对社会理性的批判——马克思主义和马克思主义本体论的危机 [德]吕迪格·丹内曼

155 | 马克思主义的本体论解读:卢卡奇的《关于社会存在的本体论》
　　　　〔俄〕玛丽亚·阿科舍夫娜·赫维什

169 | 晚期卢卡奇与马克思主义中的主体转向——论《关于社会存在的本体论》 〔德〕弗兰克·本泽勒

186 | 卢卡奇美学刍议 〔意〕西尔维娅·费德里奇

201 | 《审美特性》中的科学问题 〔匈〕亚诺什·科勒曼

215 | 卢卡奇及其神圣家族 〔匈〕阿格妮丝·赫勒

228 | 作为末世论范畴的善——格奥尔格·卢卡奇与保罗·恩斯特通信中的第一伦理与第二伦理 〔俄〕谢尔盖·尼古拉耶维奇·泽姆良诺伊

250 | 吕西安·戈德曼——卢卡奇的"简单接受者" 〔匈〕费伦茨·费赫尔

272 | "意识形态"及其观念:卢卡奇与戈德曼对康德的解读 〔匈〕乔治·马尔库什

294 | 卢卡奇与本雅明:相似与差异 〔匈〕费伦茨·费赫尔

310 | 作为20世纪存在主义先驱的卢卡奇 〔匈〕伊斯特万·费赫尔

322 | "为何不选择卢卡奇?"或者:关于非资产阶级的资产阶级存在 〔匈〕拉兹洛·塞凯利

353 | 卢卡奇与当代资产阶级意识形态 〔德〕曼弗雷德·布尔

黑格尔哲学的研究者——格奥尔格·卢卡奇*

[俄]特奥多尔·奥伊泽尔曼

历史哲学研究,特别是黑格尔哲学研究,在卢卡奇的文艺遗产中占据首要地位。众所周知,第二国际活动家低估甚至直接否定了黑格尔辩证法在马克思主义形成的历史过程中的重要性。列宁对辩证法的描述是"马克思主义的灵魂",对辩证法的定义是"革命的代数学",这针对的无疑是机会主义对发展理论的解释。

卢卡奇把研究黑格尔辩证法的起源视为自己在哲学史领域中最重要的任务。20世纪30年代,匈牙利哲学家卢卡奇在留居苏联期间所创作的巨著《青年黑格尔》是他关于这个问题最彻底的研究成果。卢卡奇在创作这一著作时强调,如今的黑格尔早期作品研究已成为资产阶级哲学家的任务,他们将黑格尔哲学的起源还原为对神学问题的分析。诺尔(H. Nohl)出版了青年黑格尔早期不为人知的部分重要著作,结集为《黑格尔青年时期的神学著作》[①]。同时,这些著作的实际内容与基督教神学相冲突。与此观点相反,卢卡奇证实,青年黑格尔作品的思想意

---

* 本文出处:Теодор Ойзерман, Дьердь Лукач как исследователь философии Гегеля, in《Вопросы философии》1985 No 11, стр. 153 – 157.

特奥多尔·奥伊泽尔曼(1914—2017),苏联和俄罗斯哲学家,哲学史家,哲学博士,苏联科学院院士,教授,苏联国家奖获得者。

① H. Nohl, *Hegels Theologische Frühschriften*, Tübingen, 1907.

义只有在与法国大革命以及那个时代的社会政治问题相联系的条件下才能显现出来。

概述卢卡奇的专著《青年黑格尔》必须注意两个情况。首先,1932年,苏共中央下属的马克思列宁主义研究所出版了马克思的巴黎手稿,标题为《1844年经济学哲学手稿》。从这时起,马克思主义的资产阶级批评者开始歪曲这些手稿的实际内容,他们宣称,对社会主义的经济论证必须被哲学—人类学和伦理论证所代替。卢卡奇是第一位与歪曲马克思1844年手稿的资产阶级相对抗的马克思主义者,他在《青年黑格尔》中指出,对异化问题的彻底的马克思主义分析是这些手稿的核心。此外,卢卡奇的黑格尔哲学分析是以不久前出版的列宁的《哲学笔记》为出发点的。列宁在《哲学笔记》中反对以简化的方式评估德国古典哲学,他特别指出,一些关于康德哲学的马克思主义著作中存在严重的不足之处。同时,列宁在谈到黑格尔时也强调,辩证唯心主义比旧的形而上学唯物主义更接近辩证唯物主义。卢卡奇是第一位采用列宁对辩证唯心主义形成过程系统研究的重要阐述的马克思主义者。

在《哲学笔记》中,列宁特别强调了马克思的《资本论》与黑格尔的《逻辑学》之间的联系。卢卡奇引用了列宁的这一观点,并将其与马克思的著名论断联系了起来,即黑格尔属于英国古典政治经济学的范畴。卢卡奇领会了马克思和列宁的这些论断,并得出了一个非常重要的结论:黑格尔的辩证法不仅是哲学发展的产物,而且是经济理论发展的结果,这一思想的发展历程是资产阶级革命时代的反映。因此,卢卡奇在探究黑格尔辩证法的起源过程中强调黑格尔的社会政治观,尤其是黑格尔对1789年法国大革命以及之后欧洲资本主义发展进程的看法。我们可以发现卢卡奇有一个非常恰当的评论,即黑格尔是"唯一深入研究英国'工业革命'的德国思想家"[1]。因此,黑格尔辩证法的有力方面,

---

[1] Georg Lukács, *Der junge Hegel*, Berlin: Aufbau Verlag, 1954, S. 25.

是它反映出从封建主义到资本主义的革命转变的历史经验;至于它的薄弱之处,则是反映出德国经济和政治的落后。

革命的实质是否定现状,否定盛行着的反动社会秩序。黑格尔在图宾根学习期间,尤其是在伯尔尼工作期间,就坚决反对占统治地位的封建思想,他称其为"宗教实证性"。他用这个词来指代教权主义,即有数世纪历史的、与封建社会的经济体系和国家制度相融合的基督教教会。黑格尔绝不是在反对一般的宗教,他认为宗教是人们精神生活中最重要的内容。正是在这样的唯心主义立场上,黑格尔将他眼中的大众的"主观宗教"所具有的自由的宗教感觉,与自上而下推行的冷漠的制度化的极端教条主义的信仰进行了比较。正是在"宗教实证性"中,唯心主义者黑格尔把封建主义视为产生一切社会邪恶的主要根源。黑格尔将推翻这种与人们格格不入的"实证性"同资产阶级民主改革的实现联系了起来。黑格尔像他的法国先驱那样,坚信以理性为基础的社会重建不仅是可能的,而且是必要的,但与之不同的是,他已经有机会了解资本主义革命后的历史发展经验。黑格尔既没有将资本主义的当今,也没有将其可预见的未来,与声名狼藉的理性统治时期混为一谈。黑格尔辩证法的深层根源隐藏在历史发展经验的智慧之中。当然,理解资本主义发展消极方面的方法并没有立刻形成。在这一时期,黑格尔排斥"宗教实证性"和封建思想上层建筑,追求过去复兴古代宗教和古代共和制的社会理想,他相信这是对自由的充分表达。对此,卢卡奇准确地观察到:"对于青年黑格尔,实证的基督教是专制与压迫的支柱之一,而非实证的古代宗教则是自由与人类尊严的宗教。黑格尔认为,恢复古代宗教是他那个时代的人们需要实现的一个革命目标。"[1]在黑格尔那里,古代的形象发展成为关于人类未来共和国的乌托邦观念。法国大革命被解释为古老共和精神的复兴。

---

[1] Georg Lukács, *Der junge Hegel*, Berlin: Aufbau Verlag, 1954, S. 47-48.

因此，黑格尔伯尔尼时期最重要的文献是《基督教的实证性》。辩证唯心主义的未来缔造者的世界观特征，是对封建"实证性"的抽象否定，和同样抽象的一种促进人的自由、自律和尊严的社会结构形式的想法。这样的否定无论多么彻底，都缺乏只有从现存事物中才能获得的内容。只有到了黑格尔思想发展的法兰克福时期，他才意识到抽象地否定现实是不够的。乍一看，法兰克福时期的青年黑格尔对现存社会秩序问题的新看法是极为保守的。"实证性"已不再简单地表现为需要完全否定的对象，而且还表现为某些不能仅仅加以否定的、复杂的、矛盾的事物。如果说在伯尔尼时期，黑格尔将古代社会衰落后的整个世界历史都视为人类发展的下降，那么在法兰克福时期，他就提出了关于发展的矛盾思想，认识到古代属于人类的过去，而新的更好的未来应该通过发展实证性固有的矛盾产生。在此期间，黑格尔研究了英国和法国资产阶级社会的发展。他将资本主义现实理解为实证的，但认为不能简单否定这种实证性，因为人们在这种实证性中实现了他们的目标和本质。与古代社会相反，资本主义标志着有产者与无产者之间的对立大大加剧。但是，即使是这种矛盾也不应仅仅从消极的方面看待；这是人类本质的渐进式异化，但它也是发展和进步的一种形式。

法兰克福时期的黑格尔对"实证性宗教"和基督教的态度正在发生变化。他正试图在这种实证性中厘清什么已在历史中过时，什么还保留着作为社会中的一种活生生的现实和精神内容的意义。这样看来，积极否定的观念与抽象否定的对立在某种程度上已经出现。黑格尔从根本上改变了对基督教的评价，他在其中看到了私有制社会的贪婪的反题。他将基督教解释为爱的强大力量，它会打开改善社会体制的前景。在此，卢卡奇强调，法兰克福时期的黑格尔与伯尔尼时期所秉承的激进主义决裂，走上了与现实、基督教和资本主义和解的道路。但这不是对现存社会现实的辩护，而是因为他看到了由此产生的社会罪恶。

黑格尔的精神发展在这一时期具有一个不可思议的特征，尽管他拒绝了先前的激进共和主义观点,但是此时的黑格尔开始辩证地理解社会历史过程。卢卡奇解释了辩证唯心主义形成的这一特征,他认为黑格尔与浪漫主义者的不同就在于黑格尔理解了资本主义的进步性,把资本主义产生的、使任何人本主义思想家感到恐惧的社会灾难解释为社会发展的历史性的短暂矛盾。但是,作为资产阶级思想家的黑格尔尽管对资本主义现实进行了清醒的评判,但并没有认识到反对资本主义之恶的斗争才是社会进步的主要动力。他将希望寄托在宗教上,寄托于他曾在伯尔尼提纲中如此令人信服地揭露的所谓的基督教的爱,这不仅证明了唯心主义根深蒂固的缺陷,也证明了德国资产阶级在政治和意识形态上的软弱。

在说清楚这一矛盾后,我们依然不能赞同卢卡奇研究中反复强调的一个观点,即他认为黑格尔辩证法的形成与黑格尔保守的社会政治观念的形成密不可分。因此,卢卡奇描述法兰克福时期在黑格尔辩证唯心主义形成中的重要意义时写道:"他(黑格尔——作者注)越远离青年时代的革命理想,越与资产阶级社会的统治达成'和解',他的思想越不会超越它的界限,他的辩证法就更强、更有意识地流露出来。"[1]与卢卡奇不同,我们认为拒绝抽象地否认实证性和对古代生活方式的理想看法(顺便说一句,这种理想看法意外忽略了古代社会的奴隶制基础)并不是向保守主义社会政治立场的转变。黑格尔对资产阶级社会现实的肯定也不是保守主义,因为资产阶级社会在当代才得到建立,还没有完全表现为19世纪初的德国的未来。黑格尔哲学是资产阶级革命的思想,它的保守性和某些反动性一方面反映出所有资产阶级意识形态的根本局限性;另一方面则表明了德国经济和政治的落后。当然,黑格尔世界观的保守和部分反动特征也体现在他的辩证法中。但是它们并没有决定或促进辩证法的形成,即它进步的、革命的一面。

---

[1] Georg Lukács, *Der junge Hegel*, Berlin: Aufbau Verlag, 1954, S. 281.

黑格尔在耶拿时期完成了辩证唯心主义理论。这一止于《精神现象学》的时期得到了卢卡奇的详细论述。黑格尔在这一时期以新的观念理解哲学与宗教的关系，这对于他的整个世界观而言是极其重要的。从此，宗教不再被看作意识的最高形式和绝对的充分表达。绝对在理性中找到了它唯一真实的表达，因为理性辩证地去除了宗教固有的关于绝对的感性观念的局限性。卢卡奇表明，《精神现象学》的核心范畴是异化。尽管这个概念在某种程度上已经存在于在黑格尔之前的哲学中，但只有在黑格尔那里它才直接关联他的经济学观点，关联他对劳动及其在作为社会成员的人的生成中的作用的分析，关联他对资本主义发展的研究。《精神现象学》中标题为"主人与奴隶"的片段是最好的证明。该段的内容早已包含在关于黑格尔哲学的科普叙述中。然而人们常常忽略了卢卡奇早在20世纪30年代就第一次揭示了其深刻的社会意义。模糊的标题使它的意义不那么显而易见。霍布斯用拉丁谚语断言，在自然状态下人对人是狼，黑格尔也以自己的方式阐述了这一论题，认为人格性形式的自我意识是通过对抗形成的。一个人的自我意识只有使另一种自我意识、另一个人格中的他者存在、另一个自我服从于自己，才会获得承认并确证他的独立。如果我们概括对自我意识的现象学解释就会发现，尽管《精神现象学》从唯心主义出发解释奴隶制的起因，但这部著作在原则上排除了假设自我意识和人性是不变的。黑格尔这部作品的出色之处在于，它描绘出了自我意识的发展，而且这种上升式发展的主要因素是劳动，尽管它仅仅被解释为一种精神活动，归根结底是自我意识、思维、哲学活动的"劳动"。

黑格尔在《精神现象学》中将奴隶的自我意识的特征描述为会因其自身固有的内在矛盾而不断发展和丰富。这种自我意识自然会与其真正的实质——自由——发生冲突。最重要的是，这种冲突是通过劳动得到表现和发展的。奴隶为主人工作，供养他，尽一切可能为他服务。没有奴隶，主人就不可能存在；他既无法养活自己也无法照顾自己。因此,主人完全依靠奴隶,而奴隶依靠自己的劳动来养活自己。这样一来,奴隶和主人不会互换他们的位置吗?主人不会成为他的奴隶的奴隶吗?奴隶不会成为其主人的主人吗?矛盾是显而易见的。这个矛盾的震撼之处在于,无论如何,主人仍然是主人,而奴隶仍然是奴隶。黑格尔通过对这种矛盾的分析而得出的结论相当明确:主人意识只是表面上的主人意识。黑格尔指出:"在这种情况下,独立意识的真理是奴隶意识。刚开始的时候,奴隶意识是外在于自身的,并没有显现为自我意识的真理。但正如我们看到的,主人的本质颠转了他的意愿,同样,奴隶在实现自身的时候也将会转变为他的直接存在的对立面……"[1]

显然,黑格尔的"主人与奴隶"概念具有唯心主义的思辨性,与历史上确定的社会经济条件相分离,具有明显反封建的、资产阶级革命的本质。卢卡奇凭他全部的彻底性和深刻性证明了这一点。卢卡奇在"耶拿时期的政治经济学"一章中分析了主奴辩证法,他指出,"《精神现象学》中意识发展的伟大道路,是通过奴隶意识实现的,而不是主人意识。根据黑格尔的说法,在劳动的辩证法中,出现了真正的自我意识,即古典性解体过程的一种现象学形式。在黑格尔陈述中,这种分裂的'意识形象'——斯多葛主义、怀疑主义和哀怨意识(正在出现的基督教)——正是从奴隶意识的现象学辩证法中产生的。"[2]

因此,卢卡奇证明,对于《精神现象学》的所有唯心主义建构的思辨性来说,黑格尔并未完全脱离基督教作为奴隶宗教产生的真实历史条件,而且,斯多葛主义像其他希腊哲学流派一样,构成了其理论来源。当然,在这些情况下,黑格尔的分析远未消除脱离实际的、主要是经济状况的思辨性。但是,这种分离中存在一种明确的、具有历史进步性的社会意向(不要把它当作不必要的悖论)。我们相信,黑格尔使用"奴

---

[1] Г. Гегель, Феноменология духа, 1959, Соч., т. Ⅳ, стр. 104.(黑格尔,《精神现象学》,先刚译,人民出版社2013年版,第124页。——译者注)
[2] Georg Lukács, Der junge Hegel, Berlin: Aufbau Verlag, 1954, S. 379.

隶"一词绝非偶然,该词(尽管没有很多意思)其实不仅表示奴隶,更多表示的是农奴——封建领主的奴隶。的确,他没有使用"农奴"一词,我们认为这体现了他的审慎。尽管对主奴关系的批判性分析指向了古代,但毫无疑问,它直接反对的是奴役人的封建主义形式,这种形式存在于黑格尔时期实行传统农奴制的德意志兰(包括普鲁士)。

黑格尔分析的人对人的奴役和剥削还有另一个重要特征。作为资产阶级革命意识形态家,黑格尔当然受资产阶级民主幻想的左右。他深信废除封建特权后,社会将会根据能力、教育程度、专业培训等,为任何"阶级"内的全体社会成员提供成功开展活动的条件,黑格尔所说的阶级不是构成封建社会等级对抗的结构,而是根据劳动的社会分工形成的社会群体。在黑格尔看来,良心自由和消除过度的经济胁迫似乎是扫清社会所有成员自由发展之障碍的条件。卢卡奇写道:"因此,黑格尔坚定地坚持社会当然会被划分为各个等级,但他更认为一个人的等级归属取决于每个特定历史时刻下的个人能力和行为,而不是根据继承原则。因此,我们可以说,黑格尔的'普遍等级'更接近拿破仑式的军人和官宦贵族,而非半封建国家的贵族。"[1]

资产阶级民主的幻想代表资本主义的理想化,这在这种社会制度的形成和建立时期是不可避免的,并且在一定程度上是进步的。黑格尔与18世纪的启蒙主义者不同,他已经对资产阶级社会的现实经济结构有了一个想法,并将这些幻想(没有这些幻想就完全不是资产阶级思想家)与大体清醒的认识结合起来,他认识到新社会不是启蒙运动的理性王国的实现。黑格尔在《实在哲学》中指出,在资产阶级社会中,个体作为被异化的个体而存在。"实证性"概念被《精神现象学》的异化概念所取代。卢卡奇指出,这不仅仅是用一个概念代替另一个概念的术语替换,而是从批评封建制度到批评新的资产阶级社会的转变[2]。正如卢

---

[1] Georg Lukács, *Der junge Hegel*, Berlin: Aufbau Verlag, 1954, S. 365.
[2] Georg Lukács, *Der junge Hegel*, Berlin: Aufbau Verlag, 1954, S. 365.

卡奇所指出的,这种批判态度包含着一个悲剧性矛盾,因为黑格尔将资产阶级社会看作社会发展的最高阶段。在那些历史条件下,停留在承认资产阶级社会的基础上,他当然无法看到将永远终结人类异化的本质上完全不同的社会制度的可能性甚至客观必要性。因此,按照黑格尔的学说,异化只能在意识中得到克服。这种立场不仅反映了黑格尔的唯心主义和资产阶级局限性,还反映出他独特的对资本主义社会进行冷静批判的那些要素。

黑格尔对资产阶级社会的矛盾态度可以让我们正确理解与现实的和解,黑格尔将其看作哲学的最高原则,因为现实被看作是合理的。显然,在卢卡奇详细分析的这种和解中,存在奴役因素,马克思在分析黑格尔的法哲学时严厉批判了这种奴役因素。马克思在1843年写道:"黑格尔应该受到责难的地方,不在于他按现代国家本质现存的样子描述了它,而在于他用现存的东西冒充国家本质。"[1]但是,马克思并没有否认或低估黑格尔法哲学的意义及其固有的对当时现实的批判态度。回到1844年马克思对黑格尔法哲学的批判,马克思总体上认为"对这种哲学的批判既是对现代国家以及同它相联系的现实所作的批判性分析,又是对迄今为止的德国政治意识和法意识的整个形式的坚决否定"[2]。马克思的陈述令人信服地说明了黑格尔与现实和解的原则的矛盾。恩格斯后来在他的《路德维希·费尔巴哈和德国古典哲学的终结》一文中指出了同样的矛盾,他分析了黑格尔的著名命题:"凡是现实的都是合乎理性的,凡是合乎理性的都是现实的"[3]。黑格尔与现实和解的原则中的阶级局限性已经在马克思主义文献中得到了详尽的研究。卢卡奇的优点是,他从积极的角度解释了黑格尔的和解原则,揭示了其中所包含的辩证方面:朝向进步发展的社会现实。这种"和解"不仅不

---

[1] 《马克思恩格斯全集》第3卷,人民出版社2002年版,第80页。——译者注
[2] 《马克思恩格斯全集》第3卷,人民出版社2002年版,第206—207页。——译者注
[3] 《马克思恩格斯全集》第28卷,人民出版社2018年版,第655页。——译者注

排除对社会现状的批判态度,甚至是后者的前提。

列宁通过辩证理解出色地揭示了黑格尔与现实和解原则中的矛盾,它也包含相反的趋势,这一点在青年黑格尔派中表现得尤为明显。"黑格尔对人类理性和人类权利的信念,以及他的哲学的基本原理——世界是不断变化着、发展着的过程,使这位柏林哲学家的那些不愿与现实调和的学生得出了一种想法,即与现状、现存的不公平现象及流行罪恶的斗争,也是基于世界永恒发展规律的。"①鉴于列宁主义刻画了黑格尔学说的革命性方面,在卢卡奇的著作中对黑格尔和解原则的解释变得特别容易理解,值得进一步发展。

本文只是对《青年黑格尔》这部重要著作中的一些重要原理进行了探讨。我们尚未涉及卢卡奇的其他研究,它们主要使用辩证唯物主义来分析黑格尔哲学。然而,从我们的研究来看,很明显,卢卡奇通过研究黑格尔哲学来丰富马克思列宁主义的哲学史方法论以及历史与哲学的科学理论。

(王思楠 译)

---

① В. И. Ленин, Полн. собр., соч., т. 2, стр. 7.

论卢卡奇现实主义理论的黑格尔根源[*]

［美］瓦迪姆·施耐德

　　本文考察学界所一直忽视的卢卡奇在莫斯科时期(1930—1931，1933—1945)的文学批评思想，旨在完善学界对卢卡奇美学思想的重新评价。[①] 这些关于文学批评的著作是卢卡奇在莫斯科时期艰难的意识形态环境中写成的。大多数学者认为，这些作品屈服于社会主义现实主义的要求，"毫无水准，与国家社会主义一起，沦为历史的垃圾"，但我建议，要以更加宽容的眼光来看待这一时期卢卡奇的文学批评著作。[②] 在这个特殊问题的背景下，我们要研究卢卡奇对黑格尔的持续重视如何影响了这些作品，并将它们与同时期苏联的批评区分开来。

---

[*] 本文出处：Vadim Shneyder, "On the Hegelian Roots of Lukács's Theory of Realism", in Studies in East European Thought, (65) 2013, pp. 259-269.
瓦迪姆·施耐德，耶鲁大学斯拉夫语言与文学系助理教授，专业方向为俄国文学、卢卡奇研究与现实主义文学理论研究。

[①] 近年出版的研究著作依然主要关注卢卡奇的苏联时期。参见 Timothy Bewes and Timothy Hall (eds.), Georg Lukács: The Fundamental Dissonance of Existence, NY: Continuum, 2011; Michael J. Thompson (ed.), Georg Lukács Reconsidered: Critical Essays in Philosophy, Politics, and Aesthetics, London, NY: Continuum, 2011, pp. 75-98。

[②] 霍恩达尔(Hohendahl)分析了1958年阿多诺对卢卡奇《我们时代的现实主义》的著名评论文章[《被迫的和解》("Extorted Reconciliation")]，他认为，这一事件标志着卢卡奇接受史的断裂：可以接受的早期卢卡奇与不可接受的晚期卢卡奇。参见 Peter Uwe Hohendahl, "The Theory of the Novel and the Concept of Realism in Lukacs and Adorno", in Michael. J. Thompson (ed.), Georg Lukács Reconsiderea: Critical Essays in Philosophy, Politics, and Aesthetics, London, NY: Contiuum, 2011, pp. 75-98, p. 76。

卢卡奇是在1930年来到苏联的。在1919年匈牙利苏维埃共和国被推翻后,他离开匈牙利逃往维也纳,继续为匈牙利共产党工作。他在苏联时期的研究方向主要集中在文学和19世纪德国哲学。卢卡奇积极投身苏联文学生活,广泛参与当时的讨论,发表了很多作品。他在苏联科学院哲学研究所共产主义学院工作,是作家联盟德国分部的成员。他在马克思恩格斯研究所与大卫·梁赞诺夫(David Rjazanov)合作,在那里他可以接触到马克思的早期手稿。卢卡奇在各种期刊上撰写了大量关于俄国和欧洲现实主义文学、自然主义和表现主义的文章,包括《文学评论》;为《文学百科全书》第九卷(1935)中"小说"这个长词条贡献了一半的篇幅[前一半由巴斯别洛夫(G. G. Pospelov)撰写];在20世纪30年代末出版了几部作品,包括《19世纪文学理论和马克思主义》(1937)、《历史小说》(1937—1938年在《文学评论》连载)和《论现实主义的历史》(1939)。在此期间,他还与哲学家、批评家米哈伊尔·里夫希茨(Michail Lifschitz)进行了广泛合作。卢卡奇依然因其小说观、对黑格尔的重视以及与外国知识分子的联系而受到抨击。1941年,他因早先的政治隶属关系被逮捕,并被短暂关押在卢布扬卡监狱。尽管如此,他还是熬过了大清洗和第二次世界大战(这一时期他在塔什干撰写反法西斯的文章),并且正如出版记录所显示的那样,他一直保持着高水平的学术活动。

一、小说理论

严格地说,为了更清楚地认识卢卡奇20世纪30年代文学批评中的黑格尔,有必要从《小说理论》(1914—1915)开始说起,这本书长期以来在西方和非马克思主义的主要圈子享有盛誉。根据1962年卢卡奇为这本书所写的再版前言,卢卡奇将第一次世界大战前的时期描述为他从康德转向黑格尔的时期,而把对马克思的发现要晚一些——尽管在《历史与阶级意识》(1967)的再版序言中,卢卡奇以众所周知的自我批判的方式,将关于物化的论文描述为"比黑格尔更加黑格尔"[①]的尝试。卢卡奇后来否定其表面上是黑格尔主义的早期作品,这似乎标志着在他少年至二十岁的作品到三十几岁的作品中黑格尔的维度逐渐减少。从莫斯科时期开始,尽管他写过一本关于青年黑格尔的专著,但是黑格尔在卢卡奇的文学论文中的地位降低到只被偶尔简短地引用,并且这些论文对现实主义的辩护不过是在辩护1934年后主导苏联话语的社会主义现实主义美学。然而,本文的目的是要说明,至少在某些方面,已成为马克思主义者的卢卡奇的文学批评比前马克思主义时期的《小说理论》更符合黑格尔的美学思想。

本文将着重探讨卢卡奇对托尔斯泰的论述。托尔斯泰不仅在卢卡奇20世纪30年代的作品中占有重要地位,而且在《小说理论》中的小说叙事类型学中也极其重要。在其早期作品中,托尔斯泰在卢卡奇研究的作家中位列倒数第二,在他之后的是以"写的不是小说"[②]著称的陀思妥耶夫斯基。[③] 然而,托尔斯泰的次序并不是根据统一的泛欧纪年来确定的。托尔斯泰的小说是小说发展的顶峰,是对小说形式的基本矛盾的尝试性解决,它们享有如此特殊的地位,是因为它们"19世纪俄国文学与特定有机统一的自然环境之间具有更大的亲缘性"[④]。卢卡奇在20世纪30年代正是用这里的论据证明后改革时代的俄国文学与1848年之前的欧洲文学的相似关系。值得注意的是,卢卡奇对小说的讨论以现实主义结尾,尽管这不是《小说理论》中出现的术语。在那本书中

---

① Georg Lukács, *History and Class Consciousness: Studies in Marxist Dialectics*, Cambridge, MA: The MIT Press, 1971, p. xxiii.
② Georg Lukács, *The Theory of the Novel: A Historico-Philosophical Essay on the Forms of the Great Epic Literature*, Cambridge, MA: The MIT Press, 1971, p. 152.
③ 《小说理论》结尾对陀思妥耶夫斯基神秘身份的分析太简单了,这显然与卢卡奇计划将《小说理论》作为俄国小说研究的导论有关。参见 David H. Miles, "Portrait of the Marxist as a Young Hegelian: Lukacs' *Theory of the Novel*", in *PMLA*, (94) 1979, pp. 22 - 35。
④ Georg Lukács, *The Theory of the Novel: A Historico-Philosophical Essay on the Forms of the Great Epic Literature*, Cambridge, MA: The MIT Press, 1971, p. 145.

也没有提到左拉(Zola)或者托马斯·曼(Thomas Mann),后者的《死于威尼斯》出版于1912年。

二、艺术的终结

《小说理论》的解释通常以卢卡奇自己对这部作品的黑格尔根源的剖析为依据。黑格尔的根源在《小说理论》第一部分的总体框架中显而易见,它阐述了精神发展的连续阶段,与连续的文学形式相对应。然而,与黑格尔体系的区别也是显而易见的。最明显的是文学艺术作品与任何一种展示精神进化的更普遍的系统之间的分离。也就是说,在《小说理论》中,文学并不仅仅是精神发展的一个瞬间,在未来会被其他东西所取代。因此,虽然文学在卢卡奇和黑格尔的理论中都经历了衰落,但在前者那里,这并不标志着精神的自我意识超越了艺术,进入了一个新的阶段。卢卡奇的小说是一种堕落的史诗,它抓住了人类心灵和它所创造的社会现实之间日益增长的裂痕,但它不清楚这种裂痕将如何被克服,也不清楚在小说时代结束后会出现什么。

尽管如此,在青年卢卡奇看来,19世纪俄国文学的伟大作品,特别是托尔斯泰的小说,是小说时代已经开始接近尾声的明显标志。现代作为"绝对罪孽的时代",显然正在为新事物让位,那是卢卡奇在托尔斯泰身上瞥见的"一个突破的诸种暗示"[①]。这种"历史哲学"辩证法的新阶段的暗示,使我们回到黑格尔,在黑格尔的体系中,艺术只是精神进化的一个阶段。黑格尔预言,在艺术达到浪漫主义阶段的顶峰之后,"艺术终结"了,在这个著名的预言中,黑格尔讨论了"艺术如何成为碎片,一方面,艺术在其所有的偶然形态中沦为对外部客观性的模仿;另

---

① Georg Lukács, *The Theory of the Novel: A Historico-Philosophical Essay on the Forms of the Great Epic Literature*, Cambridge, MA: The MIT Press, 1971, p.152.

一方面,艺术在幽默中沦为主体性的解放,这根据的是其内在的偶然性"[1]。根据《精神现象学》中的描述,当自我意识不再需要以神、自然、命运等力量的美学表象来外化自身,而是意识到这些仅仅是它自己的各个瞬间的时候,"艺术宗教"就达到了它的目的[2]。当艺术不足以表现精神时,它与宗教和哲学相比就变得不重要了,"艺术宗教"让位给了"天启宗教"和"绝对知识"。

借用马克思描述他与黑格尔关系的短语,卢卡奇在《小说理论》中以自己的方式"颠倒了黑格尔"。在这本书中,卢卡奇追溯了心灵从希腊时代开始越来越疏离的过程,这伴随着史诗逐渐被戏剧所取代,戏剧逐渐被哲学所取代。这几乎完全颠倒了黑格尔对精神进步的叙述,至少在价值论上是这样,根据黑格尔的叙述,在历史进程中,在艺术整体相对于宗教和哲学的重要性下降之前,史诗变成了戏剧,戏剧变成了喜剧。因此,黑格尔和卢卡奇同意哲学具有日益增强的重要性,但他们赋予了这一发展相反的意义。卢卡奇与黑格尔体系有着明显的不同,他声称哲学"总是一种表现'内'与'外'之间的裂痕的症状,是心灵与世界的本质区别、灵魂与行为不一致的一个标志"[3]。

对卢卡奇来说,小说是一个哲学时代的史诗形式。虽然有迹象表明,一个新的时代——史诗形式的时代可能正在到来,陀思妥耶夫斯基也许只是一个先兆——但没有迹象表明艺术本身将会过时。但是如果继续按照黑格尔哲学向下推理的话,与堕落的叙事更加一致的是回归到古希腊文明史诗总体性,而非卢卡奇《小说理论》最后几页所暗示的新的总体性。事实上,20世纪20年代的先锋派,也就是卢卡奇在后期

---

[1] Georg W. F. Hegel, *Hegel's Aesthetics: Lectures on Fine Arts*, Oxford: Oxford University Press, 1975, Vol. 1: 609.

[2] Georg W. F. Hegel, *Hegel's Phenomenology of Spirit*, London: Oxford University Press, 1977, pp. 452-453 (§747).

[3] Georg Lukács, *The Theory of the Novel: A Historico-Philosophical Essay on the Forms of the Great Epic Literature*, Cambridge, MA: The MIT Press, 1971, p. 29.

作品中谴责的对象,呼吁用"思想-物质生产"①取代艺术,用报纸取代19世纪的史诗小说②,这似乎更忠实于黑格尔的观点,他认为艺术在人类历史中具有暂时的中心地位。

但对于青年卢卡奇来说,这样的艺术似乎并不是人性在哲学发展中的一个阶段。无论是小说形式上的矛盾,还是其背后的现实矛盾,似乎都不能保证能维持心灵的进步并使其更上一层楼的"确定的否定"。卢卡奇朦胧瞥见的未来可能形成的统一,仍将有自己的史诗,这也就意味着,这样的统一会以某种方式将问题重重的现代心灵与不适合栖居的现代世界重新统一起来。

无论这种未来的统一会采取何种形式,它无论如何都远远超出了现有文学的视野。根据青年卢卡奇的说法,托尔斯泰小说根本上的不统一,源于构成其叙事的三种不相容的时间形式:凝固的文化的永恒性,同样单调的自然的循环性,以及托尔斯泰笔下的人物在濒临生命边缘的极端时刻所经历的短暂统一性。但这些统一性的瞬间无法融入生命的时间体验中。托尔斯泰笔下的人物不能真正"深刻体验他们的生活经历"③。托尔斯泰小说具有前途的根源——作家的"历史哲学基础"与自然的亲密关系化为乌有,因为自然总是从文化内部被感知,它一被感知就已经是在文化内部了,甚至对托尔斯泰来说也是如此,而这些相互定义彼此的领域对能够感知它们的心灵来说,也变得同样没有家的感觉。自然从属于文化,卢卡奇借用并改造黑格尔概念,将其称为"第二自然"。第二自然是"各种感觉—意义的综合体,但它已经变得僵化

---

① Aleksei Gan, "Constructivism", in Stephen Bann (ed.), *The Tradition of Constructivism*, trans. J. Bowlt, Cambridge, MA: Da Capo Press, 1974, pp. 32 – 42.
② Sergei Tret'iakov, "The Biography of the Object", in *Octobor*, (118) 2006, pp. 57 – 62.
③ Georg Lukács, *The Theory of the Novel: A Historico-Philosophical Essay on the Forms of the Great Epic Literature*, Cambridge, MA: The MIT Press, 1971, p. 150.

和陌生,不再能唤醒内在性:它是各种死去多时的内在性的一个陈尸所"。① 心灵被困在自己的创造物中,现在变得难以辨认,并获得了一种异化的、对象性的特征。这种对第二自然的描述已经预示着物化概念,以及物化意识对世界的沉思态度,虽然这时还没有马克思主义的整体概念结构,它将在稍后被嵌入《历史和阶级意识》之中。

三、现实主义与自然主义

"第二自然"是小说的一个问题,因为它反映了现代人的生活体验的问题。事实上,小说的形式问题与社会生活中的矛盾是同构的。但是,《小说理论》中的各种类型的小说虽然都显示了心灵在它的创造活动中的僵局,但它们对物质世界的表现与它们的历史哲学意义无关。卢卡奇20世纪20年代和30年代的文学批评中的核心概念——现实主义——在此处毫不意外地没有出现。另一方面,另一部早期著作中出现的术语在卢卡奇从黑格尔唯心主义向马克思主义的过渡中幸存下来:史诗。下面我将讨论"史诗"在卢卡奇和当时苏联批评中的意义,但首先应该考察现实主义概念在20世纪30年代文章中的地位。

现实主义可以说是卢卡奇20世纪30年代论文的中心概念。卢卡奇认为现实主义是从客观的角度准确地用文学形式表现客观世界,它依赖基础/上层建筑的区分,这与早期著作是不同的,这种区分赋予基础以本体论的优先性,因为这是所考察的社会经济客观性的根源。早期卢卡奇关注主体与主体感知的世界之间的不可沟通性,它曾解释了小说理论中的类型学,如今又让位给了一个三角模式,在这个模式中,

---

① Georg Lukács, *The Theory of the Novel: A Historico-Philosophical Essay on the Forms of the Great Epic Literature*, Cambridge, MA: The MIT Press, 1971, p. 64.

主体、主体感知的现实之间的关系在牵扯到客观世界后,形成了一种三角关系。过去寻求失去的整体的个人,现在必须在这样一个背景下理解,"资本主义劳动分工日益渗透到所有人类关系中,(并)成为生活方式,成为思想和情感的决定性因素"①。人们可以预见到,到目前为止,分歧产生于前马克思主义时期和马克思主义时期的观点之间。在这个新的方案中,卢卡奇用来判断文学是否成功把握住客观世界的本质的评价坐标具有浓厚的黑格尔因素。在这些论文中,现实主义小说处于史诗能够部分实现的承诺和自然主义的危险之间。正是这些范畴可以追溯到黑格尔的美学,而不是马克思。

诚然,对这一时期的卢卡奇来说,史诗概念绝不是一个新概念。然而,即使是粗看一下后来的文学批评,也会发现这一概念在那里所起的作用与在《小说理论》中所起的作用大相径庭。在早期著作中起到重要作用的史诗与小说的对立,在后期作品中变成了史诗与小说范畴的融合。虽然卢卡奇在各个方面都小心地遵从马克思的理论,认为荷马史诗在资本主义和社会主义社会是不可能的,但他仍然认为 19 世纪的一些伟大现实主义小说表现出史诗的倾向。

"史诗"一词在 20 世纪 20 年代末和 30 年代的苏联文学话语中广泛存在,但它指代的含义,无论是一般性的还是主题性的,始终是含糊不清②。卢卡奇同样含混地在一篇关于托尔斯泰的长篇文章中运用了这一概念,有时强调这只是一种趋势,有时则赞许地引用黑格尔美学讲演录中对史诗的描述来支持他对托尔斯泰的解读。③ 尽管卢卡奇从未声称小说能够重新获得史诗的内在整体性,但他仍然认为史诗性在

---

① Georg Lukács, "Tolstoy and the Development of Realism", in *Studies in European Realism*, New York: Grosset and Dunlap, 1964, pp. 126 - 205, p. 163.

② Galina Belaja, "Fokusničeskoe ustranenie real'nosti" (O poniatii "roman-epopeia"), in *Voprosy literatury*, (3) 1998, pp. 170 - 201.

③ 此论文发表在《文学遗产》第 35 卷托尔斯泰专刊,同期刊登的还有卢卡奇题为《论现实主义的历史》的系列文章,二者均于 1939 年出版。

一些小说中得到了充分的表达,使它们与其他那些在意识形态层面做出更大妥协的作品区分开来。由于对这一时期的卢卡奇来说,与现实主义对立的概念是自然主义,而史诗性是现实主义追求的理想,所以这两者就形成了光谱的两极。那么,一部作品的史诗性就表明了它的认识论潜力和革命潜力,而自然主义的倾向则指向与资本主义的共谋,或至少是对它的默许,这样自然主义作品就成为物化意识的虚假客观性的牺牲品。

在关于托尔斯泰的文章中,和这一时期的其他作品一样,卢卡奇建立了现实主义小说和自然主义小说之间的对立,他认为现实主义小说表现了史诗的倾向,而自然主义小说则隐含地指向黑格尔在《美学》中批判的纯自然,这是通过早期《小说理论》和《历史与阶级意识》中对"第二自然"的讨论来实现的。

黑格尔彻底否认浪漫主义美学典型的价值层级,在自然美和艺术美之间做出了鲜明的区分,通过这种区分,他有效地将自然归至人类不自由的领域[1]。在黑格尔去世后由海因里希·霍托(Heinrich Hotho)编辑出版的《美学讲演录》中,黑格尔通过提出"自然美的不足",继续对艺术美进行讨论。偶然的细节以及物质现实强加给人的不自由破坏了自然存在的美。黑格尔描写了人类社会生活的碎片化:

> 诚然,即便是当前的人类事务及其事件和组织,这些活动也不缺乏一个系统和总体;但这全部只表现为大量的个人细节;职业和活动被分割成无限多的部分,因此对个人而言,只能积累整体的一个粒子;无论个人为了自己的目的对整体作出多大的贡献,无论他做了多少符合自己个人利益的事情,其意志的独立和自由大概仍

---

[1] Robert Pippin, "What Was Abstract Art (From the Point of View of Hegel)", in *Critical Inquiry*, (29) 2003, pp. 1–24, pp. 8–10.

然只是形式上的独立和自由,受到外部境况和可能性的决定,并受到自然障碍的阻碍。①

黑格尔继续论述道:

> 因此,正是当下现实的缺陷孕育了艺术美的必要性。因此,艺术的任务必须牢固地建立在展示生命,特别是(在它的自由中、也在外部中)展示精神活力之上,并使外在与它的概念相一致。只有这样,真理才能从它的时间性设定中、从它迷失在一系列的有限物之中超拔出来。同时,它赢得了一种外在表象,这使自然和散文的贫乏不再暴露出来;它赢得了一种值得真理存在的存在,这种存在对于它的部分来说,以自由的独立性出现,因为它的使命就在自身,而不是由外部强加进来。②

只有根据艺术形式塑造它涉及的内容,才能使自然对象摆脱其偶然性缺陷。这一观点阐明了卢卡奇对托尔斯泰的批评。在前面已经提到的文章中,通过与左拉等作家的自然主义进行对比研究,卢卡奇阐述了托尔斯泰"史诗"叙事方法的基本特征。卢卡奇分析的核心是个体的细节在两位作家的艺术手法中的地位。

卢卡奇写道:"在托尔斯泰的作品中,细节永远是情节的要素。"③即便细节丰富,所有这些细节都是围绕主要人物的"极端可能性"④来组织

---

① Georg W. F. Hegel, *Hegel's Aesthetics: Lectures on Fine Arts*, Oxford: Oxford University Press, 1975, Vol.1: 150.
② Georg W. F. Hegel, *Hegel's Aesthetics: Lectures on Fine Arts*, Oxford: Oxford University Press, 1975, Vol.1: 153.
③ Georg Lukács, "Tolstoy and the Development of Realism", in *Studies in European Realism*, New York: Grosset and Dunlap, 1964, p.172.
④ Georg Lukács, "Tolstoy and the Development of Realism", in *Studies in European Realism*, New York: Grosset and Dunlap, 1964, p.185.

的。卢卡奇强调巴尔扎克的"戏剧"现实主义和托尔斯泰的"史诗"现实主义之间的区别,把上述可能性界定为"只是具有内在的、强烈地极端性",也就是说,它们体现在人物的内在性,体现在"一种不停歇的情绪剧本,在毫无波澜的日常表面下涌动着生活矛盾的戏剧性"①。托尔斯泰的人物是典型的,而不是自然主义作家的"平庸"人物。也就是说,他们把社会上存在的矛盾集中呈现在自己的内心深处,在小说情节中以自己的生活表现出这些矛盾的后果。托尔斯泰笔下的主人公们面对的是一个已完成的、死掉的、预先给定的世界,这是卢卡奇早期作品中提到的"第二自然"。他们在自己的生活中本真地体验这些矛盾,以此充分表现了这样的世界。相比之下,自然主义作家堆积细节,表面上是为了科学的客观性,但实际上却产生了一种准自然式的社会习俗的静态背景,他在此背景中展现的角色不是典型的,而是**平庸**。没有充分融合的过量细节产生了一种"惊人的单调"②的效果。③ 这种批评在当时的语境中并不完全陌生。著名文学理论家列奥尼德·蒂莫菲耶夫(Leonid Timofeev)在1938年出版的一本关于文学理论的通俗著作中写道:

> 现实主义与自然主义的区别,正是它的提炼能力。艺术中的自然主义是这样的,作家正确表达了他对生活的不同方面的观察,却不知道如何提炼它们,获得它们的典型,而是像给它们照相一样。……在自然主义中,有价值的是它对现实生活的关注;危险的是它对提炼和对生活的深刻理解的忽视,这是有害的。④

---

① Georg Lukács, "Tolstoy and the Development of Realism", in *Studies in European Realism*, New York: Grosset and Dunlap, 1964, p. 172.
② Georg Lukács, "Realism in the Balance", in *Aesthetics and Politics*, London, NY: Verso, 2007, p. 43.
③ 这篇论文最初在1938年以德语发表在苏联出版的杂志《发言》(*Das Wort*)上。
④ Leonid Timofeev, *Stikh i proza: Populjarnyj ocerk teorii literatury*, Moskva: Sovetskii pisatel', 1938, p. 3.

卢卡奇的独特之处是他从对黑格尔的解读中发展出对自然主义的批判。如果我们把《文学百科全书》中的这篇文章作为20世纪30年代中期批判自然主义的标准版本，那么自然主义的问题是它伪客观地把现实表现为一系列不变的事实，由于依赖作者个人的主体性来选择事实，它彻底变成了完全的主观主义。在卢卡奇那里也出现了自然主义叙事中的——主要在叙事框架层面的——任意选择、任意界定的因素。对他来说，自然主义，例如左拉的那种，呈现了一个"完全独立于角色命运的对象世界。对人类命运而言，它们形成了一个强大但冷漠的背景，与人类命运没有真正的联系；它们充其量只是有点偶然的风景，是人类命运发生的场所"①。卢卡奇把这种"混乱的大量观察，其开始、持续和结束完全留给作者的任意选择"与黑格尔逻辑学中的"坏的无限性"联系在一起②。在黑格尔体系中，"坏的无限性"描述了无限进展的有限事物，它们无法克服无限性和有限性之间的矛盾，从而阻碍了辩证法的综合活动；这就是无限性，它是无限的、任意的迭代性。③ 这不是简单地使用黑格尔的名言。通过把自然主义和坏的无限联系起来，卢卡奇把它和《青年黑格尔》中所描述的黑格尔对资产阶级政治经济学的批判紧密地联系起来，他显然在20世纪40年代初的某个时候在苏联科学院哲学研究所为这篇博士论文进行答辩。④ 卢卡奇的批判回响着黑格尔对

---

① Georg Lukács, "Tolstoy and the Development of Realism", in *Studies in European Realism*, New York: Grosset and Dunlap, 1964, p. 152.
② Georg Lukács, "Tolstoy and the Development of Realism", in *Studies in European Realism*, New York: Grosset and Dunlap, 1964, pp. 126 – 205, p. 148.
③ "换句话说，这种无限只不过表示有限事物应该扬弃罢了。这种无穷进展只是停留在说出有限事物所包含的矛盾，即有限之物既是某物，又是它的别物。这种无限进展乃是互相转化的某物与别物这两个规定彼此交互往复的无穷进展。"（黑体为原文标注）Georg W. F. Hegel, *The Encyclopedia Logic*, Indianapolis: Hackett, 1991, p. 149(§ 94).
④ 参见 Georg Lukács, *The Young Hegel: Studies in the Relations Between Dialectics and Economics*, London: Merlin Press, 1975, p. 321. 关于卢卡奇博士论文答辩日期的讨论，参见 Galin Tihanov, *The Master and the Slave: Lukács, Bakhtin, and the Ideas of Their Time*, Oxford: Clarendon Press, 2000, pp. 246 – 247; Vjačeslav Sereda, Aleksandr Stykalin (eds.), *Besedyna Lubjanke: Sledstvennoe dela Derdia Lukaca. Materialy k biografii*. Moskva: Rossiiskaia Akademiia Nauk, 1999。苏珊·巴克-莫斯在讨论黑格尔早期对亚当·斯密（转下页）

自然的批判,黑格尔认为,真理在"它的时间设定……中迷了路,成为一系列的有限者"。

黑格尔在他的《美学讲演录》中主张用艺术手段来提升纯粹的现实:

> 例如,在人类形象的例子中,艺术家并不像人们想象的那样,像一个修复旧画的人,即使重新画也要复制出裂缝,由于上光油和颜料的分裂,这些网状的裂缝已经覆盖了画布的所有其他旧部分。相反,肖像画家会忽略皮肤的褶皱,还有雀斑、粉刺、麻点、疣等。……因为这一切几乎甚至完全不涉及精神,还因为精神性的表达是人类形象中的本质。①

雀斑、粉刺和麻点是自然主义的细节,不是人类形象的本质。对黑格尔来说,艺术必须揭示人的精神;对卢卡奇来说,艺术必须揭示社会现实下历史辩证法的运作。这两种情况都关系到艺术教育人们认识自我的能力。在一篇引人注目的文章中,黑格尔把艺术的任务描述为通过世界的感性材料揭示出精神:

> 现在,当跳动的心在人的外表上显现出来时,就与动物性的身体形成对比,因此在同样的意义上,艺术被认为是必须从全部角度把它可见外表的每一个形状都转换成一只眼睛,那是灵魂的所在地,它把灵魂带到外表。……因此反过来,艺术使其每一个作品都

(接上页)的解读,特别是后者关于分工的著名论述时写道:"当黑格尔看到无穷无尽的钉子堆积在世界上的景象,以及重复的、分割的劳动动作对工人产生的死气沉沉的影响时,黑格尔被迷住了,也可能是被吓坏了。"(Susan Buck-Morss, *Hegel, Haiti, and Universal History*, Pittsburgh: University of Pittsburgh Press, 2009, pp. 4-5)。换句话说,这就是作为商品生产的坏无限。

① Georg W. F. Hegel, *Hegel's Aesthetics: Lectures on Fine Arts*, Oxford: Oxford University Press, 1975, Vol. 1: 165-166.

变成了一个千眼的阿古斯,从而在任意角度上都能看到内在的灵魂和精神。①

艺术使感官世界人性化,消除意外的不完美,净化、浓缩最重要的东西,即"将**神性**这一人类最深层的关切和精神最全面的真理注入我们的心灵,并加以表达"②。同样,对于卢卡奇来说,托尔斯泰的小说"创造性地表现了人类命运,其目的是通过艺术手段施加社会和道德的影响"③。现实主义叙事使基于经济建构出来的社会现实在它自己的动态性中展现自身。

在关于托尔斯泰的文章中,卢卡奇与同时期的许多思想家一样,止步于十月革命的社会经济转型。托尔斯泰现实主义的形式特征受到他所处的社会经济现实的制约。"托尔斯泰的……艺术是1905年和1917年革命中农民大起义的先兆"④。正如卢卡奇在整篇文章中小心翼翼地强调的那样,托尔斯泰的小说并不是也不能代表对荷马史诗的真正回归。但是,如果它们表现出形式上的失败,或者至少是不完美,那是因为这种形式在某种终极意义上与社会经济现实是同构的,"幻想和错误"是"历史必然的"⑤。卢卡奇20世纪30年代的作品中,艺术形式在某种意义上保留了它在《小说理论》中所起的作用:解决"存在的根本不和谐性"的一种美学尝试。19世纪的现实主义者不得不在精神的荒芜中描绘城市生活,但如果他是一位伟大的作家,他必须找到城市中的

---

① Georg W. F. Hegel, *Hegel's Aesthetics: Lectures on Fine Arts*, Oxford: Oxford University Press, 1975, Vol.1: 153-154.
② Georg W. F. Hegel, *Hegel's Aesthetics: Lectures on Fine Arts*, Oxford: Oxford University Press, 1975, Vol.1: 7.
③ Georg Lukács, "Tolstoy and the Development of Realism", in *Studies in European Realism*, New York: Grosset and Dunlap, 1964, p.195.
④ Georg Lukács, "Tolstoy and the Development of Realism", in *Studies in European Realism*, New York: Grosset and Dunlap, 1964, p.203.
⑤ Georg Lukács, "Tolstoy and the Development of Realism", in *Studies in European Realism*, New York: Grosset and Dunlap, 1964, p.194.

"诗",以合适的美学形式不加歪曲地描绘它。这种说法与《小说理论》的区别在于,小说的基础——明显不再具有"历史哲学"的特征——是更加动态的。历史与艺术仍处于共同进化的状态,小说必须因十月革命而改变。卢卡奇没有做出艺术会在新时代终结的黑格尔式预测——这种观点在20世纪30年代末是站不住脚的——但历史辩证法关键性地出现在后来的作品中。以前很难解决的《小说理论》的问题,现在已经被历史化了。托尔斯泰让位给了"马克西姆·高尔基,他创造了社会主义现实主义的完美范例,同时又与**资产阶级**现实主义的伟大传统紧密而生动地相连"[1]。这种以更接近黑格尔的方式解决19世纪现实主义小说所反映的矛盾更加恰当,意味着辩证法仍然在起作用,而关于这种方式对社会主义现实主义文学和苏联社会整体的全部意义,卢卡奇在苏联的时候一直对此保持沉默。

(李　灿　译)

---

[1] Georg Lukács, "Tolstoy and the Development of Realism", in *Studies in European Realism*, New York: Grosset and Dunlap, 1964, p. 203.

卢卡奇与海德堡的黑格尔复兴*

[德]伊丽莎白·魏瑟-罗曼

是怎样的条件促使众多哲学思潮在第一次世界大战爆发前夕开始回溯黑格尔哲学？关于这一问题学界已经有过很多讨论①。我们应该结合1910年前后的政治局势来探讨文德尔班（Windelband）在海德堡科学院发表的题为《关于黑格尔主义的革新》的演讲对新康德主义西南学派产生了怎样的影响。如果从认知社会学②的角度来看,转向黑格尔是由某些社会群体对"新关系"的渴望所驱动的,那么,文德尔班要求的对黑格尔哲学的回溯使得致力于康德传统的西南学派看到,批判哲学必须"如文化科学要求的那样,从历史的宇宙中找出理性的原则"③。鉴于"向着黑格尔发展的"《小说理论》、在海德堡撰写完成的教职论文《艺

---

* 本文出处：Elisabeth Weisser-Lohmann,„Lukács und die Heidelberger Hegelrenaissance", *Hegel-Studien*, 24 (1989), S. 204 - 214.

伊丽莎白·魏瑟-罗曼,德国杜伊斯堡-埃森大学哲学系、哈根大学哲学系教授,曾在慕尼黑大学、波鸿大学学习哲学、日耳曼语言文学与历史学,1991年凭借对卢卡奇海德堡艺术哲学的研究获得博士学位,先后任教于波鸿大学、杜伊斯堡-埃森大学、哈根大学。发表过多部关于卢卡奇、黑格尔哲学、德国浪漫主义的作品。

① 相关论文参见 Paul Honigsheim,„Zur Hegelrenaissance in Vorkriegs-Heidelberg", *Hegel-Studien*, 2 (1963), S. 291 - 301; Heinrich Levy, *Die Hegel-Renaissance in der deutschen Philosophie*, Charlottenburg, 1927.

② 参见 Paul Honigsheim,„Zur Hegelrenaissance in Vorkriegs-Heidelberg", *Hegel-Studien*, 2 (1963), S. 291 - 301.

③ Wilhelm Windelband, *Präludien I*, Tübingen, 1915, S. 283.

术哲学》以及与韦伯和拉斯克的关系,特别是于 1922 年出版的《历史与阶级意识》,卢卡奇也可以被列入上述潮流之中①。卢卡奇在 1962 年的前言中也强调,《小说理论》第一次具体地将"黑格尔哲学运用于美学问题"②。

诚然,卢卡奇的这一自我描述是值得质疑的,作为《陀思妥耶夫斯基研究的笔记和计划》导论的《小说理论》于 1921 年首次出版,与再版时卢卡奇新撰写的前言相距 40 余年之久,卢卡奇对自己过去著作的看法有所改变的原因是复杂的,意识形态原因仅为其中之一。1962 年的前言体现出的不确定性,甚至是矛盾性表明,如何判定《小说理论》的历史哲学定位以及其中的黑格尔影响,并非易事,它显然比卢卡奇自己定义的"从康德到黑格尔再到马克思"的发展模式要复杂得多。

如何看待《小说理论》的观点,以及它体现出的卢卡奇对黑格尔的接受?近几年新出版的文献为研究上述问题提供了新的线索。这些文献中最重要的当属布达佩斯卢卡奇档案馆新近发表的《陀思妥耶夫斯基研究的笔记和计划》③,它极大地拓展了我们对上述前言的理解。此外,涉及星期日社团(Sonntagskreis)④的相关文献展现了卢卡奇在那段时间内对行动和伦理问题的思考。最后,《海德堡美学》⑤是卢卡奇集中探讨黑格尔哲学的有力证据,但这部著作至今未得到学界的深入研究。这些文献展现出的关于文学史、伦理-政治和哲学-体系的思考不仅体现出这一问题的复杂性和多面性,也集中体现出卢卡奇在那段时间内

---

① 参见 Heinrich Levy, *Die Hegel-Renaissance in der deutschen Philosophie*, Charlottenburg, 1927, S. 13。
② Georg Lukács, *Die Theorie des Romans*, Darmstadt & Neuwied: Luchterhand, 1971, S. 4.
③ Georg Lukács, *Dostojewski. Notizen und Entwürfe*, hg. von János Nyíri, Budapest: Akadémiai Kiadó, 1985.
④ Éva Karádi und Erzsébet Vezér (Hg.), *Georg Lukács, Karl Mannheim und der Sonntagskreis*, Frankfurt am Main: Sendler, 1985.
⑤ Georg Lukács, *Heidelberger Ästhetik. Werke 17*, Darmstadt & Neuwied: Luchterhand, 1974.

思考的核心命题：体系（System）①。本文要探讨的内容，并不是《历史与阶级意识》是否可以解决上述问题，而是分析这些卢卡奇著作如何接受和看待黑格尔哲学。

1962年版《小说理论》前言的前一部分显然是要强调黑格尔的重要性，他将"美学范畴的历史化"称为"黑格尔哲学最重要的遗产"②。《陀思妥耶夫斯基研究的笔记和计划》的主编亚诺什·尼里（János Nyíri）认为，《小说理论》的历史哲学维度表明卢卡奇想要抛弃在《陀思妥耶夫斯基研究的笔记和计划》中采用的形而上学立场，尼里指出，"1916年发表的那篇文章既不能是本书的第一部分，也不能是其导论。"对两个方案的考察是否可以得出上述结论尚待论证，卢卡奇这一时期的书信往来并未体现出类似的理论断裂。③

卢卡奇想要撰写一部关于陀思妥耶夫斯基的著作的计划，首次出现在1915年，当然，此时卢卡奇已经明确，这部书"不仅是研究陀思妥耶夫斯基"，而是"很多篇幅要包含形而上学伦理学以及历史哲学"④的内容。正如卢卡奇在关于德国知识分子与战争关系的论说文⑤中透露的那样，1912年开始的关于美学的著作必须暂时搁置，因为时局迫使卢卡奇采取一个明确的立场。卢卡奇在此问题背景下处理的研究对象以及所做出的时代和历史分析都极有可能延续至接下来几年对伦理学问题的探讨中，星期日社团对此问题的探讨证明了这一点⑥。

---

① 伊斯特万·费赫尔（István Fehér）将卢卡奇从20世纪20年代的论说文时期至《历史与阶级意识》的发展过程称为"卢卡奇向体系的努力过程"，参见 Deborah Chaffin (Hg.), *Emil Lask and the Defense of Subjectivity*, Athens, 1988。
② Georg Lukács, *Die Theorie des Romans*, Darmstadt & Neuwied: Luchterhand, 1971, S. 9.
③ 卢卡奇在1915年8月2日写给保罗·恩斯特（Paul Ernst）的信中写道，这一计划中断的原因是研究计划过于庞大。参见 Georg Lukács, *Briefwechsel 1902-1917*, Stuttgart: J. B. Metzler, 1982。
④ Georg Lukács, *Briefwechsel 1902-1917*, Stuttgart: J. B. Metzler, 1982, S. 345.
⑤ Georg Lukács, „Die deutsche Intellektuellen und der Krieg", in: *Text und Kritik*, Heinz Ludwig Arnold (Hg.), Heft 39/40, München: edition text + kritik, 1973, S. 65-69.
⑥ 关于星期日社团的文献，参见如贝拉·巴拉兹的日记：Éva Karádi und Erzsébet Vezér (Hg.), *Georg Lukács, Karl Mannheim und der Sonntagskreis*, Frankfurt am Main: Sendler, 1985, S. 114ff.

鉴于战争临近,卢卡奇急于寻求一个既可以把握客观精神及其表现,又可以把握心灵现实的方案。纯粹的、非对象化的基督教形式便成了卢卡奇新构建出的历史哲学的(超越时代的)尺度。如果说,卢卡奇计划在第二章论述的客观精神史采用了黑格尔哲学的术语的话①,那么值得怀疑的是,这些形式和内容上的共同点是否是可以证明的。卢卡奇的历史分析确实忽略了黑格尔哲学中很多关键点,比如对1789年事件②的分析。此外,卢卡奇的历史哲学将教会与国家视为一体,卢卡奇与克尔凯郭尔(Kierkegaard)一致,将教会的胜利比作"撒旦的诡计"③。此外,心灵与客观精神的二元论在历史进程层面上是根本性的,它无法在任何可以设想出的历史阶段得以解决。在《陀思妥耶夫斯基研究的笔记和计划》中,个体与客观精神产物的矛盾愈发地向一个"俄国的理念"过渡,它指向一种状态,在此状态下,"自身的心灵在上帝创造的集体中"④找到家园。在通向这一状态的过程中,历史与当下都是所谓"耶和华"胜利进程的见证,历史与当下是通向那个超越历史的阶段的过渡阶段,在超越历史的阶段中,国家不再是最高准则,第一伦理对第二伦理的正义性,即心灵的律令也不存在了。客观精神与绝对精神互相争夺本真的生活(authentisches Leben),此角逐在世俗化的(säkularisiert)形式下越发激烈的时候,教会的地位让位于德国哲学。卢卡奇试图证明,费希特、黑格尔和尼采先是假设了客观精神的存在,继而假设了绝对精神的存在。走出这一与心灵和心灵律令相异化的社会的方式,便是陀思妥耶夫斯基的作品。卢卡奇认为,陀思妥耶夫斯基

---

① 费伦茨·费赫尔(Ferenc Fehér)首次对上述文献进行了研究,并指出,陀思妥耶夫斯基研究开启了卢卡奇向黑格尔充满曲折的发展道路。参见:Ferenc Fehér, „Am Scheideweg des romantischen Antikapitalismus", in Ágnes Heller, Ferenc Fehér, György Márkus, Sándor Radnóti (Hg.), Die Seele und das Leben, Frankfurt am Main: Suhrkamp Verlag, 1977, S. 290.
② 指法国大革命。——译者注
③ Georg Lukács, Dostojewski. Notizen und Entwürfe, hg. von János Nyíri, Budapest: Akadémiai Kiadó, 1985, S. 93.
④ Éva Karádi und Erzsébet Vezér (Hg.), Georg Lukács, Karl Mannheim und der Sonntagskreis, Frankfurt am Main: Sendler, 1985, S. 143.

写的不再是小说,因此他在形式上已经超越了当下。陀思妥耶夫斯基关于罪责的侦探类作品与当时的冒险小说的不同之处在于,陀氏作品中的行为是以无神论为基础的。卢卡奇关于陀思妥耶夫斯基研究的断章表明,他计划关于第二伦理的章节就是要论述无神论。卢卡奇写道,"由于恶魔-耶和华(Luciferisch-Jehovaisch)是可能的,因此一切都要被摧毁"[①],只有在坚定的无神论基础上,才能真正根据心灵的律令做出行为。卢卡奇认为,欧洲的无神论只表现为个人和自我的问题,比如保罗·恩斯特"如何可以脱离上帝而死亡"的问题和雅可布森(J. P. Jacobsen)的《尼尔斯·伦奈》(*Nils Lyhne*),这无法满足卢卡奇所提出的要求。对于卢卡奇来说,并不存在一个欧洲的无神论,而只有俄国无神论,因为只有在俄国无神论中,"人应该如何生活"[②]才为成为核心问题。卢卡奇将俄国无神论理解为与客观精神的决然断裂,因此其历史观便带上了末世论色彩。对客观精神之"现实"的否定使心灵律令成为可能,这便是陀思妥耶夫斯基作品中人物行事的基础。只有在第一伦理的范畴,即在服从于正义的客观精神的世界中,这些人物的行为才能被视为罪行。

  结合上述观点可以看到,卢卡奇的历史观与黑格尔哲学的历史观有着根本上的差异。最明显的差异在于,他们对启蒙运动、古希腊文化和目的论的历史进程采取了迥异的态度。文德尔班认为,新黑格尔主义的动力是作品中的"世界观的渴求"(Weltanschauungshunger)和宗教需求,并要求对此需求进行限定,因此,文德尔班是赞同黑格尔并反对弗里斯(J. P. Fries)的,他想要将历史变为哲学的"工具"(Organon),因为作为理性存在的人的本质不是心理的,而是历史的。由此,文德尔

---

① Georg Lukács, *Dostojewski. Notizen und Entwürfe*, hg. von János Nyíri, Budapest: Akadémiai Kiadó, 1985, S. 39.
② Georg Lukács, *Dostojewski. Notizen und Entwürfe*, hg. von János Nyíri, Budapest: Akadémiai Kiadó, 1985, S. 78.

班使黑格尔哲学的元素服务于文化哲学的观点。卢卡奇的陀思妥耶夫斯基研究也体现了与文德尔班相一致的黑格尔哲学。卢卡奇将黑格尔哲学的范畴用于对历史的描述,同时并未忽略黑格尔哲学体系的前提。然而卢卡奇认为,启蒙运动所坚持的人是理性存在的观点,体现了耶和华原则的全能性,正如共济会的宗旨那样,这一追求的目的只有一个,便是"将人们成为德行的事变为非必要的"①。

在历史堕落的过程中,永恒有效的形式确保心灵律令得以保存。第一伦理及其相关的伦理学理论都是从这些形式的堕落中引发出来的。堕落的形式阻挡了通向其本质的道路。费赫尔认为,如果说《陀思妥耶夫斯基研究的笔记和计划》的认识论导向带有康德哲学印痕的话,那么在伦理问题上,"第一伦理"和"第二伦理"概念也已经超越了此康德哲学的影响。卢卡奇在稍后撰写的《关于保守与进步的唯心主义》②则采取了坚定的康德哲学立场,这两篇文献的理论冲突构成了所谓的"卢卡奇谜题"③,或许只能从卢卡奇的心理角度来解释了。实际上,从《海德堡美学》和关于形式问题的论述中得出的观点在一定程度上可以解答卢卡奇从黑格尔哲学回到康德哲学的谜题。

撰写于1916—1918年的海德堡手稿一方面表明,卢卡奇尝试将美学定义为自主的领域,另一方面表明,这一尝试需要体系性的理论框架。此问题也体现了卢卡奇在两个层面对黑格尔的探讨。卢卡奇尝试分析黑格尔的方法如何应用于界定审美领域。卢卡奇在《超验的审美理念的辩证法》章节中分析了在不同历史阶段以不同形式出现的美的理念的体系类型,试图以此方式驳回审美观点所提出的诉求。根据柏

---

① Georg Lukács, *Dostojewski. Notizen und Entwürfe*, hg. von János Nyiri, Budapest: Akadémiai Kiadó, 1985, S. 41.
② Éva Karádi und Erzsébet Vezér (Hg.), *Georg Lukács, Karl Mannheim und der Sonntagskreis*, Frankfurt am Main: Sendler, 1985, S. 246-253.
③ 参见 Ferenc Fehér, „Am Scheideweg des romantischen Antikapitalismus", in Ágnes Heller, Ferenc Fehér, György Márkus, Sándor Radnóti (Hg.), *Die Seele und das Leben*, Frankfurt am Main: Suhrkamp Verlag, 1977。

拉图从逻辑-形而上学角度的审美理念,黑格尔赋予美的理念以关键的第二层内涵,即体系性。

这两种领域类型不仅在对象性层面(自主—非自主,首要—次要)有所区分,两种类型系统化(Systematisation)的方式也是不同的。首先,依据其方法论,第一种类型是体系性的(systematisch),即界定本身就是先天预设的;而第二种类型是现象性的(phänomenologisch),其界定是以"自然的"现实为终点的。卢卡奇证明了现象学方法对于界定审美领域是必要的,审美在现象学方法中找到了合适的对象范围,并因其封闭性超越了黑格尔的"形而上学的现象学"。因为,审美现象学并不以"哲学体系的中心"为导向,而是以"审美领域的原始事件,即艺术作品为导向"[1]。卢卡奇认为黑格尔的现象学是体系化的方法,并将其运用在实现带有康德哲学纲领痕迹的目的上,即论证出一个自主的价值领域。"我们的立场是,对自主价值领域的真正论证只能走康德哲学的道路,同时,体系对领域的优先权必然会扬弃其自主性和价值界定的绝对性。"[2]

然而上述纲领却无法拒绝对"体系"的倾向,《海德堡美学》手稿中很多地方都体现了这一点。首先是卢卡奇从宏观视角分析微观完成体的段落,其次是上文提到过的第二部分《超验的审美理念的辩证法》。恰恰是"辩证法"表明,在探讨价值理论的问题时,讨论某一部分在整体中的位置是无意义的[3]。对价值进行和谐化,对"突出的审美本质"[4]进行掩盖和"弱化",是用体系性视角看待艺术作品的标志,这也是关于

---

[1] Georg Lukács, *Heidelberger Ästhetik*. Werke 17, Darmstadt & Neuwied: Luchterhand, 1974, S. 73.

[2] Georg Lukács, *Heidelberger Ästhetik*. Werke 17, Darmstadt & Neuwied: Luchterhand, 1974, S. 71.

[3] 参见 Georg Lukács, *Heidelberger Ästhetik*. Werke 17, Darmstadt & Neuwied: Luchterhand, 1974, S. 132。

[4] Georg Lukács, *Heidelberger Ästhetik*. Werke 17, Darmstadt & Neuwied: Luchterhand, 1974, S. 131-132.

"美"的理论的特点。

就《海德堡美学》第二部分未完成的形式来看,这一章节是要探讨历史上出现的重要的美学理论类型,卢卡奇先是分析了逻辑-形而上学的美的概念(柏拉图、普罗提诺和谢林),接着又分析了思辨-发展哲学的概念(黑格尔)[1]。卢卡奇试图利用这些体系类型厘清美的概念的前提和其结构性结论。"体系性的思维动力"推动自身成为"美学的核心概念",卢卡奇认为,只有理解了这些思维动力,才能完成对"美的概念的真正批判"[2]。

要超越美学的柏拉图主义,就需要一个能够超越柏拉图的抽象超验的形式概念的美学理念。柏拉图形式概念的抽象性体现在三个方面[3]:"首先,形式与其内容的关系;其次,形式纯粹和实质的本质与直观所见以及空间现实的关系;最后,主体,即具有规范性的人在形式等级中的地位。"[4]黑格尔哲学中,这些方面转换成了"自然的",变成了"结构性事实的种种方面"[5]。与这一转变相一致的,是对超验的扬弃,而这一转变的原因则是一个完全不同的体系概念:在此处,体系变成了具体的和填充了的总体,而不是"抽象的形式的总体,这些形式既需要填充,同时又是填充的条件"[6]。促成这一完全不同的体系概念的是形式概念向审美的靠拢,因为,为了达成体系所要求的具体性,形式必须变成特定

---

[1] 卢卡奇计划对第三种重要的体系类型,即美的实质伦理概念进行了探讨,但并未实施,参见 Georg Lukács, *Heidelberger Ästhetik. Werke 17*, Darmstadt & Neuwied: Luchterhand, 1974, S. 136。
[2] Georg Lukács, *Heidelberger Ästhetik. Werke 17*, Darmstadt & Neuwied: Luchterhand, 1974, S. 136.
[3] 下列三个方面决定了卢卡奇以艺术作品为基础的审美概念,卢卡奇对柏拉图的理解很大程度上受到了赫尔曼·陆宰(Hermann Lotze)对柏拉图理念的逻辑解读的影响。
[4] Georg Lukács, *Heidelberger Ästhetik. Werke 17*, Darmstadt & Neuwied: Luchterhand, 1974, S. 171.
[5] Georg Lukács, *Heidelberger Ästhetik. Werke 17*, Darmstadt & Neuwied: Luchterhand, 1974, S. 171.
[6] Georg Lukács, *Heidelberger Ästhetik. Werke 17*, Darmstadt & Neuwied: Luchterhand, 1974, S. 172.

内容的形式。这一改变导致在黑格尔哲学中内容是优先于形式的,填充的形式是优先于抽象的形式的,体系的每一个元素都具有了"艺术作品的性质"[1]。黑格尔对具体概念的论述更加明确地体现了这一整体系统的美学化倾向。[2]

黑格尔的"扬弃"(Aufhebung)概念可以保证具体性,因为,对于黑格尔来说,在相互排斥的判定中出现的理智的停滞只不过是具体的、理性现实的暂未到来的阶段。对于卢卡奇的理论来说,对这一问题的论述是关键性的,如何理解和解决这一"悖论"[以"跳跃"(Sprung)或者"扬弃"的方式],是《海德堡艺术哲学》(1912—1914)和 1916—1918 年的《海德堡美学》手稿的重要差异。

"内在性""先验性"以及将对立相对化的必要性直接指向具体-思辨体系的核心问题,也就是组织的问题。卢卡奇想要理解组织性,因此必须超越抽象的先验性。因此,组织的形态不仅决定了客体的组成和存在形式,还决定了主体的特性和水平。柏拉图主义中,数学上比例协调的结构是美的载体,而在卢卡奇的理论中,美的载体是神秘的自我完满之物、充满生机之物。

这一观点的疑难在于,黑格尔哲学无法明确地定义自然之美。如果艺术哲学在原则上将自然之美排除在外的话,黑格尔的《美学讲演录》则必须囊括自然之美。因为,黑格尔的美学概念与组织性概念的亲近性使其不能按体系要求的那样排除自然之美。

《超验的审美理念的辩证法》首要回答的问题是,美的概念以及作为"精神的实现"[3]的艺术是否允许一个明确的审美概念存在。卢卡奇

---

[1] Georg Lukács, *Heidelberger Ästhetik. Werke 17*, Darmstadt & Neuwied: Luchterhand, 1974, S. 173.
[2] Georg Lukács, *Heidelberger Ästhetik. Werke 17*, Darmstadt & Neuwied: Luchterhand, 1974, S. 173.
[3] Georg Lukács, *Heidelberger Ästhetik. Werke 17*, Darmstadt & Neuwied: Luchterhand, 1974, S. 214.

指出,在辩证运动的黑格尔理论体系中,必须区分出三种不同的艺术生成形式:在《美学讲演录》中生成的是自然之美的艺术;在《哲学全书》中,艺术作为绝对精神的第一阶段从客观精神的最后阶段中生成出来;在《精神现象学》和《宗教哲学》中,艺术从宗教中生发出来又回到宗教中去。尽管卢卡奇反对黑格尔的这一构想,却赞同上述区分的最后一点,即艺术是处于伟大宗教类型之间的一个阶段——仍是超验的宗教和已经被限制在主体性内的宗教之间,"绝对性已经变成主体但在一定程度上仅是主体自身,即只是抽象而偶然的主体性,是还没有真正知晓内在的人性"[1]。

卢卡奇认为,辩证法决定了艺术和哲学不可以是统一的。黑格尔认为,形式"只能在批判的意义上包含明确的内容"[2],黑格尔将此形式概念纳入理论中,但剥夺了它的统一性,因此,美学禁止对艺术进行哲学的、统一性的、精确的把握。辩证法的本质禁止先验和建构性的形式以超验的方式派生出来。其原因是,"超验地界定了的艺术的对象性不能被辩证地消解,因为超验界定的行为意味着界定是绝对的和不可撤销的"[3]。卢卡奇认为,黑格尔并没有将其克服超验哲学的纲领"进行到底"[4],因为这一纲领要求,放弃那些"只能在批判的意义上包含明确的内容"[5]的形式。

辩证层级构建是否可以准确把握想要达成的形式的真正本质?答案是否定的。辩证法表明,将组织性纳入体系性之中的努力本质上决

---

[1] Georg Lukács, *Heidelberger Ästhetik*. Werke 17, Darmstadt & Neuwied: Luchterhand, 1974, S. 218 - 219.
[2] Georg Lukács, *Heidelberger Ästhetik*. Werke 17, Darmstadt & Neuwied: Luchterhand, 1974, S. 223.
[3] Georg Lukács, *Heidelberger Ästhetik*. Werke 17, Darmstadt & Neuwied: Luchterhand, 1974, S. 222 - 223.
[4] Georg Lukács, *Heidelberger Ästhetik*. Werke 17, Darmstadt & Neuwied: Luchterhand, 1974, S. 222.
[5] Georg Lukács, *Heidelberger Ästhetik*. Werke 17, Darmstadt & Neuwied: Luchterhand, 1974, S. 223.

定了黑格尔的美的概念。这一尝试的后果表明,艺术的本质并不能通过这样的方式来把握。针对关于黑格尔体系的探究,卢卡奇总结道:"对美的理念的探究体现出了伟大的思辨深度和一致性,他将这一理念放置于其体系中真正的位置加以研究,并且使美的理念摆脱了与作为超验自主且独立的对象性的艺术之间那偶然而令人困惑的关系,使其从这一无用废物中解放出来。"①

在讨论了卢卡奇在上述著作中对黑格尔哲学的接受之后,下文将详细探讨这些著作中"黑格尔主义"的印痕。首先需要澄清所谓"黑格尔主义"和"新黑格尔主义"的含义。列维(Heinrich Levy)认为,除去以现象学和精神哲学的方式进行本质研究(Wesenserforschung)的方法外,影响新黑格尔主义的最典型元素是对历史的世界观的兴趣和对精神形而上学的追求。② 如果结合上述观点来探讨青年卢卡奇的黑格尔主义思想的话,可以得出以下结论:卢卡奇回答《海德堡美学》的核心问题"艺术作品何以可能?"的方式,是本质研究,而非对经验事实的研究。如果说卢卡奇的这一本质研究使用了黑格尔的现象学方法的话,那么它的应用之处就在于对审美领域的体系结构的论述中。美学的对象并不像单纯的现实主义者认为的那样是突然生成的,对真实本质的探究需要特定的方法,这一方法使得我们可以在直接、确定和主观的行为中,以及在其客观化的形式中找出形而上学的意义。卢卡奇将此方法运用于(并进行了调整)对美学对象的界定中,同时也知晓他只是部分地使用了黑格尔的形而上学的方法。卢卡奇有意识地将对本质的探究限定在对特定对象性本质的探究上,他在《超验的审美理念的辩证法》中明确表示不可将此方法与对绝对本质的探究相混淆。

---

① Georg Lukács, *Heidelberger Ästhetik*. Werke 17, Darmstadt & Neuwied: Luchterhand, 1974, S. 224.
② Heinrich. Levy, *Die Hegel-Renaissance in der deutschen Philosophie*, Charlottenburg, 1927, S. 21.

在列维指出的第二个黑格尔哲学元素"历史的世界观"中,卢卡奇也做出了类似的限定。卢卡奇在《陀思妥耶夫斯基研究的笔记和计划》中将历史定义为"耶和华的胜利进程",《小说理论》中对现代时期史诗的分析表明,历史的堕落同样影响了艺术作品。史诗所处的世界,是应然与存在、本质与生活一致的世界。在新世界的条件下,史诗不再可能,取而代之的是小说。"作为单独现象赋形准则的总体性"①曾使得史诗的完满成为可能,而当以神话为基础的总体性破灭之后,问题重重的形式,即小说则显现出来。这一形式的历史是包含在客观精神之中的。无历史的、封闭文化中的史诗能够达成的完满,在小说中是不可能实现的。然而,作为艺术形式的小说不完全臣服于历史进程,而是可以超越历史。小说与史诗的区别不能在于"创造形式的法则",因为这一法则在两者那里是一致的。"意义的内在性与经验生活的不一致"②在更大程度上决定了小说的形式问题,并使其不能达成史诗的完满。由于现代世界不存在完满,因此叙事问题的构形原则使得素材自己表达。相对于生活来说,小说表达的是一种"但是"。形式创造是不和谐存在的最有力证明。如果说对所有形式的"确认"是以赋形为前提的,那么,小说本身的形式就是"确认"。"所以,在小说的创作过程中,伦理学和美学的关系便迥异于它在其他文学类型中的情况。在那里,伦理学是一个纯粹的形式前提……伦理观念在小说创作的每一个细节中都是清晰可见的……是作品本身的一个有效的结构成分。"③若结合卢卡奇在《陀思妥耶夫斯基研究的笔记和计划》中的论述,值得提出的问题是,在小说创作中起作用的伦理是什么呢?④ 卢卡奇在《陀思妥耶夫斯基研究的

---

① Georg Lukács, *Die Theorie des Romans*, Darmstadt & Neuwied: Luchterhand, 1971, S. 26.
② Georg Lukács, *Die Theorie des Romans*, Darmstadt & Neuwied: Luchterhand, 1971, S. 61.
③ Georg Lukács, *Die Theorie des Romans*, Darmstadt & Neuwied: Luchterhand, 1971, S. 62.
④ 彼得·比尔格指出,《心灵与形式》有着明确的伦理学底色和决断论(Dezisionismus)元素,有待进一步研究的是,《小说理论》是如何克服这一决断论影响的,又是如何尝试揭示各种文学类型中的起到构型作用的伦理力量。参见 Peter Bürger, *Prosa der Moderne*, Frankfurt am Main: Suhrkamp, 1988。

笔记和计划》中认为,欧洲作家只能运用第一伦理。卢卡奇在《小说理论》中问道,陀思妥耶夫斯基是否是新时代的"荷马或者但丁"①,《陀思妥耶夫斯基研究的笔记和计划》则解释了,为何卢卡奇认为陀思妥耶夫斯基已经摆脱了历史和小说形式问题。陀思妥耶夫斯基作品在微观角度是"纯粹内在完满的",它的前提是俄国无神论,是对世界作为客观精神以及其法则和伦理的否定。卢卡奇计划用陀思妥耶夫斯基研究证明,在陀氏作品中,由于无神论对世界的否定,上述"意义的内在性与经验生活的不一致"根本不存在。就像康德哲学中不存在第二伦理一样②,对于陀思妥耶夫斯基的笔下的形象来说,第一伦理也是不存在的。

同样值得讨论的是,卢卡奇如何理解黑格尔的"历史进入概念发展的无限进程"思想。在卢卡奇看来,黑格尔的历史动力来源并非是具体时刻的具体内容,而是"方法论上的必要性,即历史进程必须是未被满足的应然之处",如此,"将历史进程扬弃为艺术作品式的自我构建的自在自为的存在(An-und-für-sich)才能拯救历史进程"③。在《小说理论》和《陀思妥耶夫斯基研究的笔记和计划》中,历史进程的目的都是对历史的超越。尼里认为《小说理论》的历史哲学立场和《陀思妥耶夫斯基研究的笔记和计划》的形而上学立场存在不可调和的矛盾,这一论断显然是错误的。相反,卢卡奇有意识地在美学理论中将两者结合起来。④

文本已经强调了体系问题对于这一时期卢卡奇思想的迫切性,《海德堡美学》表明,卢卡奇不想将体系问题理解为精神的形而上学,而是

---

① Georg Lukács, *Die Theorie des Romans*, Darmstadt & Neuwied: Luchterhand, 1971, S. 137.
② 参见 Georg Lukács, *Dostojewski. Notizen und Entwürfe*, hg. von János Nyiri, Budapest: Akadémiai Kiadó, 1985, S. 114。
③ Georg Lukács, *Heidelberger Ästhetik*. Werke 17, Darmstadt & Neuwied: Luchterhand, 1974, S. 180.
④ 参见《现代戏剧发展史》第二章"论现代戏剧社会学"德文版发表时的前言:Georg Lukács, *Die Entwicklungsgeschichte des modernen Dramas*. Werke 15, Darmstadt: Luchterhand, 1981, S. 570.

从新康德主义的领域概念将其理解为"一种特殊的体系化方式"①。卢卡奇并未在《海德堡美学》中对黑格尔体系进行根本性的反对，而是证明了它并不适用于对特定对象性进行分析。根据《陀思妥耶夫斯基研究的笔记和计划》可以推断，卢卡奇此时尝试将康德哲学得出的自主性领域纳入超越此领域的体系性理论建构中。需要讨论的是，历史的"堕落"究竟藏身于这一体系的什么地方。至于《海德堡美学》以及相关文献是否已经隐含了解答，则不在本文讨论范围之内。

关于1916—1918年的文献中的黑格尔主义，还需要进一步详细的探究。卢卡奇坚定地用康德哲学来论证审美领域的自主性，而其末世论的、三元的历史观则带有黑格尔(以及马克思)哲学的元素。卢卡奇对此的解释是，这两种方案与最初的理论出发点是不矛盾的。

(刘健 译)

---

① Georg Lukács, *Heidelberger Ästhetik*. Werke 17, Darmstadt & Neuwied: Luchterhand, 1974, S. 10.

卢卡奇《悲剧的形而上学》:接受与语境*

[俄]伊万诺夫·博尔德列夫

为了勾勒出关于悲剧本质和悲剧体裁独特性的哲学和美学讨论的问题域,我们必须承认各个思想流派的多样性。如果不参考亚里士多德的《诗学》,黑格尔的《美学》,或者尼采的《悲剧的诞生》,就很难谈论悲剧。如果不关注所探讨时代的意识形态和戏剧现实,那么哲学对悲剧的研究便会陷入窘境。每位关于这个主题的研究者都会面对这个问题。

本文的任务是期望通过追溯卢卡奇的著名论说文《悲剧的形而上学》(1910)[①],展示其中的一些观点如何在战后的哲学美学中幸存下来,也并没有上文所述的那么宏大。卢卡奇的私人关系(主要是与恩斯特·布洛赫(Ernst Bloch)的亲密友谊)极大促成了《悲剧的形而上学》的接受。下面我们将阐述他们在思想上的相互影响。卢卡奇、布洛赫和本雅明(Benjamin)的文字或许最生动地表现了他们交谈的痕迹。正

---

* 本文出处:Иван Болдырев,《Метафизика трагедии》Лукача: рецепция и контексты, in *Логос*, (72)2009, C. 186 - 195.
伊万诺夫·博尔德列夫,哲学博士,俄罗斯高等经济学院经济方法论和历史学系助理教授。

① 该文题目本应为《戏剧-悲剧的形而上学》(„Metaphysik des Dramatisch-Tragischen"),首次发表该文章的《逻各斯》杂志社坚持要求以最简洁的方式进行表述,所以改为《悲剧的形而上学》。(参见卢卡奇致列奥·波普尔的信:Georg Lukács, *Briefwechsel 1902 - 1917*, Stuttgart: J. B. Metzler, 1982, S. 173.)

是这些文字使我们能够谈论某些延续性，或者反过来研究其争论。尽管他们观点的共同性远远超出了悲剧的形而上学，但探讨这一主题是有意义的（尤其是三人的思想发展在此时都发生了急速而巨大的转变），特别是布洛赫的《乌托邦精神》和本雅明的《德意志悲苦剧的起源》都是对卢卡奇论说文的明确回应，它们是流传着深奥智慧的封闭世界中的里程碑，这种智慧是魏玛共和国知识分子的典型特征。

《悲剧的形而上学》一文主要讨论德国作家、剧作家保罗·恩斯特（Paul Ernst, 1866—1933）[①]的作品，且更倾向于对剧作家的理论研究。卢卡奇认为，悲剧应当完全革除"半音"、现实生活的不完满性和"明暗对立的无政府状态"，而害怕明晰性的日常生活意识就隐藏在充满含混的暗处，这与恩斯特是一致的。[②] 卢卡奇的立场与象征主义和颓废主义运动一致。他是明确的反现实主义者（十年之后他反过来批判这种美学，此后从未改变）："所有现实主义都会彻底摧毁悲剧的那种创造形式，因而肯定生活的价值。"[③] 同样与卢卡奇后期作品格格不入的还包括他刻意的精英主义宣言："我们所处的民主时代想把平等权利强加于悲剧，这是徒劳的；一切向贫困的精神开放这一神圣领域的尝试都是徒劳"[④]。悲剧是被选中的少数人的命运，他们能够让形式（作为最高的伦理和审美权威）掌管自己的生活。后来当卢卡奇的注意力从美学转向伦理学时，他也没有放弃他自己的被选中性和创立一个无形教会的想法。

[①] 卢卡奇后来与他频繁通信。详见 Земляной С. Н. Доброта как эсхатологическая категория. 1-я и 2-я этики в переписке Георга Лукача и Пауля Эрнста // Этическая мысль. Вып. 3. М.: ИФ РАН, 2002. 但是，论文本身制造了一定的困难——卢卡奇同时写到有关形而上学的悲剧理想，以及关于恩斯特的悲剧。

[②] 参见 Лукач Г. Фон, Метафизика трагедии // Душа и формы. Эссе / Пер. с нем. С. Н. Земляного. М.: Логосальтера Eccehomo, 2006, С. 215。

[③] Лукач Г. Фон, Метафизика трагедии // Душа и формы. Эссе / Пер. с нем. С. Н. Земляного. М.: Логосальтера Eccehomo, 2006, С. 222.

[④] Лукач Г. Фон, Метафизика трагедии // Душа и формы. Эссе / Пер. с нем. С. Н. Земляного. М.: Логосальтера E ccehomo, 2006, С. 238.

后来的本雅明同时援引了早期卢卡奇和尼采①的颓废主义观点,有趣的是,他批判同时代人对古代悲剧的看法,斥之为"文化势利眼"——他们主要从伦理的视角出发。② 本雅明相信,现代戏剧不仅无法与古代悲剧相提并论(通过对比得到解放和"自由"的现代资产阶级分子与被环境压抑因而毁灭的古典悲剧人物),它还服从于根据道德准则做出的最终评判。伦理只在生活中真正起作用;根据某些道德准则来谴责或颂扬悲剧英雄是毫无意义的。③ 严格来讲,伦理的领域位于生活,而不在艺术,这是一个我们经常面对的完整的、独立的、虚构的世界。虽然伦理准则尚未从这个世界中消除,但它们不是绝对的。

让我们回到卢卡奇。他相信悲剧的形而上学的基础是人对自我和本真存在的渴望。悲剧的基础正是生活具有本质性的那个最重要的瞬间,人发现了自己所追求的本质,悲剧拒绝所有不完满的东西,拒绝一切犹豫和外在的装饰,它通过这种方式强有力地确证自身。在悲剧中,一个新的空间形成了,它不依靠任何外在的原因,它吹拂着"终极问题和终极答案的山巅空气"④,一种新的伦理学被建立起来,根据这种伦理学,为了纯粹的本质,所有不确定的东西(包括过去的东西)都要被抛弃(卢卡奇认为,这正是保罗·恩斯特的成就)。悲剧残忍地建立了一种与日常生活完全对立的新生活。⑤ 这是一种触碰到最终可能性和极限的生活,是具有存在主义意义的生活。悲剧中,理念世界与物质世界之

---

① 尽管有差异,本雅明还是大量借鉴了尼采的观点。尼采宣称戏剧唯一真正的形式只有古代的日神-酒神的悲剧,它被苏格拉底的反思精神毁掉了,人们只有通过恢复遗失的神话才能回到它那里。参见 Fehér, "Lukács and Benjamin: Parallels and Contrasts", in *New German Critique*, 1985, No. 34 (Winter), pp. 125-138。
② Беньямин В. Происхождение немецкой барочной драмы. М.: Аграф, 2002. С. 93 и далее.
③ 本雅明也在自己《论歌德的"亲和力"》的论著中大量论述了这一点。
④ Лукач Г. Фон. Метафизика трагедии // Душа и формы. Эссе / Пер. с нем. С. Н. Земляного. М.: Логосальтера Eccehomo, 2006, C. 218.
⑤ 此外我们需要注意,早期卢卡奇对日常生活的批判和对本真性的渴望,虽然本质上与德国浪漫派的追求相似——正如戈德曼所认为的,甚至可以将卢卡奇与海德格尔和雅斯贝斯相比较(L. Goldmann, *Recherches dialectiques*, Paris: Gallimard, 1959.)——但是《心灵与形式》的作者本人可不这样认为。在有关诺瓦利斯的论说文中,卢卡奇指责浪漫派对待生活和 (转下页)

间的差异被消除了。卢卡奇写道,"所有真正的悲剧都是神秘的",而它的真正含义是向生活唤醒先验上帝,唤醒人身上的上帝。[1] 这种唤醒不经任何方式中介,它突然发生,令人毫无准备,这就是卢卡奇的基本观点。悲剧英雄的任何渐进式的"发展"、教化以及形成都是毫无意义的。

我们发现,卢卡奇所说的形式的暴力强制是在反思,任何创作行为和任何合乎逻辑的"视角"总是伴随着暴力拒绝妥协和错失的机会,拒绝关于可能选项的意识。这种暴力正是创造性的核心。形式在美学意义上的暴政可以通过宗教皈依、政治行动或简单的存在主义情感等形式来实现。可能卢卡奇也没有完全意识到,这里明显存在反黑格尔的倾向。在给齐格勒(Leopold Ziegler)[2]的重要信件中,《悲剧的形而上学》作者卢卡奇回顾这个写完后很快便觉得陌生的文本时指出,齐格勒的出发点是古典(即黑格尔的)美学观念中的罪责和冲突,而他的出发点是本质和界限的观念。冲突以及它附带的罪责、惩罚和死亡只是作为本质生成过程的悲剧的表现形式[3]。而且总的来说,悲剧更高的形而上学意义超越了冲突和责任伦理——这些观念不会触及悲剧人物。[4]

这里对形而上学问题的探讨采取了最经典的形式。卢卡奇现在以悲剧为例,重新追问了理念世界、精神的本质地位的存在,最重要的是

(接上页)艺术理想的态度太过消极、沉思和主观,因为他们的生活原则是美学和形而上学的"杂食性"。在卢卡奇看来,浪漫派的理想反对悲剧理想,抹平尖锐的悲剧矛盾。

[1] Лукач Г. Фон, Метафизика трагедии // Душа и формы. Эссе / Пер. с нем. С. Н. Земляного. М.: Логосальтера Eccehomo, 2006, C. 216.

[2] Leopold Ziegler, *Zur Metaphysik des Tragischen*, Dürrische Verlagsbuchhandlung, 1902. 因为《悲剧的形而上学》被(不完整地)刊登在《逻各斯》杂志上(G. von. Lukács, "Metaphysik der Tragödie: Paul Ernst", in *Logos*, 1911, Bd. 2, S. 79 - 91;俄语版参见 Метафизика трагедии. Статья Георга Лукача // Логос. Международный ежегодник по философии культуры. 1912 - 1913. Кн. 1 - 2. Репр. изд. М.: Территория будущего, 2005. C. 275 - 288。),文章无法不引起关注,它在1910—1911年引发的讨论比《心灵与形式》收录的其他作品要多得多。卢卡奇给当时许多知名知识分子邮寄了文章和后来的著作,其中有齐格勒、布伯(Martin Buber)、西美尔(Simmel)、库尔提乌斯(Ernest Robert Curtius)等。

[3] Georg Lukács, *Briefwechsel 1902 -1917*, Stuttgart: J. B. Metzler, 1982, S. 232.

[4] F. Feher, "Lukács, Benjamin, Theatre", in *Theatre Journal*, Vol. 37, 1985, No. 4 (Dec.), p. 418.

它的感性存在。本质的活力是悲剧的基础哲学和美学悖论，即"伟大瞬间"的悖论[1]。悲剧的形而上学给出了"柏拉图主义最棘手的问题——是否个体的事物也能拥有理念、也能拥有本质性"的答案：只有"那种被驱赶到界限边缘的个体事物才是与它的理念相配的，是真实地存在的"[2]。悲剧的世界既不是一个充满普遍性的世界（它们过于完美，以至于无法拥有现实的生活），也不是斯宾诺莎的世界；这个世界要有趣得多，它不缺乏偶然性[3]，也不会作为外界因素运作，而是被融合在悲剧中；正如卢卡奇所写，它既无处不在，又无处可寻。换言之，本质生活的世界高于必然性与偶然性的对抗。

世界产生于既是起点又是终点的单个瞬间，卢卡奇在这里发现了时间统一体的形而上学基础[4]。悲剧以语言形式存在，它的作者妄图按照时间，逐一展开事件，却无法表达对自我的神秘体验。瞬间作为无时间的东西，只能在悲剧中以不充分的方式表现出来。显然，卢卡奇拒绝古典主义者的规范性要求，斥之为一个对神秘的非时间性的拙劣模仿品，一种将瞬间的统一性和整体性拉入时间内的欲望；而在真正的本质性中，时间关系完全被改变和颠覆，而时间的连续序列性也没有任何意义。因此卢卡奇写道，赴死的悲剧英雄早已死去多时，因为瞬间不懂得"之前"与"之后"的关系。

德国犹太哲学家弗朗茨·罗森茨威格（Franz Rosenzweig，1887—1929）的著作《救赎之星》（1921），非常有趣地反映了卢卡奇的思想（本

---

[1] Лукач Г. Фон, Метафизика трагедии // Душа и формы. Эссе / Пер. с нем. С. Н. Земляного. М.：Логосальтера Eccehomo，2006，C. 219.

[2] Лукач Г. Фон, Метафизика трагедии // Душа и формы. Эссе / Пер. с нем. С. Н. Земляного. М.：Логосальтера Eccehomo，2006，C. 225.

[3] 在评论卢卡奇这一立场时，布洛赫写道，如果只是从悲剧中排除偶然性，结果只会是"最粗俗、最实际的生活"。Ernst Bloch, „Geist der Utopie", in *Gesamtausgabe*. Bd. 3, Frankfurt am Main：Suhrkamp, S. 276.

[4] 卢卡奇借用了克尔凯郭尔的瞬间的概念，有关他的文章也被收录进《心灵与形式》中。参见 Ferenc Fehér, "The Pan-Tragic Vision：The Metaphysics of Tragedy", in *New Literary History*，(11)1980, pp. 245-254.

雅明注意到了这一点）。罗森茨威格将悲剧英雄的基本形而上学气质描写为执着于沉默，由此，悲剧英雄确证了自己的身份。正是这种自我才是悲剧主要的、唯一的英雄，他在沉默中迎接死亡，把死亡当作最伟大的孤独和胜利。罗森茨威格强调，英雄既会死也不会死，因为英雄自我的特征是不朽的。①

这里是否存在神秘主义？卢卡奇将悲剧体验与神秘体验相对比。如果悲剧体验是处在最高点的自我的斗争和胜利之路，那么神秘体验就是自我否定、在绝对中消解自我之路。在悲剧世界观中，自我保存自身，却只是矛盾地为了见证自身的毁灭。悲剧意识将死亡内在化；对于悲剧来说，死亡"总是一个内在固有的现实，不可分割地与每一起悲剧事件联系在一起"②，然而神秘主义废除了死亡的真正（包括美学）意义，也就废除了悲剧本身的艺术形式，使之变得多余。本雅明延续这些思想，并将其与罗森茨威格的"元伦理学"联系起来，他表明，悲剧英雄对沉默的坚持被戏剧发展史中的苏格拉底的申辩及其赴死的觉悟所替代，他的这两点与基督教殉道者是相同的。对于苏格拉底来说，死亡同样毫无意义。然而，本雅明认为对话本身的精神高于苏格拉底理性的基础教导。"纯戏剧性的东西③恢复了逐渐在希腊戏剧中失去神圣性的神秘剧，它的语言作为新戏剧的语言恰好成为巴洛克戏剧的语言"④。如果赴死的悲剧英雄早已死去多时，他的生命就好像从死亡中诞生一样，那么蔑视死亡的新英雄就成了新艺术形式的中心。

卢卡奇研究的最后一个悖论涉及历史悲剧，更确切地说涉及悲剧

---

① Franz Rosenzweig, *Stern der Erlösung*, Frankfurt am Main: Suhrkamp, 1988, S. 83 – 86.
② Лукач Г. Фон, Метафизика трагедии // Душа и формы. Эссе / Пер. с нем. С. Н. Земляного. М.: Логосальтера Eccehomo, 2006, C. 224. 另参见 Georg Lukács, *Heidelberger Philosophie der Kunst. Werke 16*, Darmstadt & Neuwied: Luchterhand, 1974, S. 126 – 127. 在这里死亡本身被描述为悲剧的最高点，并不考虑伴随它的后果。
③ 对话录。
④ Беньямин В, Происхождение немецкой барочной драмы. М.: Аграф, 2002. C. 115.

与历史的关系。①。各种顶尖的悲剧与其普遍性一起反对历史的普遍性和必然性。卢卡奇认为,悲剧与日常生活争斗的主题就是历史。但历史事实的唯一性,以及初始观念和意图与真实历史事件之间的永恒不一致性,总会引发悲剧中的"形而上学的不和谐音"②。然而,形式是悲剧的绝对命令,它不受悲剧的现实表达的影响,就连卢卡奇描述的恩斯特的大气磅礴的戏剧[可能还有保罗·克洛岱尔(Paul Claudel)的一些戏剧试验],虽然具有追求永远无法实现的纯粹性和明晰性的理想,亦无法影响形式。正如卢卡奇写给哲学家兼作家萨洛莫·弗里德兰德尔的信件中所说,形式是一种被表现出来的悖论,相互排斥和不可调和的原则在其中共存。日常生活中则没有这样的斗争,原则之间毫无交集,毫不相识,因为它们是"异质的",彼此并不相等③。但在恩斯特的历史剧中,卢卡奇在历史必然性的艰难跋涉背后看到了艺术形式的崇高精神和炫目光彩。

恩斯特·布洛赫再现了卢卡奇美学的许多重要环节,他难以抑制对《悲剧的形而上学》的兴趣,因为他的早期哲学同样尤其关注本质生活、对自我的瞬间把握和内在上帝的觉醒。此外,正是通过布洛赫与卢卡奇的辩论,我们更加了解这两位密友在观点上的差异,他们曾经在整体上惊人的一致,彼此激发新的思想,相互邮寄文章,并将世界观的分歧列入了"红皮书"④。

几乎每一处都可以看到卢卡奇和布洛赫的交点:例如,卢卡奇在《心灵与形式》的引言中将论说文解释为一种中介的、过渡性的体裁,这

---

① 这非常重要,因为卢卡奇在《悲剧的形而上学》之前的著作是《现代戏剧发展史》,这一著作尝试从社会学角度分析现代戏剧演化的历史。
② Лукач Г. Фон, Метафизика трагедии // Душа и формы. Эссе / Пер. с нем. С. Н. Земляного. М.: Логосальтера Eccehomo, 2006, С. 237.
③ Georg Lukács, *Briefwechsel 1902 - 1917*, Stuttgart: J. B. Metzler, 1982, S. 230.
④ 有个很重要事实是,《乌托邦精神》的细心读者本雅明于1924年在卡普里岛写了《德意志悲苦剧的起源》,正是在这个岛上他与布洛赫往来十分密切。

种作为"前兆"的体裁期待新的哲学综合,它会成为一个伟大的新体系。这也正是布洛赫对自己未来哲学的预见。最终,布洛赫的乌托邦理论恰好被归结为一个对未来的全面综合的预见,同时布洛赫的写作体裁无疑更接近论说文①。布洛赫和卢卡奇的亲缘性更加明显地表现在这样的观点上,即在《瞬间的形而上学》语境下,永恒入侵了时间。《乌托邦精神》中用许多篇幅描写了神秘体验与日常生活经验相结合的"当下瞬间的黑暗"。卢卡奇将瞬间提升到悲剧美学的顶峰,赋予其特殊的形而上学意义。卢卡奇在悲剧美学的基础上理解瞬间的革命性质,而布洛赫则是从关于1917—1918年革命战争的印象出发。两者都蔑视资产阶级世界的萧条景象,并认为艺术是"绝对罪恶"时代的主要替代选项。但是,如果说布洛赫首先是在音乐中寻找这些新意义,那么卢卡奇就是在文学中寻找。

《乌托邦精神》(1918,1923②)的两个版本都包含一个共同的文本,即对《悲剧的形而上学》的评论,题目是《片段/通往真正的自我创造之路上的阻碍与悲剧》③。虽然在布洛赫的书中有晦暗不明的单词和难以重构的引用(目前此书仍没有评注版),但是他对卢卡奇的引用是显而易见的。布洛赫赞同地指出,悲剧性的死亡是被选中的人的特权,这与他们的生活无法分离。它"只能被定义为从这里绝对地发生的某种东西,对界限、格式塔以及自我的明确终点的一种重复的、内在的、完全非神秘的冲动"④。布洛赫认为重要的是指出悲剧(正如卢卡奇宣扬的那种理想形式的悲剧)是"无神"世界的产物,不存在作为**外在**必然性的、

---

① 事实上,布洛赫的所有著作都是在不同时期、就不同主题撰写的论文集。
② 在第一版中,该文本是题为"喜剧英雄"的章节中的一部分,而在第二版中只保留了对《悲剧的形而上学》的讨论。
③ 卢卡奇和布洛赫的通信中也讨论了有关悲剧的话题,但只是出现在一封信中,布洛赫只是简要笼统地讨论了一下。参见 Ernst Bloch, *Briefe 1903 - 1975*. Bd. 1, Frankfurt am Main: Suhrkamp, 1985, S. 40 - 41。
④ Ernst Bloch, „Geist der Utopie", in *Gesamtausgabe*. Bd. 3, Frankfurt am Main: Suhrkamp, S. 274 - 275.

像操纵傀儡一样操纵英雄的上帝或命运。上帝离开了舞台,但仍旧是旁观者:"这不仅是唯一可能的新的神性,也是被天堂抛弃的悲剧时代和纪元的历史可能性和乌托邦可能性"①。布洛赫与卢卡奇都认为,悲剧只有在神性散尽的世界里才是可能的,这正是他们对现时代的看法,这使他们与尼采悲剧理论中的神话学渎神区别开。上帝离开了这个世界,但仍然是旁观者,这种模糊的立场使得各种解释都有可能,但唯独不可能是尼采的解释。

悲剧英雄通过死亡将自身向命运敞开,从而克服自己的内疚和罪恶。但布洛赫写道,如果我们从历史和宗教的角度讨论死亡的这种内在性,那么只有某种将命运与英雄的前世因缘联系起来的羯磨学说才能说得通。在悲剧中,布洛赫感兴趣的问题是被上帝遗弃的、充满邪恶的**外部世界**的问题,他在卢卡奇那里并没有找到答案。只有这个世界对卢卡奇的悲剧英雄来说是绝对冷漠的时候,英雄才能将自身从世界中抽离出来。但世界不只是悲剧的消极底色,布洛赫不能放弃世界是一个过程的问题,不能放弃获得"天启的内核"②的问题。悲剧呈现的不是与自己的相遇(就像所有其他的艺术一样),而是与恶魔、障碍以及"阻拦性的"(Hemmnis)世界的相遇。但是这种相遇必须伴随着另一个更根本的不同体验——"对现实的体验",即从世界生发出来的与自己的绝对相遇。于是布洛赫在这里进一步思考,试图脱离卢卡奇的美学。事实上,他宣称一种面对世界的更本质、更根本的态度,这种态度更接近天启的、乌托邦的渴望,这就是**喜剧**的态度。认识世界的悲剧底色当然是有意义的,但喜剧(布洛赫提到了但丁)和幽默小说向我们揭示了更深层的秘密。布洛赫认为无

---

① Ernst Bloch,„Geist der Utopie", in *Gesamtausgabe*. Bd. 3, Frankfurt am Main: Suhrkamp, S. 275. 另参见马克斯·韦伯的"祛魅"思想。
② Ernst Bloch,„Geist der Utopie", in *Gesamtausgabe*. Bd. 3, Frankfurt am Main: Suhrkamp, S. 278.

缘由的欢乐、轻松感和幽默作为应对现实的心灵创造力高于悲剧命运。

在历史另一侧的悲剧以及悲剧英雄是乌托邦的人物。他们的路总是走了一半,就像基督克服命运但同时也顺从命运那样。"英雄不死是因为他获得了本质性,但正因为他获得了本质性,他才死去;只有这一点才使真正有意义的回归自己通过打倒英雄的方式变成英雄主义,变成一个关于强大的命运和悲剧的范畴,它把英雄举起来又打倒;只有这种超出主体的相关性才能将悲剧置于已完成—未完成的环境之中,置入被毁掉的自我完善和自我创造的半途而废中,置入普罗米修斯和基督与世界的维持者和时间尽头的罪恶良心之间无情的、古老的斗争。"①悲剧英雄是革命的英雄,但在真正革命的美学的怀抱里,总是藏着笑声——强大的创造力,它允许一切新的、不确定的、尚未在结局发生的事物穿透世界并内爆于世界。不论革命者多么尊贵、多么自我肯定,他们都不熟悉冗长而浮夸的语言。

当然,布洛赫和卢卡奇之间的差异与其说是美学的差异(尽管正是在这个领域发生了关于悲剧的论战),不如说是本体论观念的差异。布洛赫无法接受卢卡奇宣称的形式的暴政②,他不喜欢悲剧的肃穆性,他不明白为什么形式不能是历史的③,为什么生活和艺术之间要有那么僵硬的对立。换言之,布洛赫暗中用黑格尔的精神批判了卢卡奇,这个事实部分体现在,**客体化**分析在卢卡奇的哲学和美学研究中始终发挥着

---

① Ernst Bloch,„Geist der Utopie", in *Gesamtausgabe*. Bd. 3, Frankfurt am Main: Suhrkamp, S. 282 – 283.
② 参见 Arno Münster, *Utopie, Messianismus und Apokalypse im Frühwerk von Ernst Bloch*, Frankfurt am Main: Suhrkamp, 1982, S. 61 – 69。
③ 卢卡奇清楚地认识到了形式的历史性问题(参见他写给恩斯特的信:Georg Lukács, *Briefwechsel 1902 – 1917*, Stuttgart: J. B. Metzler, 1982, S. 282.),他毕竟创作了《现代戏剧发展史》以及之后的历史哲学的《小说理论》。他明白悲剧理论必须令人信服地证明悲剧如何区别于其他艺术形式。不过,在《悲剧的形而上学》中卢卡奇给自己提出了另一个更抽象的哲学任务,它无关任何形式的历史和社会学分析。

最重要的作用,而布洛赫将主体置于自己哲学的中心①。暗战重新开始了,这是由于一些新的情况和不同的原因,比如20世纪30年代的表现主义之争,布洛赫认为它是未来真正的艺术。此外,当卢卡奇的立场走向不可改变的古典主义立场时,布洛赫持先锋派的立场;而当卢卡奇成为纯形式的热忱守护者时(尽管现在是一种不同的现实主义形式),布洛赫开始保护艺术家的自我表达权和观众的自由解释权。对于布洛赫而言,艺术作品绝不是凝固的、永恒的,而是不断重新自我定义并超越自身限度的乌托邦过程的一部分。如果说对于卢卡奇而言,生活的无政府状态只是无意义的动荡,只是异质性的、彼此冷漠的元素的碰撞,它是不变的形式所反对的,那么布洛赫则从中看到了预示着启示的未来。对于戏剧艺术来说,生活纵使是无意义的、敌对的,也必须成为行动的因素,必须进入悲剧。创作这种类型戏剧的艺术家,不是保罗·恩斯特,而是另一位完全不同的作家——奥古斯特·斯特林伯格②,被布洛赫在第一版《乌托邦精神》中指认为有远见的和预示未来的先驱者。

布洛赫和卢卡奇既没有创作出关于悲剧的一般哲学体系,也没有创作出一种悲剧理论。他们之间的争论不只是志同道合者之间的琐碎分歧,终究是政治美学倾向的根本问题。布洛赫哲学的特点一直都是激进的抗议,是反抗现实的暴动,而相比之下,卢卡奇很快就与这样的现实和解,不仅有政治现实还有美学现实。卢卡奇思想的极权性质,对捍卫经典的坚持和对现代主义的批判——这些卢卡奇世界观的所有特征使得他不仅不可能与布洛赫和解,而且也不可能同20世纪哲学美学的新趋势和解。

---

① Sándor Radnóti, „Bloch und Lukács: zwei radikale Kritiker in der gottverlassenen Welt", in Ágnes Heller, Ferenc Fehér, György Márkus, Sándor Radnóti (Hg.), *Die Seele und das Leben*, Frankfurt am Main: Suhrkamp, 1977, S. 184–185.

② Ernst Bloch, „Geist der Utopie", in *Gesamtausgabe*. Bd. 3, Frankfurt am Main: Suhrkamp, S. 238. 另外参见 Werner Jung, "The Early Aesthetic Theories of Bloch and Lukács", in *New German Critique: Special Issue on Bloch and Heidegger*, (45) 1988, pp. 41–54.

与此同时,在20世纪20年代,布洛赫和卢卡奇彻底地改变了欧洲当时盛行的理论话语,并成了一种全新美学的先驱。卢卡奇和尼采的悲剧形而上学成为本雅明的巴洛克戏剧理论的起点,随后本雅明(并非未受到布洛赫的影响)决定不研究17世纪而去研究现代戏剧,去描绘巴洛克时代和表现主义之间的相似性[1]。随后,本雅明使用"停滞的辩证法"概念描述布莱希特(B. Brecht)的史诗剧。一种新的戏剧开始成为本雅明审美反思的对象,它没有亚里士多德传统中的道德说教,也没有保罗·恩斯特的贵族主义,它是异化(Verfremdung)和惊愕的戏剧,一种姿态占主导地位的戏剧,在这样一种戏剧中,对自我的掌控不会使自身遭受完全的孤立,而会使旁观者融入革命的集体主体的生活中。但如果布洛赫和本雅明某些确切的相似性在20世纪二三十年代是明显的,那么这就不包括卢卡奇。到了20世纪30年代初,卢卡奇的文风逐渐与苏维埃政权趋同。但是这件事超出了我们的讨论范围。

(王思楠 译)

---

[1] Беньямин В. Происхождение немецкой барочной драмы. М.: Аграф, 2002. С. 38-41.

卢卡奇与斯大林主义*

[法]米夏埃尔·洛维

> 我们应该告诉他们,我们听命于你,并且借你的名义进行统治……那种欺骗会折磨我们,因为我们不得不撒谎。
>
> ——《卡拉马佐夫兄弟》,陀思妥耶夫斯基

从20世纪20年代早期开始,苏联进入官僚主义阶段,布尔什维克老近卫军逐渐被保守派取代,其中,约瑟夫·斯大林是最有能力的代表人物,堪称绝对的领导。1926年是这一历史转折中的关键时刻。就在这一年,斯大林的《列宁主义问题》出版,首次明确提出一国建成社会主义论,同时,布哈林(Bukharin)呼吁富农"发财吧"。就在这一年,苏共第十五届代表大会召开,会议决定将左翼反对派(包括托洛茨基、季诺维也夫、加米涅夫等人)逐出政治局。就在这一年,苏维埃工会与破坏掉1926年总罢工的英国工会右翼领导成立联合委员会。斯大林政权

---

* 本文出处:Michael Löwy, "Lukács and Stalinism", trans. Ann Clafferty, in *New Left Review*, I/91,May/June 1975.

米夏埃尔·洛维,1938年生于巴西,法国马克思主义社会学家、哲学家。现为法国科学研究中心荣誉研究主任,任教于法国社会科学高等研究院。其专著被翻译成29种语言,涉及的主题包括卡尔·马克思、切·格瓦拉、解放神学、格奥尔格·卢卡奇、瓦尔特·本雅明、吕西安·戈德曼和弗兰茨·卡夫卡等。1994年荣获法国科学研究中心银质奖章。

借口欧洲在1917—1923年的革命浪潮后的稳定局势,逐渐将革命的国际主义替换为建立在苏联国家利益之上的实用政治。

在《历史与阶级意识》1967年版序言中,卢卡奇这样总结他对这一转变的反应:"1924年后,第三国际正确判定资本主义世界'相对稳定'。这些事实意味着我必须对我的理论立场进行反思。在苏联党内的争论中,我同意斯大林一国建成社会主义的必要性,这清楚地展示出,我思想的新阶段开始了。"①事实上,卢卡奇生活和工作中的关键转变始于1926年;这与他之前以《历史与阶级意识》为代表的革命思想存在理论上与政治上的深层断裂。总而言之,卢卡奇1926年后的著作对斯大林主义基本持认同态度,尽管存在许多保留与限定。

一、黑格尔再阐释

正如卢卡奇一开始是通过美学与道德走上了激进的道路,在1928年这一新转变找到明确的政治表达之前,首先采取的是文化和哲学的形式。在1926年6月发表的《为了艺术的艺术与无产阶级诗歌》("Art for Art's Sake and Proletarian Poetry")一文中,卢卡奇批判一些人倡导的**倾向性艺术**(*Tendenzkunst*),斥之为一种"抽象的、浪漫的乌托邦主义",其代表人物有恩斯特·托勒(Ernst Toller),他是一位诗人,也是1919年巴伐利亚苏维埃共和国的领导。卢卡奇对文化界对文化乌托邦式的高估大致做出了如下警告:最初,无产阶级革命只能对艺术发展做出"一丁点"贡献;苏联文化领域中的变化"要比某些浅显之见唤起一个人的希望的速度慢很多"。这种乌托邦的浅显性"揭示出为什么这些知识分子中的许多人对俄国革命'幻想破灭',他们曾经希望俄国革

---

① Georg Lukács, "Preface" (1967), in *History and Class Consciousness*, London: Merlin Press, 1971, pp. xxvii - xxviii.

命可以为他们自己的具体问题提供一个直接答案①"。对卢卡奇而言，这篇文章是在批判他自己在1919年时持有的希望，即一场文化革命会紧随社会主义革命而发生。② 卢卡奇对苏联新文化乌托邦的拒绝意味着他回归到了资产阶级的文化遗产中。

1926年卢卡奇还发表过一篇文章——《莫泽斯·赫斯与唯心主义辩证法问题》("Moses Hess and the Problems of Idealist Dialectics")（以下简称《莫泽斯·赫斯》），它被誉为一篇非常启发人的、深刻的哲学作品。这篇论文通常被视为直接接续了《历史与阶级意识》中的黑格尔主义的马克思主义。事实上，这两部作品对黑格尔的"阐释"不尽相同：1923年的卢卡奇在黑格尔那里发现了总体性范畴与主客体辩证法；1926年的卢卡奇发现黑格尔首先是一位"现实主义"思想家。他现在把黑格尔倾向与现实（例如普鲁士王国）的"和解"看作是他的"宏大的现实主义"和"拒绝所有乌托邦"的证据。他认为，在政治上，黑格尔停留在现存事物中的取向是反动的，但从方法论的角度看，这表达了一种深刻的辩证现实主义。③

青年卢卡奇在1908至1909年意识形态上的极端变化始于他对黑格尔**和解**(Versöhnung)概念的反对。而在卢卡奇的革命时期结束时，他重新陷入了黑格尔与现实之间的"和解"。**和解**这一主题反复出现在卢卡奇成熟时期的诸多作品中，并在事实上成为他思想中的一条主线。④ 30

---

① Georg Lukács, „L'Art pour l'Art and proletarische Dichtung", in *Die Tat*, 18/3, June 1926, pp. 220 - 223.
② Paul Breines, "Notes on G. Lukács's 'The Old Culture and the New Culture'", *Telos*, no. 15, Spring 1970, pp. 16 - 18.
③ Georg Lukács, "Moses Hess and the Problems of Idealist Dialectics", in *Political Writings*, *1919 - 1929*, London: NLB, 1972, pp. 181 - 223.
④ 这一评论出现在1939—1940年间出版的莫斯科手稿中："在黑格尔那里，对现实无所不包的占有，以及发现并揭示出矛盾是它的原动力，都与他那种特殊类型的唯心论和特殊的'和解'概念紧密联系在一起。"Georg Lukács, *Ecrits de Moscou*, Paris: Editions Sociales, 1974, p. 229; Georg Lukács, *Der junge Hegel und die Probleme der kapitalistischen Gesellschaft*, Berlin: Aufbau-Verlag, 1954, ch. 3, sect. 8.

年后,卢卡奇在1958年出版的一部作品中引用了一段黑格尔对德国古典文学中的成长小说的评论,一针见血地挑明了自己的观点:"在主人公的学徒生涯中,他可以过一种放荡不羁的生活;他学会将自己的希望与观点服从于社会利益;这样,他便进入了社会等级体制之中,在里面找到了舒适的位置。"卢卡奇在引用这一段话时,谈到了资产阶级小说主人公的"青春美梦"和"反叛",他们被"社会的压力"压垮;因此,社会压力"强迫"他们和解。[1] 这样的成长难道不像卢卡奇自己的成长,难道不像后来他指认自己的"学徒时代"结束时被挫败的反抗? 阿多诺在对这篇文章的评论中做出一番解释,卢卡奇与苏联"社会主义"现实的"被迫和解"可以与黑格尔的叙述作一比较:正是这一和解"阻挡了他回到青年时期的乌托邦道路"。[2]

在《莫泽斯·赫斯》一文中,卢卡奇比较了黑格尔与费希特、冯·切什考夫斯基和莫泽斯·赫斯三人的"革命乌托邦主义"。在他看来,黑格尔在《法哲学原理》序言展开说明的原理("哲学的任务是去理解**现实**,因为**现实**正是理性")比一切费希特主义的道德梦想更加接近唯物主义的历史观念。因此,马克思思想的参照系不是费尔巴哈、赫斯与青年黑格尔派,这些人在本质上属于新费希特主义,"从方法论上讲,马克思**直接**继承的是黑格尔"。[3]

这一论点虽然具有一定的真理,然而太过片面。它没有提到对于马克思而言,"哲学家们只是用不同的方式解释世界,而问题在于改变世界";因此,费希特、冯·切什考夫斯基和赫斯的"实践哲学"**也**是马克思主义的基石,是1842至1843年间青年马克思告别黑格尔后的演进

---

[1] Georg Lukács, *The Meaning of Contemporary Realism*, London: Merlin Press, 1963, p. 112.
[2] Theodor Adorno, „Erpresste Versöhnung", in *Noten zur Literatur*, II, Frankfurt: Suhrkamp, 1965, pp. 186–187.
[3] Georg Lukács, "Moses Hess and the Problems of Idealist Dialectics", in *Political Writings, 1919–1929*, London: NLB, 1972, p. 203.

过程中的**必要**一步。马克思革命辩证法的精髓恰恰在于,它超越了黑格尔的保守现实主义与费希特式的革命(道德主义的)乌托邦主义。任何片面地只将马克思的思想追溯到这些思想资源中的单独一种的尝试,都会产生一种保守的、伪现实主义的"马克思主义",或是一种没有客观基础的"伦理"社会主义。

因此,卢卡奇的《莫泽斯·赫斯》一文缺乏平衡。这篇文章侧重于与现实的"和解",甚至连《历史与阶级意识》中那么富有革命气息的辩证平衡都丧失殆尽了。在1919年至1921年的极左主义、唯心主义和乌托邦-革命的阶段,以及1922年至1924年短暂但富有标志性意义的革命现实主义的高潮之后,从1926年起,卢卡奇逐渐走向纯粹、简单的现实主义,并且在政治上靠近斯大林的非革命的现实政治。1926年他笔下的"赫斯"具有深远的政治意义:这为他支持苏联的"热月政变"提供了方法论基础。

二、《荷尔德林的许佩里翁》

下面一层隐含的意义被大多数批评家"忽视"了,后来它在卢卡奇写于1935年的《荷尔德林的许佩里翁》一文中得到了确证,他在这篇文章中明确讨论了黑格尔对热月政变的态度:"黑格尔勉强接受了后热月时代以及资产阶级发展过程中的革命阶段的结束,他理解这个世界历史中的新转折点,并准确地将他的哲学建立在这种理解之上。荷尔德林绝不向后热月时代的现实妥协;他忠于重建'城邦'民主这一古老的革命理想,并被现实打败,在这样一种现实中,甚至在诗歌与思想的层面上,他的理想毫无留身之处。当黑格尔在思想上与后热月现实的和解……使他融入他所属阶级的主流意识形态……而荷尔德林选择决不妥协的结局是一个悲剧性的绝境。他无人知晓,无人哀悼,他就像独行的、充满诗性的列奥尼达,面对着热月主义入侵的温泉关之战,坚守雅各宾时期的理想……黑格尔的妥协所具有的世界历史意义就体现在这个事实中……他将资产阶级的革命发展把握为一个总体的过程,而革命的恐怖、热月政变与拿破仑都是这一过程的必要阶段。在黑格尔那里,革命的资产阶级的英雄时期成为……一种不可挽回的过去,但这一过去对非英雄时期的现阶段来说是绝对必要的,而现阶段被认为是进步的。"①

联系1935年的苏联来看,这些评论的意义就变得显而易见。只需补充一点,托洛茨基恰好在1935年2月发表了一篇文章,其中他首次用"热月"来界定苏联自1924年以来的发展特点。② 上文引用的永不妥协的列奥尼达,他是一位悲剧性的、独行侠式的人物,他拒绝热月,因而被迫陷入绝境,这很显然是卢卡奇对托洛茨基的回应……而卢卡奇就像黑格尔那样,接受了革命时期的结束,把他的哲学建立在对新的世界历史转折点的理解之上。③ 然而顺便一提,卢卡奇似乎含蓄地认同托洛茨基把斯大林统治指认为热月的判断。

无疑,《荷尔德林的许佩里翁》是一种最隐微、最聪明的尝试,它论证了斯大林主义是统一的无产阶级革命发展中的一个"必要的阶段",斯大林主义虽"平庸",但具有"进步的特征"。这一看法具有一种明确的"理性内核"——可能或多或少支持过斯大林主义的许多知识分子和激进人士私底下都认同这个看法——但是后续发生的事件(莫斯科大审判、苏德条约的签订等)将会证明,甚至也向卢卡奇证明,这根本不是一个"统一的"过程。卢卡奇未能理解的是,相较于法国的热月对资产阶级革命的危害,斯大林主义的热月对无产阶级革命的危害更大。其根本原因正如卢卡奇早些时候在《历史与阶级意识》中强调的那样,社

---

① Georg Lukács, "Hölderlin's Hyperion", in *Goethe and His Age*, London: Merlin Press, 1968, pp. 137 - 139.
② Leon Trotsky, *The Workers' State and the Question of Thermidor and Bonapartism*, London: New Park Publications, 1968.
③ L. Stern, "Lukács: An Intellectual Portrait", in *Dissent*, Spring 1958, p. 172;也参见戈德曼讨论卢卡奇的著名文章,刊登于1971年在巴黎出版的《世界百科全书》(*Encyclopaedia Universalis*)中。

会主义革命不同于资产阶级革命,它不是一个盲目的、自动发生的过程,而是工人自己推动的有意识的社会转型。①

卢卡奇的转变在 1928 年以一种直接的政治形式出现,即《勃鲁姆提纲》。卢卡奇用笔名"勃鲁姆"为匈共二大起草了提纲。一些学者认为,此文的政治立场受到了布哈林和奥托·鲍尔(Otto Bauer)的影响。② 在我们看来,提纲背后隐含的完全是一种共产国际的右转在匈牙利的应用;卢卡奇只是遵循了 1924 年至 1927 年的"总路线"。匈牙利的行动迟缓是由于共和国特殊的上届领导贝拉·库恩(Béla Kun),这使得匈牙利共产党难以起草一个放弃 1919 年社会主义革命果实的纲领。卢卡奇的不幸在于,这些提纲将会是此次右转的绝唱,它们的出现恰逢共产国际开始向左转。

《勃鲁姆提纲》的核心观点是:匈牙利共产党的目标可能不再是重建一个苏维埃共和国,它仅需重建一个"无产阶级与农民的民主专制",其"直接的实际内容……不会超出资产阶级社会"。关键是要用一种资产阶级民主取代匈牙利的半法西斯主义政权,"在这样的资产阶级民主中……尽管资产阶级会保持经济上的剥削……但它至少会把一部分权力让渡给广大工人群众"。因此,他认为匈牙利共产党的任务是领导"真正的民主改革斗争",抗击工人在面对资产阶级民主时盛行的"虚无主义"。③

我们有意选取了卢卡奇的文本中最右倾的观点,省略了一些"有点左"的段落,它们只是口头上的妥协。《勃鲁姆提纲》作为一个整体,既

---

① Leon Trotsky, *The Workers' State and the Question of Thermidor and Bonapartism*, London: New Park Publications, 1968. p. 57. "与资本主义相比,社会主义不是自动建立的,而是有意识的。向社会主义的迈进不能脱离希望实现社会主义的国家政权。"我们将看到,晚年卢卡奇的反斯大林主义观点似乎比 1935 年的观点更清晰并减少了怀恨。
② G. Lichtheim, *Lukács*, London: Fontana/Collins, 1971, pp. 74 – 75; Y. Bourdet, *Figures de Lukács*, Paris: Anthropos, 1972, pp. 92 – 93.
③ Georg Lukács, "Blum Theses", in *Political Writings, 1919 – 1929*, London: NLB, 1972, p. 243, 248, 250.

是1924—1927年总路线的延续,又是1934—1938年人民战线策略的预兆。但这些提纲来得既有些迟,又有些早:它们完全违背了第三时期(1926—1933)刚刚开始的向宗派的急剧转向。因此,在《共产国际执行委员会致匈牙利共产党成员的一封公开信》中,卢卡奇受到了严厉批判,这封信指控"勃鲁姆同志的取消主义提纲"是从社会民主的立场出发的,臆想"在资产阶级民主的阵地上反抗法西斯主义"。①

三、自我批判与自我辩护

匈牙利共产党继续在1929年讨论《勃鲁姆提纲》,但在受到共产国际执行委员会的干扰后,卢卡奇显然失败了。贝拉·库恩一派斥责提纲是彻底的机会主义,就连卢卡奇那一派(老兰德勒派)的反应也有些冷淡。② 卢卡奇害怕被开除党籍,便在1929年发表了一篇自我批判的文章,强调他的提纲具有"机会主义和右倾"的性质。正如卢卡奇后来在不同场合承认的那样,这篇自我批判完全是**虚伪的**;换句话说,虽然他公开反对他的提纲,但他使用的全是些有关这种操作的常见套路,他的内心仍然深深坚信《勃鲁姆提纲》是正确的。

为什么卢卡奇会如此无条件地屈服?真的如某些评论家指出的,这是出于"为了生存下来的正当意愿"吗?③ 这似乎不是一个好的解释:在1929年的苏联,卢卡奇没有什么危险,如果他想去德国(比如他1931年就偶然去过一次),没有人会阻止他。卢卡奇后来在1967年给出的解释更具有说服力:"事实上,我确信我处在右派,但我也清楚——看看

---

① „Offenenr Brief des Exekutivkommittees der Kommunistischen Internationale an die Mitglieder der Kommunistischen Partei Ungarns" (1928), in Peter Ludz, *Georg Lukács*, *Schriften zur Ideologie und Politik*, Neuwied: Luchterhand, 1967, pp. 733 - 734.
② Georg Lukács, "Preface" (1967) to *History and Class Consciousness*, London: Merlin Press, 1971, p. xxx.
③ Y. Bourdet, *Figures de Lukács*, Paris: Anthropos, 1972, p. 170.

柯尔施的命运——开除党籍意味着没有机会积极参加反法西斯主义的斗争。我写的自我批判相当于加入这种活动的'入场券'。"①这一论述遇到的麻烦是,1929年的共产党远没有领导任何有效的反法西斯主义斗争。这时候出现的是声名狼藉的斯大林主义教条,它把社会民主定义为"社会法西斯主义",顽固地拒绝与工人政党组建反法西斯主义的统一战线,而声称"主要的攻击应对准德国社会民主党"。

显然,卢卡奇完全不同意这一灾难性的策略。1967年他回忆道,1928年斯大林的理论把社会民主看作"法西斯主义的孪生兄弟",这使他"深感厌恶"。② 所以,为什么卢卡奇要屈服,自我批判,被动地接受共产国际的路线?在我们看来,维克多·塞尔日(Victor Serge)的《回忆录》中的证据提供了解答这一问题的部分答案,里面诠释了卢卡奇当时的心理状态:"傍晚我们在沃蒂夫教堂(Votive Church)灰色的尖顶下散步,卢卡奇告诉我,'重要的是,不要觉得投反对票很快乐就去做蠢事,搞得自己被驱逐出境。相信我,遭到冒犯对我们来说是无足轻重的。马克思主义的革命者需要耐心和勇气;他们不需要骄傲。时运不济,我们正处在黑暗的十字路口。让我们保存实力:历史会在合适的时候召唤我们。'"③塞尔日认为这一对话发生在"1926年前后的维也纳"。我们想要更正维克多·塞尔日的回忆录,这可能会显得我们狂妄自大,但更可能的是,卢卡奇是在1929年的莫斯科说的这些话。首先,没有人在1926年被驱逐,当时塞尔日还在维也纳,苏联政府很难把他驱逐回苏联。另一方面,1929年的塞尔日是留在莫斯科的最后几名反对派之一,一直处在被驱逐的危险之中。卢卡奇提到革命者不需要骄傲,这在1926年难以理

---

① Georg Lukács, "Preface"(1967) to *History and Class Consciousness*, London: Merlin Press, 1971, p. xxx.
② Georg Lukács, "Preface"(1967) to *History and Class Consciousness*, London: Merlin Press, 1971, p. xxviii.
③ V. Serge, *Memoirs of a Revolutionary*, Oxford: Oxford University Press, 1963, pp. 191 - 192.

解,而在1929年他进行自我批判的时候,这就可以准确反映出他的态度了。同样,"时运不济,我们正处在黑暗的十字路口",这句话准确传达出卢卡奇面对第三时期宗派转向时的困境。在这段对话中,卢卡奇与塞尔日(相对意义上)的"串供"可以根据1929年的形势来理解;某种意义上讲,(塞尔日所属的)左翼反对派受到的"社会法西斯主义"批判也适用于卢卡奇。但是不同于塞尔日,卢卡奇不敢在共产国际内部领导正面进攻。他正在"保存实力",希望"历史会在合适的时候召唤"他。

换句话说,卢卡奇把第三时期的左转看作一个孤立的现象,一个暂时的反常状态,并且他深信,共产国际迟早会回到更加现实主义的立场,这一立场接近他在《勃鲁姆提纲》中坚持的立场。这一新转向会优先进行反法西斯主义的斗争,允许他扮演积极的角色,而在他等待新转向来临的过程中,1929年的自我批判是他向自己强加的"微不足道的羞辱",通过自我批判,他牺牲了他的骄傲。卢卡奇的预言不完全是错误的:他没有预料到的是,转变来得太迟了,法西斯主义已经在欧洲的中心扎下了根。

四、卢卡奇自己的路线

《勃鲁姆提纲》是一段艰难的思想朝圣之旅的成果。它们是卢卡奇政治发展的顶点,是他1928年后思想的意识形态基础。在失败的刺激下,卢卡奇于1929年放弃政治理论领域的工作,转向更加"中性的"、争议较少的美学与文化世界。然而正如他在1967年强调的那样,《勃鲁姆提纲》的基本立场"决定了我此后的一切理论活动与政治活动"。为了进一步证明这一论断,卢卡奇引用了他曾经的学生约瑟夫·雷瓦伊(József Révai)的话,讽刺的是,雷瓦伊是以斯大林主义立场批判卢卡奇的主要人物。1950年,雷瓦伊写道:"熟悉匈共历史的人都知道,卢卡奇同志在1945年至1949年间的**文学**观符合他很早之前就形成的**政治**观,这些政治观点形成的背景是20年代末匈牙利的政治趋势与共产党的策略。"[1]

事实上,这种文学观不仅符合卢卡奇1945—1949年间的政治观,正如卢卡奇自己暗示的,也符合他的**整个**文学和美学创作时期。即便在第三时期,经过对术语进行必要的谨慎处理后,卢卡奇也还在捍卫(资产阶级)文化遗产,反对德国共产党的作家[例如恩斯特·奥特瓦尔特(Ernst Ottwalt)和威利·布雷德尔(Willi Bredel)]倡导的"无产阶级文学"。[2] 但是,特别是在1934年共产国际的右转之后,卢卡奇才能自由地表达他的文学理论。正如伊萨克·多伊彻(Isaac Deutscher)所说的那样:"他将人民阵线从策略高度提升到意识形态的高度;他在哲学、文学史与美学批评中展现人民阵线的原则。"

没有什么能比卢卡奇对待托马斯·曼和贝尔托·布莱希特的不同态度更能说明这一取向了。对卢卡奇而言,托马斯·曼反对纳粹,他代表理性主义、"贵族荣光"以及对资产阶级传统的尊重。从文化的角度看,卢卡奇与曼达成统一战线的尝试等同于共产国际与非法西斯主义的资产阶级(包括拒绝站在任何一种立场上的资产阶级)达成政治联盟的策略。另一方面,布莱希特遭到了直接否定,因为"布莱希特对'资产阶级成员'的极度不屑,他对平民的极度同情,他超凡的艺术创新——在很多方面与曼的观念产生辩证的对立——内在地与人民阵线的氛围相冲突,卢卡奇与它们格格不入。"[3]

---

[1] Georg Lukács, "Preface" (1967) to *History and Class Consciousness*, London: Merlin Press, 1971, p. xxx; J. Revai, *Literarische Studien*, Berlin: Dietz Verlag, 1956, p. 235.

[2] Georg Lukács, „Reportage oder Gestaltung", „Kritische Bemerkungen anlässlich des Romans von Ottwalt" and „Aus der Not eine Tugend", in *Die Linkskurve*, 1932. 这种通过捍卫过去的文化遗产、捍卫巴尔扎克和歌德来反对第三时期新无产阶级文化的宗派分裂,当然有其合理的一面;而且,它与德国共产党中最怀疑斯大林主义的"社会法西斯主义"学说的一派有关,即海因茨·诺伊曼(Heinz Neumann)和威廉·明岑伯格(Wilhelm Münzenberg)。关于这一联系,参见Helga Gallas, *Marxistische Literaturtheorie*, Neuwied: Hennwack, 1971, p. 60. 在某种程度上,卢卡奇对传统文化的这一立场类似于托洛茨基在《文学与革命》中捍卫的论点,当时后者正在与俄国无产阶级文化的支持者进行论战。

[3] Isaac Deutscher, "Lukács as a Critic of Thomas Mann", in *Marxism in our Time*, London: Ramparts, 1972, pp. 291-292.

现在我们能明白为什么卢卡奇有保留地享有斯大林主义"内在的反对者"的名号。纯粹的斯大林主义必然非批判地、无条件地服从于领导层及其国际机构的每一次路线转变。但卢卡奇没有自动遵守莫斯科规定的"总路线"。他有他自己的路线,有时与"中央"一致,有时相左。当他接受斯大林主义政治的基本前提(一国建成社会主义,放弃革命的国际主义)时,卢卡奇不是在盲从:不论情况如何,他总是拒绝放弃自己独特的人民阵线主义意识形态。

因此,尽管卢卡奇在1929—1930年、1941年和1949—1950年被排斥,但他依然可以在1934—1938年和1944—1948年间的共产主义官方运动中进入政治和文化的领导层,也就毫不奇怪了。毫不意外,在他1956年公开批判斯大林主义后,他着重批判了第三时期的反常表现、"社会法西斯主义"理论以及共产国际在1939—1941年间的"荒谬"政策——在那时,反对纳粹和法西斯主义的斗争被隐秘地替换为反对各种西式民主的斗争,它们被指控为挑起战争的一方。① 卢卡奇不能接受的是斯大林主义在所谓"左倾"时期的政策:它认为资产阶级民主(或社会民主)是比法西斯主义更首要的敌人;任何向法西斯主义的妥协,无论含蓄或公开,都使卢卡奇深感厌恶。或许可以说,大致说来,每当斯大林主义与西方(资产阶级)民主和文化发生尖锐冲突时,卢卡奇都会持反对的态度;这就是他会在1928—1930年被共产国际和匈共批判为右派机会主义分子,以及在1941年的莫斯科被逮捕的原因。

五、卢卡奇的被捕

这次被捕值得一提。卢卡奇被拘留了一个月左右,他被指控从20

---

① Georg Lukács, "Preface" (1967) to *History and Class Consciousness*, London: Merlin Press, 1971, p. xxviii; Georg Lukács, "The Twin Crises", in *NLR* 60, 1970, pp. 39 - 40.

世纪20年代开始就成为一名"托派分子"。① 卢卡奇后来在布达佩斯向他的学生们回忆道：内务人民委员会曾命令他写一份政治自传。此类文件一般是警察审讯犯人的基础，这正是卢卡奇的遭遇。在布达佩斯的卢卡奇档案馆中存有一份三页纸的德语政治自传，涵盖了卢卡奇在1941年4月前的经历。此文件极有可能是卢卡奇交给内务人民委员会的文件的副本。文件包含了他作为共产主义激进人士生涯中的一些细节，但有一件怪事：里面完全没有提到他经常强调的他的政治活动的核心，以及他效忠苏联和共产主义官方运动的原因——反法西斯主义斗争。"法西斯主义"和"纳粹"没有出现在这份文件中，只一闪而过地、中性地提到1933年"希特勒的上台"。唯一可能的解释是，这份文件写于1941年4月至6月22日（此时纳粹尚未入侵苏联）之间；写于莫洛托夫—里宾特洛甫条约和苏德"友好"期间。若果真如此，卢卡奇被捕的原因很可能是他被当作斯大林在处理纳粹德国问题上的潜在反对者——事实上这的确属实，尽管他在向内务人民委员会提交的自传中小心翼翼地隐藏这一事实——在德国入侵后不久他就得到了释放（显然是在季米特洛夫替他交涉后），他的反法西斯主义才智再次派上了用场。②

在1949—1951年冷战的高潮时期，卢卡奇再次发现自己成了"反对派"，他在匈牙利被［包括鲁达斯（Rudas）、雷瓦伊、霍尔瓦特（Horvath）等人］批判为"修正主义者"，"客观上助长了帝国主义"，等等。《真理报》（*Pravda*）通过法迪耶夫（Fadyeev）加入批判，发起了猛烈的进攻，卢卡奇一度认为他再次处于被捕的危险中。③ 这进一步向我们证明，1929年和1949年的两次受到诟病的卢卡奇自我批判中存在作

---

① Istvan Meszaros, *Lukács' Concept of Dialectics*, London: Merlin Press, 1971, p. 142.
② 然而，关于这一点的证据存在矛盾，参见 Julius Hay, *Geboren 1900*, Hamburg: Christian Wegner Verlag, 1971, pp. 277 - 278.
③ Istvan Meszaros, *Lukács' Concept of Dialectics*, London: Merlin Press, 1971, pp. 146 - 147. 拉伊克的审判和处死就发生在这个时候。

假和极不真诚的特点——两者都不可避免地被斯大林主义审查官认为不够全面、不够满意而遭到拒绝。因为卢卡奇在1928年后的政治和思想生涯是连贯的:这段生涯中他始终如一地努力在斯大林主义与资产阶级—民主的文化之间达成"和解"。

六、解释转变

如何解释卢卡奇在1926—1928年间发生的巨大转变,以及他与充满革命气息的过去发生的断裂?浏览他最后几年的自传性作品和访谈会发现一个反复出现的主题:"到了20世纪20年代事情变得很清楚……我们从1917年追随十月革命起就抱有的那些热切希望并没有得到实现:我们深信不疑的世界革命的浪潮并没有到来。"①在1919年,卢卡奇形成了一种宏大的弥赛亚观念,他认为无产阶级国际革命将会成为新世纪的黎明,也昭示着人本主义文化的复兴以及自由时代的开启。这种狂热的希望在他1924年之前的作品中随处可见,虽然其形式日渐低迷和现实。卢卡奇把革命的无产阶级看作以古典哲学、理性人本主义和革命民主为代表的一切最优秀传统的继承者,这些传统已经被现代资产阶级所背叛、蔑视和抛弃。由社会主义世界革命建立起来的新的社会和文化将会成为这一政治和文化遗产的辩证**扬弃**以及保留/否定/超越。

革命的退潮以及1924年后苏联内部的变化使卢卡奇梦碎,这种梦碎是深刻的、痛苦的,那个时代的许多知识分子都有同感。他拒绝回归资产阶级(如同一些"梦碎"的知识分子的选择);他对工人运动的支持绝不动摇。另一方面,他认为左翼反对派是乌托邦的、不现实的;回到1917—1923年的革命原则似乎是不可能的。他将如何是好?在对社会

---

① Georg Lukács, "The Twin Crises", in *NLR* 60, 1970, p.37.

主义新世界的伟大希望以及辩证地超越资产阶级人本主义的伟大希望受到挫折后,卢卡奇回到了一个雄心稍逊但更加"现实"的计划:资产阶级民主文化与共产主义运动的和解。因为他的想法与世界革命即将发生的前景紧紧捆绑在一起,所以面对资本主义相对稳定的情况时,他的意识形态便不再左倾。革命热潮消退了,卢卡奇失去了方向,他似乎只能抓住仅存的两个"可靠的"证据:苏联与传统文化。看到超越的新综合业已失败,他至少还会尝试对这两个不同的世界进行综合、互相妥协和联合。1926年后卢卡奇的作品,在刨除其中的睿智、不可否认的吸引力和理论深度后,更像是逐渐熄灭的熔炉中的余烬。

在很久之后的1956年,卢卡奇同许多共产主义运动中的干部、知识分子和激进分子一样,陷入了一段人尽皆知的危机中,那是一段质疑和批判斯大林主义的时期。我们要强调的是直接批判,因为以"伊索式的语言"对斯大林主义官僚主义的含蓄批判也可以在卢卡奇于苏共二十大之前创作的作品中找到。例如,1952年列奥·考夫勒(Leo Kofler)在署名儒勒·德沃希特(Jules Devérité)的一篇文章中,指出卢卡奇在1940年创作的《人民的保民官,还是人民的官僚?》("People's Tribunal or Bureaucrat?")一文中批评了斯大林主义的官僚主义式的乐观主义态度。① 虽然就在同一文本中,卢卡奇不仅以斯大林本人的名义批判了苏联的官僚主义(他声称"苏联官僚主义的终结是清算资本主义社会经济和意识形态残余的斯大林主义纲领中的一部分"),②更重要的是,他的批判非常粗糙和表面,只局限于斥责官僚及其文学代言人的那种官话式告诫以及伪装出来的乐观主义。

---

① L. Kofler, "Das Wesen and die Rolle der Stalinistischen Bürokratie" (1952), in *Stalinismus und Bürokratie*, 1970, p. 63. 在1969年的文本中,卢卡奇认可考夫勒的文章,把它当作他早在1953年之前就反对斯大林主义的客观证据。参见 Georg Lukács, "Lénine—Avant-propos", in *Nouvelles Etudes Hongroises*, Budapest: Akademiai Kiado, 1973, p. 94.
② Georg Lukács, „Volkstribun oder Bürokrat?", in *Probleme des Realismus* I, Werke 4, Neuwied: Luchterhand, 1964. 这或许可以被当作一种"伊索式的"谨慎。

七、"清算"斯大林主义

在1956年,卢卡奇开始"清算"斯大林主义——并且在某种程度上,"清算"的是他本人的斯大林主义。当然,他热烈欢迎苏共二十大,某种程度上把它看作共产国际第七次代表大会(1935)的重新召开,这个会议预示着向人民阵线转变。① 1956年,卢卡奇在短命的纳吉·伊姆雷政府担任文化部部长。然而,卢卡奇在1956年后的反斯大林主义比较特殊——既不彻底,同时还具有(用一个熟悉的标签来讲)"右倾主义"特征。

不彻底是因为卢卡奇拒绝质疑斯大林主义政策中的一些基本观点,比如一国建成社会主义论;还因为他只是谴责莫斯科大审判"在政治上是多余的,因为反对派早已丧失了全部力量",因此他当时含蓄地承认了斯大林政策的"正确性"。② 有一个例子特别引人注意:在1957年《当代现实主义的意义》的序言中,卢卡奇冒险比较了斯大林与罗莎·卢森堡(Rosa Luxemburg)两人的错误。③

"右倾主义"是因为卢卡奇倾向于认为斯大林主义本质上是"左倾主义"的一个分支,是一种"宗派的主观主义"。④ 1956年6月28日,在

---

① "如果我们显得软弱,如果那些希望把列宁主义当作斯大林主义的颠倒力量获得成功,那么二十大就会陷入困境,就像在30年代,共产国际第七次大会的伟大倡议没有取得人们在1935年可能有理由期待的成果一样。"参见 Lukács, "Discorso al dibattito filosofico del Circolo Petöfi" (15 June 1956), in *Marxismo e Politica Culturale*, Milan: Einaudi, 1972, p.105。
② Georg Lukács, "Brief an Alberto Carocci" (8 February 1962), in *Marxismus and Stalinismus*, Hamburg, 1970. 此处也可参见"The 1960 Preface to *Existencialisme ou Marxisme?*", Paris, 1961, p.7. "在1956年赫鲁晓夫讲话后,我认为1938年的大审判是不必要的。"在1947年与波伏娃论战的著作中,卢卡奇仍然荒诞地认为莫斯科大审判"增加了俄国在斯大林格勒胜利的可能性",参见同书第168页。
③ Lukács, "Preface" (1957), in *The Meaning of Contemporary Realism*, London: Merlin Press, 1963, p.10.
④ 在1956年9月创作的《当代现实主义的意义》中,卢卡奇把斯大林主义看成一种"经济主观主义"和"革命浪漫主义"的混合。

匈牙利(共产主义)工人党政治学院的讲话是他的第一篇反斯大林主义文本，从这篇文章起他开始提出，过去的主要错误是过于信奉"1917年的真理"！卢卡奇讲，"我们党犯下的无数策略上的错误，都能被归结为我们简单地将1917年以及随后的革命时代的真理照搬到……新时期，没有经过一丝批判，没有研究新的情况，这个新时期的主要策略问题不是争取实现社会主义，而是法西斯主义和反法西斯主义之间的较量"。① 没必要再逐字逐句地说明这种对过去的看法与《勃鲁姆提纲》之间的密切联系。毫不惊奇的是，他对1928—1933年间的斯大林主义批判得最猛烈。在他最终的分析中，1948—1953年间苏联的导向似乎是一种旧病复发。

八、赫鲁晓夫主义

卢卡奇以同样的方式批评斯大林的国内政策：他指控斯大林将"内战时期的施政方针"运用到"内部团结的和平状态下"；"在紧张的革命情况下，每一件客观上不可避免的事情……都被斯大林转化为苏联日常生活的基础"。② 换句话说，卢卡奇不仅没有区分列宁时期的苏联(相比较而言，1917—1920年是俄国历史上最民主、最"多元主义"的时期)和斯大林时期的苏联，而且他对斯大林主义的批判恰恰是因为它"人为地"照搬了列宁时期的政治、做法和导向。这一立场不过是卢卡奇20世纪20年代的"人民阵线主义"视角的逻辑延伸。

因此毫不奇怪，卢卡奇完全支持"赫鲁晓夫主义"，不仅出于内在原

---

① Georg Lukács, „Der Kampf des Fortshritts und der Reaktion in der heutigen Kultur" (1956), in *Marxismus und Stalinismus*, Hamburg: Rowohlt, 1970, p. 139.
② Lukács, „Brief an Alberto Carocci", in *Marxismus und Stalinismus*, Hamburg, 1970, p. 185; „Zur Debatte zwischen China und der Sowjetunion, theoretische-philosophische Bemerkungen" (1963), in *Marxismus und Stalinismus*, Hamburg: Rowohlt, 1970, p. 211.

因(对斯大林主义的片面批判),也出于外在原因(和平共存成为国际共产主义运动的策略)。他甚至走过了头,一度认为——即便他过去总是反对经济主义——"总而言之",不同系统之间的经济竞争"决定……谁会在国际阶级共存并斗争的模式中获得胜利"。因为"很明显,系统间的经济竞争……最终是……关键性的基础,它决定系统中的人会选择他们自己的系统或是竞争对手的系统……**经济发展本身是这场竞争中最有效的宣传**"[1]。出于这些"赫鲁晓夫主义"的前提,卢卡奇没能预见到1963年后的主要政治现象:"贫困的"革命国家(中国、越南和古巴)对年轻人的强大吸引力。这些国家不是通过"经济竞争"反对先进的资本主义,它们的手段是不同的**社会模式**(包括经济、政治、文化和道德等方面)。

然而,卢卡奇的确在对"个人崇拜"的批判中超越了苏共二十大以及"赫鲁晓夫主义"的狭隘局限。他似乎不理解,一个世界历史重要时期的问题式竟然被归结为一个人的个人品质:他强调,一个人必须超越"个人",靠近组织,靠近"制造'个人崇拜'的机器,然后通过不断地鼓吹宣传建立个人崇拜……没有这一机器的顺畅运转,个人崇拜只会是一个主观美梦,一种畸形的产物"。[2] 1966年前后,卢卡奇的看法开始变得更加极端,他批评官方的"去斯大林主义运动"是不充分的。[3] 然而,他从未抓住斯大林主义现象的根源,也从未试过用马克思主义分析苏联官僚主义,他只是局限于批评它的"上层建筑"方面:粗鲁的操纵、策

---

[1] „Zur Debatte zwischen China und der Sowjetunion, theoretische-philosophische Bemerkungen" (1963), in *Marxismus und Stalinismus*, Hamburg, 1970, pp. 208 - 209;„Probleme der Kulturellen Koexistenz" (1964), in *Marxismus und Stalinismus*, Hamburg: Rowohlt, 1970, pp. 215 - 216. 事实上,这个论点与卢卡奇的基本立场相去甚远,他无法长期辩护这样庸俗的经济主义观点。在1966—1967年,他特别质疑这个观点,他认为,"仅靠生活水平的提高,永远无法真正吸引西方国家(这是赫鲁晓夫的幻想之一)。" 参见"Le Grand Octobre 1917 et la littérature", in *L'homme et la Société*, No. 5, July-September, 1967, p. 14。

[2] Lukács, „Brief an Alberto Carocci", in *Marxismus und Stalinismus*, Hamburg: Rowohlt, 1970, p. 172.

[3] Abendroth, Holz, Kofler, *Conversations with Lukács*, Bari, 1968, p. 189.

略优于理论,等等。1968年伊始,他仍然把斯大林主义定义为"宗派主义"的一种类型,它希望"使内战的美好年代永远持续下去"。①

九、最后的回归

在1968年,卢卡奇开启了向"晚年卢卡奇"的新转向。这段充满矛盾的发展可被概括为开始迈向革命左翼,不过这一概括可能有过度简化之嫌。在卢卡奇最后的论文和访谈中,可以找到他站在左派立场批判斯大林主义的部分内容,它们与1956—1967年间的观点有质的不同,尽管仍然存在着连续性。② 他的思想演进和过去一样,同时充满着延续与变化。此次"左转"的起点当然是人们感兴趣的20世纪中具有世界历史意义的1968年——在短短几个月的时间内,世界经历了越南的"春节攻势"、全球性的学生反抗运动、法国的"五月风暴"、中国的"文化大革命"、"布拉格之春"以及苏联入侵。卢卡奇正确把握住了这些事件的极度重要性,在1969年的采访中他这样说道:"今天,整个系统正面临着一场刚开始出现的深远危机……我的意思是看看越南战争,美国的新危机……法国、德国、意大利的危机……从世界历史的角度看,我们正处于一场世界危机的临界点。"③至于捷克斯洛伐克,在华约部队占领布拉格的几周之后,卢卡奇在与一名他以前的匈牙利学生的非正式谈话中,明确表达了他的愤怒,并强调这一事件具有糟糕的历史影响:"这是共产主义运动自德国社会民主党人1914年通过德皇的战争信贷以来,遇到的最严重的灾难。这为社会主义兄弟情谊的第一次梦想画上了

---

① Georg Lukács, „Alle Dogmatiker sind Defaitisten", in *Forum*, 1968.
② 在一系列问题上,如世界革命衰落后斯大林的"现实主义"、自我批判《历史与阶级意识》中的"弥赛亚主义"等,卢卡奇并没有完全放弃他以前的立场。
③ Georg Lukács, "The Twin Crises", in *NLR* 60, 1970, p.44.

句号。还用我说更多吗？"①1968 年 9 月，一些年轻的西欧革命学生拜访卢卡奇，他们对卢卡奇批判苏联的尖锐程度以及他对法国五月事件的极大兴趣印象深刻。② 卢卡奇理解斯大林主义以及资产阶级世界这两个危机之间的辩证关系，不断强调它们的相互依存性。

因此，当卢卡奇 83 岁时，他的政治/意识形态进入了新阶段，从某种程度上讲，他这是在回归他年轻时的革命导向。显然，历史不能重复，1969—1971 年的卢卡奇绝不等同于 1919—1924 年的卢卡奇，"回归"一词只是在比喻的意义上说明两个不同现象具有可以类比的方面。

从这种意义来看，回归的首要表现之一是对厄岱（Ady）的"重新讨论"，这非常重要。在 1969 年初，卢卡奇写了一篇论厄岱的文章（他已经很久没有讨论这位他曾经最爱的诗人了），直接将这位 1919 年去世的伟大作家的作品与当代匈牙利发生的深层变革的前景联系起来："我相信，当匈牙利真正超越了斯大林主义时期，并开始在一种新的无产阶级民主基础上建设一个充满活力的社会主义时，会有更多的人发现厄岱是他们最爱的诗人。"③卢卡奇盛赞厄岱是一位始终如一的革命诗人，他对厄岱的美誉与他开始反对黑格尔的"现实主义"息息相关："我从来不认为黑格尔的**与现实和解**（*Versöhnung mit der Wirklichkeit*）的概念是有效的。即使是在我的黑格尔主义时期，主导我思想态度的都是厄岱的'神圣的否决权'……"④通过对比厄岱的**乌戈萨否决加冕**（*Ugocsa non coronat*）与黑格尔的**和解**（*Versöhnung*），卢卡奇回到了他青年时期的革命问题式，挑战了那个曾作为"哲学"基础——直接或间

---

① George Urban, "A Conversation with Lukács", in *Encounter*, October 1971, p. 35. 我们应该顺便补充一点，1914 年 8 月关于战争信贷的投票被列宁视为第二国际的最终破产，从而开始意识到需要建立一个新的无产阶级国际组织……然而，如果我们把这样的结论归于卢卡奇，我们不得不做出过长的比较！
② Report by C. Urjewicz to the author, September 1974.
③ Georg Lukács, "The Importance and Significance of Ady", in *New Hungarian Quarterly*, No. 35, Vol. X, 1969, p. 60.
④ Georg Lukács, "My Road to Marx" (1969), in *Nouvelles Etudes Hongroises*, 1973, p. 78.

接地——使他在 1926—1968 年间与斯大林主义达成不稳定的、困难的妥协的概念：和解。

十、余光闪耀

在 1968 年底，这一挑战在一篇文章中取得了一种直接的政治形式，这是卢卡奇在捷克斯洛伐克被占领后完成的一篇论列宁和过渡时期的文章（其中只有一个章节在 1970 年的匈牙利得到发表）。在这篇文章中，卢卡奇对比了列宁的社会主义民主与斯大林主义的官僚主义操纵。他提到一个与此有关的例子是 1919 年的"共产主义星期六义务劳动"，它代表自主活动，自由地选择为共同体服务。在这一语境下，卢卡奇毫不意外地引用了他写于 1919 年的著名文章《共产党的道德使命》("The Moral Mission of the Communist Party")。当然，他提到了它的理想主义局限性；但他又一次受到"自由王国"的问题式和向共产主义转变的吸引。①

1969 年初，卢卡奇在一次采访中明确表明，他对斯大林主义持有革命的、左翼的新批判立场："为了不隐瞒我的个人想法，我所理解的社会主义民主是日常生活中的民主，比如 1871 年、1905 年和 1917 年的工人代表苏维埃。它曾经出现在社会主义国家中，它也必须在这种形式中重新激活。"②在 1969—1971 年间几乎所有的采访中，卢卡奇都将工人代表苏维埃与专制的官僚主义和资产阶级民主进行了比较，指出它是

---

① Georg Lukács, „Lenin und die Fragen der Ubergangsperiode" (1968), in *Goethepreis*, 1970, pp. 84 – 85. 关于这一点参见 Istvan Meszaros, *Lukács' Concept of Dialectics*, London: Merlin Press, 1971, p. 151.
② Georg Lukács, „ Die Deutschen, eine Nation der Spätentwickler ", in *Goethepreis*, 1970, p. 112. 一个重要的细节：托洛茨基与列宁同是十月革命的最重要领导人之一，二人"都领导了工人苏维埃的运动"。

一种真正的民主系统,每当革命无产阶级登上历史舞台时它就会产生。① 卢卡奇首次将1919年的匈牙利苏维埃共和国描述为社会主义民主的典范,它在各个方面(特别在文化方面)都反对斯大林主义时期的做法,尽管它有自己的缺点。② 新的革命视角最重要的政治影响之一便是卢卡奇开始怀疑官僚主义推动的"自我改革"。他曾经长时间对此抱有信心,并对如此敏感的话题非常谨慎;但是在去世前的最后一次采访中,卢卡奇明确、鲜明地说:"我到现在都没见过官僚主义者发起过什么改革……我不认为会有某种官僚主义推动的变革,还有,我真不认为他们有这样的意图……他们想要维持我们现有的官僚主义平衡。"③重要的是,卢卡奇接着谈论1970年波兰"轰动性的罢工"事件时,补充道:"每一个社会主义国家今天或明天都可能发生波兰事件。"

卢卡奇的新方向也涉及资本主义世界中的阶级斗争,特别是他对越南的态度。他用新颖的类比强调越南的斗争所具有的世界历史意义:"对于'美式生活'来说,美国在越战中的失败就好比里斯本大地震对于法国封建主义的意义……纵使里斯本大地震和攻陷巴士底狱之间相隔数十年,但历史能够重复自身,那些起初在意识形态上完全不成熟的、仅仅由正当的感觉驱使着的反抗运动,孕育着真正的运动。"④在欧洲,尤其在法国,1755年的里斯本大地震激起了强烈的意识形态危机。此次难以置信的惨烈事件(城市被完全摧毁)挑战了莱布尼茨(Leibniz)的乐观主义(顺从主义)意识形态,他宣称"我们所处的世界是所有可能世界中最好的世界",挑战了亚历山大·蒲柏(Alexander Pope)的"凡存

---

① 例如参见 NLR 60, p. 41; NLR 68, p. 50; Y. Bourdet, Figures de Lukács, Paris: Anthropos, 1972, p. 187, etc.。
② Georg Lukács, "La Politique Culturelle de la République des Conseils", interview of 1969, in Action Poétique, No. 49, 1972, p. 31.
③ Georg Lukács, "Interview with Y. Bourdet", in Y. Bourdet, Figures de Lukács, Paris: Anthropos, 1972, p. 186.
④ Georg Lukács, Goethepreis, 1970, p. 108.

在皆合理"以及天意的全部观念。伏尔泰让他笔下创造的人物——盲目乐观的哲学家潘格罗斯博士死于里斯本大地震。① 因此卢卡奇通过类比揭示出越战的三层影响。首先,在世界范围内,"和平年代"的乐观主义幻想终结了——这是他本人自 1956 年起就抱有的幻想。② 其次,他所说的"控制论教"在衰落,它表现为盲目地信仰机器、计算机和电子工具,信仰无所不能、未雨绸缪的物神,它取代了 18 世纪的上帝,这些观念都被民族解放阵线击垮了。③ 最后,也是最重要的,巨大的价值危机出现了,帝国主义意识形态遇到了新挑战,它将催生出大量国际范围的革命浪潮。这不再是 1919 年期待马上发生革命的那种弥赛亚主义希望;但这是卢卡奇自 20 世纪 20 年代起,第一次开始把世界革命当作 20 世纪真实的历史前景。

卢卡奇开始批评改良主义的工人政党:社会民主党还有共产党在德国 50 年来施行的政策只是"一系列的投降","在德国,各个党派不再能吸引年轻人,很不幸,共产党自身也包含在内,因为它们局限于策略决定,因为它们丧失了宏大的历史视角"。④ 他开始同情学生运动,并抱有(批判性的)兴趣。他拒绝给这些激进的年轻人贴上通行的"左派分子"标签——这是传统共产党领导层的惯用招式。相反,他声称:"谁要觉得他能把列宁 1920 年写的书应用于 1969 年的美国青年,或者认为列宁对罗兰·霍尔斯特(Roland Holst)的批判同样适用于杜契克(Dutschke),那么他就会大错特错。"⑤官僚主义路线认为年轻的"左派分子"具有鲜明的"冒进主义的""被操纵的"甚至"煽动性的"特征,相比之下,

---

① 伏尔泰也写了一首哲学诗来谈论这一事件。"里斯本地震,1755 年 11 月 1 日发生在这个最具天主教色彩的城市,是 18 世纪的一场**良心危机**。"(L. G. Crocker, "The Problem of Evil", in J. F. Lively, *The Enlightenment*, London: Longmans, 1966, p. 159.)
② "我们正在进入一个和平与共存成为可能的时代。"Georg Lukács, „Der Kampf des Fortshritts und der Reaktion in der heutigen Kultur" (1956), in *Marxismus und Stalinismus*, Hamburg: Rowohlt, 1970, p. 141.
③ Interview with Lukács on ORTF, 1971.
④ Georg Lukács, *Goethepreis*, 1970, op. cit. p. 110.
⑤ Georg Lukács, "The Twin Crises", in *NLR* 60, 1970, p. 43.

卢卡奇明确主张:"我认为德国甚至全世界都在兴起的学生运动是一个极其积极的现象",它必须被理解为二战后两个体系内同时兴起的危机——斯大林主义和"美式生活"——的产物。①

1971年6月4日,卢卡奇的去世让这惊人的"向最初原则的回归"刚拉开帷幕便戛然而止;经历了半个世纪的"和解"与"幻想破灭",卢卡奇在他生命的最后三年开始重新寻找那些强烈的希望,还有闪耀在1919年那位人民政委身上的红色火焰。

(谢瑞丰 译)

---

① Georg Lukács, *Goethepreis*, 1970, op. cit. pp. 107-108.

德国哲学与纳粹的崛起[*]

[美]朱利安·杨

《历史与阶级意识》是在西方知识分子习以为常的那种不受教条拘束的自由中写成的。不过,卢卡奇再也没能享受到这种自由。他的晚期创作生涯中最重要的作品《理性的毁灭》(1954)大部分写于1944—1945年间,那时,他正谪居莫斯科。在后记中,卢卡奇顺从地将自己刻画为一名冷战斗士:他说他的书是"冷战"的"论战性"产物,这场战争由丘吉尔和美国人挑起,它终结了战后"和平与自由"的梦想。[①] 这本书着力考察德国哲学中的德国法西斯主义根源,卢卡奇说,这本书之所以重要,是因为在美国,同样的法西斯主义在民主的粉饰下继续存在。卢卡奇(借助诺曼·梅勒)宣称,因为美国是一个"垄断资本主义独裁的国家",所以它"无须废除民主的形式就能够实现希特勒所追求的一切"。[②]

---

[*] 本文出处:Julian Young, *German Philosophy in the Twentieth Century*:*Lukács to Strauss*, NY:Routledge,2021,pp.33-45.
朱利安·杨,美国维克森林大学人文学威廉·凯南讲席荣誉教授,新西兰奥克兰大学荣誉研究员。著有《叔本华》、《弗里德里希·尼采——一部哲学传记》(该书赢得了美国出版商协会2010年为哲学出版物设立的PROSE奖)、《悲剧的哲学:从柏拉图到齐泽克》以及《上帝之死与生命的意义》等15部著作。

① Georg Lukács, *The Destruction of Reason*, trans. P. Palmer, London:Merlin Press, 1980, p. 765.
② Georg Lukács, *The Destruction of Reason*, trans. P. Palmer, London:Merlin Press, 1980, p. 770.

一、论点

许多学者都曾试图说明,某些或全部的19世纪德国哲学与纳粹的崛起有关。维也纳学派的逻辑实证主义者们认为它难辞其咎,众多海德格尔评论家——比如德里达——都把他与纳粹的交往当作其哲学的根源,如此一来,海德格尔就达到了一种有害的形而上学传统的顶峰。《理性的毁灭》是卢卡奇对此问题的解读。这部著作开宗明义,不存在所谓"无辜的哲学"①。哲学总是具有政治意义。卢卡奇声称,他的任务是揭示后康德时代的德国哲学传统(当然不包括马克思,在某种意义上也不包括黑格尔)是希特勒崛起的共犯。他认为存在"一条由谢林通向希特勒的道路"②。德国哲学家们通过鼓吹一种"非理性主义"哲学,为通向"国家社会主义的未来"做出了"智识上的艰苦铺垫"③。单单哲学当然承担不起魏玛共和国衰亡和希特勒崛起的责任。但是,"意识形态"作为一种至关重要的促进因素也不应该被忽略。④ 尽管卢卡奇在德国哲学传统中辨识出的"非理性主义"不是法西斯主义崛起的充分原因,但也是一个必要的客观情况。

《理性的毁灭》大体按照时间顺序来讨论后康德时代德国哲学的主要人物。除此之外,它的部分兴趣是成为一部"马克思主义的哲学史"⑤,一部从马克思主义视角叙述19、20世纪德国哲学历史的著作。

---

① Georg Lukács, *The Destruction of Reason*, trans. P. Palmer, London: Merlin Press, 1980, p. 5.
② Georg Lukács, *The Destruction of Reason*, trans. P. Palmer, London: Merlin Press, 1980, p. 12.
③ Georg Lukács, *The Destruction of Reason*, trans. P. Palmer, London: Merlin Press, 1980, pp. 5-6.
④ Georg Lukács, *The Destruction of Reason*, trans. P. Palmer, London: Merlin Press, 1980, p. 83.
⑤ Georg Lukács, *The Destruction of Reason*, trans. P. Palmer, London: Merlin Press, 1980, p. 13.

它的首要任务是在各个案例中阐明这种哲学的"非理性主义"特征,并揭示这种哲学独特的(众多)非理性主义形式是如何铺垫了走向希特勒的道路。阅读卢卡奇的这部巨著(德语版为三卷本,英译版有865页)就像是由一位包豪斯门徒带领参观一座宏伟的19世纪哥特式教堂。我们的导游对一切陈列品都充满敌意。但是,从新的角度看待熟悉的事物让人感到兴奋,并且至少在某些时候,卢卡奇向他的"嫌疑人"展览馆提出了有效的质疑。

卢卡奇从未对"非理性主义"下定义,实际上他以多种不同的含义使用这一术语。当我们概述他的"指控对象"时,重要的是问一问在每个案例中,被他指控的"非理性主义"包含了什么内容,以及它为什么被认为是希勒特的帮凶。

二、谢林

卢卡奇认为,谢林是后康德时代向非理性主义恶化的渊薮。① 这源于他对"理性主义"的正面攻击,以及他认可取代理性主义的"理智直观"。康德认为,人的心灵将它自身独特的概念形式应用于它的全部经验,并且我们不能逾越我们自身的心灵,因此,我们永远不能获得关于"自在"现实的知识,我们只能局限在"表象"的领域之中。在卢卡奇看来,虽然谢林承认康德的"幕障"的确横亘在人的常见功能和实在界之间,但他认为少数艺术天才被赐予了理智直观的"器官",它能像激光一般穿透这层幕障,从而使他们把握到物自体的自在状态。卢卡奇说,这是一种"贵族主义认识论"。②

---

① Georg Lukács, *The Destruction of Reason*, trans. P. Palmer, London: Merlin Press, 1980, p. 129.
② Georg Lukács, *The Destruction of Reason*, trans. P. Palmer, London: Merlin Press, 1980, pp. 129-154.

为什么谢林（被指控的）"对知性和理性的贬低，对直观未加批判的吹捧……（以及）贵族主义认识论"①会成为通向希特勒之"路"的开端呢？卢卡奇声称，谢林属于反对启蒙的浪漫主义思潮，这种对启蒙主义的反应拒绝"诚实的科学论断"②。为了"歪曲、蔑视和模糊事实"而从方法论上拒绝"受人尊重的理智工具"，其极端便是纳粹主义。所以，"哲学层次的降低"③是交往理性（借用哈贝马斯的术语）毁灭的起点，是创造纳粹得以繁荣发展的公共话语环境的起点。正如我在2020年写道，大家都在担心，公共话语可能永远不会恢复那已被三流小报、社交媒体、"不开明的民主党人"以及第45届美国总统所破坏掉的文明与理性。

我们能从这一批评中得出什么？难道说谢林是19世纪的假新闻之父吗？谢林认为，**最核心的理智问题是自由与（因果）必然的问题**。他认为康德已经表明，哲学形式下的理性无法解决这一问题。在康德那里，现象界完全受因果律支配。因此自由，如果有这种东西的话，只能存在于"自在"领域，存在于"自在"之我。但正如康德的先验唯心论表明的那样，我们无法知道"自在之物"，我们无法获得关于自由的理性知识。为了理解道德，我们事实上在**信仰**自由，但信仰不是知识。然而谢林声称，艺术能够做到理性做不到的事，因为正如卢卡奇正确地看到，谢林坚信"审美直观是理智直观"。④ 更确切地讲，审美直观在它的最高形式即希腊悲剧中成功做到了理性做不到的事，因为它展现了自由与必然**共同**存在的现实。（用哲学的行话讲，谢林因此在自由与决定

---

① Georg Lukács, *The Destruction of Reason*, trans. P. Palmer, London: Merlin Press, 1980, p. 10.
② Georg Lukács, *The Destruction of Reason*, trans. P. Palmer, London: Merlin Press, 1980, p. 10.
③ Georg Lukács, *The Destruction of Reason*, trans. P. Palmer, London: Merlin Press, 1980, pp. 7 - 8.
④ 参见 Julian Young, *The Philosophy of Tragedy: From Plato to Žižek*, New York: Cambridge University Press, 2013, p. 75. 关于我对谢林的完整解释，请参考这部著作的第五章。

论问题上表现为某种"兼容主义者"。)

"理智直观"的概念是由康德引入哲学领域的。所有输入心灵的经验都要经过概念的解释,这些概念便遮蔽了人对实在的把握,而上帝就不会有这层幕障,如果上帝存在的话,上帝会按照实在"自在"的样子来把握实在。[①] 如此一来,谢林似乎确实既是一位"非理性主义者",又是一位"贵族主义认识论者":他同意康德主义的基本看法,一切人类经验都是由人类心灵的特殊结构所赋形的,但他毫无头绪地保留了一种对艺术的崇敬,声称艺术家同上帝一样,能够摆脱那种结构。

认为人类理性不能解决自由与决定论问题的观点本身不是非理性的。相反,因为哲学家们为了解决这一问题已经花费了两千多年的时间却仍未达成共识,所以认为这一问题无法解决的观点得到了归纳法的有力支持。因此,指控谢林为非理性主义的核心在于,他主张艺术**能够**解决这一问题,能够在确证"自由"的同时承认普遍的决定论。谢林论证的核心是索福克勒斯的《俄狄浦斯王》(*Oedipus Rex*),他认为这部悲剧切中了"命运"与自由。盲人先知忒瑞西阿斯告诉俄狄浦斯,他注定会杀父娶母。为了逃避命运,俄狄浦斯竭尽所能,却还是失败了。但是在《俄狄浦斯在科罗诺斯》(*Oedipus at Colonus*)的结尾,他沉着地面对他的命运,认为"一切都是好的"。谢林认为,这正是作为观众的我们在索福克勒斯三部曲结尾处的感受,这种感觉构成"悲剧效应"(谢林创造的术语)。最后,悲剧英雄与观众通过进入"崇高的态度与品性",双双超越了命运与日常生活所理解的自由。[②] 否认自由**意志**的尼采提出,在这种心灵的框架中,我们发现了关于经验主体的**真理**。面对科学的权威,我们倾向于把我们自己当作命运之网中的无助木偶。但尼采也

---

① 这意味着现实在某些特殊的情况下是"自在的",我遵从海德格尔,拒绝承认这一观点。参见 Julian Young, *German Philosophy in the Twentieth Century*, New York: Routledge, 2018, pp. 235 - 237。

② Julian Young, *The Philosophy of Tragedy: From Plato to Žižek*, New York: Cambridge University Press, 2013, p. 85.

说,这样做,"你"就忘了:

> 你,吓破胆的人,是那无法改变的命运,你被册封的王位甚至比掌管一切的诸神还高;你是祝福,是诅咒,是囚禁最强之物的绝对镣铐;在你那里,人类的全部未来都已预先决定:当你凝视自己时,发抖是没有任何用的。①

一般来讲,人把自己看作第一原因,看作自身恒定的因果链的推动者。但实际上尼采认为,人只是分叉繁多的链条中的一环,这一链条向时间原点回溯。如此,摆脱偏见的自我理解就是把自我同一于"必然",而不是受其限制,就是(也像佛陀建议的那样)承认在"自我"同一于一个体现日常生活的意识自我的过程中所具有的任意性,就是理解人自己是存在之物的时间性总体。作为那种总体,人当然享有免受限制的自由,因为在这种"自我"之外,存在的只是虚无。

当然,这种自由是隐秘的,并非日常意义上的。尽管如此,这里存在一条艺术向我们揭示出来的重要真理,谢林称之为"审美直观"。这一真理就是,人在对待自己的同一性时具有灵活性,特别是在沉重的、受到俄狄浦斯那般折磨的时代,解脱可以通过同一于超验自我,而非同一于经验自我来达到。(我们可以看到,舍勒表达了相同的观点。)谢林更宽泛的观点是,艺术可以沟通存在于科学理性领域之外的真理,伽达默尔的《真理与方法》用 500 多页的篇幅辩护了该观点。② 这是卢卡奇真正想否认的东西吗?我很怀疑。这么做会把一位花费大半辈子探讨艺术的人贬低成一个小乡巴佬,把他推向他在前马克思主义的日子里

---

① Nietzsche, "The Wanderer and his Shadow", in *Human, All Too Human*, trans. R. Hollingdale, Cambridge: Cambridge University Press, p. 61.
② Julian Young, *German Philosophy in the Twentieth Century*, New York: Routledge, 2018, Chap. 7.

所斥责的"实证主义的……狭隘二元性"①，在他转向马克思主义后甚至还将其描述为"庸俗的"②。

或许有人会反对谢林的上述论述，说他——尼采和我本人表达得更清楚——所做的恰恰是以概念的术语表达关于自由的真理，而理性本应无法表达此真理。谢林预见到了这种反对意见。③ 他说，希腊悲剧的重要性在于，它将演员的"史诗"语言与歌队的"抒情"歌声合二为一。音乐的功用是让我们体验到单凭语言无法获得的真理。如果真理仅凭词语就能"知道"，那它是由理智知道的；如果它是通过诗歌或音乐的伟大艺术作品知道的，那它是由人的整体存在知道的。

三、叔本华

第二位卢卡奇列举的非理性主义"创始人"是叔本华（Schopenhauer）。卢卡奇强调叔本华具有大资产阶级背景——他的父亲是汉堡的一位富商，他的母亲是主持沙龙的社交名流。卢卡奇强调1848年准社会主义革命对叔本华和同时代读者的重要意义，并且叔本华的确在他的遗嘱中将金钱留给镇压革命的士兵们的遗孀。（然而卢卡奇错误地指出，叔本华在革命失败后"声名鹊起"④。公众第一次关注叔本华的作品是在1853年——在没有发生1848年革命的英国——他在19世纪60年代前不曾被欧洲大陆熟知。即便在那时，当尼采1865年在一家二手书店发现叔本华唯一的重要

---

① Georg Lukács, *The Theory of the Novel: A Historico-Philosophical Essay of the Forms of Great Epic Literature*, trans. A Bostock, London: Merlin Press, p. 13.
② Georg Lukács, *History and Class Consciousness*, trans. R. Livingstone, Cambridge, MA: The MIT Press, 1971, p. xxxiii.
③ 参见 Julian Young, *The Philosophy of Tragedy: From Plato to Žižek*, New York: Cambridge University Press, 2013, pp. 77 - 78。
④ Georg Lukács, *The Destruction of Reason*, trans. P. Palmer, London: Merlin Press, 1980, p. 193.

著作《作为意志和表象的世界》时,他还不认识作者的名字。直到19世纪80年代叔本华才真正出名。)

卢卡奇向叔本华提出三条基本指控。第一条有关他的悲观主义,有关他那回响着佛陀的学说:"生活(大多)是折磨""驱除折磨的无尽努力所做到的只不过是改变了它的形式"。① (所以叔本华认为,大体来说,取代未满足的欲望所带来的折磨,是欲望的满足所带来的折磨,也就是无聊。)卢卡奇指出,这就是为了解释政治行动的徒劳性,因而有利于维护现状的资产阶级意识形态。第二,卢卡奇声称,叔本华将利己主义(egoism)重释为人类行为的准则,这具有强行连接古典经济学与人类状况的效果,再次把其他经济学思想扼杀于摇篮之中。他的第三条批判有关叔本华的形而上学。至少在有些时候②,叔本华宣称物自体不像康德说的那样是不可知的,而是可知的:它就是"意志"。我们能够知道,潜藏在被对象填满的"作为表象的世界"之下的现实,是"作为意志的世界",这是他的巨著的题目告诉我们的。卢卡奇在此指出,我们又一次碰到了"贵族主义认识论"的非理性主义。③ 卢卡奇以令人难忘的辞藻结束了对叔本华"资产阶级意识形态"的揭露,这段话影射了叔本华最后27年的时光,尽管他的哲学是悲观主义的,但是他在法兰克福的一家装修考究的酒店里逍遥地享受生活,吹笛子,读伦敦的《泰晤士报》,定期光顾法兰克福剧院:

> 因此,叔本华的体系设计精美,其形式享有建筑学般的巧妙,如同一座矗立在虚无与徒劳的深渊边缘的现代豪华酒店。一个人整天悠闲地享受美食与艺术作品,在享受的间隙望一眼深渊,只能

---

① 转引自 Julian Young, *Schopenhauer*, London: Routledge, 2005, p. 189。
② 有关叔本华对于意志是否真的是"物自体"问题的变动看法以及对他的哲学的总体论述,参见 Julian Young, *Schopenhauer*, London: Routledge, 2005。
③ Georg Lukács, *The Destruction of Reason*, trans. P. Palmer, London: Merlin Press, 1980, p. 224.

放大他在优雅的享受过程中的愉悦。①

(在1962年,卢卡奇说叔本华的法兰克福后辈阿多诺也住在同样的酒店里。②)

卢卡奇对叔本华的介绍虽充满敌意,但包含值得思考的事实。他的确是十足的资产阶级,害怕改变,认为保持现状是可选的恶行中最不坏的选项。所以他的确是社会主义的敌人。然而,他指控的"非理性主义"在哪?虽然这可能是个错误,但是**非理性**当然不包括反对社会主义,或者认为在生活中,快乐是例外而不是法则,或者认为利己主义是人类行为的准则。非理性主义指控的理由只剩下"贵族主义认识论"。事实上,卢卡奇正是把这一点当作非理性主义指控的根据:他把叔本华当作谢林的变体。卢卡奇声称,叔本华像谢林那样认为"理智直观"使我们达到物自体,并且他实际上比谢林更进一步,把它当作"一条支配所有类型的知识的普遍原则"。所以举个例子,叔本华主张的"意志"一词的含义可被"直接"知道,这就使用了理智直观。③

这错得非常离谱。"意志"对叔本华来说——感觉、欲望、意图、决定——是一些众所周知的东西,我们不用通过任何有关直觉的内传"教材",只需通过平常的内省就能知道。"我"当然不能内省"你"的意志,或者叔本华的形而上学所讲的决定所有自然现象的意志。但是叔本华绝对清楚:他提供的观点在本质上是笛卡尔式的,他承认意志是决定他人行为的现实(在被针刺到后,别人像"我"一样大喊"啊",所以他们可能感觉到了"我"被针刺的感受);他还提供了一个观点,科学为了把意

---

① Georg Lukács, *The Destruction of Reason*, trans. P. Palmer, London: Merlin Press, 1980, p. 243.
② Georg Lukács, *The Theory of the Novel: A Historico-Philosophical Essay of the Forms of Great Epic Literature*, trans. A Bostock, London: Merlin Press, p. 22.
③ Georg Lukács, *The Destruction of Reason*, trans. P. Palmer, London: Merlin Press, 1980, p. 224.

志理解为决定非人类实体的行为的现实,需要一种对实在的同质性解释。① 这里丝毫没有诉诸理智直观的暗示——出于非常正当的原因,叔本华实际上鄙视这个观念,把它当作由谢林之流的"哲学教授"炮制的骗局,目的是把他们自己擢升到大师的地位。(实际上叔本华去柏林听过谢林的讲座,花了一些时间在听课笔记的空白处绘制"绝对座位自身"的讽刺漫画。)他说,理智直观这一思想,是康德的认知之幕上的洞孔,是

> 一扇小窗,让我们(或者天才,不管怎么说)得以进入天上的甚至超自然的世界,我们通过它可以获得早已确定的所有真理,为了获得它们,昔日那老派的、真诚的、反思的理性白费力气,筋疲力尽。

叔本华指出,穿过这扇窗户的人能够带回任何东西,比如最高真理。因此他说,理智直观的"正确名字"是"谎言和鬼把戏"。② 我已经指出,尽管叔本华对谢林的讨论十分晦涩,但至少指控他为骗子是错误的。尽管如此,当从总体上对待理智直观时,卢卡奇和叔本华是手挽手的兄弟。我们有理由怀疑卢卡奇可能知道这一点,但为了总体的"论战式"叙述而选择按下不表。

四、克尔凯郭尔

最后一位第一代非理性主义"创始人"是克尔凯郭尔,他是前马克思主义时期的卢卡奇在哲学上和人格上都产生强烈共鸣的哲学家:卢卡奇形容他最终离弃的女人伊尔玛·赛德勒(Irma Seidler)是克尔凯郭

---

① 参见 Julian Young, *Schopenhauer*, London: Routledge, 2005, pp. 68–70。
② 转引自 Julian Young, *Schopenhauer*, London: Routledge, 2005, p. 33, 51。

尔的"里季娜·奥尔森"。① 但是,基督教哲学家克尔凯郭尔现在成了敌人,这是意料之中的事。

卢卡奇称,黑格尔曾预测,普鲁士国家的建立是历史的终结,但随着 1830 年和 1848 年革命的爆发,这一预测明显不切实际。因此他的哲学陷入困境。通过把黑格尔的辩证唯心主义转化成自己的辩证唯物主义,马克思拯救了辩证的历史观。在这一历史观看来,普鲁士国家与其他所有资本主义代表一样,属于"人类的史前史"②,这样一来,普鲁士国家远没有完全终结人类的"历史",它甚至还没达到历史的开端。然而,克尔凯郭尔(主要在《最后的、非科学的附言》中)更加激进地否定黑格尔,并完全否认历史的辩证运动。在他看来,历史从不进化,而是采取突然的、"神秘的"飞跃。无论如何这都是一种非理性主义:因为"拒绝辩证法",否认"辩证的法则(运动与运动的规律,量变产生质变)"使人"不可避免地"效忠非理性主义。③

这样一来,克尔凯郭尔成为托马斯·库恩(Thomas Kuhn)的先驱:历史不是缓慢地、有逻辑地进化,而是突然发生的、彻底的、不可预测的"范式转换"。正如在库恩那里,没有规律能预测科学的发展,对克尔凯郭尔来说,没有规律能预测历史的进程。但是据卢卡奇说,持有这样的观点就是非理性主义者。

两个理由能说明这是荒谬的。第一,正如我们在卢卡奇的早期马克思主义时期观察到的,卢卡奇本人否认历史进步不可阻挡的观念,他持有这一看法的基础恰恰是"量变产生质变"的**不**存在。他用克尔凯郭尔的话说,从"实然"向"应然"的转变需要的是从"实然"的"跃"出,这一飞跃依靠的是人类的自由选择。仅仅在量上改进"实然"(给无产阶级

---

① Arpad Kadarkay, *The Lukács Reader*, Oxford: Blackwell, 1995, p. 4.
② Julian Young, *German Philosophy in the Twentieth Century: Lukács to Strauss*, NY: Routledge, 2021, p. 28.
③ Georg Lukács, *The Destruction of Reason*, trans. P. Palmer, London: Merlin Press, 1980, p. 252.

更好的待遇、真正独立的司法系统)只能用来维持现状。

卢卡奇对克尔凯郭尔的批判中存在的第二个荒谬之处是他为"非理性"给出了一种全新的规定性定义。"非理性"不再意味"放弃理性论证转而支持话术和鼓吹宣传"或"提供作为绝对上的窗户的理智直观",而意味"否认历史按照规律进化,特别是按照辩证规律进化"。在这种新理解下,叔本华(他当然否认任何历史进步的看法)[1]和尼采都被称作非理性主义者。

在此意义上,卢卡奇称尼采(让我们暂时搁置克尔凯郭尔)是一位非理性主义者,因为他否认在历史中可以发现一种体系。尼采写道,"世界的总体特征是永恒的混乱,混乱的意思不是缺乏(因果的)必然性,而意味缺乏秩序、条理、形式,或我们的美学拟人论中的其他称呼"[2]。这使他得出结论,卢卡奇对此进行了引用[3],"对体系的意求是缺乏诚实的表现"[4]。因此在这种新理解中,只要一个人否认人类理性能够发现映射在实在界中的自身,否认自己是一位宽泛意义上的黑格尔主义者,他就是"非理性主义者"。这当然可能是"非理性主义者"("无理性主义"可能更准确)的含义,但是这一定义并不附带对非理性主义者的谴责,成为这样的非理性主义者与为纳粹奠基的"智识准备"完全不相干。此含义下的"非理性主义者"指的是思想的内容,而卢卡奇所谴责的非理性主义倾向于思想的方式。只有合并这两种观点,卢卡奇才能成功说明反对马克思主义的历史哲学具有何种应受谴责的内容。

所以,克尔凯郭尔受到的非理性主义指控之一是他对辩证法的拒

---

[1] Georg Lukács, *The Destruction of Reason*, trans. P. Palmer, London: Merlin Press, 1980, p.225.
[2] Nietzsche, *The Gay Science*, trans. J. Nauckhoff, Cambridge: Cambridge University Press, 2001, p.109.
[3] Georg Lukács, *The Destruction of Reason*, trans. P. Palmer, London: Merlin Press, 1980, p.225.
[4] Nietzsche, "Maxims and Arrows", in *The Antichrist*, *Ecce Homo*, *Twilight of the Idols and Other Writings*, trans. J. Norman, Cambridge: Cambridge University Press, 2005, p.26.

斥。另一指控——这里卢卡奇明显底气更足——是他把生命的"宗教"形式提升到"伦理"形式之上。(克尔凯郭尔声称,亚伯拉罕是一位伟大的英雄,是"信仰的骑士",因为尽管他知道献祭他唯一的儿子以撒是一种谋杀,但当他听到上帝的命令时,他没有犹豫。)卢卡奇指出,正是这种超出所有伦理规定的人类选择的自由,这种"对行动中的社会决定因素的抹除",还有赞扬一个人毫无根据地选择他的根本"规划"所体现的勇气,再次出现在萨特的存在主义中,并且"使得海德格尔通过倒向希特勒来践行他的'自由选择'"①。

这种对非理性主义的指控不仅是有效的,而且连克尔凯郭尔本人可能也会接受。克尔凯郭尔说,亚伯拉罕在黎明之前偷偷溜走,因为他知道自己无法向妻子撒拉解释他故意杀死了他们的儿子。阿伽门农还能向愤怒的阿尔忒弥斯解释道,伊菲吉妮娅的牺牲是因为保卫国家高于他对女儿的爱,但《恐惧与战栗》告诉我们,亚伯拉罕不同,他陷入沉默与孤寂之中。克尔凯郭尔评论,亚伯拉罕的"信仰之跃"是超越语言与"人心的盘算"的一跃。因此,克尔凯郭尔的信仰骑士是真正的非理性主义者,因为他拒绝把行动建立在道德或任何其他类型的理性之上。② 我将在后面讨论海德格尔选择纳粹是否也是一种超越理性的"飞跃"。(然而有人可能会提到,卢卡奇非常明显地认定他自己对共产主义的选择是一种"信仰"行动。似乎对共产主义者来说,这种类型的非理性主义是好的,但对其他人来说就不是这样的了。)

五、尼采

卢卡奇谈及的尼采是通俗刊物里的尼采。卢卡奇称,尼采对"权力

---

① Georg Lukács, *The Destruction of Reason*, trans. P. Palmer, London: Merlin Press, 1980, p. 291.
② 关于以此种方式解读克尔凯郭尔的辩护,参见 Julian Young, *The Death of God and the Meaning of Life*, London: Routledge, 2014, Chap. 3。

意志"的确证改造了创始人谢林、叔本华和克尔凯郭尔的非理性主义，使其适应俾斯麦时代，即上升的德国帝国主义时期。[1] 卢卡奇指出，尼采为军事精英的独裁统治辩护，认同带来灾难的"金发野兽"[2]，并且倡导我们完全放任最基础的本能：尼采说，上帝已死，因此"要敢于像自然一样不道德"[3]。此外，尼采相信一种"伟大的政治"，野蛮的"超人"会成为地球的主人。日后可以清楚地看到，正是尼采的"伦理学"在希特勒那里得到了实现。[4]

此种对尼采的解读源自对文本不充分的选择性阅读。（卢卡奇事实上削弱了他的解读的可信度，因为他提到尼采的寓言式写作风格使任何人都能从尼采那里解读出任何东西[5]。）恰当研读文本会看出，成熟时期的尼采痛恨俾斯麦，强烈谴责现代国家的兴起和德国人对国家的崇敬，他痛恨国家主义，称自己为一位"好欧洲人"，他像卢卡奇一样鄙视资产阶级，请求其余的欧洲地区以"铁桶"包围德国，呼吁人们警惕德国人灵魂深处潜伏的金色野兽。[6] 尽管尼采明显痛恨社会主义，但卢卡奇正确地指出，尼采压根没尝试研究它，未尝试理解它所立足的经济观点，因此在尼采那里没有对社会主义学说的理性批判。[7] 这引发了一个有效的问题：为什么尼采没有提供关于社会主义主

---

[1] Georg Lukács, *The Destruction of Reason*, trans. P. Palmer, London: Merlin Press, 1980, p. 309.
[2] Georg Lukács, *The Destruction of Reason*, trans. P. Palmer, London: Merlin Press, 1980, p. 349.
[3] Georg Lukács, *The Destruction of Reason*, trans. P. Palmer, London: Merlin Press, 1980, p. 352. 尼采一直用"道德"表达"**基督教**的"，也就是"奴隶"的道德。因此，"敢于不道德"不是说"作恶"，而是说"不要让**基督教**道德掌控你的生活"。
[4] Georg Lukács, *The Destruction of Reason*, trans. P. Palmer, London: Merlin Press, 1980, p. 340.
[5] Georg Lukács, *The Destruction of Reason*, trans. P. Palmer, London: Merlin Press, 1980, p. 321.
[6] 转引自 Julian Young, *Friedrich Nietzsche: An Intellectual Biography*, New York: Cambridge University Press, 2010, p. 464。
[7] Georg Lukács, *The Destruction of Reason*, trans. P. Palmer, London: Merlin Press, 1980, pp. 7–8, 313.

张的理性批判？

卢卡奇分析，此种批判的缺席特别奇怪，因为社会主义是尼采的主要敌人；不承认这一点就无法理解尼采[1]。然而事实上，尼采最大的敌人不是社会主义而是基督教——这就是为什么他称自己为"敌基督者"。他痛恨基督教，因为他同吉本（Gibbon）一样认为，基督教（"奴隶"）道德从罗马帝国的众多"奴隶"中脱颖而出，这摧毁了一个"适合留存千年"的绝佳体制。尼采不是无欲无求的古典学教授，他相信西方要想从当下的**堕落**中得救，就需要回到古代的"主人道德"。他痛恨社会主义，是因为他认为社会主义是政治上的奴隶道德只是一种毁灭性的**愤懑**政治（围绕嫉妒展开的政治），这也是虚无主义的一种形式。尼采对社会主义的看法或许是错误的，但这对他来说不重要，因为相对于他的主要目标而言，社会主义只是次要的（**社会主义**一词在他已出版的作品中只出现了4次）。

六、狄尔泰

狄尔泰引人注目地在自然科学与精神-人文科学之间画下了一条清晰的方法论界限："自然是我们要去解释的东西，精神生活是我们要去理解的东西。"因此，卢卡奇毫不犹豫地讲，"非理性主义占据了狄尔泰哲学的核心"[2]。

尽管利用解释—理解的二元论来区分自然科学与人文科学的做法遭到了质疑，但这一区分本身**显然**没有任何非理性的成分。事实上，它看起来是一个常识。比如我问为什么某人在挥手，你可能会通过谈论

---

[1] Georg Lukács, *The Destruction of Reason*, trans. P. Palmer, London: Merlin Press, 1980, p. 313.

[2] Georg Lukács, *The Destruction of Reason*, trans. P. Palmer, London: Merlin Press, 1980, pp. 425-426.

他的大脑活动,神经传递运动和肌肉收缩来"解释"这个活动,但直到我得知他是一名交警,我才"理解"这个活动。狄尔泰认为历史编纂学的基础是**理解**而不是**解释**,卢卡奇试图把此观点当作"理智直观"的再现。卢卡奇指出,这一观点预设了"直观是知识的新器官,它对立于理性的概念思考"①。但这是错误的。当狄尔泰谈论有能力的历史学家经过多年训练后获得的"历史意识"时,他指的是历史学家研究一位历史人物的世界,把自我代入那个人物,从而理解他或她的动机的能力。然而对于这一点,狄尔泰没有要求一种新奇的"直观"器官,而只是要求一种投射能力,它以想象的方式将自我投射到历史人物的世界和人格中,就像演员将自己投射到角色身上那样。②

卢卡奇又一次试图否认,存在某些自然科学运用的理性把握不到的真理。但这种否认需要肯定科学主义,而这既是错误的,又是卢卡奇在他的非论战性文本中着重否定的东西。

七、海德格尔

最终,我们来到了卢卡奇列举的最后一位主要的"非理性主义者"——马丁·海德格尔。卢卡奇仅仅讨论了《存在与时间》(卢卡奇似乎没有翻阅海德格尔的与《存在与时间》完全迥异的后期著作),并对此提出三大批评。只有第一条涉及"非理性主义"的指控,其他两条似乎在指控它是"资产阶级意识形态"。

"非理性主义"的指控涉及海德格尔备受误解的真理理论,卢卡奇引用海德格尔的原话——"唯当此在存在,才有真理……唯当此在**存**

---

① Georg Lukács, *The Destruction of Reason*, trans. P. Palmer, London: Merlin Press, 1980, p. 427.
② Dilthey, *Descriptive Psychology and Historical Understanding*, trans. R. Zaner and K. Heiges, The Hague: Nijhoff, 1977, pp. 132 – 135.

在,牛顿定律才是真理"①,据此指控海德格尔是非理性主义。② 那么这是在何种意义上呢?

奥斯瓦尔德·斯宾格勒(Oswald Spengler)直言,"没有永恒的真理"③。或许卢卡奇正确地指出,对斯宾格勒而言,所有真理,甚至那些数学和自然科学真理,都只是特定历史文化中的真理。④ 他说这种"极端的历史相对主义"是非理性主义的一脉。⑤ 卢卡奇还称,美国实用主义是非理性主义的一支,因为它"将真理等同于(有关个人的)效用"⑥。它们的共同点是否认独立于主体的真理。这种无法产生真正的"存在论的客观性"的失败,代表一种深层的非理性主义,他认为这得到了海德格尔真理论的支持⑦。如果没有独立于主体的真理,那么就没有**真理**,有的只是历史上的各种解释。所以,他在此意义上指控海德格尔为非理性主义,是在指控他否认真理的存在(在这里,限定条件"客观"应该是多余的)。在其他地方,卢卡奇指控海德格尔是哲学上的"后现代主义者",用德里达的话说,因为海德格尔认为"存在的只有文本"。

这是对海德格尔真理理论的一种常见误解。因为我已经在这部著作的第一部分⑧详细讨论了这一理论,并且将进一步讨论它与斯特劳斯

---

① Georg Lukács, *The Destruction of Reason*, trans. P. Palmer, London: Merlin Press, 1980, p. 496.
② Georg Lukács, *The Destruction of Reason*, trans. P. Palmer, London: Merlin Press, 1980, p. 495.
③ Julian Young, *German Philosophy in the Twentieth Century: Lukács to Strauss*, NY: Routledge, 2021, p. 120.
④ Georg Lukács, *The Destruction of Reason*, trans. P. Palmer, London: Merlin Press, 1980, p. 16.
⑤ Georg Lukács, *The Destruction of Reason*, trans. P. Palmer, London: Merlin Press, 1980, p. 16.
⑥ Georg Lukács, *The Destruction of Reason*, trans. P. Palmer, London: Merlin Press, 1980, pp. 21 - 22.
⑦ Georg Lukács, *The Destruction of Reason*, trans. P. Palmer, London: Merlin Press, 1980, p. 495.
⑧ Julian Young, *German Philosophy in the Twentieth Century: Weber to Heidegger*, New York: Routledge, 2018, pp. 134 - 136.

的关系，所以我这里的讨论应该简明扼要，可能会稍显武断。当海德格尔谈论真理时，他是在讨论"断定"（Aussagen）和语言行为中的真理。他的论点是，一个人想要做出一个特定的断定，就需要具备合适的概念工具。因此在牛顿提供这一工具之前，不会存在真正的牛顿定律断定。分析哲学家区分了断定与命题，后者是前者的内容。海德格尔相信牛顿定律断定的**命题**是独立于此在的存在而为真的吗？他相信。海德格尔认为，一旦存在在牛顿的术语中被敞开，"它们正好将自身显现为它们之前就已经成为的存在"①，即使人类灭绝，它们将依旧如此。我同意卢卡奇，否认真理的后现代主义是非理性主义的一种形式，是糊涂的思考得出的自相矛盾的产物。但是海德格尔既不糊涂也不是后现代主义者。海德格尔和卢卡奇同样认为真理是真实的。

卢卡奇的第二条批评涉及他发现的充斥在《存在与时间》其间的"绝望情绪"。我同样注意到了这点，指出《存在与时间》的核心术语——"畏""无家可归""操心""罪责""向死而在""虚无"——都传达了暗淡的、上帝死后的绝望情绪。②卢卡奇没有一口咬定这样一种绝望涉及非理性的内容。（绝望很可能是**理性的**反应，比如面对目前应对气候变化的失败所产生的反应。）他似乎对海德格尔-克尔凯郭尔-存在主义的绝望提出两点批评。第一，在"绝望的感染力"下，所有"社会历史生活的理想"都表现为"乏味与徒劳"③。在沮丧的情绪里，所有行动都显得徒劳，尤其是社会主义行动也显得徒劳。因此卢卡奇似乎想要指出的是，《存在与时间》充当了"资产阶级意识形态"，目的是维持资本主义现状。

卢卡奇的第三条批评似乎具有同样的目标。它涉及海德格尔的本

---

① Julian Young, *German Philosophy in the Twentieth Century: Weber to Heidegger*, New York: Routledge, 2018, p.136.
② Julian Young, *German Philosophy in the Twentieth Century: Weber to Heidegger*, New York: Routledge, 2018, p.235.
③ Georg Lukács, *The Destruction of Reason*, trans. P. Palmer, London: Merlin Press, 1980, p.491.

真性概念和"常人的独裁"。他说,海德格尔的公共意见的"独裁"所形容的是"放荡的"资产阶级生活具有的群体特性。但是为了逃避作为另一种选择的社会主义——因为苏联提供了一个现实例子,他心中必须时刻想起社会主义——海德格尔"给人们所有的公共活动都贴上'非本真的'标签"。就像叔本华的悲观主义,这种对"寂静主义"①和消极行为的倡导有利于维持现状。

这种对"非本真性"的解读陷入了困境,即在这种解读中,海德格尔加入了纳粹党,在1933年接受弗莱堡大学校长一职,进行大量有伤风骨的亲纳粹演讲,这些行为不免令人震惊。另一困境在于,上述解读实际上是一种误读。克尔凯郭尔式的绝望的确主导了作品的大部分内容——但并非全部。在克尔凯郭尔那里,绝望的解脱是通过"信仰之跃"即向上帝的飞跃来实现的。尽管《存在与时间》中没有上帝,但在书的结尾部分(第74和75小节)还是存在着从绝望中的解脱。本真的——现在被称为"坚决的"——此在认识到在社会世界之外,存在的只有"虚无",理解了只有世界才能为行动赋予意义。它明白,它的任务是"在(它)那一代人中……与他们一起"行动,它的目的是矫正"世界历史的境况",这一"境况"体现在人所在的共同体的伦理"遗产"的深层价值与当今社会现实之间的鸿沟中。② 大多数海德格尔的批评者关注这一段话的目的是为了说明,海德格尔在纳粹时期的公共生活是《存在与时间》的延续,并实际上受到这部著作的**要求**。卢卡奇把这本书理解为呼吁人们放弃行动,唯一可能的解释是他未能读到最后。

卢卡奇未能注意到《存在与时间》中的"遗产"具有的关键作用,这也体现在他早期认为海德格尔对纳粹的效忠是基于一种无根据的、克

---

① Georg Lukács, *The Destruction of Reason*, trans. P. Palmer, London: Merlin Press, 1980, p. 503.
② Julian Young, *German Philosophy in the Twentieth Century: Weber to Heidegger*, New York: Routledge, 2018, pp. 149 – 151.

尔凯郭尔或萨特式的**无端的行为**(act gratuit)。现在看来,这一观点(经常作为把海德格尔归为"存在主义者"的真实原因)是错误的。

* * *

卢卡奇的人生和作品具有许多苏联艺术家和思想家共有的悲剧元素。他最好的作品《历史与阶级意识》以及与之相关的文章属于1918—1923年间的短暂时期。在接下来的四十多年里,他继续写作(作家会发现很难停笔),但再也没有达到35岁左右的作品的质量。质量下滑的部分原因是政治活动的分心——卢卡奇毕竟只是个兼职哲学家。然而更重要的是因为他不断受到公开放弃"非正统"思想并回归党的路线的压力。卢卡奇谈道,到了1924年他已经丧失了对马克思主义的"乌托邦式的"激情,这曾经激发了他的思想鼎盛时期的著作[1]。但是,或许是他一生都害怕孤单,即便党打压他(有时使他自己也成了一个打压别人的人),他仍然对党矢志不渝。总而言之,卢卡奇的人生是充满悲剧性的人生。

卢卡奇去世很多年后又发生了一场悲剧。在维克托·欧尔班(Viktor Orbán)"非自由的民主"的治下,作为一名共产主义者的卢卡奇毫不意外地遭到了一种新的政治厌恶。2017年3月,多年来骄傲地伫立在布达佩斯圣伊斯特凡广场的卢卡奇雕像遭到了拆除(取而代之的是匈牙利爱国圣人圣斯蒂芬的雕像)。这一充满政治象征的行动伴随着奥尔班政府对乔治·索罗斯创办的中欧大学的攻击。当然,索罗斯和卢卡奇在政治上相去甚远。但是他们的共同点在于,他们都是不被他们祖国的当下政权认可的著名匈牙利犹太人。

(谢瑞丰 译)

---

[1] Georg Lukács, *History and Class Consciousness*, trans. R. Livingstone, Cambridge, MA: The MIT Press, 1971, p. xxvii.

为《理性的毁灭》而辩*

[匈]亚诺什·科勒曼

20年前,为了纪念1985年的卢卡奇百年诞辰,我撰文为《理性的毁灭》进行辩护。① 从题名可以推测,卢卡奇的这部作品遭受了太多非议,以至于不论是谁,不论他从书中发掘出怎样积极的内容,他都必须采取一种辩护的姿态。

今年是该作出版的50周年。自20世纪80年代以来,对于解读这部曾经富有重大影响力的作品而言,解读时所处环境以及解读的可能性再一次发生了巨大变化。在今天,问题不在于书中的某一观点是否说得通,而在于这部作品还有没有可读性。

该作的成因无需赘述。我们只需点出,那个卢卡奇(不考虑他的原创性和不同的立场)曾掷地有声地加以创造、表达和论证的社会政治时代现已结束。20世纪80年代中期,虽然人们为纪念卢卡奇的百年诞辰组织了多场学术会议,但时至今日,他的作品,尤其是《理性的

---

* 本文出处:János Kelemen, "In Defense of *The Destruction of Reason*", in *Logos*, Vol. 7, no. 1, winter, 2008.
亚诺什·科勒曼,布达佩斯罗兰大学名誉教授,匈牙利科学院院士。在匈牙利、意大利和美国出版了20多本关于不同哲学问题和意大利文学史的书籍(主要关于卢卡奇、克罗齐、但丁、翁贝托·埃科和语言哲学)。

① János Kelemen, "Az ész trónfosztása" védelmében, in *Világosság*, 1986/3., pp. 137 – 143.

毁灭》，就连在匈牙利都鲜有人问津。在我看来，这是一种损失。无论是作为一面镜子反映出他那个时代的有益经验或负面教训，还是因为它的原创价值，卢卡奇的遗产都值得作为我们文化中具有生命力的一部分被保留下来。借用贝奈戴托·克罗齐（Benedetto Croce）关于黑格尔的名作的标题，现在是时候来衡量卢卡奇哲学中的"活东西"与"死东西"了。

在这里，我不能提出任何观点，更不用说提供某种系统解释卢卡奇遗产的总体框架。我只是认为，卢卡奇在《理性的毁灭》中的一些分析，远比人们根据他们通常带有党派色彩的、草率的判断形成的印象更加深刻和复杂。

在1985年的那篇文章中，我区分了对《理性的毁灭》做出的"外在"辩护和"内在"辩护。"外在"辩护指的是要考虑到写作的时代背景——法西斯主义和第二次世界大战的鲜活记忆，以及20世纪50年代早期的政治背景；"内在"辩护就是对作品的实质思想和分析做出正面评价，也就是说，我试图去证明，即便卢卡奇的论述确实常常带有立场的偏向，但仍有很多分析和主张能够历经时代流变而依然有效。

在今天，我并不确定这种区分是否合适，而且很可能卢卡奇本人都会认为这并不合适。然而我不会认为，有效的只有部分思想与"某些分析和主张"，同样，我也不认为他的思想全都是完全错误的。

尽管如此，我们依然必须深入细节和具体分析，来寻找卢卡奇哲学思想中的"活东西"。相比之下，他总体的哲学史理论和理论框架应该被划归为他思想遗产中的"死东西"。这同样适用于他对谢林之后的"资产阶级"哲学史的阐释。卢卡奇讲述了一个逻辑上必然衰落的故事，它的目的论是颠倒的，在这段历史中，所有要素连起来都指向法西斯主义。非理性主义的力量经过一代又一代的加强，取代了理性以及理性主义倡导的价值。① 法西斯的意识形态成了资产阶级哲学发展（毋宁说是衰落）的直接结果。

这一假设不仅在理论上存在问题，在经验上同样难以得到支撑，因为并没有事实能证明非理性主义会是现代哲学的全貌和主体。卢卡奇并没有考虑到 20 世纪还有一些重要的哲学家，他们和他本人一样，也是非理性主义激烈的批判者。他还忽略了维也纳学派以及分析哲学家将现代科学、技术和民主等理性规范应用到哲学之中的尝试。我们不应忘记，卢卡奇本着"非此即彼"的逻辑思维，将资产阶级哲学的非理性主义和苏维埃意识形态进行了比较，在他看来，后者才是理性主义和理性价值真正的唯一继承人。

然而，我们不能断言，卢卡奇作品中经久不衰的东西只是那些细枝末节的部分，而他的总体性的哲学概念已经完全过时。至于《理性的毁灭》一书，没人能否认它所论证的非理性主义哲学潮流在法西斯主义的出现中发挥了重要作用（这也得到了属于不同理论传统的思想家和作者的认同）。无论是过去还是现在，对这一作用进行深入细致的分析都是一项重要的**哲学**任务。即使法西斯主义与由谢林和叔本华开创的非理性主义思潮之间并无直接的因果关系，即使把野蛮的纳粹理想归咎于尼采是无稽之谈，但毫无疑问，纳粹主义是在一种充满非理性主义的文化中成长起来的。这种关系，如同历史上所有可解释的关系一样，只能追溯性地确定——因为现实中的这种关系只能以回溯的方式得到建立。正如苏珊·桑塔格（Susan Sontag）所说："希特勒的阴魂回过头缠扰在 19 世纪德国文化的许多地方。"② 实际上，卢卡奇也经常把非理性

---

① 根据一些批评家的说法，卢卡奇认为所有的唯心主义都是非理性的。例如 H. A. Hodges, "Lukács on Irrationalists", in G. H. R. Parkinson (ed.), *Georg Lukács—The Man, his Work and his Ideas*. London: Weidenfeld & Nicolson, 1970, p. 87。

② Susan Sontag, "Syberberg's Hitler", in Susan Sontag, *Under the Sign of Saturn*. New York: Vintage Books, 1991, p. 151.（桑塔格评论说，"19 世纪的俄罗斯文化没有受到斯大林的缠扰"。分析这一点意味着什么或不意味着什么，将远离我们的主题。）

主义描绘成法西斯主义前奏的组成部分——是法西斯主义的一个**先决条件**,但不是其唯一**原因**。卢卡奇的主要论点是:非理性主义此前在德国文化(包括高雅文化和大众文化)中的影响,有利于法西斯主义的得势。这个论点可以概括为:如果高级文化和大众文化被非理性主义的理想所浸染,那么法西斯式的运动就有更大的空间,法西斯夺取政权的可能性就更大。总的来说,我们只需补充一点就能使此论点说得通:在这样一个抽象的历史概括层面上,更有意义的是讨论极权主义甚至各种极权主义(复数),而不是法西斯主义。

从上面所概述的关系可以看出,对理性的攻击——无论善意恶意——都是危险的。正如卢卡奇所说,哲学家的责任是"监督理性的存在和演变"[①],这的确是真的。实际上,卢卡奇在这里教给我们的是一个老生常谈的真理。

20世纪上半叶,理性主义与非理性主义的对立是不同哲学流派的主要分水岭。正如波普尔(Popper)所说,"理性主义和非理性主义之间的冲突已经成为我们这个时代最重要的思想问题,甚至可能是道德问题"[②]。自《理性的毁灭》问世的半个世纪以来,如何界划和描述理性主义和非理性主义,或理性和非理性的争论一直是伦理学、科学哲学、哲学心理学、理性选择、行动理论、政治哲学以及其他哲学学科的核心。这个问题很复杂,也许根本就没有答案。个中难点与非理性密切相关,而不是理性。因为在任何意向性行为中都很容易追踪到某些理性因素的存在,但非理性的可能性却需要进一步解释,这就很矛盾。按照唐纳德·戴维森(Donald Davidson)的说法,真正的问题是"我们如何去解释甚至尽可能容忍非理性的思想、行为或情感"[③],在这方面我们应该谈一

---

① George Lukács, *The Destruction of Reason*, London: The Merlin Press, 1980, p. 91.
② K. R. Popper, *The Open Society and Its Enemies*, New York: Harper Torchbooks, 1962, II, p. 224.
③ Donald Davidson, "Paradoxes of Irrationality", in Donald Davidson, *Problems of Rationality*, Oxford: Clarendon Press, 2004, p. 170.

谈非理性的悖论。①

如果说非理性行为和思想的存在是矛盾性的,那么更加矛盾的是那种否定人类思维具有理性的基本特征的哲学,它还声称人类生命的主要力量是非理性的。也就是说,非理性主义是一种自相矛盾的学说。暂且抛开所有的政治和意识形态的动机,这便是在非理性主义的内部发现并证实了卢卡奇对非理性的攻击。

但是卢卡奇的攻击目标究竟是什么?他眼中的非理性主义的主要特征是什么?不幸的是,与波普尔相比,他既没有对理性主义也没有对非理性主义做出过简明扼要的界定。波普尔关于非理性主义的历史和政治影响的研究显然是对二者进行比较的起点,尽管这两位思想家具有不同的政治和意识形态立场。

为了进行简单的比较,波普尔曾写道,非理性主义是一种关于人的本质的学说,根据这种学说,"情感和激情才是人类行为的主要动力,而不是理性"。② 它的其他特征有传统主义、部落主义以及主导性的历史主义。波普尔并没有试图对这种理论做出因果解释,因为他确信这种解释只会支持非理性主义,他指出思想可能取决于出现在论证的逻辑结构之外的情况(如情感、历史和社会结构),这会在本质上导致非理性主义。

考虑到他的目标,卢卡奇分析非理性主义的切入点是它与社会问题的联系,更具体地说,是它与历史变化的联系。他认为这是一种现代现象,只发生在先进资本主义的范围内。有人立马会反对,哲学史的早

---

① Donald Davidson, "Paradoxes of Irrationality", in Donald Davidson, *Problems of Rationality*, Oxford: Clarendon Press, 2004, p. 174. 悖论的来源是没有**完全**理性的行为或思想。莫拉维亚提到了这种直觉:"行动本身就是一件理性的事情:当你行动时,即使你在犯错误,你也相信你正在做正确的事情。……行动是有结果的、理性的。"(Alberto Moravia, Alain Elkann, *Vita di Moravia*, Milano: Bompiani, 1990, p. 103.)

② K. R. Popper, *The Open Society and Its Enemies*, New York: Harper Torchbooks, 1962, II, p. 233.

期阶段就已经出现了"非理性主义的"趋势,对此可以依照卢卡奇的精神来反驳,即这些趋势只是**真正的**非理性主义的前身。这两种观点的区别只能以因果论的方式从社会角度来把握,也就是说,要通过参考早期非理性思维形式和完全成熟的现代非理性主义背景下的社会问题来把握。后者是新时代社会危机的产物。这种新的危机不同于早期形式的社会危机,因为它既不伴随着社会文明基础的瓦解,也不伴随着技术和科学的衰落。这些瓦解发在中世纪早期,说它是一个新的危机时期,可能并不准确。发生根本性变化的正是社会发展的整体格局,它变得越来越矛盾和充满争议。技术、科学和社会发展也伴随着价值的沦丧以及剥削和非人道的加剧。理性在局部的次级体系层面上的加强带来了整个系统的非理性。资本主义的发展展示出资本主义的终结:创造资产阶级生存基础的进步导致这个阶级的衰落。当然,在这种分析中,我们很容易就能发现马克思和恩格尔关于资本主义在历史进程中的性质和作用的论述。

在马克思主义的资本主义分析基础上,卢卡奇的解释引入了新的概念工具。第一个是悲观主义的概念。进步的危机,以及对这种危机的感觉导致悲观主义。这种悲观主义因资产阶级对其绝望的历史命运的焦虑而进一步加深。有鉴于此,非理性主义哲学表现出,一些为资产阶级利益发声的知识分子对进步和未来的信念开始动摇。

第二个概念工具是作为一个整体的社会中的模糊性、不透明性和"客观的非理性"的概念,这与生产、社会组织和现在不可或缺的科学研究等子系统中的理性形成对比。历史进步和作为整体的社会的这种模糊性似乎证实了,我们的生活和历史是由神秘的、不可知的盲目力量塑造的。在这种思考中,子系统的理性强化了非理性主义,因为它证明了生活的合理化会导致以前没有遇到的新问题,而理性却没有能力解决。

第三个概念工具产生于资产阶级利益受到了损害。既然资本主义的逻辑损害了资产阶级的未来,那么掩盖这一过程并将整个历史进程都描述为非理性的是资产阶级利益的内在要求。

以上这些推论符合因果律但不属于传统意义上的因果律。传统观点认为因果律是事件之间的关系,这些推论属于更普遍的因果律,就是说复合结构是由其他复合结构导致的,并且可以通过它们得到解释。在我们的例子中,可以发现作为全球制度的资本主义与作为资产阶级世界观的非理性主义哲学之间的因果关系。用卢卡奇早期哲学话语来说,非理性主义之所以出现和传播,是因为它表达了资产阶级的"被赋予的"或"可能的"意识。这当然是《历史与阶级意识》的术语。非理性主义的可用性表明,《理性的毁灭》和《历史与阶级意识》的解释模式之间存在连续性。

我认为无论是在历史方面还是在实质方面,上述卢卡奇对非理性主义的重新解释都是有道理的,因为考虑到在这些时期,非理性主义实际上是导致第一次世界大战、布尔什维克革命和法西斯主义危机的原因。在这方面,卢卡奇对非理性主义的分析,至少可以说是不次于其他任何对非理性主义的解释。

从**形式**上看,这种解释遵循的正是我们在解释非理性的相信(belief)时通常使用的模式。对非理性的相信、思想和行为的解释通常遵循因果关系,但也仅限于此。我们应该牢记,相信是有区别的,一种是出于某些**理由**(reason)而相信某件事情(因为我们的相信与其他被证实的知识是一致的),另一种是出于某些**原因**(cause)而相信某件事情(因为我们的相信是由一些外在于思考、衡量和反思领域的因素决定的,例如感觉和激情等)。更确切地说,相信的**原因**是不同的——它可以是一个**理由**,也可以是一个**原因**,而这个**原因**外在于相信的内容。后者的典型例子是自欺和一厢情愿,这些现象得到了精神分析学家和理性选择理论家的广泛研究。这种区分通过阐明非理性如何可能解决了非理性的悖论。

上面的论述也可以这样说:有两种分析理性的相信的方法。我们可以研究它们的**根由**(rationale),也就是它们的认识论基础或**理由**,以及它们的起源或**原因**,从而为它们寻求一种**因果解释**。无论一种理性的信念[甚至对**理性**(ratio)的信仰]的基础是什么,我们都能够为其辩护,并为它提供理由。如果我们在理性论证的基础上选择去相信,我们就是理性的,因为我们认可论证所依赖的理由。对于非理性的信念,这两种不同的分析模式是不成立的。

卢卡奇对利益,特别是对资产阶级**阶级利益**的讨论,与对自欺和一厢情愿的解释有着相同的模式。利益(通常的利益和马克思主义术语中的阶级利益)可以解释个人和集体持有的非理性信念。

如果非理性主义是因果论式地由社会结构、阶级利益或其他超理性因素决定的,那么相信非理性主义本身就是非理性的。这个老套但重要的结论使我们免于陷入谬误。从解释精神现象就是**使之合理化**的假设出发,我们可能会错误地推断(正如精神分析的解释经常认为的那样),作为解释对象的精神现象之所以是理性的,只是因为它们有了解释(因为它们被合理化了)。对非理性信念的赞同可能会对我们有益,但这些信念并不会因此变得理性。一般来说,即使非理性信念可以凭借因果论从事实世界的状态中推演出来,它们也永远不能成为理性的。

卢卡奇试图对非理性主义进行总结,多次指出关键的"决定性特征"。以下内容值得引用:"因此,它(非理性主义)的历史取决于科学和哲学的发展,它对科学与哲学提出的新问题的反应,只不过是把问题指认为答案,并宣布所谓问题的根本不可解性是一种更高的理解形式。宣扬问题的不可解性就是问题的答案,以及宣称这种对答案的回避、躲闪和逃避,其实包含着对现实的积极解答和现实的'真正'成就,这就是非理性主义的决定性特征。"[①]卢卡奇在这里(也在其他地方)试图给出一个历史性的但不是本质性的描述,尽管他的历史性描述没有从社会

---

① George Lukács, *The Destruction of Reason*, London: The Merlin Press, 1980, p.104.

环境这一基础出发,而只是从思想史出发。针对此处我想强调两点。第一,依据上文的定义,非理性主义取决于科学和哲学的进步——它是对科学和哲学提出但无法解决的问题的反应。正如卢卡奇所说,"非理性主义只是对人类思想的辩证发展阶段的一种反应形式(它是次要的,同时也是倒退的)"。① 第二,非理性主义对卢卡奇来说意味着"逃避"(evasion)。

从这两点来看,正是在"逃避"的那个瞬间,非理性主义的实质得到了解释。非理性主义的哲学家们拒绝回答真正的问题,从这些问题的存在中,他们推断出对这些问题的回答不可能是理性的。这就是卢卡奇认为的"决定性特征",从中他进一步推演出非理性主义的其他构成要素——直观主义、贵族主义、不可知论和历史主义。他认为历史主义是一种"堕落的资产阶级理论,它自动地把历史解释为'单一的''独特的'并与规律概念相矛盾,因此具有一定的非理性本质"。② 与波普尔相比,卢卡奇没有区分自然主义和反自然主义的历史主义。这说明,他主要反对的非理性主义者是那些通过反对自然和历史,进而否认在历史中存在自然规律或特殊历史规律的人。

无论是波普尔还是卢卡奇,他们都错误地假定,任何一种历史主义都必然是非理性的。但就哲学史而言,卢卡奇正确认识到,19世纪和20世纪初的"反自然主义的"历史主义更接近非理性主义,非理性主义通常与那些拒绝用因果律解释历史的理论有关,它更提倡以对行为者的共情和代入作为历史理解的方法。

虽然上述定义中的"逃避"概念是非理性主义实质性特征的集中体现,但它的内涵"反应"让我们回到了因果解释的领域,奇怪的是,这反而暗示非理性主义没有自己的历史。事实上,这也是卢卡奇一贯的主张。他的主张实际上更加强硬,不仅否认非理性主义有自己的历史,而

---

① George Lukács, *The Destruction of Reason*, London: The Merlin Press, 1980, p. 104.
② George Lukács, *The Destruction of Reason*, London: The Merlin Press, 1980, p. 125.

且否认这种非理性主义可以有历史——"非理性主义不可能像唯物主义或辩证法那样有一个统一的、连贯的历史"。① 这与他试图论证非理性主义的现代现象起源于谢林哲学是绝对一致的,其中,现代是非理性主义的应有之义。

从纯历史的角度来看,这是波普尔和卢卡奇在对待非理性主义问题上的主要区别。波普尔在《开放社会及其敌人》(Open Society and Its Enemies)中提出,非理性主义确实有一个"连贯和统一"的历史,它从柏拉图开始,中经马克思,终于弗洛伊德。他认为非理性主义的历史是"对自由和理性的永恒反抗"。② 相应地,非理性主义一直是人类思维的选择。与此相反,卢卡奇说,"不假思索地运用这个术语……可能会产生一种错误印象,即哲学史上有一条统一的非理性主义路线,就像现代非理性主义在现实中试图给我们造成的印象",③"一个统一的术语很容易模糊具体的差异,并会以一种不可接受的方式使旧的思潮现代化,看上去与19世纪的那些思潮几乎没有共同之处"。④

卢卡奇提到的"现代化",即作为"非历史性"的明显标志的现实化,似乎是针对波普尔说的。我们很容易想象波普尔和卢卡奇之间的辩论。尽管可以谴责卢卡奇(以及大多数马克思主义历史学家)同样犯了波普尔将非理性主义现实化的错误,但在想象中的关于非理性主义历史(无论是长期存在的还是特定的现代现象)的辩论中,卢卡奇是正确的。波普尔的非理性主义是永恒的、持续发挥作用的,它只能用某些抽象的特征来描述,这使得我们很难把握它的历史差异,尤其难以把握现代非理性主义对理性主义的攻击具有怎样的特殊性。虽然我们都知

---

① George Lukács, *The Destruction of Reason*, London: The Merlin Press, 1980, p. 125.
② 这似乎是波普尔最喜爱的表述,比如参见 K. R. Popper, *The Open Society and Its Enemies*, New York: Harper Torchbooks, 1962, Vol. I., p. Ⅶ. (Preface to the first edition, 1943); Vol. II, p. 30。
③ George Lukács, *The Destruction of Reason*, London: The Merlin Press, 1980, p. 105.
④ George Lukács, *The Destruction of Reason*, London: The Merlin Press, 1980, p. 105.

道,《开放社会及其敌人》和《理性的毁灭》都是在同样的历史情况下创作出来的。

在哲学史上,经常有人努力将神秘的知识(如启示、神秘的经验、入会、直觉等)应用于公众可以获得的知识,这些神秘的知识不能由论证推理获得,所以只有少数人可以理解。这种努力的普遍性和反复性似乎证实了波普尔对非理性主义的解释。但神秘主义不是非理性主义,尽管非理性主义总是有神秘主义的因素。换句话说,现代非理性主义确实可以被称为神秘主义。我们可以说,在科学的认知方法兴起之后,继续坚持对知识的神秘主义解释是非理性的。神秘主义得以存活,以及还有人以非理性的方式坚持神秘主义,是由于出现了令人沮丧的经验事实,即现代社会和现代科学中所有问题的答案本质上又牵扯到新的问题。起因和证据在这里是一致的:问题的不断堆积可能不仅是非理性主义的**原因**,也是对神秘主义知识高于理性科学的知识原则和社会秩序这一假设的**证据**;或者至少证明了有些生活和知识的问题不能通过理性来解决。

这把我们带回到卢卡奇的思想,即非理性主义的"一般形式"是"逃避":逃避科学进步带来的问题,或者如他在其他地方所说,"逃避一个关键的哲学命题,方法论与世界观的合一"。[1] 我在上面的论述中想指出,非理性主义的倾向可以用"逃避"的概念来解释。

卢卡奇甚至认为帕斯卡是非理性主义的先驱,还将"逃避"一词与他的观点联系起来:"当看到问题的时候,与他同时代的伟人向着辩证法的方向前进或至少努力前进,而他却转向了截然相反的方向"。[2] 在这种描述中,帕斯卡"看到了问题",但却拒绝许多人所遵循的解决方案。此外,帕斯卡还预见并预测了这些问题:"因此,帕斯卡既看到了资本主义繁荣——当时仍以封建绝对主义的形式出现——的非人性化影

---

[1] George Lukács, *The Destruction of Reason*, London: The Merlin Press, 1980, p.104.
[2] George Lukács, *The Destruction of Reason*, London: The Merlin Press, 1980, p.115.

响,也看到了新的自然科学那必然的、进步的方法论造成的后果,它正在破坏作为先前世界图景的神人同形同性论,同时产生了新哲学"。① 这里的"逃避"并不排除对问题的敏感性,还以它为前提。在卢卡奇的描述中,伟大的非理性主义思想家并不逃避问题。他们确实感觉到了答案,但出于利益、社会角色等其他原因,他们避而不接受这些答案。卢卡奇甚至承认尼采的问题敏感性。"他有一种特殊的第六感,这种敏感性能预见到帝国主义时代的寄生知识分子阶层需要什么,什么会使他们的内心深受触动和影响,以及什么样的答案最能安抚他们"。② 换句话说,正是"逃避"中包含的问题敏感性,使得卢卡奇有时被包括尼采在内的非理性主义思想家深深吸引。虽然他经常严厉地批评尼采,但有时也不得不承认他的钦佩之情。

有假设认为卢卡奇对非理性主义的看法是完全悲观和消极的,其实这一假设应该稍做修改。反过来,也可以说他并不觉得理性主义一点问题都没有。他在很多时候认为,理性主义和非理性主义的关系就好像是理性主义的弱点孕育了非理性主义。换句话说,非理性主义之所以成为可能,是因为每一种形式的理性主义都有其局限性。因此,一般来说,每一种理性主义也是有限的,这一观点认为,在特定的理性标准的基础上构建的理性的一般模式,从属于具体的个人的思想和行动领域。理性的局限性会导致非理性主义,从而形成非理性主义的世界观,这一点可以通过上述子系统的理性和整个社会结构的非理性之间的矛盾关系来说明。

我们应该注意,卢卡奇把上述理性主义和非理性主义的矛盾关系看作资产阶级世界独有的矛盾,这种矛盾只能从无产阶级的立场加以揭示。资产阶级哲学采用的理性模式是纯技术性的、工具性的:它一方面是资本主义经济和权力关系合理化的结果,另一方面是基于自然科

---

① George Lukács, *The Destruction of Reason*, London: The Merlin Press, 1980, p. 115.
② George Lukács, *The Destruction of Reason*, London: The Merlin Press, 1980, p. 315.

学的片面模式达到的科学进步的结果。理性主义版本的"资产阶级哲学"困在分析性的知性范围内。在卢卡奇的分析中,这也是"逃避":拒绝借助辩证理性的那种更丰富、更多变、更普遍的理性来克服"由知性支配的认识"的有限理性。卢卡奇用他黑格尔式的语言这样说道:"非理性主义整个后期发展的核心哲学问题,也就是非理性主义与哲学保持联系所依靠的问题……正是由单纯知性支配下的思维的局限和矛盾所产生的问题。如果人类思维在这些局限中发现了一个需要解决的问题,正如黑格尔恰当地指出,'这是理性的开端和标志',也就是更高层次的知识的开端和标志,那么与这些局限的相遇就可以成为思维进一步发展的起点,成为辩证法的起点。另一方面,非理性主义……恰恰在这一点止步不前,它把问题绝对化,把受知性支配的认识的局限强行看作认识的全部局限,并且实际上通过神秘的方式使问题成为一种'超理性'的答案,人为地使问题得不到解决。"①

今天,我们无法严肃地说,理性主义的弱点,即它在"知性支配下的认识"层面上的停滞,仅仅是因为"资产阶级思维"的结构,它的局限性只能借助无产阶级世界观来克服。不过卢卡奇指出的关系确实存在。此外,理性主义还不断重现在各个学科中,例如科学哲学。在实证主义和后实证主义的科学哲学中,关于科学理性的性质、可能性和可行性的争论就说明了这一点。它的典型的发展路径一直都是这样的,关于重建科学方法的建议迟早都会被证明是不充分的,进而必须在理性主义和作为备选项的非理性主义之间进行选择。究竟是用卢卡奇的黑格尔术语还是用后现代语言来描述这种情况,仅仅是一个品位问题。

非理性主义的弱点和局限性造就了理性主义,更简单地说就是,非理性主义是理性主义的结果。这很接近波普尔的论点,他认为理性主

---

① George Lukács, *The Destruction of Reason*, London: The Merlin Press, 1980, pp. 97-98.

义和非理性主义的关系是不对称的,因为只可能为非理性主义而不可能为理性主义进行理性论证。波普尔的思路是从定义开始的,即理性主义就是对批判性论辩的预先采用。因此,在发生冲突的情况下诉诸理性主张,就意味着要接受一种无法论证的论辩态度,就这一点而言,它是非理性决定的一种结果。这就导致了一个悖论命题,即理性主义是一种信仰,也就是"**对理性的非理性信仰**"(irrational *faith in reason*)。①

因此,卢卡奇和波普尔之间的立场差距并不像看起来那么大。卢卡奇或许赞成,选择理性主义基于的不是理性思考,也就是说,并不存在选择理性主义的**理由**。正如人们所期望的那样,对于为什么以及在什么基础上选择理性主义(或非理性主义)的问题,他会回答说:"在**理性**和**非理性**之间的选择从来就不是一个'内在的'哲学问题。决定思想家在新旧之间做出选择的主要因素不是智识或哲学方面的考虑,而是阶级状况和阶级忠诚的问题。"②到目前为止,我们已经看到,按照波普尔的说法,非理性主义是随机决定的结果,而对卢卡奇来说,它是因果决定的结果。理性主义的基础对他们两人来说都是非理性的,即使卢卡奇从未明确承认这一点。

在某种程度上,我认为,相信非理性主义本身就是非理性的。反之,我们现在可以补充一句,接受理性主义也是理性的。我必须承认,这似乎与波普尔和卢卡奇的观点是相反的。有悖于波普尔的理论,是因为它意味着理性主义是有理性依据的。有悖于卢卡奇的理论,是因为它不仅涉及因果因素,还涉及接受理性主义的其他理由(如证据和逻辑一致性的要求)。

几年前,我试图证明确实有这样的理由。我当时称这是理性主义

---

① K. R. Popper, *The Open Society and Its Enemies*, New York: Harper Torchbooks, 1962, II, p. 231.
② George Lukács, *The Destruction of Reason*, London: The Merlin Press, 1980, p. 100.

的基础。① "基础"（foundation）一词如今听起来并不恰当，因为它暗示着基础主义（尽管"建立"一种信仰与论证它别无二致，也就是说，通过理性的论证来证明它的可行性）。下面我将稍加修改来总结这一观点。

论证如下。有这样一些原因（证据和真正的知识），如果我们事实上依靠的是它们来选择理性主义，那么我们的选择就不是非理性的（既不是在随机的意义上，也不是在因果决定的意义上）。这样的原因可能是这样一种见解——理性的基础是历史（和进化演进），即理性主义是历史（和进化演进）的产物。在这个意义上，选择理性主义就意味着承认人是被历史和演进塑造的理性存在。然而，非理性主义始终是一种选择。这就意味着，我们可以否认人类的理性、历史和进化。

诉诸历史可能会受到严厉的批评，因为关于历史之非理性的陈述已成为老生常谈。但是，认为历史是非理性的（或只是像自然一样是无理性的）是一回事，而认为理性是历史的结果则是另一回事。前者与历史的理性或非理性无关，因为它没有预设历史的理性，也没有未加说明地规定这样的前提。另一方面我们可以很容易地补充，在政治权力关系中表现出来的非理性主义总是被证明是对作为理性存在的人的一种根本否定，这符合上述非理性主义的定义。这就是《理性的毁灭》的核心论点，尽管在其有些偏见的分析中，苏联极权主义的非理性主义被完全忽略了。但在我的论证中，我并没有谈及非理性主义在历史视角下被证明是什么，因为事实和意义的描述是两回事。

除了历史方面，我们还有另外一个选择理性主义的理由。我们只需参考上面提到的事实即可：既然每一个意向性行为都有一个理性的因素，那么要解释的反而是非理性行为与思想的可能性。对非理性主义悖论的认识本身就为选择理性主义提供了理由。

---

① János Kelemen, "Historicism and Rationalism", in Hronszky-Fehér-Dayka (eds.), *Scientific Knowledge Socialized*, Budapest: Akadémiai Kiadó, Dordrecht: Kluwer Academic Publishers, 1988, pp. 347–365.

为了更加严谨,我们应当再次强调,上述理由所支持的不是理性,而是理性主义。理性主义作为一种哲学立场当然是一个选择问题,但理性却并非如此。我再一次引用戴维森的话:"理性是拥有思想的纯粹前提",因此"行为人无权**决定**是否应该接受理性的基本属性"。[1] 基于此,我们可以得到与先前论证相同的结论:非理性主义否定了人的理性,并由此否定了一个基本的事实。因此,选择非理性主义是非理性的。在这方面,我们不仅可以谈论**非理性**的悖论,而且可以谈论**非理性主义**。

卢卡奇在《理性的毁灭》中的叙述也是这样的。卢卡奇认为选择非理性是非理性的,是矛盾的。这种选择与理性选择相比,不能用理由来解释,只能用原因来解释,就像卢卡奇所做的那样。

(孙建茵、吕浩涵 译)

---

[1] Donald Davidson, "Incoherence and Irrationality", in Donald Davidson, *Problems of Rationality*, Oxford: Clarendon Press, 2004, p. 196.

论卢卡奇 20 世纪 30 年代
哲学、美学、文学批评理论的内在关联[*]

[匈]拉斯洛·伊勒斯

卢卡奇的黑格尔研究奠定了其现实主义理论的历史哲学基础。卢卡奇的《青年黑格尔》不仅是卢卡奇最重要的学术成果之一,也是贯穿卢卡奇整个理论生涯的重要线索。在 20 世纪二三十年代的思想转变之后,卢卡奇开始重新审视黑格尔理论,并于 1937 年最终完成了《青年黑格尔》的书稿,它与卢卡奇的文学史和文学理论研究是处在同一时期的。

卢卡奇在《青年黑格尔》中论述的核心内容为:黑格尔的"外化"(Entäußerung)概念(同时也借鉴了马克思在《政治经济学手稿》中对黑格尔的批判)产生于社会与意识形态的作为现实本质和驱动力的矛盾概念,穿透完整存在的辩证法概念以及拒绝-接受模式的和解范畴。卢卡奇指出,"黑格尔核心立场的基础是,他首次提出将**存在自身的矛盾性**作为哲学的中心问题。……并且只有以此矛盾性为前提并在具体历

---

[*] 本文出处:László Illés, „Korrelation von Philosophie, Ästhetik und Literaturkritik im Werk von Georg Lukács in den Dreißiger Jahren", in *Proceedings of the XIIth Congress of the International Comparative Literature Association*, Vol. 4, München: iudicium Verlag, 1990.
拉斯洛·伊勒斯,匈牙利米什科尔茨大学德语文学教授,专业方向为 20 世纪德语文学与卢卡奇研究,特别是卢卡奇苏联时期思想研究。曾任多部卢卡奇研究文献主编。

史条件下才能辩证地理解人类的进步。"①主观的乌托邦以及某种"道德化",即否认存在的辩证矛盾性之必然性,均不能深刻地把握现实,而只能堕入悲剧,荷尔德林、费希特和福斯特都是例证。因此,卢卡奇在《费尔巴哈与德国文学》中指出,在现实的尺度下,衍生出革命思想的赫尔维格(Georg Herwegh)的立场以及"真正社会主义"的多愁善感的道德化都不具备建设性。匈牙利美学家拉斯洛·西克莱(László Sziklai)指出,"黑格尔哲学与歌德作品能够认识'存在的矛盾性',是由于他们克服了前革命以及革命时代的英雄主义的**幻觉**。"②

上述结论在当时的历史条件下是有效的。1926 年,卢卡奇在《为了艺术而艺术与无产阶级的诗学》中更加明确地论述了存在的矛盾性的经济基础和"上层"要素:"对于无产阶级革命者和马克思主义者来说,把真实的现实上升为乌托邦是不合适的。正如马克思在《哥达纲领批判》中所指出的那样,在共产主义的最初阶段,其基本结构中会依然存留着资本主义结构形式(价值法则、分工、平等和抽象法等)。"③卢卡奇早在 1919 年就已经预言了必然出现的消解资产阶级结构的无产阶级结构,也预言道,在"从必然性领域向自由领域"的过渡时期必然出现"震惊与痛苦"④。

在学习了《政治经济学手稿》之后,卢卡奇明确区分了"对象化"(Gegenständlichkeit)与"外化"概念,并回过头对《历史与阶级意识》进行自我批评。而在卢卡奇的黑格尔阐释中,真实存在的"异化"(Entfremdung)现象依然处在核心地位:"发展过程展现了'异化'是

---

① Georg Lukács, *Der junge Hegel. Über die Beziehungen von Dialektik und Ökominie*, Zürich & Wien: Europa Verlag, 1981, S. 249,509.
② Lászlo Sziklai, *Lukács és a fasizmus kora*, Budapest, 1981, S. 139.
③ Georg Lukács, „l'art pour l'art und proletarische Dichtung", in *Die Tat*, 1926, Heft 3, S. 220 - 223.
④ Georg Lukács, „Die Rolle der Moral in der kommunistischen Produktion", in Georg Lukács, *Taktik und Ethik. Politische Aufsätze 1918 - 1920*, Darmstadt & Neuwied: Luchterhand, 1975, S. 162 - 163.

在何地回归至主体的,但此地并不存在于哲学的表达中。只有从具体的能够消解资本主义社会矛盾的社会状态出发,才能用哲学的方式展现如何解决'异化'的问题。"①

作为马克思主义哲学家的卢卡奇坚信,上述社会状态只能是社会主义,但他并不认为社会主义在仅仅 20 年的时间内就已经促成了世界历史的重要转折。黑格尔并不认同"和解"可以消解异化,这一点与卢卡奇一致:"'和解'概念带有纯粹的社会乌托邦性质。思想的诚实是黑格尔的标志,他把现实中的空白在思想中也表示为空白,而不是将梦幻描述为现实。"②基于对当时社会条件的判断,卢卡奇采取了与黑格尔相同的立场。

异化以及社会主义扬弃异化的可能性是卢卡奇历史哲学、美学思想和现实主义理论的核心问题。时至今日,马克思主义哲学就此问题的意见依然是不统一的。一些学者认为,卢卡奇将异化概念提升至其理论的核心范畴是缺乏论证的,并且也抹杀了黑格尔辩证法与马克思主义辩证法之间的差别,他们认为,"马克思已经证明,无论是在经济还是在政治层面,人们都可以通过革命的方式克服物化",然而由于卢卡奇的出发点并非发展了的马克思主义,而是黑格尔哲学,因此"他也赞同黑格尔的基本理念,即物化无法在实践中而只能在精神中被克服"。③ 实际上,马克思已经规划出了通向扬弃异化的道路。青年黑格尔同样相信,人类的发展是理性的,即人类的发展是通向自由与进步的。然而,时代的局限使得他必须走向妥协,因此无法在当时社会的矛盾中把握扬弃的真实愿景。马克思认为,无产阶级是具有历史使命的

---

① Georg Lukács, *Der junge Hegel. Über die Beziehungen von Dialektik und Ökonomie*, Zürich & Wien: Europa Verlag, 1981, S. 652 - 653.
② Georg Lukács, *Der junge Hegel. Über die Beziehungen von Dialektik und Ökonomie*, Zürich & Wien: Europa Verlag, 1981, S. 641.
③ S. Hepper, V. Wrona, „Georg Lukács", in *Deutsche Zeitschrift für Philosophie*, 4 (1985), S. 298.

阶级,但马克思并没有也不可能制定实现目标的"日程表"。卢卡奇积极地参与了 20 世纪 30 年代的意识形态斗争,他对自己时代的判断或许要比后人的叙述更加真实可靠。

当下苏联哲学与美学的代表人物证实了卢卡奇理论的基础。特奥多·伊里奇·奥伊泽尔曼认为,卢卡奇对现代欧洲哲学发展基本脉络的论述,也是对"苏联革命历史经验的理论概括"[①]。米哈伊尔·里夫希茨在 1974 年的采访中证实,黑格尔研究使得他和卢卡奇能够"沿着列宁的传统分析社会主义革命",他认为:

> 卢卡奇在研究中再一次将黑格尔与革命传统联系起来。黑格尔晚年思想中的断裂并非是要回到反动,而是悲剧的不可避免性(Unumgänglichkeit)。在一定程度上,我们(也只有我们)是可以理解这一点的,因为我们有着相似的处境。相对于黑格尔,我们可以遵循历史运动走向一条民主道路,它同样需要牺牲,因为世界历史中没有什么事件是没有矛盾的,但由于列宁的思想,我们设想的道路更加民主、自由与具体。用哲学的话说:黑格尔的抽象具体性概念(abstrakte Konkretheit)就是历史的现实主义,它的标志就是资本主义。我们的具体性就是列宁十月革命思想阐释的现实的社会主义社会,当然也要去除 30 年代的黑暗。[②]

在社会主义社会中也要克服现实存在的异化,这一基本要求意味着,任何现实,也包括社会主义的现实,都是**矛盾的**,否定的辩证法是其规则,且"根本不可能被永远扬弃"。卢卡奇认为,"黑格尔的天才在于,

---

[①] Teodor Ilyich Oizerman, „Lukács György mint Hegel filozófiájának kutatója", *Az élö Lukács. Der lebendige Lukács. Materialien der Jubiläums-Konferenz von 17.—19. 4. 1985*, Budapest, 1986, S. 25 – 40.

[②] Michail Lifschitz, „Gespräche mit Michail Lifschitz, geführt von Lázslo Sziklai im Dezember 1974", Manuskript im Lukács-Archiv, Budapest, 1974.

他不仅从个体存在经验的矛盾中认识到资本主义社会的矛盾性,而且可以在此矛盾性中窥见所有生命、所有存在和所有思想的普遍的矛盾性。"①

这一具有划时代意义的论点能在 20 世纪 30 年代的时代条件下得以流传,实属不易。显而易见,它遭遇了强烈的抵抗。所谓的"进步主义者"以传统为基础,认为历史是一个缓慢直线上升的过程。斯大林的《论辩证唯物主义与历史唯物主义》几乎与《青年黑格尔》同时出版,斯大林在著作中(类似于黑格尔的"绝对精神")认为历史在综合中获得完满,并宣告矛盾的最后终结。②

诸多因素都促使卢卡奇在 20 世纪 20 年代抱有的弥赛亚式的乌托邦最终破灭,如所谓"真实存在的社会主义"中的矛盾、国际工人运动复杂的内在问题、法西斯主义的抬头、人民战线政策的逐步实现以及新的更为积极的盟友关系。青年卢卡奇逐步走向成熟,在一定程度上,卢卡奇身上也发生了黑格尔式的"断裂"。通过《青年黑格尔》,卢卡奇在上述自我否定中找到了正面价值,他认同"和解"并同时与其保持一定的批判距离,因此,他能在对存在的反思中获得辩证法,能在文学研究中得出现实主义理论。

卢卡奇获得"和解"的过程并非一帆风顺。在 1932 年的关于讽刺文学的重要研究③中,卢卡奇对黑格尔进行了一次道德评判,他认为黑格尔"以愤世嫉俗的方式"宣告了这一和解,而这一和解是受到不认可讽刺文学的自由派资产阶级启发而来的。卢卡奇证明,讽刺文学不是一种艺术类型,而是一种创造性的方法,它能用于一个阶级对另一个阶级或者对自身的批判。这种批判性的唯意志论淹没于后来

---

① Georg Lukács, *Der junge Hegel. Über die Beziehungen von Dialektik und Ökonomie*, Zürich & Wien: Europa Verlag, 1981, S. 146.
② 参见 Joseph Stalin, *Fragen des Leninismus*, Moskau, 1947, S. 674。
③ Georg Lukács, „Zur Frage der Satire", in *Internationale Literaturs*, 1932, Heft 4-5, S. 136-153.

其作品中规模庞大的文学史和文学理论素材之中,直到 20 世纪 30 年代末关于《现实主义的胜利》的论战中才再次出现。显然,这与卢卡奇长期从事的对"和解"的论证工作是相悖的。他认为,摆脱"革命的幻觉"才能深刻地把握现实的辩证矛盾性。他认为,"正是如此,黑格尔才能深刻而正确地把握历史发展的必然性"[1]。西克莱曾在文章中借用托马斯·曼对马克思的论述来形容卢卡奇是如何用批判的方式辩证地把握"和解"的:"卢卡奇不仅要去读黑格尔,他也准备去读荷尔德林。"[2]

如此,问题变得复杂了。对荷尔德林的指涉也表达了"和解"的批判性特征(这也是现实主义理论的基础之一);但批判的立场并非荷尔德林式的革命幻觉,而是指向经济基础的唯物主义分析。卢卡奇的一些学生,即"布达佩斯学派"对卢卡奇晚年的著作如《关于社会存在的本体论》"费希特式的"的反感,展现了这一分析的持续有效性。他们批判道:"马克思章节的第二要点的基础明显是,经济领域(它同时也是必然性领域)构建了再生产关系的本质,而其他的一切都只属于表象领域(它们构成了偶然性领域)。按照此理论,资本主义与社会主义的差异仅在于表象领域。"他们在批判中还引用了卢卡奇的论述:"共产主义中的必然性领域依赖于意识的确立。同样在《德意志意识形态》中首次被提出来的,还有社会分工和异化,这是迄今历史两个不可分割的特性。"[3]可见,与荷尔德林式的乌托邦一样,此经济-哲学立场(无疑也是带有黑格尔色彩的立场)或直接或间接地存

---

[1] Georg Lukács, *Der junge Hegel. Über die Beziehungen von Dialektik und Ökonomie*, Zürich & Wien: Europa Verlag, 1981, S. 109.
[2] László Sziklai, *Georg Lukács und seine Zeit: 1930 – 1945*, Wien: Böhlau Verlag, 1986, S. 162.
[3] Ferenc Fehér, Agnes Heller, György Márkus, Mihály Vajda, „Aufzeichnungen für Genossen Lukács zur〈Ontologie〉", in Rüdiger Dannemann (Hg.), *Georg Lukács: Jenseits der Polemiken. Beiträge zur Rekonstruktion seiner Philosophie*, Frankfurt am Main: Sendler, 1986, S. 233, 249, 250.

在于卢卡奇的历史观中,并且影响了他在《历史小说》的论述,也影响了现实主义理论的体系。

(刘健 译)

卢卡奇与现实主义*

[德]维尔纳·荣格

一

卢卡奇在审美判断中倾向于保守主义和传统主义,偏好封闭性艺术作品、和谐以及诗意和解,这些卢卡奇思想中的弱点经常被抨击。然而这些批评是无懈可击的吗?还是说,我们在批评时可能以偏概全?也忽略了一些关键要点?

本文旨在讨论卢卡奇美学理论中被忽视的要点之一,并在当下文学研究背景下对其进行再评价。"问题在于现实主义",这一话题在1998年和在1938年一样重要。同样地,卢卡奇现实主义文论同样具有当下性,他强调现实主义是系统性的理论,而绝不能与传统文学史书写中的19世纪现实主义等量齐观。本文并非要为卢卡奇在20世纪30年代与西格斯、布洛赫、布莱希特的论争中的偏颇观点进行正名,而是

---

* 本文出处:Werner Jung, „Georg Lukács und der Realismus: Überprüfung eines Paradigmas", *Lukács 1998/1999. Jahrbuch der Internationalen Georg-Lukács-Gesellschaft*, hg. von Frank Benseler, Werner Jung, Paderborn, S. 187 - 198.

维尔纳·荣格,德国杜伊斯堡-埃森大学哲学系德语文学专业教授,专业方向为现当代德语文学及文学理论研究。曾发表多部卢卡奇研究专著。国际卢卡奇协会创始成员之一。

要对卢卡奇在论争中提出的一些重要观点进行更为深入地探讨。

卢卡奇在论争中主要表达了两个要点,一是赋形(Gestaltung)问题,二是典型(Typus)问题。卢卡奇强调,现实主义应是体系性的、超越文学史分期的概念。他指出,每一个重要的现实主义作家都面临着双重任务:他首先必须在思想上对这些联系加以揭示,并赋予其艺术形式,他要完成的艰巨任务便是"将抽象把握而得出的联系用艺术的手段掩饰起来,即将抽象加以扬弃"。卢卡奇总结道,"通过这一双重任务,产生了一种新的、被构型的和中介的直观性,一个被构造出的生活表象。这一表象虽然在每一个方面都闪耀着本质的东西(在生活中的直观中则不是这样),但是却表现为一种直观性,一种生活的表象。"[①]因此,现实主义以及现实主义作品关键是既要呈现时代的表象,也要呈现它的问题、结构和复杂性,用黑格尔的话说,便是呈现时代的本质,而这一本质如果不呈现出来,便不存在。卢卡奇认为,现实主义最重要的构型手段便是典型,典型意指"表现社会以及人类发展客观趋势的长期有效的特征"[②]。

显然,这一思想背后是卢卡奇式的最终和解,即社会主义是人类历史最终目的。然而,关于通向社会主义的发展历程,仍有一个核心内容未被探讨,即关涉人类学的核心内容。卢卡奇在晚年试图从本体论角度将此问题进行重构,这一问题赋予伟大的现实主义艺术与文学以人本主义元素,且始终蕴含于人类发展趋势之中,而艺术始终是其表达手段。卢卡奇在20世纪40年代末至50年代以本体论理论基础构建的美学理论使用了反映(Widerspiegelung)和特殊性(Besonderheit)范畴以及拟人化(Anthropomorphisierung)和人类化(Hunmanisierung)等

[①] Georg Lukács, *Essays über Realismus*, Berlin: Aufbau Verlag, 1948, S. 143. 译文参考卢卡奇《问题在于现实主义》,卢永华译,叶廷芳校,载张黎编选《表现主义论争》,华东师范大学出版社1992年版,第151—181页。

[②] Georg Lukács, *Essays über Realismus*, Berlin: Aufbau Verlag, 1948, S. 154. 译文参考同上。

概念,卢卡奇想借此表述艺术的终极目的,即艺术表现人类的记忆,它构成人类发展状况的索引目录。我们的 20 世纪见证了人类历史的野蛮发展。鉴于此,我认为,阿多诺认为现代艺术是一种否定、空虚美学(福柯的"外域")的观点,以及阿多诺之后的后现代主义艺术(如利奥塔的崇高美学),与卢卡奇的思想并不像我们想象中的那样不同。因为,在上述美学家看来,艺术表达出来的和未表达出来的消失点(Fluchtpunkt)都是具体的人,无论是完全在场的人(如在卢卡奇的理论中)还是现实的不在场的人(如在阿多诺[①]和利奥塔[②]的理论中)。

二

在卢卡奇后期思想中,他始终坚持了在 20 世纪 30 年代末发展出的拉斯洛·西克莱所谓的"共产主义美学"。卢卡奇在 1956 年民主德国第四届作家大会上发表了题为《关于文学中的愿景问题》的主旨报告,他在发言中延续了恩格斯和列宁思想,指出社会主义现实主义文学的关键在于表现社会发展的愿景,此愿景并非是指某种乌托邦,而是潜在的发展趋势。卢卡奇的发言明确反对所谓党派文学的政令要求,即要求将文学当成历史的马镫和"复活天使"(黑贝尔语):"如果文学只是把一种纲领性的要求表现为现实,那么我们就完全忽视了文学的现实任务。"[③]也就是说,现实主义不是要表现"现实的愿景"[④],而是要表现"下一个环节"(列宁语)。卢卡奇多次强调恩格斯所说的现实主义的胜利,即巴尔扎克可以天才地认识到并表现出与自身世界观并不相同的

---

① Theodor W. Adorno, *Ästhetische Theorie*, Frankfurt am Main: Suhrkamp, 1970.
② Lyotard Jean-Francois, „Das Interesse am Erhabenen", in Christine Pries (Hg.), *Das Erhabene*, Weinheim: VCH, 1989, S. 91–118.
③ Georg Lukács, *Schriften zur Literatursoziologie*, Frankfurt am Main & Berlin & Wien: Verlag Ullstein, 1985, S. 258.
④ Georg Lukács, *Schriften zur Literatursoziologie*, Frankfurt am Main & Berlin & Wien: Verlag Ullstein, 1985, S. 258.

历史趋势和潜力,卢卡奇认为这便是现实主义艺术的伟大意义所在。

从《关于社会存在的本体论导论》到《民主化的进程》,再到《试论伦理学》残章,上述思想在卢卡奇晚年著作中随处可见。卢卡奇强调要对马克思主义进行理论创新,以本体论基础探讨马克思主义,进行社会主义民主化,并认真对待人的日常生活。卢卡奇写道:"斯大林认为道德回到正义,而没有进步成伦理学[后果是思想上的保留(reservatio mentalis),自我欺骗,自然是正义的,但在伦理层面则是扭曲的]。"①

卢卡奇在晚期作品中指出,在伦理推动力随着时间变化而越来越明显的哲学思想中,艺术会占据极为重要的作用。艺术与正确生活之间的关系跟美学与伦理学之间的关系类似,其重心都是同一性(Identität),即合适的生活形式。在此意义上说,最终会生成一种作为现实主义艺术根基的书写伦理学。

我们应从上述角度来理解卢卡奇晚年关于亚历山大·索尔仁尼琴(Alexander Solschenizyn)的论说文。卢卡奇在这些论说文中强调对社会主义现实主义文学进行创新,也对当时苏联社会主义现实主义文学中的扭曲、异化、个人崇拜和官僚主义进行了尖锐的批判。索尔仁尼琴没有受到掌声的困扰,也没有被体制所诱惑,他象征着具体的人性,而不是陈旧的美德,作为反对者的索尔仁尼琴,恰好是这一时期卢卡奇策略性选择的研究对象。卢卡奇在1964年将索尔仁尼琴的中篇小说誉为塑造斯大林主义时期"人性考验"②的典范,称其"真实地反映了斯大林时期的非人性"③,特别是描绘了劳改营的日常性,并将其表现为"日常的象征"④:索尔仁尼琴将"任意劳改营的平凡一天"表现为"尚未被克

---

① Georg Lukács, *Taktik und Ethik. Politische Aufsätze 1918 - 1920*, Darmstadt & Neuwied: Luchterhand, 1975, S. 103.
② Gerog Lukács, *Solschenizyn*, Neuwied & Berlin: Luchterhand, 1970, S. 7.
③ Gerog Lukács, *Solschenizyn*, Neuwied & Berlin: Luchterhand, 1970, S. 8.
④ Gerog Lukács, *Solschenizyn*, Neuwied & Berlin: Luchterhand, 1970, S. 11.

服的过往"①。卢卡奇将这一表现手法的法则归纳为:"不探讨过去,就无法发现当下。"②

卢卡奇的美学理论成了记忆手段,成了解码记忆诗学的方式。如果艺术是人类的记忆,那么,为了可以充分谈论记忆、转化记忆,艺术就需要美学理论。如此,艺术与美学便统一起来,感性与理性、直观与理解力便以实践哲学的方式综合为一个新的关于生活的伦理学,其最终目的是人的全面发展,我们也可以将其称为同一性。同一性必然地成为生活的目标,这不仅是在个人层面,也是在整个人类的维度中。

1970年,卢卡奇在其最后几篇论说文中又谈到索尔仁尼琴,认为其长篇小说《第一圈》和《癌症楼》是"当代世界文学的高峰"③。对于中篇小说,卢卡奇与歌德的认识一致,认为这一形式是对独立个体④的表现,卢卡奇认为索尔仁尼琴中篇小说的意义在于,它们"以社会存在自身直观呈现的方式塑造了社会存在更为清晰的形象"⑤。青年卢卡奇认为,小说呈现了内在的总体性,相应地,卢卡奇在此时指出,小说表现的是"一个存在着的社会状态,一个发展的阶段以及一个发展趋势如何影响着人的存在和成为人的过程,影响着向着非人化的进程,影响着人类自我异化的进程"。⑥

卢卡奇在马克思主义的本体论中探究社会存在的范畴(存在的方式和生存的条件),探究这些范畴如何影响个体人类及其意识。同时,他在其论说文的最后几页提出必须对主观主义进行批判。卢卡奇认为,这是"走投无路的假象",是"限制了"主人公的"抽象纯粹的主体

---

① Gerog Lukács, *Solschenizyn*, Neuwied & Berlin: Luchterhand, 1970, S. 11.
② Gerog Lukács, *Solschenizyn*, Neuwied & Berlin: Luchterhand, 1970, S. 11.
③ Gerog Lukács, *Solschenizyn*, Neuwied & Berlin: Luchterhand, 1970, S. 31.
④ Gerog Lukács, *Solschenizyn*, Neuwied & Berlin: Luchterhand, 1970, S. 6.
⑤ Gerog Lukács, *Solschenizyn*, Neuwied & Berlin: Luchterhand, 1970, S. 32.
⑥ Gerog Lukács, *Solschenizyn*, Neuwied & Berlin: Luchterhand, 1970, S. 32.

性"①,而社会主义者必须与之抗争。卢卡奇认为,资产阶级现实主义自觉或者不自觉地造就了一些文学美德,他们用幽默的方式超越了令人反感的现实并对此进行"诗意的批判"②,而在此方面,索尔仁尼琴的深刻严肃性便无能为力了。

卢卡奇的《小说理论》认为,托尔斯泰和陀思妥耶夫斯基的作品展现了新世界的预兆,展现了"爱的社会"③的概要。实现这一愿景依然是亟待人类解决的紧要任务,而它的新的预兆便是亚历山大·索尔仁尼琴。

三

不知卢卡奇会从什么角度看待当下的我们。他关于索尔仁尼琴的论述又一次被证明是正确的,这或许不会使他高兴,东欧社会主义以及与之相关的所有形式的目的论都不存在了,他的那些追随者们已经鲜为人知,更不用说他们的理论已基本无人研究了。反对性的书写作为文学书写的准则确实需要更为深入的研究,这一点在民主德国和联邦德国统一之后更为明显。这一法则有可能会成为一种新的文学特征。在世界文学或者中欧文学中,反对派文学集中出现,包括很多优秀的文学作品,它们的特征便是现实主义,是关于记忆、惊恐与恐怖的史学。他们是反对者,却不是叛徒!或许当所有体系内的选项都不可行之后,反对性法则的首要含义是谦逊的态度,而不是毫无节制,即为被剥削的个体辩护,为主体性辩护,主体性既是目的也是源泉,是体系性混乱中的救生圈。再进一步讲,作品中被记述和描写的主体性是人性和人本

---

① Gerog Lukács, *Solschenizyn*, Neuwied & Berlin: Luchterhand, 1970, S. 83.
② Gerog Lukács, *Solschenizyn*, Neuwied & Berlin: Luchterhand, 1970, S. 82.
③ Georg Lukács, *Taktik und Ethik. Politische Aufsätze 1918–1920*, Darmstadt & Neuwied: Luchterhand, 1975, S. 87.

主义最后的存余,尽管它也消失殆尽,但这已经足够。

匈牙利作家彼得·纳道什(Péter Nádas)、卢卡奇学生乔治·达洛斯(György Dalos)、捷克作家伊万·克里玛(Ivan Klima)、斯洛伐克作家亚历山大·迪斯玛(Aleksander Tišma)以及波兰和俄罗斯作家们的小说都深刻证明了卢卡奇对索尔仁尼琴的论述,他们都为深受威胁的主体性进行辩护,他们在狡诈的体系中坚守着个体愿望和私人性。

这些作品揭示了压迫机制的密码,书中故事展现了精心构造出的充满压制、监视和惩罚的体制。这些作品使我们开始以一个新的角度重新审视20世纪,特别是20世纪的最后50年。我们既看到这些国家中人民的忧虑,也看到真实社会主义国家中人民抱有的希望。这些新的视角与西方的经验是迥异的,主要的区别在于对苏联的认知,中欧国家视域下,苏联是打败法西斯的解放者。然而,历史发展的悲剧是,对苏联的依靠与对它的失望相依相存,比如1956年的布达佩斯事件和1968年的布拉格事件。但这些同时也都是历史发展的辩证法,这些作品保留了记忆的过程。

彼得·魏斯(Peter Weiss)用"地域"概念(Ortschaft)来表示那些之后的历史叙事会反复回溯的地域,对于亚历山大·迪斯玛来说,这一地域就是奥斯维辛。驱逐、毁灭和大屠杀是迪斯玛写作的主题,他的作品具有一种令人困惑的偏执,但又总是可以触及我们的生存。迪斯玛历史反思的中心始终是思考奥斯维辛,思考对大屠杀的记忆——如果记忆依然可能的话。当美军和苏联红军解救奥斯维辛的生还者时,当奥斯维辛的大门突然打开时,人们才开始尝试反思这段历史的意义。这一切都不应再次发生。和平、自由和社会主义,这是曾经被关进集中营的人向新一代年轻人呼喊的口号。

伊万·克里玛在成长小说《被审判的法官》[1]描绘了一整代人理想

---

[1] Ivan Klima, *Richter in eigener Sache*, München & Wien: Zsolnay, 1997.

的幻灭,它展现了东欧国家的典型历史进程:法官阿丹姆坚信东欧社会主义的优越性,他认为自己担负惩恶扬善的职责,然而最终却发现非正义狡诈地伪装为正义,也发现所处体制实际上充斥着谎言和自我欺骗。

那么俄罗斯的视角呢?在柳德米拉·乌利茨卡娅(Ljudmila Ulitzkaja)[①]和普约特·阿莱什科夫斯基(Pjotr Aleschkowski)的作品中稍有展现,但相对节制,他们将历史的宏大背景化为日常的私人生活叙事,展现了一定的典型性。乌利茨卡娅的《索尼奇卡》中,心地单纯的图书馆员索尼奇卡在与年老的画家及反对者的共同生活中逐渐认识了生活,并经历了个人的和政治的种种风波,而她的女儿则厌倦了俄国的苦难日常生活并移民国外。阿莱什科夫斯基的《伊尔提斯》[②]的主人公丹尼尔·查乔的发展则证明,即便是在后改革时代,情况依然没有多大改观;他前往西伯利亚大草原进行宣泄,在感受了孤独的生活之后,又重新回到城市。但这并不意味着主人公成熟的转变,而是向令人困顿的现代生活的妥协。查乔找到伴侣后开始酗酒,正如他的父亲和祖父的生活,没有前景。

这些作品有的展现了绝望的结局,有的则表达了和解,但它们的共同之处是同样的经验构成了书写的背景。在此,我们看到卢卡奇文论中的典型概念,即作品所表现出的个人命运、关系和结构的代表性。这便依然是卢卡奇所说的现实主义。

四

我们再来关注当下德语文学的新进展。当下德语文学罕见优秀作品,尽管如此,不论是老一辈还是新生作家们以现实主义作家的身份进

[①] Ljudmila Ulitzkaja, *Sonetschka*, Berlin: Volk und Welt, 1997; *Medea und ihre Kinder*, Berlin: Lübbe, 1997.
[②] Pjotr Aleschkowski, *Der Iltis*, Frankfurt am Main: Suhrkamp, 1997.

行美学自我反思时,他们便都与卢卡奇的现实主义文论产生着关联。乌韦·提姆(Uwe Timm)①在其帕德博恩的文学讲座中倡导日常的美学;同样是在帕德博恩,弗里德里希·克里斯蒂安·戴留斯(Friedrich Christian Delius)②宣扬政治性文学;两位民主德国作家沃尔夫冈·希尔毕西(Wolfgang Hilbig)③和莱因哈德·吉尔格尔(Reinhard Jirgl)④以不同的方式为书写的伦理进行辩护;联邦德国作家赫尔曼·伦茨(Hermann Lenz)⑤和路德维希·哈里希(Ludwig Harig)⑥在其文学讲座中强调对记忆的反思,这些都是现实主义文学写作纲领有效性的证据。

迪特尔·韦勒肖夫(Dieter Wellershoff)的文论散文受到卢卡奇的影响最为明显。对韦勒肖夫的评价是两极分化的,有的批评家将其誉为当代德国作家中最出色的理论家,而有的批评家则对其攻评不止。韦勒肖夫从20世纪60年代就开始试图从理论和实践层面建立一个新的现实主义纲领,与传统的现实主义相比,韦勒肖夫想要建立一个小步伐的现实主义,即表达具体的、视角化的片段和瞬间。韦勒肖夫在很多理论层面都援引了卢卡奇的思想。韦勒肖夫在1995年的法兰克福文学讲座⑦中概括自己的文学创作时,曾将卢卡奇作为反面例证,尽管如此,他依然赞同卢卡奇现实主义文论的部分观点。他们都认为,现实主义文学是一个批判性的文学,它表达具有代表性的、能展现社会关系的

---

① Uwe Timm, *Erzählen und kein Ende*, Köln: Kiepenheuer & Witsch, 1997.
② Friedrich Christian Delius, *Die Verlockung der Wörter oder Warum ist immer noch kein Zyniker bin*, Berlin: Transit, 1996.
③ Wolfgang Hilbig, *Abriss der Kritik*, Frankfurt am Main: Fischer, 1995.
④ Reinhard Hilbig, „Das Material muss gekühlt werden. Ein Gespräch", in *ndl*, Heft 3, 1998, S. 56–70.
⑤ Hermann Lenz, *Leben und Schreiben*, Frankfurt am Main: Suhrkamp, 1986.
⑥ Harig Ludwig, *Die Hortensien der Frau von Roselius. Eine Novelle*, München: C. Hanser, 1992.
⑦ Dieter Wellershoff, *Das Schimmern der Schlangenhaut*, Frankfurt am Main: Suhrkamp, 1996.

经验,并且是指向受众的形式。与卢卡奇的最大不同在于,韦勒肖夫认为现实主义文学并不能起到教导的作用,也不能提供道德的规范和指引,不是"供复制的模板"(尼克拉斯·卢曼语)。韦勒肖夫认为,读者顶多可以进入文学的情景,但不可完全依赖于文学,而只能依赖自身。

上述作家以及其他类似的作家的文学理念是什么呢？路德维希·哈里希、赫尔曼·伦茨、迪特·韦勒肖夫、迪特·伏特（Dieter Forte）等在作品中以自传的底色构筑记忆,唤起人们对战争和战后时期的回忆;沃尔夫冈·希尔毕西、莱因哈德·吉尔格尔以及汉斯·夏德里希（Hans Joachim Schädlich）[1]回溯民主德国的年代;戴留斯和乌韦·提姆则以编年史的形式记述联邦德国的日常生活和社会史。赫尔曼·伦茨在法兰克福文学讲座中精确地论述了这些记忆构筑工作:历史是有层次的,这些层次只有在(现实主义的)故事中才得以显现。

迪特·伏特的散文作品也是当代现实主义文学的范例。哈里希在其自传体散文的第三卷《与狼共舞者,成为狼》中将1945年二战结束称为"解放",称为去向另一岸边,去向德国的岸边。但这只是一个方面。在另一面,是废墟中的艰难岁月、货币改革、被炸毁的城市、饥饿困苦以及混乱和无序。而在这两个面之间,是战后重建工作,是微弱的店铺和严重的欺诈,是在希望与绝望间的徘徊,是幸存与无助间的不停切换。我们或许以为,这些历史已经为人熟知,我们在"47社"[2]、海因里希·波尔（Heinrich Böll）、沃夫德里希·施努尔（Wolfdietrich Schnurre）的作品中已经多次与之相遇,波尔在1952年将上述现实主义—人本主义写作纲领定义为废墟文学。迪特·伏特的小说《在回忆中》[3]是对当年废墟文学的回应,但排除了废墟文学的乐观主义的乌托邦元素。《在回

---

[1] Hans Joachim Schädlich, *Über Dreck. Politik und Literatur*, Berlin: LCB, 1992.
[2] "47社"为战后联邦德国重要文学团体,以反思二战历史、重建德国文化为己任,代表人物有君特·格拉斯（Günter Grass）、海因里希·伯尔（Heinrich Böll）、马丁·瓦尔泽（Martin Walser）等。——译者注
[3] Dieter Forte, *In der Erinnerung*, Frankfurt am Main: Fischer, 1998.

忆中》是伏特小说三部曲的终章,他在三部曲中讲述了横跨四百年的两个家族的命运,即以务农后又以采矿为生的波兰卢卡切家族,和来自意大利的丝绸织工冯塔纳家族。伏特在1992年出版的三部曲第一部《模板》①中叙述了两个家族在杜塞尔多夫相遇的历程,1995年出版的第二部《穿带血鞋子的男孩》②从社会底层日常生活视角对法西斯德国和二战岁月进行了详细描写,第三部《在回忆中》则聚焦战后德国。

可以看出,在对"记忆形象"的叙事中典型的叙事视角是日常性。而日常性正是伏特与"47社"的最大区别,"47社"的作品虽然也是现实主义风格,却带有明显的道德优越感以及意识形态色彩。伏特作品以缓慢的步调详细描绘了比如像骷髅一样的被毁房屋的骨架、废墟景象和废墟中的家园等记忆形象,而叙述重建工作时,叙事速度则会加快。小说讲述了众多分离的单体故事,这些故事集合形成一个独立的、无限的、自我重复的故事。记忆被保留在这些故事中,它们证明了叙事的胜利,只有叙事可以战胜话语的无力,可以战胜破坏理性的恐怖。

这些都完全符合卢卡奇现实主义文论思想,即艺术是人类的记忆,伏特的美学信条恰好表明了这一准则:"时间存在于故事中,没有故事便没有时间,没有故事便是永恒的死亡,故事创造了时间,因为一切都已经发生了,它只需要被讲述出来。"③由此,文学就是藏于历史、时间和日常中的经验,是经过处理的记忆,也就是被召回的时间。

五

卢卡奇的思想以及之后的文学史发展证明,现实主义是一个体系性的概念,它表征了一个文学纲领,其特征是"记忆诗学",其基础是人

---

① Dieter Forte, *Das Muster*, Frankfurt am Main: Fischer, 1992.
② Dieter Forte, *Der Junge mit den blutigen Schuhen*, Frankfurt am Main: Fischer, 1995.
③ Dieter Forte, *In der Erinnerung*, Frankfurt am Main: Fischer, 1998, S. 248.

本主义的伦理学。现实主义为主体性和个体性辩护,与恐怖和反人本主义进行抗争。现实主义的表现形式是多样的和个体化的,它可以是深刻的严肃,也可以是幽默、讽刺或者冷酷,但现实主义并不是某一个目的论阶梯上的特定历史阶段。现实主义既是开放和多样的,也像"特定内容的具体形式"那样具有倾向性。无论当代作家如何争论,现实主义的典型都是能够表现社会存在特征的、具有代表性的人物角色。正如莱因哈德·吉尔格尔(尽管他否认与卢卡奇的关联)所说,只要有人存在,现实主义就会存在。只有人消失之后,我们才会进入所谓的后历史,但那时我们也不需要文学了。

(刘健 译)

重访卢卡奇的现实主义*

[英]加林·提汉诺夫

虽然 20 世纪的一系列现实主义理论一直关注现实作为一种艺术构想和意识形态构想具有何种影响①,但也有一股强大的逆流将文学视为未来愿景的一种特殊形式,这一方法关注文学的社会定位和政治号召力,有时试图在复杂的后马克思主义方法和难以割舍的政治介入之间进行综合②。通常,这些改造的对象是这样一些理论框架,它们能确保对现实主义的理解是以参考历史和关注语境的方式进行的,这样一来,这些改造就隐含或明确地要求重新探讨卢卡奇在 20 世纪 30 年代的现实主义理论基础。本文旨在修正一种公认的观点,即认为卢卡奇现实主义理论仅仅是 20 世纪 30 年代政治斗争的武器。我认为卢卡奇的理论有着更深层次的哲学背景,现实主义的概念不仅是在回应黑格尔的整体性概念的过程中形成的,也是在回应生命哲学(它在以《心灵

---

* 本文出处:Galin Tihanov, "Revisiting Lukacs' Theory of Realism", in *Thesis Eleven*,(159) 2020,pp. 57 - 63.
加林·提汉诺夫,英国伦敦玛丽王后大学比较文学乔治·斯坦纳讲席教授,研究方向为思想史研究、比较文学研究,兼任哈佛大学世界文学院委员、中国社会科学院外国文学所名誉顾问。
① 参见 Roland Barthes, "L'effet de réel", in *Communications*,(11)1986, pp. 84 - 89; Roman Jakobson, "On Realism in art", in Pomorska K and Rudy S (eds), *Language in Literature*, Cambridge, MA: The Belknap Press of Harvard University Press, 1987, pp. 19 - 27。
② Fredric Jameson, *The Antinomies of Realism*, London and New York: Verso, 2013.

与形式》为代表的早期卢卡奇著作中仍然是一个强有力的存在)尝试调和形式与生活的过程中形成的。在论证卢卡奇的现实主义理论与早期的哲学讨论不可分割的同时,我还将分析他的方法概念和体裁概念的地位,并将证明他的主张具有内在的不稳定性,即他认为,在追求真实地表现现实方面,特定的艺术形式具有优先权。

20 世纪 80 年代中后期,有关卢卡奇现实主义理论的论战愈演愈烈,学者们对卢卡奇眼中的现实主义典范巴尔扎克和司汤达的小说[1]进行了尖锐、可靠、有见地的批评。这项工作采用了多种方法。第一种源自雅各布森(Jakobson)对现实主义进行的形式主义修正[2],认为它只不过是一个艺术(语言)风格体系,旨在取代不再能够为读者提供鲜活的现实形象的旧风格系统。在这一理论的核心,我们可以分辨出**陌生化**(ostranenie)原则,它将文学史重塑为现实主义的无限衰落。第二个重要批评来自巴特(Barthes)对作为创作基础的符号机制的精致分析,他称之为现实效果[3]。巴特继承了雅各布森主义对这种写作模式的语言层面的细心关注,但在意识形态方面比雅各布森走得更远。

虽然巴特的见解、维特根斯坦对实指定义的批评以及奥斯汀(John Austin)和塞尔(John Searle)的言语行为理论主导了 20 世纪 80 年代对现实主义的批评,但最近的讨论已经发生了些许偏离。这种转变的关键在于,人们意识到,特定的语言游戏(语言的特定社会性使用)与维特

---

[1] 参见 Christopher Prendergast, *The Order of Mimesis: Balzac, Stendhal, Nerval, Flaubert*, Cambridge: Cambridge University Press, 1986; Ann Jefferson, *Reading Realism in Stendhal*, Cambridge: Cambridge University Press, 1988; Sandy Petrey, *Realism and Revolution: Balzac, Stendhal, Zola, and the Performances of History*, Ithaca and London: Cornell University Press, 1988. 基于大致相似的理论框架,这三位作者提供了不同的方法来检验卢卡奇的论点。普伦德加斯特对卢卡奇的现实主义概念的哲学基础进行了直接批判,而杰弗逊则选择了一种精致而间接的方式来展示司汤达、巴特以及托多罗夫的现实主义观念之间的相似性。与他们不同的是,彼得雷通过解构卢卡奇分析左拉作品时运用的自然主义与现实主义的对立,质疑了卢卡奇的现实主义观点。

[2] Roman Jakobson, "On realism in art", in Pomorska K and Rudy S (eds), *Language in Literature*, Cambridge, MA: The Belknap Press of Harvard University Press, 1987, pp. 19-27.

[3] Roland Barthes, "L'effet de réel", in *Communications*, (11)1986, pp. 84-89.

根斯坦所称的特定生活形式密不可分,它们是一个给定共同体所共享的①。在文学研究中,这打开了用相对主义和灵活的术语来解释和评价现实主义的视角,将其作为一种文化和历史相关的现象——就像其他任何现象一样——与特定的认识论和意识形态策略联系在一起。但它也推动另一种对现实主义的理解,它符合哈贝马斯和罗蒂的观点,将现实主义理解为社会的交流共识模式争论的一部分,这有助于我们重新认识到现实主义"不是一种我们已经正当地……抛在身后的形式或时期,而是一个持续的社会项目"②。

在所有这些方法中,我的方法最接近历史主义的倾向,它将现实主义理论置于过去,并将其视为过去的一部分——这并不是说现实主义有缺陷,而是因为它是具体社会和意识形态因素组合出来的独特结果。遵循这一方法,我将尽可能避免评价性陈述,而是历史地分析卢卡奇的现实主义理论,把它当作卢卡奇的愿望的产物——他渴望将小说理论和社会理论在生命哲学和黑格尔式的马克思主义观点的基础上结合起来。

我对卢卡奇现实主义研究的起点是他一篇不被重视的文章,即写于1932年的《关于讽刺的问题》。卢卡奇在这篇文章中指出,每一部真正的文学作品都是现实主义的,因为它反映了表象和本质的辩证法:在现实的直接表象及其在人类意识中的直接反映的表面背后,文学作品强调现象的本质。这一原则在后来所有关于现实主义的著作中反复出现,成为其最不容置疑和最重要的标志。然而,当卢卡奇选择更进一步提出讽刺的特殊性问题时,问题就出现了。如果本质与表象的辩证法是所有(现实主义)文学的特征,那么讽刺的特殊性是什么呢?毫不奇怪,在一贯以小说为中心的理论中,卢卡奇再次依靠小说来充当陪衬。

---

① Ludwig Wittgenstein, *Philosophical Investigations*, Oxford: Blackwell, 1958, p. 226.
② Bruce Robbins, "Modernism and Literary Realism: Response", in George Levine (ed.), *Realism and Representation*, Madison: University of Wisconsin Press, 1993, pp. 225-231.

他断言,辩证法在小说中甚至是看不到的,只有通过中介系统才能被感知①。另一方面,讽刺故意排斥这些中介。也就是说,讽刺以非中介的"感官体现"实现了本质和表象之间的对比②,它刻意忽视社会起源的各个方面,而采取更直接和不加掩饰的态度。

卢卡奇的论说文旨在反对将讽刺文学视为文学史边缘插曲的这样一种传统观点。明显为卢卡奇提供整个概念框架(本质和表象的矛盾的中介表现和非中介表现之间的对立)的黑格尔,依然被卢卡奇指责为没有足够的洞察力来认识讽刺在整个人类历史上的生命力和持续重要性。乍一看,卢卡奇似乎在激烈地修改黑格尔论述的讽刺是一种体裁的论点。卢卡奇以席勒为依托,引入了"创作方法"(creative method)的概念,就像席勒的"感受方式"(Empfindungweise)一样,它超越了体裁,融合了不同类型的作品。卢卡奇概括说,讽刺"不是一种文学体裁,而是一种创作方法",它从短诗形式延伸到"长篇小说和喜剧"③。

如果回想一下卢卡奇对讽刺和小说的区分,我们可以看出他的主张具有矛盾性。当卢卡奇将讽刺提升到方法论的地位时,他冷静地将小说纳入其中,只是作为又一个例子和可能的应用领域;但当他勾勒出讽刺的本质时,他将其与小说进行了对比,并创造出一种明确无误的印象,即讽刺和小说都是平等的文学类型。因此,卢卡奇回到了他急于取代的黑格尔所解释的讽刺。关于方法的考虑在这里沦为关于体裁的讨论,我们需要问的是这种替代的原因是什么。第一个主要原因可能是卢卡奇的方法概念还不稳定。纵观他的全部作品,他赋予这个概念的意义几乎仅限于作者世界观的相关特征,然后他从中推演出有关形式和技巧的特征。这种方法是有问题的,因为它谈论了很多整体上的方法,但却几乎没有谈到艺术方法之类的东西。

---

① Georg Lukács, *Probleme des Realismus* I, *Werke* 4, Neuwied: Luchterhand, 1971, S. 91.
② Georg Lukács, *Probleme des Realismus* I, *Werke* 4, Neuwied: Luchterhand, 1971, S. 91.
③ Georg Lukács, *Probleme des Realismus* I, *Werke* 4, Neuwied: Luchterhand, 1971, S. 107.

卢卡奇的艺术方法范畴似乎更为合理,并且与他对特定流派和运动的讨论紧密相连。在他的论说文《表现主义的兴衰》(1933—1934)①中有一个专门的章节题为《表现主义的创作方法》,在他的其他作品中[如《叙事还是描写》(1936)和《左拉诞辰一百周年》(1940)],他关心的是自然主义的特殊性。② 这些表现主义和自然主义的例子,卢卡奇把它们都建构为内在统一的实体,它们都部分掩盖了仅仅依靠精神的历史性转变来解释风格和形式的流变的困难。当抛弃这条路线,转而关注特定的时期、流派或运动的现成框架之外的现象时,比如对讽刺的讨论,卢卡奇关于方法的论述开始显得不足,他不得不将其重新构建为关于体裁的论述,这可以更有效地平衡世界观和艺术创造力。

然而,这种替代也可能出于不同的原因。卢卡奇将方法理解为世界观或思想的表达,并将其视为高于体裁的一个范畴,其默认的假设是,每种方法都应该能够在一个特定的体裁中得到明显的反映和充分的展示,并且这个特定体裁可以充分实现该方法的全部潜力。这就是为什么,每当卢卡奇自己的理论未能证明一种方法可以在一种确定体裁中得到完满的实现时,这种方法便失去了它作为一个表述系统的力量,它得到的只是分解成一个集合的一般的可能实现,没有了中心和凝聚点。讽刺作为一种方法的定义仍然存在问题,因为它不能锚定既有的时期或流派,也不能锚定任何特定的体裁。没有了这两个支柱,卢卡奇的马克思主义历史主义被迫将方法不单视为历史发展的产物,还视为一种普遍的艺术感知模式。

---

① 1933年以《表现主义的兴衰》("Velichie i padenie' ekspresionizma")的名字首次出版,这篇文章的德文版发表在1934年的《国际文学》上。在《卢卡奇全集》第4卷中,日期标注的是写于1934年。这是卢卡奇遗产中众多写作时间存疑的文本之一。(标题原文直接将俄语转换成英语,题目应为"The Greatness and the Decline of Expressionism",参见俄文题目 Величие и падение экспрессионизма,以及德文题目 „Größe und Verfall des Expressionismus"。——译者注)
② 卢卡奇对自然主义的不满可以追溯到他早期的作品。一个很好的例子就是他的《现代戏剧发展史》(详见第十章"自然主义的可能性与界限")。

当然,任何既存的方法都不太可能得到一种独特的类型来作为其应有本质的完美体现。20世纪30年代,自然主义和现实主义在卢卡奇的理论中不得不争夺同一种类型,小说作为战场,承载了它们各自努力证明自己有权表现现实的斗争。在20世纪30年代卢卡奇的大部分作品的目的是消除小说和现实主义之间所有可能的紧张关系,并呈现出它们的不可分割性和内在联系性,即作为方法和体裁同一性的理想的认识论状态的典范。

现实主义在卢卡奇的写作中分为两支:一支是文学的长期趋势(他经常指出荷马、但丁和莎士比亚是真正的现实主义大师),另一支是特定的、历史决定的文学生产方式。到目前为止,后一种观点占主导地位。它认为现实主义是一种在现实的整体性、典型性①和矛盾性中反映现实的文学创作方法,它产生于高度发展的(工业)资本主义。这一论断的要素在20世纪六七十年代得到了广泛讨论,相关的著名论点不再赘述。但还是要说,有些评论是中肯的。最重要的是,卢卡奇的反映概念与早期的马克思主义的折射(refraction)概念之间存在着显著而关键的差距,后者在符拉什诺夫(Voloshinov)和梅德维德夫(Medvedev)的著作中得到阐述。这一概念从列宁的唯物主义和经验批判主义转移到卢卡奇的文学理论中,表明文学可以与它所表现的世界保持直接联系。

巴赫金学派认为折射概念确定了文学在众多意识形态中的位置,与此不同,卢卡奇的反映概念忽视了文学并不是用概念表现现实的唯一媒介,这样就确保文学优先于潜在的竞争对手。虽然符拉什诺夫的折射概念很看重文学作为主要折射者所具有的独特性,这与浪漫主义和新康德主义(尽管他使用的是马克思主义的术语)是相同的,但它强调的是,文学的再现总是与其他再现发生在同一个环境中,而它们是永

---

① 普伦德加斯特从语言哲学的角度对卢卡奇的类型学进行了有力的批判。Christopher Prendergast, *The Order of Mimesis*: *Balzac*, *Stendhal*, *Nerval*, *Flaubert*, Cambridge: Cambridge University Press, 1986, S. 32 - 36.

远无法中断和中和的。① 相反,尽管卢卡奇认识到亲近和相互作用(就像文学和哲学),但他更愿意谈论的不是哲学对文学的影响,而是后者在最终意义上高于前者。在讨论戈特弗里德·凯勒(Gottfried Keller)的作品时,他指出费尔巴哈的影响,只是为了说明凯勒"作为一名现实主义者,比他的老师走得更远、更高"②。海涅的诗歌被解释为超越黑格尔的尝试,卢卡奇认为,海涅从黑格尔那学到了太多。③

为了避免这些例子显得敷衍和孤立,我将简要分析卢卡奇人尽皆知的"现实主义的胜利",他以此来评价巴尔扎克、司汤达、凯勒、托尔斯泰和其他许多人的大部分作品。这句话从恩格斯那里借鉴而来,在根本上意味着文学取代哲学和其他意识形态。尽管资产阶级作家的(虚假的)世界观是由他的阶级地位所决定的,但如果他选择现实主义的方法,他还是能够描绘出真实的世界。文学庆祝它战胜了所有与作家的生活和活动相关的现存的观念。现实主义方法纠正了所有持续不断地继承的或习惯的观点,并确保它们在艺术作品中保持沉默。因此,一种意识形态(文学)比其他意识形态更受推崇,并以净化后的形式呈现,其中不需要的成分将会消失。现实主义文学被誉为一股活跃的社会力量,它正确描绘了一幅与继承来的或受阶级束缚的思想作斗争的画面。

因此,我们得出了现实主义的主要悖论。一方面,它只是一种反映;另一方面,它宣称自己具有生产的力量。它认为其他的形式、意识形态产物或文学方法是低劣的,但它仍然必须与之竞争和斗争。不用说,现实主义的生产性特征及其整体方法源自黑格尔的《精神现象学》

---

① 关于巴赫金学派折射概念的更多信息,参见 Galin Tihanov, "Voloshinov, Ideology and Language: The Birth of Marxist Sociology from the Spirit of Lebensphilosophie", in *South Atlantic Quarterly*, 97(3-4), pp. 599-621。

② Georg Lukács, *Deutsche Literatur in zwei Jahrhunderten*, Werke 7, Neuwied&Berlin: Luchterhand, 1964, S. 360.

③ Georg Lukács, *Deutsche Literatur in zwei Jahrhunderten*, Werke 7, Neuwied & Berlin: Luchterhand, 1964, S. 298-301.

(**真相是一个整体**)①,但也源自对**生命哲学**的唯物主义解释。卢卡奇的现实主义理论认为,生命总是远远超过任何试图抓住其本质的想法。更重要的是,生命可以纠正作家世界观中的"错误"。在这种现实高于观念的胜利中,回响着生命哲学对任何限制性的表现形式的不信任。如果我们回忆起青年卢卡奇希望体验的形式能够与审美交流的形式相吻合,我们就可以理解他对现实主义的酷爱是对一种形式的酷爱,这种形式为了生命的活力和丰富性而取消自身。现实主义提供了一种理想的情况,在这种情况下,作者既不模仿现实(叙事还是描写?),也不脱离现实。现实主义文学作品仍然忠实于生活的多样性,同时没有放弃它作为艺术作品的本质。现实主义是通过艺术形式来调和文化和生命,这些艺术形式并不主张它们自身的任何意义,而是在透明的反映中自愿放弃它们的形式特殊性。因此历史地看,卢卡奇的现实主义理论试图解决生命哲学的生命与形式的困境以及(新)康德主义的本质与表象的矛盾。

在将现实主义视为20世纪30年代左翼的政治武器之前,我们需要考虑上述内容。正如我们已经看到的那样,卢卡奇的现实主义理论根植于很早以前的时代和哲学趋势,我们一直在努力公正地解释这一事实。当然,这影响了我们如何看待后来的现实主义理论尝试。这种

---

① 卢卡奇对现实主义的理解以表现的总体性为前提,使我们更接近现实主义与小说的联盟。在他关于讽刺的论说文中,卢卡奇认为,正是小说具有提供总体性的现实形象的任务,这与讽刺不同。与他在《历史与阶级意识》中对拜物教和总体性的关注相呼应,卢卡奇认为小说能够驱散资本主义产生和维持的认知幻觉。通过小说,现实主义应该描绘一个世界,它不以一种支离破碎、虚假自主的方式隐藏或呈现自己。小说是作为一种永恒的感知和描绘方法的现实主义和作为一种历史实体的现实主义最终应该相交的地方。现实主义在戏剧和史诗之前就存在了,但它的最深层的本质是随着小说成为资产阶级时代的权威体裁而表现出来的。在资本主义自身发展到足以使其自身矛盾成熟并达到显而易见的程度之前,这是不可能发生的。卢卡奇所解读的德国文学史就是一个例子。《民族诗人海因里希·海涅》(1935)这篇长文叙述了卢卡奇对德国现实主义兴起的设想。海涅时代的德国的落后和资本主义对抗的潜在状态,使海涅成为一位"使得伟大的德国现实主义不可能发生"的诗人。由于这个原因,海涅被认为是在反讽-讽刺和幻想中发现了"当时表达社会矛盾最好的文学的唯一可行的德国形式",参见 Georg Lukács, *Deutsche Literatur in zwei Jahrhunderten*, *Werke 7*, Neuwied/Berlin: Luchterhand, 1964, S. 319。

尝试表达了更大的不确定性,它不确定什么构成了现实,也不确定现实主义式的认知和把握的(审美)前提是什么。仅举一个例子,1966年,彼得·汉德克(Peter Handke)在与萨特的公开论战中,断然拒绝"现实主义"概念,因此也拒绝"介入式"文学,他声称,所有文学都是"浪漫主义的",他的意思是,形式总是"疏远"和"胜过"[1](überspielt)艺术家表现现实和直接介入现实的承诺。

(李灿 译)

---

[1] Peter Handke, *Ich bin ein Bewohner des Elfenbeinturms*, Frankfurt am Main: Suhrkamp, 1966, S. 45-50.

格奥尔格·卢卡奇对社会理性的批判
——马克思主义和马克思主义本体论的危机[*]

[德]吕迪格·丹内曼

毫无疑问,西方的马克思哲学流派处于一场非常严重的危机中,已经完全过时了,甚至不得不担心它在科学文化中的公民权利(内格特语)。如果目前这一思想流派的蔑视者认为,必须在或多或少精心拟定的"讣告"中把一场理论和实践运动的消亡记录下来[①],那么人们还是倾向于追念一种具有历史启蒙意识的优点。但我们能非常清楚地辨别出这种死亡公告是轻率的。

马克思哲学流派总是遭到内部和外部的严峻考验,它很少在科学文化中被给予一个舒适的位置。爱德华·伯恩斯坦(Edward Bernstein)试图摆脱作为哲学家、科学家和政治理论家的马克思,这一尝试已经过去将近100年了。众所周知,伯恩斯坦的论战非常受欢迎,并且就此而论丝毫不逊于当代的"讣告"。更有趣的是,由罗莎·卢森堡及

---

[*] 本文出处:Rüdiger Dannemann, „Georg Lukács' Kritik der gesellschaftlichen Vernunft Krise des Marxismus und marxistische Ontologie", in Deutsche Zeitschrift für Philosophie, 40 (1-2), 1992, pp. 163-174.
吕迪格·丹内曼,哲学博士,当代重要卢卡奇研究及马克思主义研究专家,现任国际卢卡奇协会主席,《国际卢卡奇协会年鉴》主编。

[①] 彼得·科斯洛夫斯基(Peter Koslowski)的重大错误之一:《马克思主义-列宁主义的讣告》(图宾根,1991)在事实上把马克思主义与马克思主义-列宁主义等同起来,这一等同不能很好地证明作者的区分能力(或他的知识水平)。

格奥尔格·卢卡奇等所领导的与伯恩斯坦和当时其他所谓"修正主义者"的争论,提升了马克思哲学流派甄别自命为正统观念的狭隘思想的能力。在这一背景下(并且在第一次世界大战及其社会动荡的印象下),出现了一种高度发达的方法反思文化和辩证法思想的复兴。与此联系在一起的是发现了"主观因素"在推动社会发展中的重要性,出现了社会意识形式和意识形态的微妙理论,出现了精神分析和唯物主义社会理论的相互关系。在卢卡奇、葛兰西,有时也在法兰克福学派作者的著作中,实践哲学构成了 20 世纪上半叶最发达的社会哲学,它是一种先锋哲学,当下激进研究哲学的决定性直觉仍旧源于此。

当然,没人能够简单地假设 20 世纪 20 年代实践哲学的重生。这一重生是从理论上应对革命形势的艰巨尝试。格奥尔格·卢卡奇本人开始时犹豫不决,而后以他特有的严谨性认识到,实践哲学的经典形态几乎难以保存,且卢卡奇在第一次世界大战后没有放弃他著作中的基本直觉。卢卡奇在晚期著作中[1]——而这里只应该涉及这些著作——试图为马克思主义的复兴奠定基础,重新拟定它的中心范畴。即使对卢卡奇最后的哲学草案有所保留的人——例如哈贝马斯以及他的门徒——也会同意他的方法:在不修改范畴基础的情况下,作为现代哲学的马克思主义的重生是不可能的。

一、一种马克思主义责任伦理学的基本路线

卢卡奇最后一个伟大的哲学计划是《关于社会存在的本体论》。《历史与阶级意识》的作者,这位在 20 世纪 60 年代被重新发现的一种革命实践哲学的伟大哲学家,转向了拟定一部抽象—哲学的著作,在这

---

[1] 除《审美特性》和《关于社会存在的本体论》之外,算作内容丰富的晚期著作的是《关于社会存在的本体论导论》(卢卡奇的最后哲学声明),其政治遗嘱《社会主义与民主化》,以及计划出版的他的伦理学笔记。

里重新提高本体论的否定项的价值,这一定会使同时代的人感到惊讶。例如,联邦德国学生运动领袖鲁迪·杜契克(Rudi Dutschke)在与从事本体论研究的卢卡奇进行交谈后,带着对卢卡奇的误解返回了革命的柏林。但是,同样众所周知的是,尤尔根·哈贝马斯也不赞同马克思主义的本体论。如果人们想要相当全面地理解这种观念,那就必须从一段极为重要的历史入手。《关于社会存在的本体论》是在构建一种马克思主义的伦理学的背景下产生的。因此,为了理解卢卡奇的本体论转向,我们应首先追踪这一转向的轨迹。

我们知道,卢卡奇从未写下他计划过的伦理学。从遗稿中我们只辨认出一些笔记、残篇和汇编。尽管如此,我们还是能够重构卢卡奇伦理学的基本路线。从20世纪50年代开始,就有一个迄今未发表的关于"哲学家社会责任"[1]的报告,这个报告属于他反对存在主义和理性毁灭所进行的论战的范围。下文将论述这个文本拟定了卢卡奇晚期伦理学的重要论证路线。这位匈牙利哲学家选择伦理学与社会同一性与非同一性的难题作为出发点,更确切地说,是选择下列问题为出发点,即"责任—同是否包含一个社会历史的构造性要素"。[2] 由此出发,"大体上"(grosso modo)伦理学运动之间的分界线显示为流派之间的冲突,这些流派认为"重要的只是"伦理学行为的内在因素,即"伦理学决断的行为"[3]。其中一派的代表是斯多葛派、伊壁鸠鲁、康德、存在主义者,在一定条件下也包括一部分功利主义者;另一派非辩证严谨性的代表是马基雅维利,此外还包括黑格尔和他的学派。卢卡奇伦理学历史概要遵循他自《历史与阶级意识》以来时常改变的那些指导方针,这就是说,他的伦理学历史概要主要是从康德过渡到黑格尔。

---

[1] 我要感谢布达佩斯卢卡奇档案馆提供的"哲学家的社会责任"(VdPh)的打字稿。以下引自打字稿。VdPh,第1页。
[2] VdPh,第2页。
[3] VdPh,第2页。

卢卡奇伦理学首先通过诉诸黑格尔的命题创立，即人们必须把握个别行为的一般本质。在卢卡奇看来，这个规定适合于促进心志伦理学（gesinnungsethisch）传统和随后的伦理学传统的综合。① 无视行为者的意向意味着忽视心志伦理学的发现，即人们自身创造自身的历史。将行为简化到意图所指之物，意味着挤掉这一事实，即黑格尔（就像马基雅维利一样）向我们澄清了一个"理性狡计"的结构。因此，卢卡奇建构了一个"客观-内在意向"的佯谬的概念。② 从伦理学责任理论的视角来看，作为韦伯学生和批评者的卢卡奇早在汉斯·约纳斯之前就已经发现，如斯蒂凡·格奥尔格（Stefan George）这样的人物对纳粹的出现负有部分责任，尽管他主观上偏爱莫斯利的贵族法西斯主义。

卢卡奇的马克思主义责任伦理学的提纲可以用"行为意向"③这个措辞完美概括：负责任的行动指明主观与客观的要素、目的论和因果的要素是辩证地共同存在的。正如在晚期著作中，卢卡奇对马克思的解释同样适用于对决定论物化现象的反抗；他重拾 20 世纪 20 年代布哈林的批评并非偶然。正如这个时代的实践哲学著作一样，本文把历史定义为人的关系系统。卢卡奇将伦理学态度视为"负责任选择"的态度：历史唯物主义中的社会"运动规律"是客观的活动空间，在其中"人的行为作出决定"④。在伦理学上负责任的行为中，个体诉诸合类的东西（Gattungsmäßige），它以反思的形式成为本就是自在的"世界历史个体"⑤。

显然，20 世纪 50 年代的文本已经包含一种马克思主义伦理学的基本路线。更需要解释的是，为什么卢卡奇没有拟定关于"伦理学在伦理

---

① VdPh,第 8 页。
② VdPh,第 9 页。
③ VdPh,第 14 页。
④ VdPh,第 19 页。
⑤ 马克思、恩格斯在《德意志意识形态》中，谈到了"各个人的世界历史性的存在，也就是与世界历史直接联系的各个人的存在"。（《马克思恩格斯选集》第 1 卷，人民出版社 1995 年版，第 87 页。——译者注）

活动系统中地位"的研究。我猜测，这与理论的内外部因素有关。（1）内部因素：一个"行为意向"的建构，一个能够客观化的目的论的建构，使人自然防想到卢卡奇的作品美学，联想到他对天才美学的文学批判。艺术作品不可能以还原主义的方式回溯到生产者的直觉，它的含义整体难以重建。情况类似的是伦理学上应该负责任的行为。（2）外部因素：与一种实践的伦理学紧密相连的是，将社会实在证明为潜在的美德领域——即使这个领域是反事实的。这样一个证明的明见性越不可能，上面概述的一个"行为意向"的伦理学就必须越引人注目地显现为有革命志向的哲学家建构，也可能是虚构，在"这个行为意向"中个体以反思和主动的方式诉诸类的历史。

二、作为社会理性批判的本体论

法西斯主义和斯大林主义的经验证明，鼓舞卢卡奇完成《历史与阶级意识》的体验是荒谬的，卢卡奇在那时认为出现了革命的时机（Kairos）。在强调试图以几乎非黑格尔学派的直接性将政治实在视为美德场所而失败后，卢卡奇再次面临历史唯物主义的基本问题，他不想将他的伦理学置于历史偶然性之外。不同于20世纪60年代的知识分子，这位匈牙利人非常确切地认识到了，由葛兰西、柯尔施拟定的，但主要是由卢卡奇自己在20世纪20年代和30年代拟定的实践哲学几乎难以保存。

晚期卢卡奇最重要且最有争议的建议是把马克思主义理解为本体论。但是，即使在他的《关于社会存在的本体论》中，卢卡奇仍然是一个实践哲学家，只是他选择一个类历史的视角作为多种当代实践领域的视域。实际上，只有当现代人追寻他构成的踪迹时，才能理解自身。并且对此踪迹的寻找会引向劳动的范式。这种"本体论"以印象深刻的一致性捍卫着如下假定，即劳动是社会存在最实在的存在者（ens realissimum）。想要唯物主义地把握发散的社会再生产系统，就必须诉诸它们在劳动中的产生条件。这一重建处理方法的选择一开始就排除了用庸俗唯物主义的方法对意识形态现象进行解释。在劳动过程中,意识、主体性和物质的东西、客观的东西相互连接起来,它们形成了——卢卡奇的术语——一个复合体(Komplex)。通过劳动且在劳动中,意识的地位从来不只是一个附带现象,目的论的设定(因此卢卡奇——在诉诸亚里士多德的情况下——称之为劳动过程的主观先决条件)要求对象化过程具有绝对构造性的功能。

卢卡奇不是优先把人理解为游戏的人(homo ludens),而是理解为劳动的人(homo faber),更恰当地说,是理解为一个积极生活(vita activa)的主客体,这是一个大有前途且绝非微不足道的基本概念界定。劳动的人——正如《关于社会存在的本体论》第二卷第一章中实践-原形式的详细结构分析所指明的那样[1]——依赖自然的被给予性,这些被给予性显示出本己的因果性形式(结构)。即使最发达的社会也无法完全摆脱这一魔咒,即社会世界不可能完全—全部地取代第一自然的世界。昭示这一事实的,主要是人的生物学构成及其最具表现力的症状:死亡。

就像这里提到过的那样,这种本体论视角产生了一些对实践哲学绝非微不足道的认识效应:(1) 实践始终受到条件的束缚;(2) 这些条件越来越多地获得社会规范、习俗、情境的特征,但是——以绝非固定的形式——始终受到不可扬弃的先决条件的束缚;(3) 能够产生有效性且也许能够被控制的只是,在一个经过本体论和类历史反思的采取行动的范围内采取行动的人的不同条件。因此,这个类历史的反思表明自身是一种新的理性批判的媒介,我想把这种新理性批判称作社会理性批评。借助于这种理性批判,(今天)采取行动的人们向后屈身于他们的历史和史前史,他们在这里绝不是它们卑躬屈膝的代理人,但也不

---

[1] Georg Lukács, *Zur Ontologie des gesellschaftlichen Seins* Ⅱ, *Werke* 14, Neuwied: Luchterhand, 1984, 1986. S. 7 - 116.

是假象编织物(而且即使是数字编织物)中的操纵者。

在《关于社会存在的本体论》中,卢卡奇遵循一个双重策略:在第一部分,他划定一种唯物主义本体论的领域。在与一些重要的同时代哲学家的辩论中(主要在与新实证主义和存在主义的辩论中,以及在与尼古拉·哈特曼的本体论的辩论中——这一点使许多哲学界行家感到惊讶),但最初在与黑格尔和马克思的批判性对话中,卢卡奇使他的本体论获得了一个方法论基础。① 在第二部分,他沿着劳动、再生产、意识形态和异化这些本体论基本概念,展开了重构人的类历史的基本路线。② 在这里,卢卡奇前后一致地遵循他重构的发生学方法,类似于从事确定人类理性界限的理性批判者康德,卢卡奇也认为,重要的是划定社会人的活动空间和视域。如果说康德关心的是对近代自然科学(及其彻底改变我们世界观)的反思,那么卢卡奇则致力于探究马克思政治经济学批判的哲学结论。卢卡奇马克思主义本体论转向的后果是多种多样的,这里我只想提及一个方面:修正异化-普通概念的方面,即修正马克思主义哲学流派的一个决定性主题的方面。

三、异化本体论

卢卡奇晚期对异化定理的思考显示出一位已变得非常怀疑的哲学

---

① 如果这个概念还没有被吕西安·戈德曼(Lucien Goldmann)占据,那么《关于社会存在的本体论》的方法最好能够被称作发生的结构主义。卢卡奇在双重意义上从简单的优先权出发:具有这种优先权的是过去的社会存在的表现形式,即首先是劳动的"简单"原始形式,以及日常思维。"本体论批评"的使命在于,确保日常思维在面对科学物化能够保存自身。这种"本体论批评"的地位是难以界定的,但它的使命是明确的:它应该抵制科学与哲学思维(系统思维)的同质化趋向,以及与此联系在一起的现实性丧失。对此参见 Rüdiger Dannemann, *Das Prinzip Verdinglichung*, Frankfurt am Main: Suhrkamp, 1987。
② 关于《关于社会存在的本体论》劳动一章存在非常广泛的专业文献,但是对卢卡奇非常规地使用再生产、意识形态和异化这些概念还缺乏认真研究。甚至——部分继戈德曼之后——对卢卡奇的本体论和马丁·海德格尔的实存本体论进行系统化的比较分析也是可取的,同时不能被卢卡奇的概念界定所迷惑。类似观点(有可能甚至在一个更严格的意义上)也适用于萨特的辩证法晚期著作。

家。① 甚至在阿格妮丝·赫勒(Ágnes Heller)之前，他就对完全扬弃异化的观念持怀疑态度。《历史与阶级意识》带有弥赛亚主义倾向，只是抽象地对物化现象加以反对，试图在同一性历史主客体的乌托邦中扬弃物化；此外，《历史与阶级意识》还构建出一个远离经验的无产阶级形象。当然，《关于社会存在的本体论》作者——也像20世纪20年代一样有选择性地——着手对相关的马克思-文本进行了分析。② 卢卡奇再次明晰地展现了异化和物化在当今世界的日常生活、艺术和科学领域是普遍存在的，同时他特别指出异化是剥削的最高形式。③ 此时卢卡奇已经认识到，指出资本主义异化现象是可以消除的，并不等于真的扬弃了异化。

本体论视角主要蕴含两个(不只是对卢卡奇是新的)明察。(1)压迫绝不与异化/物化同一。"在压迫人的过程中"，异化可能扮演"决定性，但也可能是陪衬的角色"。④ 如果人们认识到异化的功能是巩固统治的手段，那么这个陈述是可理解的。在此基础上具体补充的是：物化理论必定伴随着一种权力理论，这一理论必须强调主体-交互主体为获得承认而斗争这一重大社会主题。(2)此外，在某种意义上必须以一种异化/物化的本体论为出发点：虽然可以降低物化效应，甚至完全可以取消随着商品生产而来的异化的某些形式，但是有一个似乎永不枯竭的异化源泉：目的论和因果性辩证法的不可扬弃性。不可扬弃的是这一事实，并且这也是这种辩证法在这里引起我们兴趣的原因，即永远无

---

① 在一篇非常值得注意的文章中，内格特(Oskar Negt)正确地谈到了马克思主义认识可靠性的罪过(Oskar Negt, "Karl Marx-Kein Bürgerrecht in der wissenschaftlichen Kultur", in *Dialektik*, H. 2/1991, S. 22)。我认为，晚期卢卡奇的怀疑论提供了克服上述缺陷的方法，这些方法是早期卢卡奇保持新康德主义思维习惯的结果。
② 主要参阅 Georg Lukács, *Zur Ontologie des gesellschaftlichen Seins* II. Werke 14, Neuwied: Luchterhand, 1986, S. 501ff, S. 658ff, 698ff。
③ Georg Lukács, *Zur Ontologie des gesellschaftlichen Seins* II, Werke 14, Neuwied: Luchterhand, 1984, 1986, S. 682ff.
④ Georg Lukács, *Zur Ontologie des gesellschaftlichen Seins* II, Werke 14, Neuwied: Luchterhand, 1986, S. 543.

法完全预测目的论设定所引发的结果。由许多活动家目的论设定产生的规律性和因果性总是包含一个自主的要素。系统逻辑总是超过构造它的主体逻辑。

因此,卢卡奇现在拒绝把异化/物化单一化。异化本体论指明这个异化是众多"异化"。① 砍掉异化九头蛇的一个头颅,也不能排除重新长出一个或多个新的头颅的可能性。当然,对异化发生的明察使我们能够完全合理地理解,在统治强度较低的社会中——如果它们应该存在的话——形成的异化形式,具有不同于在当下社会中只是插曲一样的或完全可有可无的含义。

上述对基本概念的重新表述,比《关于社会存在的本体论》对"异化当下形式"的具体长篇大论更为本质。② 在生命的最后几年,卢卡奇从报纸上,从众多来访者的提示中对西方现代性有了深刻的认识。③ 通过阅读最近的科学著作来检查这样一些信息更为罕见,特别是因为他强化了这样的态度,即自黑格尔以来资产阶级科学和哲学所产生的可敬的东西很少。甚至他也很少考虑当代马克思主义对晚期资本主义的研究,更喜欢把今天的马克思主义者和傻瓜进行比较,这些傻瓜"把旧的范畴强加于"资本主义的大山,"我们用这些范畴根本无法解释任何东西"。④ 鉴于这些先决条件,对《关于社会存在的本体论》的当下分析有时显得模糊、抽象、苍白就不足为奇了。危险的是语言上的不确定性。正在谈到的是"新的、普全的和普全操纵的资本主义"⑤,包括加尔布雷思(Galbraith)在内,卢卡奇也谈到了"炫耀性消费",或者更简短地说,

---

① Georg Lukács, *Zur Ontologie des gesellschaftlichen Seins* Ⅱ, Werke 14, Neuwied: Luchterhand, 1984, 1986. S. 554.
② Georg Lukács, *Zur Ontologie des gesellschaftlichen Seins* Ⅱ, Werke 14, Neuwied: Luchterhand, 1984, 1986. S. 656ff.
③ 参阅埃西(Eörsi)与赫尔曼(Hermann)的有关著作,以及阿格妮丝·赫勒未发表但又非常富有启发性的传记文章"学派奠基人"。
④ Georg Lukács, „Spiegel"-Interview vom 22.1.1970, Originalprotokoll, 25.
⑤ Georg Lukács, *Zur Ontologie des gesellschaftlichen Seins* Ⅱ, Werke 14, Neuwied: Luchterhand, 1984, 1986. S. 684.

"操纵资本主义"。① 显然,这些阐述类似于马尔库塞等人在1970年左右所推广的操纵批判的声调。

值得注意的是,在这一时期,操纵批判(Manipulationskritik)成为卢卡奇早期现代理性批判的新版本,但需要指出,卢卡奇的本体论方法对这一概念进行了根本性改造,因此它与马尔库塞的理解是完全不同的。卢卡奇将操纵批判作为现实的丧失(Wirklichkeitsverlust)现象全面批判的组成部分,他认为在现代科学、新艺术以及政治形式中均存在现实的丧失。卢卡奇认为,在科学家、艺术家以及"被操纵"人所处的晚期资本主义日常生活中,本应该对现实做出反应的媒介变成了现实本身。无论是扬弃异化,还是对忠于枢机主教贝拉明的真理原则的唯科学主义(Szientismus)②进行本体论的科学批判,都是为了将处于"操纵时代"③的人类从令人窒息的社会性虚构中解救出来。现代和后现代社会中,异化了的人以及自以为自创生系统的科学都不可能是实践的同一,现代生态学在实践层面的失败便是例证。因此,本体论批判是社会理性批判的媒介,它的任务是揭露出现代异化现象的本质,即现实的丧失。总而言之,作为革命哲学家的卢卡奇在晚年将《关于社会存在的本体论》作为其哲学遗产,其理论意义不仅在于这部著作对当下社会畸形和物化现象的详细论述,也在于本体论这一方法本身。④

---

① Georg Lukács, „Spiegel"-lnterview vom 22. 1. 1970, Originalprotokoll, 26.
② Georg Lukács, *Zur Ontologie des gesellschaftlichen Seins* Ⅱ, Werke 14, Neuwied: Luchterhand, 1984, 1986. S. 337.
③ Georg Lukács, *Zur Ontologie des gesellschaftlichen Seins* Ⅱ, Werke 14, Neuwied: Luchterhand, 1984, 1986. S. 635.
④ 洛曼(G. Lohmann)从事马克思研究的悲观主义结论:他用一种客观主义历史哲学牺牲了当下,他潜在的经济主义牺牲了文化,他的生产主义牺牲了道德,绝非涉及一种被反思的实践哲学——我希望这一点至少有点儿可信。参见 G. Lohmann, *Indifferenz und Gesellschaft*, Frankfurt am Main: Suhrkamp, 1991, S. 362。

四、去物化的伦理和本体论转向的怀疑论

本体论方法一个有趣的优点在于,它有机会能够把伦理学要素最终深深地锚定在劳动本体论中。随着发现目的论设定是劳动的构造性要素,替代的决定、选择,成为人的实践早已存在的且不可跳过的要素。《关于社会存在的本体论》坚持认为,决定和选择形成一个复合体;不存在没有制约性的劳动,就像不可能存在一个绝对前定的生产行为(Produzieren)一样。① 伦理(Ethos)是实践的要素。作为这样的要素它不是孤立的,唯有在人类活动的系统中才能加以把握。本体论通过研究人采取行动的条件和结构来澄清这一关联。关于伦理学动力学的绝对让人想起黑格尔的假说,在于断言那些活动空间的扩大,开始时所述及的关于哲学家社会责任的报告已经谈到了那些活动空间。

卢卡奇早就——例如在他的歌德研究中——清楚地表明,他喜爱一种普遍主义的伦理学模式。作为文艺复兴时期-人的现代转世,歌德获得了示范的意义,因为在禁欲没有倒退的情况下,他考验"人的活动中的激情",同时也以某种方式实现对能力的一种自信的展开,"即人的内部和谐是他与别人和谐相处的动力"。② 必须承认,这位公开的反乌托邦主义者在此表现得多么乌托邦主义。当然,对大多数人来说,在一个高度分化的阶级社会中,不可能按照文艺复兴时期的理想来生活,对他们来说——如果情况确实如此——这只能是一个他们日常生活中决定的反事实的调节性因素。

即使今天的读者也会对合类性(Gattungsmäßigkeit)概念的肯定使用有些怀疑。人们很快会质疑,卢卡奇是不是忘记了《历史与阶级

---

① Georg Lukács, *Zur Ontologie des gesellschaftlichen Seins* II, Werke 14, Neuwied: Luchterhand, 1984, 1986. S. 155.
② Georg Lukács, *Goethe und seine Zeit*, Bern, 1947, S. 22.

意识》的明察,在无产阶级神话被祛魅之后,他倒退到一种人类学哲学。但引人注目的是,《审美特性》和《关于社会存在的本体论》对详细确定人的本质兴趣不大。其实,对人的本体论,卢卡奇只是作了如下陈述:

1. 人也是一种生物。作为这样的生物,他具有一种自在的合类性,具有比较恒定的基本身体能力(和缺陷)、本欲等。

2. 人主要是历史的人,人没有任何传统意义上的所谓本质。与当代的卡斯托里亚迪斯(Cornelius Castoriadis)一样,卢卡奇同样认为,人的决定性特征是人可以通过实践重新定义自身。这一"人类学"的具有讽刺性的常量基于这样一个假定,即智人(homo sapiens)这个物种没有内容常量,没有古典意义上的实质。

为了能够理解对伦理学上的重要的类概念的强调,有必要进行进一步的阐述。卢卡奇相信——像今天的哈贝马斯一样——历史上存在进化的过程:以事后(post festum)的方式能够观察到一种社会化的趋势。生产力和生产关系的发展倾向于生成一个世界社会。卢卡奇优先通过两个观察来解释,这个进程具有伦理学的含义。卢卡奇援引斯宾诺莎的话指出,人通过社会化过程已经远离了他的本能的变化(Triebschickal)。更重要的是马克思所描述的人的意义的"人道化",这种人道化在艺术中达到顶峰。由于艺术的自律,人获得了一种实践形式,由于这种形式获得有自身目的的游戏特征,它明显有别于生物学上的再生产行为。

卢卡奇现在相信,这个实践样式也可以在日常生活中有限地得到实现,即当个体通过生活在通常缄默的合类性中发展为成熟的个体性时。这个听起来抽象的确定完全能够以可理解的方式具体化。在阶级社会中,人从来都不是正常的个体性,而是以特殊主义为导向的社会群体成员。毫无保留地遵循这些群体原则的个体,始终是特殊的无言者,他们不拟定自己的设定,始终被严格排除在自律的实践形式之外,实践着群体特定的物化形态。意识到自身特殊性的个体,可能在分析它的原因时初步生活在自律中。个体动机和社会联系进入一种不是全面相互决定,而是相互促进的关系。这些行为中存在一种社会的先兆。在这个社会中,这些行为——尽管不是全部但也是绝大多数——指明了自身目的的特征。

如果人们想尝试性地拟定卢卡奇的绝对命令,更恰当地说,拟定这位坚定的康德批评者的伦理学基本原则(他还是非常感谢康德的思维出发点),那么应该这样表述:如此行动,即你的行动为达到自律的、非物化的实践形式创造必要的先决条件,并且在各种历史中可能的有自身目的的行动中发展一种人格同一性。正如人们很容易看到,这种伦理学不包含任何超历史的普遍性——除了历史性的普遍性之外。它承认自身定义的权利,这一权利的界限在于不损害他人自律的形成条件。

五、一种马克思主义来源的普遍主义伦理学的困难

伦理学家卢卡奇把现代性计划展示为普遍化倾向和特殊化倾向的相互对立。如果现代性一方面产生一个多元文化或跨文化的世界社会,那么它另一方面就社会化大量且伪个体、醒目且崇尚特殊主义的(人们甚至会称之为自恋的)人。因此,卢卡奇强调了我们主体性的自相矛盾:如果我们也是马克思意义上的"世界历史个体",那么我们就以现实社会主义的(或者现在新自由主义的)或晚期资本主义的方式倒退到特殊主义的狭隘思想中。卢卡奇显然没有寄希望于一个小生境(Nische)提纲,也没有期望在这些小生境中能够展现出直接的需求。就此而言,卢卡奇以他的方式支持阿多诺的名言——整体不真。但是对卢卡奇来说,从整体不真性中表明自身的正是一种去物化伦理意义上的革命行动命令:把实践导向"人的活动的世界,这个世界值得被视

为自身目的"①。卢卡奇的伦理学假定,即黑格尔的名言"整体是真的"会转变为这个定句:整体能够成真。卢卡奇伦理学的命令式要求,即个体必须从自恋的狭隘思想上升到类的水平,至少以这个定句的可设想性为先决条件,才具有有效性。

鉴于世界形势以及在当代"后现代"研究哲学的条件下,卢卡奇普遍主义的"实体伦理学"呈现为一种令人惊讶的挑衅。尽管如此,我还是推测,在现实问题状况的视域中,这一问题状况可以用生态学危机和东西方对比的消解这两个关键词非常粗糙地加以描述,一种以马克思主义为导向的普遍主义伦理学并未丧失它的此在理由。生态学危机的解决办法可能还是难以在一种伦理学的框架内构想出来,这种伦理学是需求直接性,强调区域性并且对整体性思想笼统诽谤的伦理学。

原子化的个体在一个强调的意义上没有行为能力,这一明察通过我们当代经验增加了明见性。有人说,在"新的社会运动"中特定阶级的社会剥夺形式退居幕后②,不再是社会阶级状况,而是逐点地被牵涉性(Betroffenheit)和共同的社会需求定义,被视为社会抗议运动的结晶核。应该同意这样一些分析,因为它们破坏了经济的政治理解。但如果它们拒绝一种普遍主义道德的反思层面,那么它们就值得批评。没有这个维度,采取政治行动就始终是特别的,需要冒着这样的危险,即要么展示群体的"正常"利益政治,要么用作增长过程或工业化过程的补充。

卢卡奇固执地坚持一个强调的、致力于阐明的主体概念,但是,如果我没看错的话,他不可能拟定出现代性中主体性构成的机制。如果人们想追随他晚期的直觉,那么就必须尝试具体研究这些机制。主体性在日常生活中构造自身,特别是在与实存的异化和物化的争论与非

---

① Georg Lukács, „Die ontologischen Grundlagen des menschlichen Denkens und Handelns", in Frank Benseler (Hg.), *Revolutionäres Denken- G. Lukács*, Darmstadt/Neuwied, 1984, S. 278.

② Alex Demirovic, „Neuer Universalismus, alter Universalismus und Partikularismus", in *Grünes und alternatives Jahrbuch*, hg. von E. Jurtschisch u. a., Berlin, 1986, S. 182.

争论中构造自身。随着主体性和交互主体性凝聚为运动,而这些运动不是意识形态的附属物,而是在结构中并且对结构行使权力,福柯对现代主体的论战就失去了明见性,因为导向-合类的采取行动并不引向暴力的同构化。从这个视角来看,合类性概念可能不是一个极权主义的概念,而是一个符合"普遍性形成的模式,这个模式以这样一个可能性为出发点,即社会集体的界限始终可以重新商定和确定"①。

晚期卢卡奇强调把苏维埃民主颂扬为自治制度。② 在所谓市场经济几乎普遍成功的条件下,这个有点怀旧的乌托邦是否可以转变,这一点仍然很不确定。当然,不该期待的是,不久之后就能够实现重新拟定一种政治理解的过程,这种政治理解建基于一种普遍主义和唯物主义的伦理学。开端首先存在于尤尔根·哈贝马斯及其学派的工作中,在这个背景下迄今已进行的是重新拟定物化定理的最有趣的尝试。正如在很大程度上被观察到且被承认的那样,如果今天的问题是保护生活世界的剩余物免受系统化的殖民企图,那么从卢卡奇晚期伦理学中可以得到这样一种认识:现在需要识别生活世界总体性中的反特殊主义倾向,即使在由工具理性所主导的劳动世界被唾弃的领域中也是如此。只有当一种普遍主义伦理学在社会中心开始实存时,它才会正好表明自身不是反思精英的建构。

(肖德生 译)

---

① Alex Demirovic,„Neuer Universalismus, alter Universalismus und Partikularismus", in *Grünes und alternatives Jahrbuch*, hg. von E. Jurtschisch u. a., Berlin, 1986, S. 182.
② 对此参阅 Rüdiger Dannemann, "Rätebewegung und Basisdemokratie. Das politische Testament Georg Lukacs'", in *Sozialismus und Demokratisierung*, Frankfurt am Main: Suhrkamp, 1987, S. 137ff. 我很想通过讨论乌多·贝姆巴赫(Udo Bermbach)的命题来补充这些阐述,格奥尔格·卢卡奇没有充分阐明的政治概念,在严格意义上(sensu stricto)正好没有政治理论。可以在经验层面上(例如根据新国家主义现象)指明,但也可以在关于"社群主义"争论的语境下指明,形成一种普遍主义伦理学构造条件难度有多大。

马克思主义的本体论解读：
卢卡奇的《关于社会存在的本体论》[*]

[俄]玛丽亚·阿科舍夫娜·赫维什

"任何重要的哲学都试图赋予世界一种一般图景，在其中综合从宇宙发展论到伦理学的所有相互关系，以展示出具有现实意义的方案，解答作为一个必然发展阶段的人的命运。"[①]这一阐述出自著名的匈牙利马克思主义哲学家格奥尔格·卢卡奇，他在晚年开始了一项伟大的尝试，试图系统阐释马克思的"社会存在"概念，最后留下未完成的三卷本匈牙利语著作《关于社会存在的本体论》（本篇以下简称《本体论》），总篇幅达到 100 印张。[②]

卢卡奇很早就对本体论问题产生兴趣。在撰写《审美特性》（1963

---

[*] 本文出处：Мария Акошевна Хевеши. Онтологическая интерпретация марксизма работа Д. Лукача《к онтологии общественного бытия》, in Историко философский ежегодник, 1989, С. 25 – 38.

玛丽亚·阿科舍夫娜·赫维什（1928—2005），匈牙利籍苏联哲学家，莫斯科罗蒙诺索夫国立大学哲学博士，曾任苏联科学院哲学研究所研究生院院长。主要研究方向为匈牙利哲学和卢卡奇，著有《哲学在匈牙利》等。

① György Lukács, *A társadalmi lét ontológiájáról* II, Budapest: Magvető, p. 542.
② 匈牙利文版于 1976 年出版，德文版（联邦德国出版社"Luchterhand"）于 1985—1986 年出版。匈牙利文版的第一卷有关历史和哲学，其中第一章分析新实证主义和存在主义这两个截然对立的哲学流派，第二章是对哈特曼的本体论观点的批判性分析，第三章分析了黑格尔的真假本体论（卢卡奇自己定义的），第四章解释了马克思的本体论的基本原则。第二卷系统地介绍了社会存在本体论，其中第一章致力于分析劳动，第二章分析再生产，第三章分析观念的东西和意识形态，第四章是异化。第三卷是导论，其中卢卡奇力图将历史方法和理论方法结合起来，并对前两卷的内容进行简要概述。在德语版中，导论放在了第一卷的开头，然后是历史和理论部分。参见 Georg Lukács, *Zur Ontologie des gesellschaftlichen Seins*, Neuwied: Luchterhand, 1985.

的几年中，卢卡奇分析了两种存在形式。他将第一种形式与自然物理实体相连，将第二种形式与艺术品相连。如果前者独立于我们的意识之外而存在，就无法言说后者。卢卡奇认为，艺术品的存在取决于人们的感知意识和主观意识，艺术品的内容与被描绘的东西和感知方式有关。因此，卢卡奇强调，没有主体的美学中就没有客体；在这个领域，客体与主体之间的联系表现为一种独特的方式。

卢卡奇完成了美学著作之后，打算撰写关于马克思主义伦理学的著作。但是他很快放弃了这个想法，因为他得出一个结论：在阐述马克思对伦理学的理解之前，有必要重建他的本体论思想，尤其是社会存在本体论的观点。只有这样，才能从辩证唯物主义本体论出发发展伦理学。卢卡奇认为，不了解社会发展规律就无法理解伦理学以及最重要的应然问题，因为无论是在其最初时刻还是预期的后果中，应然的前提都是某些存在的形式，并且它（应然）永远不能完全独立于存在。因此，卢卡奇认为，为了探讨伦理领域的问题，关于存在的知识是必要的。社会存在本体论是认识伦理的条件。

在20世纪多元化的哲学思潮中，本体论有着独特的魅力。其证据不仅包括新托马斯主义对存在的神学解释，还有胡塞尔现象学对传统认识论的拒绝，以及舍勒提出的"突破现实"的任务。众所周知，这个问题域最充分地反映在哈特曼的"新本体论"中，他把认识当作次级的原则。本体论在存在主义处得到了独特的解释。整个海德格尔哲学的核心，就在于通过分析人的存在来揭示"存在的意义"问题。晚期海德格尔试图发展出一套本体论阐释学；萨特试图创造一种"现象学本体论"，使人们可以在现存的可能性中自由选择。这一切都表达了对蔓延的新实证主义势力的某种抵抗倾向，因为新实证主义拒绝理解世界的基础——存在，并将哲学归结为方法论问题。

20世纪60年代，卢卡奇撰写《本体论》时，社会存在问题引起了一些西欧哲学代表人物的特别关注。由于那些年反叛情绪在各社会阶层中广泛传播,法兰克福学派、"新左派"和左翼激进思想家被迫对社会存在做出自己的阐释。那时,阿多诺和法兰克福学派思想家与新实证主义者进行了一场严肃的对话,在此过程中他们必须回答这个问题:左翼激进思想追求的是什么?追求的是对必须改变的社会存在的客观分析,还是仅仅追求改变其研究方法?

在这种情况下,马克思主义者也必须给出自己关于社会存在的观点。这就需要重建马克思的本体论观点。卢卡奇试图将马克思主义关于社会存在以及一般存在的观点与新实证主义、认识论和20世纪各主要本体论流派相比较,他还极为关注存在主义。有趣的是,在他的书中,卢卡奇将存在主义和新实证主义这两个极端放在同一章,认为它们都错误解释了世界和存在。卢卡奇认为,存在主义者有一种关于绝望的本体论,而新实证主义则拒绝考虑现实存在,将其归为一种认识论问题的研究。

卢卡奇的本体论思想是重新阐释马克思关于存在问题的观点,并试图阐明古典存在理论与历史唯物主义社会存在理论之间的根本区别。卢卡奇并没有把自己的任务设定为建立某种本体论体系,而是阐明自己思考马克思主义关于社会存在的理解的成果。本体论是对客观现实的研究,同时"试图恢复与马克思主义伟大传统的联系"[1]。卢卡奇指出,由于马克思将物质存在视为首要的,并得出生产物质资料具有首要性的结论,从而使得他的本体论研究成为可能。马克思主义需要本体论,以体现社会存在在自然界中的真实基础,以揭示社会存在与自然界的同一性以及它们之间的区别。卢卡奇指出,马克思的本体论观点没有系统集中在一部作品中,而是分散在他的许多著作中,但还是展示了马克思存在观的总体图景。从提出物质生产第一性的思想起,马克思事实上就已经开始勾勒自己的本体论观点了。这是与黑格尔本体论

---

[1] György Lukács, *A társadalmi lét ontológiájáról* Ⅱ, Budapest: Magvető, p. 232.

的决裂,也表现在对"最终"体系的否定中。

卢卡奇认为,马克思的本体论观点不同于其他19世纪的哲学家,在他们那里,知识学、认识论和逻辑学处于优先地位。他指出,如果说存在问题处于前资本主义阶段的思想中心,那么资本主义则将这些问题置于次要位置,把关于自在之物的认识问题置于中心。无论是发展中的资本主义社会现实的需求,还是思想上形式的需求都引起了对认识的强烈兴趣。关键在于,在伽利略受审之后,教会同意承认,科学具有解决许多问题的权利,但不包括人本身的存在问题。因此卢卡奇认为,从笛卡尔开始,近代所有哲学家都首先处理理论问题和认知问题,只有斯宾诺莎和莱布尼茨例外;在康德那里,逻辑学、认识论是一种认识手段,在实证主义者那里它们是一种方法论,但在卢卡奇看来,这种路径阻碍了对存在的真正认识。

马克思主义与所有这些哲学流派不同,它从现实存在的全面总体出发研究现实存在。卢卡奇强调,生存本身所构成的哲学问题不能从认识论上解决,因而马克思主义首先要解决本体论问题。这正是卢卡奇的出发点。

20世纪哲学理论的重要学说关注认识论问题,对认识论的态度开始主导大多数问题,最明显地体现在新实证主义那里。卢卡奇认为,许多当代马克思主义者的著作中也表现出对理论—认识论问题的热情。

马克思的辩证法不仅是认识原则,而且表达了任何具体现实发展的规律,从本体论出发的辩证法如果没有普遍性就毫无意义。鉴于此,卢卡奇探讨了存在的三大领域:无机界、有机界和社会存在。并且所有领域都被理解为是相互作用的,只有在此情况下,才有可能将存在理解为最基本的范畴,而所有其他领域都将在与存在的相互关系中产生。

与卢卡奇对本体论问题的看法紧密相关的是,他尝试从哲学上理解世界中发生的新过程的实质,以及理解那些已成为当代资本主义特征的结构变化的实质。卢卡奇在《本体论》中谈的不是关于资本主义的经济学分析,而是关于它的哲学思考的尝试。卢卡奇指出,在 20 世纪下半叶的资本主义社会中,一切都变了:无产阶级已经不再是绝对贫穷的。而且,在 20 世纪 60 年代,发达资本主义国家的工人阶级的生活水平达到了前所未有的高度。然而,卢卡奇认为,资本主义的本质没有改变,异化过程不仅没有减弱,反而加剧了。卢卡奇看到了 19 世纪与 20 世纪的资本主义之间的根本区别:在 19 世纪,大工业主要承接生产资料的生产领域,而手工业则从事消费资料的生产;现代大工业涵盖了生产的所有领域以及文化领域,这导致操纵公众意识的可能性空前增加,这加剧了人们在社会中的异化过程,尽管该过程本身采取了比以前更隐蔽的新形式。

20 世纪 60 年代发生的对资本主义不满的各种表现形式,被卢卡奇定义为反对异化斗争的初始阶段。在资本主义兴起之初,他将青年运动与卢德运动[①]进行了比较。当时广泛开展的性解放运动也被卢卡奇解释为对"占有"思想的抗议,马克思则认为这是一切异化的基础。在这些新情况下,如果没有自发采取的反对资本主义的行动,工人运动就必须找到对劳动者,包括对物质富裕阶层有影响的新形式。在这种情况下,反对各种异化形式的斗争具有了重要的意义,它能够成为集结各社会力量的平台。但是,这需要了解维系资本主义、支撑其运作和加深异化的各种机制,因此,有必要理解社会存在的本体论,以了解其实质。

卢卡奇不仅希望了解发生在当代资本主义社会的运动,还密切关注了 20 世纪 60 年代社会主义国家发生的运动。人们意识到与揭露个人崇拜相关的许多现象正是发生在这个年代。卢卡奇认为,社会主义是历史上首次追求消除异化,将社会中占主导地位的关系转变为真正的人的关系的一种现代社会形式。除了揭示资本主义的非民主本质,卢卡奇还谈到了社会主义社会的广泛民主化的必要性,他认为民主首

---

① 卢德运动始于 1811 年诺丁汉,是英国工人以破坏机器为手段反对工厂主压迫和剥削的自发工人运动,首领称为卢德王,故以此命名。——译者注

先意味着日常生活的民主化,对官僚主义的斗争,扩大管理社会的民主方式的应用范围以及建立人民的自治政府。卢卡奇认为,社会主义的进一步发展需要实行激进的改革。他拥护匈牙利在 20 世纪 60 年代开展的经济改革,但他认为,局限在经济领域的改革不会取得预期的结果。他还强调,在社会主义制度下,政治领域开始变得重要,民主化和人民自治的问题是社会发生根本性变革的不可或缺的部分。

正是这种对现代世界以及对资本主义和社会主义世界的理解构成了卢卡奇《本体论》的基础。有必要补充的是,在 20 世纪 60 年代,卢卡奇的作品《历史与阶级意识》(创作于 20 世纪 20 年代)在全世界范围内重新引起了人们强烈的兴趣,在许多国家多次再版。卢卡奇不得不顾及这个事实。他谈到他的许多观点和之前对马克思主义基本哲学问题的解释相对立。因此,卢卡奇强调社会存在与无机界和有机界的存在密切相关,他反对《历史与阶级意识》中阐述的"自然是一个社会范畴"。

由于卢卡奇在《本体论》中以不同方式论及了马克思主义哲学的许多基本问题,而且该著作篇幅巨大,所以如果要突出一些主要思想的话,那就是理解社会存在与社会意识之间的相互关系。卢卡奇的整个创作力求揭示社会意识的本质及其与社会存在的关系。卢卡奇认为,对于社会存在来说,意识绝不仅仅是第二性的东西,它还内在于社会存在之中,是其必然的有机组成部分。卢卡奇还提出,意识具有创造社会存在的作用。

这种关于存在的解释与传统的本体论相对立。在传统的本体论中,存在与对事物、对象的使用和应用相关联,而精神则表现为与存在相分离的独特领域。卢卡奇反对把意识和主体性想象成从属的和社会存在的伴生物。在《审美特性》一书中,他写道:"有人以为唯物主义的世界图像——存在先于意识,社会存在先于社会意识——本质上也是等级制的,这是一种很普遍的误解。唯物主义所说的存在第一性,首先在于确定了这样一个事实:有无意识的存在,但没有无存在的意识。由此绝不能得出意识隶属于存在这样的等级制隶属关系。相反,这种存在第一性以及意识通过理论和实践而达到的对这一原理的具体肯定,让我们真正通过意识掌握物质……意识被赋予更大的可能性去洞穿存在的真正属性,支配存在"①。

与马克思一样,卢卡奇同样认为,社会生活的方式是劳动,在最简单的劳动行为中体现着人的自觉选择和自然因果相互关系的统一。众所周知,劳动始于设定的某个目的,即开始于思想层面的自觉行为。为了实现设定的目的,必须启动已知的自然原则:社会的功能似乎与人类的意识活动,与人类设定的某些目的密不可分。这就是卢卡奇非常重视目的论设定的重要意义。"社会存在的特性在于,其中所有物质的相互作用都是由目的论设定引起的,只有在尝试实现一个精神设定的目的时,物质的相互作用才能发挥作用"②。卢卡奇强调,目的论设定以及寻找实现既定目的手段中的意识,不能仅仅限于对环境的适应——它能够在环境中产生自然界无法做到的变化。"正是由于形成了改造和创新塑造自然的原则,所以从本体论上来看,为此提供推动力和方向的意识才能不是一种伴随现象"③。换言之,卢卡奇的思想可以归结为:就社会存在而言,意识不是伴随现象。

尽管人类意识在认知自然界的过程中常常创造出不同于预设的事物,但这并不意味着社会开始依赖于个体意识。社会继续按照其客观规律发挥作用。卢卡奇并不质疑存在的优先地位,但同时提醒我们关注存在的特性。在他的解释中,意识和意识形态不仅仅出现在精神领域。由于意识会有效影响人、群体和阶级的行为,因此意识会引起社会冲突,卢卡奇认为,意识是构成社会实践的次生对象化。社会意识的各种形式——宗教、艺术、哲学、法律——也有自己的存在。人们的思想

---

① Лукач Д, Своеобразие эстетического, T. 1, 1985, C. 13-14.
② György Lukács, *A társadalmi lét ontológiájáról* Ⅱ, Budapest: Magvető, p. 388.
③ György Lukács, *A társadalmi lét ontológiájáról* Ⅱ, Budapest: Magvető, p. 34.

和他们所想的一切都是社会生活的某种事实。如果我们不考虑时代所特有的意识形态、世界观,我们就无法理解这个时代,所有这些次生对象化都是社会实践的组成部分。

正是卢卡奇在社会实践中对意识作用和地位的这种理解,决定了他对《本体论》中另一个核心问题的阐释——历史与个人的关系。他批判黑格尔,认为在他那里,必然性统治了历史。正是这一点解释了笼罩着黑格尔本体论的"逻辑面纱"的存在。卢卡奇指出,黑格尔哲学的逻辑假动作经常与他天才的本体论见解相冲突。《本体论》中提及:"只有把存在的基本属性始终理解为是一个从本质上说是历史的发展过程的诸多方面,并且——根据处在一定存在形式之中的特定的历史特征——把这些属性置于批判的核心位置,才能真正做到回归存在本身"[1]。

卢卡奇谈到了马克思的批判性本体论。关于这点他指的是,始终把历史性放在首位,意味着对任何将日常生活绝对化的做法的批判。任何日常思维都倾向于使直接被给予的事物永久化。马克思的批判本体论源于实践先于思想。然而卢卡奇认为,马克思主义并不总是坚持这种马克思主义原则。社会和社会现象通常以孤立静止的方式被研究,存在的各个方面被分开对待,并将这一过程中的范畴关系永久化,为的是使它们"应用"于其他类型的存在。但是这样歪曲了马克思的思想。因此,在马克思主义著作中经常遇到把人在历史中的作用阐释为次要的,并承认历史必然性的根本意义。

但是根据马克思的观点,人创造了人自己的历史。在卢卡奇的所有作品中贯穿着这样一种观念,即个人不是历史的傀儡,而是历史的创造者。从逻辑上讲,这源于卢卡奇对意识在社会中的作用的理解。它认为人创造其历史的条件是既定的。但是,既定的历史条件隐含许多

---

[1] György Lukács, *A társadalmi lét ontológiájáról* Ⅲ, Budapest: Magvető, p. 38.

趋势,其中哪种趋势将在社会中盛行并实现,在很大程度上取决于人,取决于人所做出的决定。人在意识到历史事实和事件后,选择某种特殊的发展道路受许多因素影响。历史的进一步发展取决于许多因素,其中哪些因素将会是决定性的取决于进一步的历史进程。特别重大的因素可能是某个历史过程的开始和形成期间所做出的决定。

卢卡奇认为,历史趋势是由人们的决定所塑造的,同时也包括某些缩小或扩大这些决定的可能性的框架。只有这些因素的辩证关系才能确定历史发展的主要方向。"人在历史过程中的作用是回答社会提出的可能会助长或阻碍甚至改变实际发生的趋势的问题。当然,在这种情况下决不能认为问题和答案的联系是机械的。仅仅就问题和答案的联系而言,它不是社会存在的要素"[①]。要回答的问题不包含在对象本身中,也不存在于它们的直接存在中。这个问题似乎是一个思维主体试图解释当前情况的产物。只有在这一过程发生后才能给出答案,这将成为制定实际目标的基础。因此,根据卢卡奇的观点,具有发展多样性的客观现实使人面对抉择,不断向人提出需要回答的问题。从这个意义上说,卢卡奇将人定义为应答者,从而在存在的现有选项中做出抉择。

卢卡奇如何看待选项?选项也在向人提问,因为它们包括在历史过程中。我们所说的最简单的劳动行为,人与周围环境简单的相互作用,就已经暗含了选项。一个人在做决定时,不仅是一个应答者,而且通过他的行动产生了他自己或其他人必须决定的新的选项。一些决策覆盖在另一些决策上,各种选项和他们的决定交织在一起。在卢卡奇的解释中,社会存在就其本质上和结构上都是选项。从本质上讲,在人类实践中,没有一个行为不是以在各种选项中做决定为基础的。而创造性实践则永远不会受到给予它的那些选项的限制,它会寻找最适合

---

① György Lukács, *A társadalmi lét ontológiájáról* III, Budapest: Magvető, p. 60.

给定发展阶段的方案。人们不仅在生活,还在创造,他们要建立自己的生存条件。

因此,卢卡奇认为,选项就其根源而言是客观的。决策,即寻找具体的行动路线,不是由个人做出决断,而首先是人在社会存在的范围内行动。卢卡奇没有给出明确的"选项"定义,但明确地将这一概念与存在条件的设定状况联系起来。况且,选项性行动不是一次性行为,而是与物质生活和精神生活领域相关的动态过程。

选项性问题及其决策与自由和必然的问题密不可分。行动的选项性本质是人类自由的基础,为自由的实现创造可能。通往自由的道路与人选择的选项以及是否能实践自己的选择有关。[①] 卢卡奇曾表示,以一种简化的方式来阐明自由与必然的关系是错误的,这种说法认为最开始有一个必然的意识,这种意识在转化为行动的过程中会立即赋予自由。这是一个更为复杂和间接的过程,自由不仅表现为被认识到的必然,还表现为人们可以在被规定的存在范围内自由地做出决定。一个人在什么方向上开始寻求自由,取决于时代的"本体的压力"。

卢卡奇关注现代世界中自由与必然的冲突。从一个人愈加能够控制自己所处的自然和社会环境的意义上来说,他的自由度增加了,但是同时,如果他不能够统治一个整体上异化于他的世界,那么他仍然是必然的奴隶。哲学在二律背反中再现了这种冲突。应该承认,人作为自然的一部分要服从自然的规律,在这方面,人的自由是虚假的,人的自由选择是有限的;另一方面,我们根据人的意志和自由以及他的能力做出决断。这就提出了个人的道德责任问题。卢卡奇认为,这种二律背反的答案只能是经验的,要在其中寻求的这些答案的经验环境就是历史。根据这种理解,任何哲学上的理解都不仅与社会存在有关,而且可

---

① Éva Ancsél, *Történelem és alternatívák*, Budapest, 1978, p. 27.

以根据其发展过程中的具体社会存在理解。

卢卡奇认为,一个人的个性不是他要明确遵从的必然性,人们不会委身于必然性,而是追求确定并创造对于他们来说更能接受的可能性。一个人的个性属于他的可能性范围。本体论的任务是揭示人的自由的可能性及其局限。通过这种关于自由和必然问题的本体论表述,历史似乎是人类从支配他的自然和社会力量中解放出来的过程。卢卡奇援引马克思的观点,自由王国只是在必要性和外在目的规定要做的劳动终止的地方才开始,它存在于真正物质生产领域的彼岸。

人从支配他的异化力量中解放出来的问题,是卢卡奇创作生涯始终关注的焦点。在20世纪第一个十年,青年卢卡奇将异化首先视为资本主义社会的文化异化,是一种无法摆脱、无处可逃的力量,只有与资本主义彻底决裂,个人才可以摆脱这些束缚。那些年,卢卡奇对异化的解释是纯粹伦理的。在20世纪20年代,卢卡奇积极参与共产主义革命运动,从左翼乌托邦的立场上尖锐地批判了资产阶级社会是一个物化和异化关系占统治地位的社会。但是当时他只将自我异化与某种意识联系在一起,在这种意识中,理性表现为统计上的计算。因此,卢卡奇对异化的批判被简化为对这种意识形式的批判,这种意识形式并没有把人看作一个整体。20世纪30年代,在《青年黑格尔与资本主义社会问题》(本篇以下简称《青年黑格尔》)一书中,卢卡奇从彻底的马克思主义立场揭示资本主义异化的本质,他指出,马克思和黑格尔分歧的根源暗含在对资本主义经济现实的分析中。在《青年黑格尔》中卢卡奇对异化、物化、对象化做出了明确的区分。

卢卡奇在《本体论》中展开讨论了这些命题,他将对象化、物化和异化与人的社会本质联系在一起,对象化是一个客观过程,在此过程中,在有目的的人类活动的影响下,自然客观性的转变发生了——对象开始以公共的、社会的形式存在。卢卡奇将对象化与对象本身区分开来,对象本身就是天然的自然范畴,用他的话说是"存在的同义语"①。一种双重关系系统出现了:这既是同自然一起进行积极的新陈代谢,又是自然本身的拟人化。

卢卡奇探究了物化,以揭示隐藏在物的关系的"幻想形式"(фантастической формой)背后的现实。在分析物化意识时,他采用了本体论的方法,试图通过存在本身揭示产生物化意识的原因。劳动行为本身不仅要求以对象化的过程为前提,而且还以异化为前提。在真实发生的劳动行为中,它们是密不可分的:不仅创造出的某个物体相对于自然界在本质上是全新的,而且某些过程是在主体自身内完成的。卢卡奇认为,如果对象化与劳动分工紧密而独特地结合在一起,那么异化的影响可能大不相同。同一劳动可以以非常不同的方式对劳动主体产生社会影响。卢卡奇强调,主体性的任何表现都紧密地与社会性结合在一起,并且人的存在、劳动的最简单分析以及实践都无可辩驳地证明了这一点。②

卢卡奇强调,物化同样以客体和主体的存在为先决条件。毕竟任何行动都不是仅由自己完成的,它处在主体的社会实践过程中,所做的一切都会影响主体,影响主体对事物的认识,影响主体的立场。物化作为一个过程与该过程在意识中的反映密不可分,成了意识内部的有机部分。卢卡奇认为,物化意识引发这样的外观,即意识形态的许多方面都带有客观性质,它们会渗透到日常意识中并表现为日常生活中不可或缺的一部分,会像某种现实的东西甚至像现实本身一样影响一个人,尽管这是纯粹意识形态的现象。③

卢卡奇的本体论方法不仅揭示了物化意识的本质,而且还展示了物化系统如何引发物化意识的物化功能。他指出,绝非偶然的是,迄今

---

① György Lukács, *A társadalmi lét ontológiájáról* Ⅲ, Budapest: Magvető, p. 242.
② György Lukács, *A társadalmi lét ontológiájáról* Ⅲ, Budapest: Magvető, p. 574.
③ György Lukács, *A társadalmi lét ontológiájáról* Ⅲ, Budapest: Magvető, p. 740.

为止历史上所有克服意识物化形式的尝试,总是与克服物化本身与物化行为的努力齐头并进。

在《本体论》中,卢卡奇从一开始就将异化视为一种社会经济和意识形态现象。异化不能单独阐释,只能在全部社会现象的整体背景下理解。从本体论的角度来看,"异化从来不是孤立的、自我产生的现象,而只是社会经济不断发展的环节,是对这种社会状态的主观思想及其发展方向的反映。"[①]异化在整个经济必然结果中,可以通过调解意识形态的形式表现和发展出来,但这并不意味着在任何方面都可以将异化视为一种纯粹的意识形态现象,这仅仅是一种纯粹的意识形态现象的表象。

卢卡奇谈到了异化在发达资本主义社会中的普遍性,但与此同时,"必须承认,在人们的社会生活中,异化永远都不能被理解为某种独立存在,它不是主要的、直接的基本现象"[②]。卢卡奇认为,不仅要在社会层面与异化进行斗争,还要在个人层面上进行。毕竟,异化表现在个体主观体验到的自主性和独立性的崩溃中。个人与异化的斗争只有在改变社会形式、彻底消灭异化的社会客观条件下才可能成功。但从个人存在的角度看,个体生活的异化是在作为决定个体自我表现或个体破产的核心问题中突显出来的,个人异化的社会克服与日常生活中个人的活动息息相关,每个人都必须从自发走向自觉。个体反对异化的行动具有特定的目标,并在不同的形式中表现出来。但是,只有在对社会生活的某些方面——特别是操纵大众意识——进行广泛的社会批判的背景下,才能够在意识形态和组织上塑造任何一种对异化的拒绝。

卢卡奇讨论异化的事实根据是,在现代世界中,人与人性相异化,与人类的自身属性相异化,因此,马克思的异化概念在我们这个时代依然保留着其全部理论意义。卢卡奇引用了马克思的话:"意识的改革只

---

① György Lukács, *A társadalmi lét ontológiájáról* III, Budapest: Magvető, p. 755.
② György Lukács, *A társadalmi lét ontológiájáról* III, Budapest: Magvető, p. 747.

在于使世界认清本身的意识,使它从对于自身的迷梦中惊醒过来,向它说明它自己的行动。"①

正是对意识及其与社会存在的关系的分析构成了卢卡奇《本体论》的主要内容。卢卡奇不理会 20 世纪西欧哲学主要流派的代表所作出的关于存在的解释,他认为,只有在复兴马克思主义本体论的道路上才能找到对存在的真正解释,他深信要复兴马克思主义,恢复马克思的真正方法。他将这种方法与马克思主义的普遍庸俗化相比较,在普遍庸俗化的情况下,存在问题常被缩减为脱离人的存在问题对"物质"范畴进行的抽象研究。卢卡奇的出发点是,马克思主义给出了世界的整体蓝图和人在世界上的位置。他不接受在社会存在中机械划分物质过程与精神过程的做法。经济的物质性不是类似于物理学或化学的物质性,因为它与理想密不可分。他还强烈反对将马克思主义划分为不同的哲学学科,他认为,这使我们不能在世界的总体性中理解世界。

卢卡奇重建了马克思关于个人与历史关系的理解,他反对以宿命论的观点看待历史过程,他特别强调了历史过程的多元化,还强调社会存在包含许多发展的可能性,它们有时甚至是矛盾的,这种理解揭示了历史发展主体的作用,他做出将某些可能性变为现实的决断。选择选项的行为和次生对象化是社会存在的有机组成部分。

卢卡奇尚未在社会现实本身找到克服异化和将实然变为应然的现实机制,而是将希望寄托于个人的道德行为和从个人层面上克服异化。卢卡奇最后的作品——《本体论》——是他的哲学和伦理观的综合,这部著作不仅是为了重建马克思的本体论观点,它还试图在马克思主义的框架内对主体性进行本体论的论证。

(王思楠　译)

---

① 《马克思恩格斯全集》第 47 卷,人民出版社 2004 年版,第 66 页。——译者注

晚期卢卡奇与马克思主义中的主体转向
——论《关于社会存在的本体论》[*]

[德]弗兰克·本泽勒

对于格奥尔格·卢卡奇的晚期作品,学界鲜有关注,仅有的研究也存在较大分歧。自盛大的纪念卢卡奇100周年诞辰的布洛赫－卢卡奇大会之后,围绕卢卡奇的讨论便减少了许多,自20世纪50年代所谓的布达佩斯事件之后,似乎卢卡奇已成为明日黄花。这是有原因的:政治家们和政治日常工作为何要去关心某位曾经著名的老人对基本哲学、美学和本体论问题进行了哪些繁复的研究与讨论?对于他的政治同伴中的实践者来说,他从现实中消失了;对于关注组织的西方马克思主义来说,他已经成为历史。对于他的那些至少依然相信理论与实践的中介的学生来说,在目前政治的以及文学美学政治著作与受到黑格尔影响的卢卡奇的宏大美学理论之间有着巨大的差距。而在卢卡奇痴迷追求且十分深奥的《关于社会存在的本体论》中,政治与理论再次分离。此外,人们必须读一读阿格妮丝·赫勒自述她伟大而崇敬的老师的内

---

[*] 本文出处:Frank Benseler, „Der späte Lukács und die subjektive Wende im Marxismus – Zur Ontologie des gesellschaftlichen Seins", in Rüdiger Dannemann, Werner Jung (Hg.), *Objektive Möglichkeit*, Wiesbaden: Springer Verlag, 1995, S. 127-145.
弗兰克·本泽勒(1929—2021),德国帕德博恩大学教授,科隆大学博士。德国著名社会学家、哲学家,卢卡奇研究者、出版人。曾担任德语版《卢卡奇全集》主编,创立国际卢卡奇学会,主办德国社科期刊《权衡 知识 伦理》和《民主教育》,发表多部关于卢卡奇研究的专著、论文。

容,以及她在《关于卢卡奇同志本体论的笔记》中对他的尖刻批评。

对卢卡奇的忽视导致虽然卢卡奇关于捷克斯洛伐克社会主义共和国危机而写的关于"民主化"的论文被匈牙利共产党阻止发表,但是除去少数围绕早期"杜塞尔多夫辩论会"的内部人士外,至今没有人注意到卢卡奇在文中已经预言了戈尔巴乔夫的改革方案。

因此在我看来,有必要认真尝试从《关于社会存在的本体论》中挖掘它的内涵,即发掘出那些不仅对于学术,也对于生活,也就是对于生活能力,即历史的重要意义。

首先介绍一些背景。我不想分析社会条件和生平,但必须强调一个基本事实。卢卡奇早期是一位热情的艺术家。他从图片、文学、有创造力的人中创造出他的神。他早年与一位女画家有过他平生唯一一次伟大的恋情。他去拜访过易卜生,顺便说一句,易卜生是唯一一个抓住了工业革命的本质而没有成为非理性主义者的艺术家。一方面,卢卡奇在布达佩斯创建并指导了塔利亚戏剧社,另一方面,他用理论讲座丰富了"幽灵"的星期日社团(Sonntagskreis)。在论说文时期,卢卡奇形成了一种看起来很陌生的风格,若我们只关注结论,将其与干巴巴的科学散文相比较,便很难把握住要点,甚至觉得非常乏味无趣。这种情况直到我们将他论说文中的闪光点分离出来才有所好转。在卢卡奇年轻的时候,他相信所有的一切在创造性的人那里都是不证自明的,除了道德;他甚至认为每个人都是普洛斯彼罗,都挥舞着魔法棒。到了晚年,他想为所有人非常精确和民主地解释个人(Einzelne)这个概念,这正如为什么我们现在都像摩西一样,要击石出水才能找到源头的原因。

卢卡奇在对文艺复兴时期伟大画家们的赞赏中提到,他们对新梦想的渴望只是与外来的杰作融合在一起。这对他自己来说也是如此。对他来说,古老的杰作是黑格尔和马克思的早期著作。他了解它们,他对它们了如指掌,他站在传统中,就像米开朗基罗对莱昂纳多或薄伽丘对但丁一样。并且他还知道,在历史的边界上,在时代的门槛上,这种普遍的著作会产生并成为必要。尽管他并未特意关注过技术和技术评估——著名的布哈林评论除外——但他还是清楚地看到了19世纪的社会主义希望并预测了与20世纪的现实条件之间的差异以及世界市场的绝对相互依赖和普遍消费经济的失灵。在这里,其他社会学家慢慢才能理解的道理,卢卡奇似乎一下就全都通晓了,尽管帕累托(Vilfredo Pareto)和索雷尔(Georges Eugène Sorel)已经明确地表达过这些道理:科学方法和结果不仅仅是像自然科学中常见的那样以数据的形式进入进一步的实验和假设;在社会领域,它们阻止人们做出长期的预言,否则人们就好像也能够停止社会发展。苏联尝试用改造现实的方式证实马克思主义所说的历史规律,卢卡奇亲身经历了这些尝试并对此进行持续地观察,他总是用费希特式的话——"对于现实来说,这更糟"——对其进行双重讽刺。因此,卢卡奇对于逐渐显露的"遗忘战略"充满蔑视和嘲笑,这一策略将遗忘作为大多数人幸福的前提条件,正是当下后现代讨论中的热门话题。卢卡奇一直认为基佐圈(Guizot-Kreises)理论家代表的后历史(Posthistoire)体现了一种社会的弱点,它只能以消极的方式利用其实际的进步力量——比如原子弹和能源经济。他和马克思一样认为,人类才刚刚进入其真正的历史,而这段历史必须被掌握、被塑造、被填充。

如何完成这一任务呢?马克思曾给出暗示,但他后来陷入了非常具体的、从整体看比较片面的资本分析。卢卡奇发现,马克思在《政治经济学批判大纲》中关于经济基础和上层建筑、存在和意识的论述与《巴黎手稿》有巨大差异。

对于人类历史何时开启、"第一个历史行为"是什么、社会生产和新需求的生成等问题,《德意志意识形态》《政治经济学批判大纲》《资本论》之间存在着意义波动,马克思非常审慎地对其进行了概念化。但那是什么呢?或者就意识而言,是像人们曾经读到的那样,意识是属于物质条件,还是要归于上层建筑?还是这里发生了基于历史的合理的变化？这可以用辩证法这个神奇的词来解释，也可以说是意识形态作为上层建筑从经济基础中解放出来，愈发明显地发展成为物质条件的主要源头。但这里显然缺少了历史的动力。当然，卢卡奇从来不否定经验上的正确性，即存在迫使行动得到满足的需要，即"进步"是最终决定性因素。"他们不知道，但他们这样做了。"但随后巴门尼德的陷阱打开了，所有的马克思主义都落入了这个陷阱：主体和客体、精神与物质、实质和附件等出现在存在的范畴，并凝结成意识形态的外壳，即哲学。对于实质存在的本体论，柏拉图那里只是出现了暗示，然后是中世纪的伟大神秘主义者——首先是尼古拉斯以及巧合的对立面（coiincidentia oppositorum）概念——最后是黑格尔，他用辩证法似乎把所有流动之物都打破了。如何将历史性与世界的存在性联系起来，或者人们如何识别的世界历史运动规律的驱动力？

毫无疑问，在很长一段时间里，辩证法对卢卡奇来说是不动的运动者——但自然的辩证法是什么意思呢？卢卡奇对恩格斯的怀疑日益积累。但是，如果辩证法只有在社会领域才是合理的，那么问题又来了：我们是在处理先天的观念、先验的意识形式、社会历史上产生的范畴，还是在处理在自然的新陈代谢中的人的反应？卢卡奇在美学理论先是与错误和试验理论斗争，后试图将美解释为人类发展的产物，他认为在本体论中找到了动向：目的论假设。这是特别需要强调的问题。但我可以从与卢卡奇本人的近距离接触中证明，他生命的最后几年是如何执着地要找到人类历史动力的核心，这是他在社会存在本体论中关注的问题。

这是一段很长的历史，从柏拉图到马克思，从黑格尔到狄尔泰，从柏格森到萨特和坎普。卢卡奇明白，用康德的术语来说，这是一个经验性的，即实践性的想象。即使康德区分想象力是诗性的生产或回忆的再生产，也不能改变两者最终都不能成为创造性的事实，它们与想象力的先验综合体相去甚远。在想象中出现的一切，必须是之前在感官中出现过的或者可能出现过的。然而，想象力也使人们有可能将过去形象化，这便是回忆行为。它又可以被称作谟涅摩叙涅（Mnemosyne），或荷尔德林的感念（An-Denken），或斯特拉斯堡·戈特弗里德的想念（Ge-Denken）。超越回忆行为的就是阿伯拉尔（Pierre Abélard）伦理学中的意图概念，即一种目标思维，或者说目的论："善是建立在行动和记忆中的。"想象力超越了回忆的能力，因为它也是想象未来的能力。康德将想象力称为占卜力，即"人们（通过想象力——译者注）意识到他们在未来状态下会产生的想法"。用现代的说法就是：我们所谓的记忆要么是意识形态，要么是感念（An-Denken），乌托邦要么是意识形态，要么是具体的希望的力量。我们处在我们的时代将要实现的事物的中心。

这里有必要对神话进行简短的讨论。这并不是因为克劳斯·海因里希（Klaus Heinrich）和库尔特·休布纳（Kurt Hübner）等人如今经常使用这一概念，而是因为思考的维度必须变得清晰。按照以前人的观点，在从一个生命过渡到另一个生命时，人们必须通过遗忘之河，即忘川河（Lethe）。这条河流不仅把人从主观记忆中释放出来，也将我们从生命的行为中解放了出来。按此想法，那些没有被冲刷的东西没有湮灭：已经发生的行为化为圣水集成源泉，即谟涅摩叙涅（Mnemosyne）。对死者来说不再重要的东西，对生者来说是不可替代的。他们的世界依赖于这一源泉而存在。传统源于谟涅摩叙涅子宫。聚集在其中并到达幸存者手中的东西就是艺术。

卢卡奇并不满足于感念（An-Denken）这一概念。即使有生产性的、感官经验上支持的想象力，它所指向的方向仍然是缺失的。康德理论中的预言力，是针对存在于未来的想法。这是无内容的。卢卡奇将需求（Bedürfnisse）这一概念作为内容，而这些需求反过来又创造了新的需求。但他用"设定"（Setzung）来表示想象力和需求之间缺失的环节，这个词朗朗上口，也与尼采哲学相关。目的论的设定，即具有决定性特征的、受需求驱动的乌托邦。这一点被过分强调了。但我们不要忘记,卢卡奇认识卡尔·施米特(Carl Schmitt),他批判性地评论过他,但卢卡奇不想被怀疑与施米特的政治决断论有任何关系。格雷文在他对卢卡奇和韦伯的比较中很好地总结了这种联系,他说卢卡奇的历史哲学乐观主义——就像写作《巴黎手稿》时的马克思一样——是基于对历史范畴下不可行但创造性的生命活动的设想。

然而,在人类作为一种回应者存在之前,在自然因果关系蓬勃发展为如果-那么的因果关系之前——这些是本体论中主观性和可能的自愿性的核心术语,必须说明历史性前提。第一个是真实本体论的前提:存在着独立于人意识之外的存在阶段,它预先地且不可避免地承载着这一意识。这便是无机和有机自然,社会自然发生于此。在无机自然界,因果法则是严格适用的,它们是不能改变的,并且渗透到更高的层次;在有机层面上,法则在植物领域的生物规律和动物的动机规律之间延伸,不断通过基础层次的所有规律来奠定其基础,直到迄今为止的最高人类法则,它在物理因果关系,化学、生物计划和动机的支持下,最终实现了向劳动的飞跃,在劳动中,人类也被构成。在劳动中,自由得以展开——即使是以细微的形式。当然,预设的阶段性结构不是卢卡奇发明的,就本体论而言,他受到了尼古拉·哈特曼的影响,如果想再往前追溯,就不得不提到达尔文,经院哲学中也存在这样的领域结构(Sphährenaufbau)。然而,卢卡奇总是强调,作为马克思的忠实弟子,他想克服黑格尔本体论的逻辑唯心主义。尽管他知道从下到上直至客观和绝对精神的运动规律,也知道人是自身创造的产物,然而,卢卡奇的论述采用的是逻辑-演绎的方法,并附上一个带有神学色彩的发展性目的论,似乎包括自然和人类历史在内的整个历史进程就是绝对精神中的物质走向自我的过程。

卢卡奇强调,人们只是大概了解各个阶段之间的过渡阶段,特别是还没有研究社会阶段如何从有机阶段中发展出来这一问题。这就是马克思主义内部批判的出发点。这一批判指向自然界的辩证法,因此卢卡奇也被批评为主观主义和唯意志论。

事实上,我们对人类从动物进化而来的漫长时期知之甚少。摩根和恩格斯是采用了推测的方法——但我们同样依赖假设这一方法,"制造工具的动物"这一标准是最常见的。另一方面,我建议研究应该更多地关注那些开放的并允许进行真正解释的领域。也就是说,我们在洞穴图画中看到的是世界象征性复制的早期证据。这些图像与火的使用同时出现的事实使得现在"工具的使用"有了不同的含义。在这种情况下,我们更多地讨论了魔力(Magie)这一概念。事实上,无论何种信仰,无论与之关联的是何种想象的世界,最重要的是,我们论述的问题是符号的再生产和存在的表现,因此也是在讨论人从自然分离的问题,这是再清楚不过的了。可惜的是,卢卡奇并不知道马克斯·拉斐尔(Max Raphael)在其1979年出版的《旧石器时代的重生魔法》一书中提出的基本唯物主义结论,该书在德国鲜有人问津。

那么,如果存在的形式总是通过质的飞跃而彼此分离(例如,从主动地、有意识地改变环境到纯粹的被动适应),如果由于这个原因,较高的形式不是简单地作为质的新事物被推导出来,那么在下一个更高的存在形式中,所有旧的、先前的、较低的形式则会被不可逆转地抛弃。换句话说,使主动适应成为可能并将人从先前法律的束缚中解放出来的清醒意识是社会存在形成的决定性因素。在人类本身作为一个物种之前,意识必须成为一种积极的存在力量。一方面,这是对表现在基本需求中必然性的意识的认识,另一方面,它也是对可以选择的满足或抑制这些需求的不同可能性的认识。这正是问题的开始,它作为自由与必然之间的对立贯穿了哲学史。

目的论的设定,即从需要中产生的,并由意识承担的对自然的提问,以及在劳动过程的决断(Dezision)中对它的回答,是社会再生产、社会存在、社会进程的关键过程,也是卢卡奇社会存在本体论的核心要点,他以此来反对以前所有存在的形而上学。这种设定利用了自然界中普遍存在的观察和经验法则。没有来自其他存在领域的对象就没有劳动过程;但这些领域的存在规律在自然界中无法通过这种方式得到实现。卢卡奇举了车轮的例子:车轮遵循机械定律,但被人类改变用途,变为交通工具。类似的例证还有自然规律在核反应堆中的应用,然而在这种情况下,满足我们需求的高度复杂的目的会给社会带来困难。

目的论表现为对因果关系的对立超越,因果关系被有意识地加以使用。所有以前的哲学在谈到更高的目的时,都不得不把它们归结为神的旨意或目的论性质的总体过程,并预设一个超验的主体。卢卡奇是第一个强调了这个与我们的习惯相悖因而也很奇怪的情况,即所有构成我们存在的总体活动都是源自目的论的,同时,所有这些事件都是在因果关系的决定中发生的。社会实践总是一种替代性决定(Alternativentscheidung),即使它在细节层面来源于社会压力或限制。然而,社会必要性总是可以超越这一压力,并向着特定的方向进行这样的设定和替代性决定。在这里,我们进入了另一个广泛的问题领域,它包括异化的意识、意识形态和制度化问题,这一领域很难进行详细分析,但在原则上证实了事实。

在劳动的这种选择中,在个人满足需求或者应对生活时对想象力所提供的选择进行回应中,伦理出现了。不仅是劳动产品能体现价值(暂不论马克思的价值理论),在选择中也存在(尽管是有限的)价值取向。自然界的所有变化以及有机过程中的变化,都涉及价值和基于价值的应当。只有达成既定目标,或者在劳动中发生改变,才会出现对个人和社会都重要和有价值的东西。这适用于精神成果的最高内涵,无论在那里应用这种"为我们"的标准可能是多么复杂。

当劳动中的价值实现是以社会目标而不是个人需求为导向时,就会出现从价值到应当的转变。在细节上论述这一区分是很难的,因为个人自发地实现目标已经变得几乎不再可能了。我们的行动更多地是由意识形态的社会化,即文化模式塑造的。

劳动的发展扩大了它可进入的领域;通过观察和决策,活动的内容变得更加具体,但劳动的总体性条件却无法完全地被把握和掌握。按照卢卡奇的说法,这便是关于由神灵等外在决定的意识形态假设的来源。在这个发展过程中,不同的方法和知识领域的独立性越来越强,这其中包括我们所有的科学。我们面对的是越来越复杂的分工;日益增加的分工也体现出目的论规定的细化和区分。其中有一点应该特别强调:如果说通过个人或群体的设定可以适应自然界的需求,那么,在劳动分工中,目的论的设定也关乎人的工具化:目的论设定必须在个体设定的集合中得以实现。为了达到整体效果,在个人和整体目标间进行调解是有必要的,其结果便是形成意识形态,即首先产生关于共同价值观的共同意识;之后产生某种形式,它可以承受有意识的社会冲突(如神话、传统、习惯、社会压力等)。

即使所选择的和意识形态认可的社会目标是通过目的论设定的方式寻求集体实现的,但我们知道,正是在设定历史层面的目标时,因果关系的后果往往会偏离预期的后果,在这种相互关系中,个人决定,即违背主流的目的论决定,发挥着相当大的作用。

归根结底,重要的是感性约束的想象力与决定相结合的能力,促进了劳动过程的发展,即与自然和自己的交流,以及人类个性的发展。按照卢卡奇的说法,这条道路是从自在的合类性(Gattungsmäßigkeit an sich)到自为的合类性(Gattungsmäßigkeit für sich)。普遍性意味着对各自社会背景的认识,为了本身的普遍性意味着每一个强制性的特征已经从人的再生产中消失,也就是说,劳动已经——如马克思所说——变成了谋生手段和基本需要。因此,人类活动就成为目的本身,成为自由自我实现的范畴。自由与必然性之间的关系是这样的:对于人类活动的自由来说,存在着必须满足的前提条件。但这些物质前提的存在并不必然导致自由的自我活动。可以说,西方工业国家自由的自我生产的物质条件肯定是给定的；但是缺乏一种可能性范围，其原因便是政治操纵以及意识形态。自由本身只能实现自己，在此，卢卡奇同意无政府主义反对者和自由主义者的观点，因为在人的每一项活动（无论多么渺小）中，都有一个带有自由选择的目的论设定。因此，个人劳动中的自由是人类自身自由的必要条件。这也解释了为什么一个完全为人类目的而工作的社会形象可以出现在伟大的个人作品中。

在《关于社会存在的本体论》的结尾，卢卡奇赞扬了诸如耶稣和苏格拉底这样的人物，但也赞扬了圣方济各和西蒙·韦尔，认为他们是包含了人类类的普遍性的代表。他解释了艺术的异常持久的有效性，例如像安提戈涅、堂·吉诃德、哈姆雷特和陀思妥耶夫斯基《宗教大法官》中的耶稣等人物，卢卡奇认为他们代表了人类对其最高可能性的记忆，是谟涅摩叙涅的源泉，对自身的普遍性意义上的记忆在其中流动。按照卢卡奇的说法，这里积累了为自由而战的条件，准备迎接一切反对，并与所有可能阻碍人的人性化的倾向作斗争。卢卡奇因此在黑格尔、谢林和荷尔德林的"最古老的德国体系方案"与马克思主义的观点之间建立了一个综合体。"最古老的德国体系方案"认为哲学应该成为诗意的，诗应该是哲学的。马克思则认为人类的感官应该成为理论家。这意味着（至少我是这样理解的），主观因素，即感性支持的想象力，在因果关系的支配下对物质必需品进行了统治。从这个角度来看，我们应该问问卢卡奇对"反对表现主义和超现实主义作为纳粹的非理性主义先驱"的粗暴判断如何与这个观点相一致，以及对内容的修改是否显得很有必要。从正统的角度来看，沃尔夫冈·哈里希在探讨《理性的毁灭》一书的论文中对卢卡奇和尼采进行了反驳，顺便说一下，他对《本体论》有不可否认的贡献，因为他把卢卡奇介绍给了尼古拉·哈特曼，并把他带入了社会本体论的思考。

现在来讨论一些相对困难的特殊问题：

学界经常讨论卢卡奇与海德格尔思想之间的亲缘性,或者反过来说,海德格尔在《存在与时间》的结尾明确提到了卢卡奇:"存在着'物化意识'的危险。"这一点已经众所周知。戈德曼就此写了一本书,特图里安(Nicolas Tertulian)也经常提到它,人们可以在安妮玛丽·格思曼-西弗特(Annemarie Gethmann-Siefert)和奥托·波格勒(Otto Pöggeler)主编的《海德格尔与实践哲学》一书中找到它。重点是,海德格尔将马克思的物化方法进行了普遍化:意识物化的原因不是商品拜物教,而是存在的失效(Seinsverfallenheit),即忘记存在(Sein)与存在者(Seiende)之间的本体论差异,作为存在的时间与自身不能等同,而存在者则物化于时间之中。

无论是在关于存在主义的著作中还是在《理性的毁灭》中,卢卡奇始终对海德格尔采取一种高度批判的立场,这实际上都是基于他对非理性主义的批判。然而,必须说,内容上的相近远远超出了相似的观点。如果卢卡奇在人使自己即他的意识成为对象的这一事实中看到了存在失效的可能性,那么他必须在历史的启蒙辩证法(卢卡奇并未使用这一术语)中去寻找原因,也就是说,人在内容和方法上对工具的使用是因为人具有确定目标和做出决定的能力。海德格尔则不同,他认为原因在于逻各斯对神话的毁灭,这在很大程度上与尼采一致,并在泰勒斯、苏格拉底主义或柏拉图思想范式中找到了从存在到存在者的堕落。卢卡奇和海德格尔之间的差异主要有两点:一方面,卢卡奇将海德格尔未定义的存在理解为"社会存在",另一方面,卢卡奇又将他的范畴建立在海德格尔的语境之外,而海德格尔的语境正是他"存在沉沦"观点的论据。也就是说,正如卢卡奇援引马克思说的那样:范畴是存在的决定因素。然而,我们必须非常仔细地研究《关于社会存在的本体论》才能判断,在卢卡奇表面上对海德格尔的反对之外,二者是否存在内容上的相似性。事实上,《关于社会存在的本体论》可以被解读为一种生产性主体的哲学,探讨的是主体客体化和外化(Entäußerung)的问题,从经典的角度来讲,即主体物化和异化的问题。然而,前面已经提到的问题仍然存在:海德格尔的观点是悲观的;而卢卡奇则明确指出,"即使是最糟糕的不人道形式也是一种……进步的结果。""今天人类异化的普遍性是经济发展正在彻底改变人与劳动的关系这一事实的表征。"这是对世界历史的一种乐观主义态度。

"对象化"(Vergegenständlichung)和"外化"(Entäußerung)是卢卡奇引入的规定性概念,不能与马克思理论中的物化(Verdinglichung)和异化(Entfremdung)概念相混淆。在卢卡奇理论中,它们是目的论设定以及在设定前后的选择和回应过程中的必要元素。每一个目的论行为都指向一种情况,它本身就是一系列客观因果关系的结果。对卢卡奇来说,"对象化"意味着使用客观给定的、因果决定的条件来实现一个本质上不依赖于它们的目标。相反,外化是这种活动对创造主体及其自我形成能力的反作用。正如"对主体的反作用"这一表述决不能被误解为主体的某种属性,而是指在人类与自然和自身的对抗过程中发生变化的可塑性之物。在卢卡奇著作中,"外化"概念指的是一种转变:在发明、风格、劳动方式中,有些东西从主体转移到所生产的东西——无论是物质层面的还是思想层面的。人们通过一种思想或一件家具用品识别出生产者的"风格"。这一主体附着到客体的过程便是异化,显然,在这个过程中,经验不是减少了,而是优化了,因此它指的是主体的充实。这就是为什么这个概念如此难以令人满意的原因。在异化和对象化这两个必然密切相关的行为之间存在着一种一致性,如今我们在更大的语境下可以用"功能"这一词汇来表述这种一致性,在该语境中,主观意图与这一因素对客体结果的渗入是结合在一起的。然而,今天更多的情况是对象化和异化的分离:个人生产的结果在物质或精神领域(如集体和团队工作)都不再被区分。科学的风格仅以对行会的可理解性为标准,这就像建筑中的功能主义,或者将后现代作为一种风格模板一样毫无品味。这解释了为什么当我们在文学中遇到对象化和异化之间的对应关系时,我们会松一口气。这也是阿多诺、本雅明、马尔库塞和费耶阿本德的观点,他们认为"艺术"代表着人道的避难所,尽管这一观点通常与对技术的敌意联系在一起。

很明显,在极端分工的条件下,在这种特殊的自我强加的实际约束下,当这种情况越来越多地在二元逻辑、绝对因果决定的系统(如计算机)中工作时,物化便会呈现出一种特征,它会拒绝或者不再认可任何外化的特性。一些同事为能够操作他们的个人电脑而感到自豪,但只有在这种设备真正引起更多实质性思考的情况下,这一行为才能在异化的意义上得到解释。这种情况可能会出现,但到目前为止,只能看到相同的东西的增加,而不是个人创造力的表达。也许这就是我们偷偷把"异化"翻译成现代流行语"自我实现"的原因,记住它是一种专业化的充分性(Adäquatio),就像马克思把生产关系与它们的法律、社会形态解释为"所有权"。上文使用了"普遍性自身"和"为了本身的普遍性"这两个表述。这些术语不是不言自明的。我们首先应理解、填补,也许是克服艺术和科学之间,也就是叙述和描述之间,想象和经验主义之间,黑格尔的客观和绝对精神之间的断裂的问题。甚至早期卢卡奇也谈到了两种伦理学:第一种是指经验主义和此在性,第二种是指超越性。他和布洛赫、保罗·恩斯特都是如此,尤其是在生活的危机中。卢卡奇背离伊尔玛·赛德勒,决定反对生产性艺术,从散文时期过渡到批判时期,与资产阶级科学决裂,以布尔什维克党的形式废除与世界历史主体的集体意志有关的主观伦理。卢卡奇在早期关注埃克哈特大师(Meister Eckhart)、克尔凯郭尔的智识牺牲和陀思妥耶夫斯基的谦逊(例如《拉斯科尼科夫》中的索尼娅)直至身份认同,都不是没有意义的。这些尝试是为了寻找或建立一个领域(荷尔德林),在这个领域中,超越文化和历史的生活是必不可少的。悲剧性的存在和伦理性的生活对卢卡奇来说是相同的。

卢卡奇将绝对精神、灵魂和第二伦理作为同义词使用。卢卡奇试图打破正常的、第一伦理对社会及其制度等施加的经验义务与对灵魂的义务之间的张力。他在这样做的时候,至少在历史上显示了他对第二伦理,即跨经验的伦理学的同情,这体现在《关于社会存在的本体论》的最后一章。卢卡奇为纯粹的内部(也是政治上精英主义的)"异端"运动进行辩护,因为它们是反体制的,也就是说,因为它们维护了第二伦理,反对第一伦理。同样重要的是,在这些运动中,有一个在法国国王和教皇的联盟中被迅速血腥镇压的异端运动,即清洁派(Katharos),艺术和生活的重合导致了一场对欧洲产生了深远影响的道德化运动。到目前为止,作为一种人道主义现象的特鲁巴杜尔主义没有得到完全的重视。古普罗旺斯语的专家和通才认为他们在清洁派最后的堡垒中找到的圣杯,掩盖了一个非常短期的过程,即在商业资本主义最早期,有选择性的妇女平等和艺术走到了一起。我认为在两个世纪后的文艺复兴存在政治/文化和经济的结合,就像马基雅维利在他的《佛罗伦萨史》中成功地将对象化和异化现实化。"美德"作为所有生活表达的核心范畴和风格,也是卢卡奇本人一生都在憧憬的人的真正人性的形象:他至死都保存着乔尔乔内(Giorgione)的《三圣贤》的副本。

我们看到,卢卡奇在《关于社会存在的本体论》中试图全面解决这两种伦理之间的分裂问题。这一分裂体现在凭经验确定和理解的日常生活现象,也体现在精神现象中,它把这些领域重建为人类的发展过程,但不认为后来者更好。在与神和自然目的论的形而上学的斗争中,卢卡奇解释道,自我反思、有意识的设定和决定的阶段是建立在无机和有机-生物自然界的前一阶段之上的,它部分地从自然界各阶段的因果关系的约束中解脱出来,但不能因此而获得更高的地位。卢卡奇认为进步是一个高度矛盾的过程。

在这样做时,卢卡奇必须努力避免他所说的两种推测性的对称畸形。一方面,由于主体的累积活动越来越自主,因此历史被赋予了相对于因果性的人类目的的解释;另一方面,客观的因果链导致历史独立于意识和基于它的目的论决定的解释,这正符合今天的范式转变,即以科学为中介的对自然的掌握确实可以释放力量,但无法再驯服它们了。在这两种猜测中,都有被委婉地称为"历史规律"的东西。一方面,历史与自然是一致的(巴特关于神话的书给出了令人印象深刻的例子),另一方面,还有黑格尔的形而上学历史规律,这也是今天大量的马克思主义者仍然辩解并坚持的规律。在这个意义上,这些规律(无论是从量变到质变的规律,还是新社会释放的危机的规律)必然导致自由的领域,人们可以平静地拥抱自制的历史潮流,顶多影响时间的因素。卢卡奇自始至终都强烈地反对历史决定论。历史上的人类可以失败,但不应该失败。

根据卢卡奇的提议,自然界的决定性在社会存在层面被打破。劳动和与之相关的目的论设定——也可以反过来说,在满足需求的框架内,劳动从自由中诞生——首次打开了一个超越生物的生物性的自由空间,就其本身而言,它积极地构成了现实,但却无法超越因果可能的界限。

这与两种伦理的问题有什么关系?正如已经提到的那样,目标设定是一种个人选择的应当;目标设定包含价值设定。这种解释看起来是如此简单,但在细节上却很困难。对卢卡奇来说,意识没有绝对的主权。他还否认了一系列形而上学价值。意识总是与客观外部世界的因果决定有关。目的论活动,即在广泛需求生产中以满足需要为基本的目标设定,只有在生产性想象力设计出使因果关系为其自身目的服务的手段的范围内才是可能的。在这里,自主性是从异质性中产生的。这种张力即便在智力生产的最高层面(让我们再次记住康德对想象力的定义)依然存在。然而,个人目的论设定可以在其中活动的自治领域扩大到这样的程度:如果我们不考虑被金钱和结果限定的合同性研究的因果决定,最多只能在科学领域的"社会科学的逻辑"中感受到因果决定的限制。然而,对我们行业中的许多人来说,失业也会提醒我们注意目的论假设的因果关系。

卢卡奇从根本上将社会规律与自然规律分开。后者是前者的可能性条件。然而,这些都构成了人类的理想时刻。那些通过劳动进入因果关系领域,并由此增加了自然因果关系和人类活动之间的距离的价值决定是被有限选择的。

因此,按照卢卡奇的说法,自由不是对必然性的洞察力:而是在自然-因果预设的构成领域中存在着潜在的或虚拟的可能性。卢卡奇认为,人可以动态地利用现实的范畴,走向可能性。诚然,无数的个人/主观的目的论现象以这样一种方式相互联系,以至于产生了第二种、社会性的客观性。相对自由的个人决定的总和形成了一个具有必然性特征的新现实,然而与之相对的是,目的论假设的可能性依然存在。本文正是基于这一点在经济基础和上层建筑之间变化的层面解释卢卡奇。即使基本关系,即那些物质生产关系(与生产力和生产方式)对卢卡奇来说已经在目的论的背景下发展了,但客观因果关系依旧处于主导地位。在人类从自然界脱离出来的过程中,物质生产关系变得越来越没有依据,即客观自然条件的因果关系变成了具有自身因果关系的社会生产条件的客观性。卢卡奇对早期意识的物化哲学的突破,在关于目的论设定和选择决定问题上,依然是主观和偶然的。卢卡奇把这一层面的决定称为如果-那么决定,即来自社会生产的现实的因果关系的必然性不仅是一个产品,而且是主体选择的对象。

无论人们如何评价《关于社会存在的本体论》整部著作,不可否认的是,它通过一个中介环节造就了马克思主义的转折点:这一中介环节一方面体现在自然和社会之间,另一方面体现在作为必然性的因果关系和主体性的部分自由之间,这不仅是进行反应的主体,更多的是进行设定的主体。这种"主观转向"与资产阶级的再个体化无关,它更多地预言了一种自由王国的乌托邦,它本身源于目的论的设定。在此乌托邦中,因果关系及其对不属于这一领域事物的约束服务于创造性和游戏性的发展。由此,作为记忆和诉求的谟涅摩叙涅与感念(An-Denken)获得了对于人类而言的最终价值,即人类存在的实体与见证。

(倪沁 译)

卢卡奇美学刍议[*]

[意]西尔维娅·费德里奇

人们大都同意,卢卡奇1930年后的美学著作形成了一个统一体。比较有争议的是这些著作在他的思想发展和政治发展中处于何种位置。很多人都知道,卢卡奇的观点在1930年前后发生了转变,他抛弃了曾经使其《历史与阶级意识》遭到第三国际指责的"唯心主义"元素。1930年后,卢卡奇回归美学,继续从事他的前马克思主义时期的研究,当时,这一研究被十月革命引发的革命浪潮所打断。但这不仅仅是重拾旧爱,也不是策略性地退回到免遭党内官员攻击的安全领域。这是他早期的"存在主义"作品中已有先兆的某些立场在不同语境下的复兴,它们得到了最系统的表达。因此,卢卡奇的思想发展形成了一个循环,它起于《心灵与形式》一书中资产阶级知识分子面对理想与现实二元对立的危机,止于一种和解的看法,即理想被按照黑格尔的方式理解为体现在内在的历史趋势之中。在许多历史性事件的巨大冲击下——"欧洲革命"的失败、法西斯主义的出现、"一国建成社会主义论"的提

---

[*] 本文出处:Silvia Federici, "Notes on Lukacs' Aesthetics", in *Telos*, n. 11, Spring 1972, pp. 141 - 151.

西尔维娅·费德里奇,自治主义的马克思主义女权活动家兼学者,美国霍夫斯特拉大学的名誉教授,非洲学术自由委员会的共同创始人。

出,以及后来成为一种"和平共处"制度的人民阵线——这一循环使得卢卡奇横跨资产阶级意识的对立两极——这些对立在文学中表现为浪漫与古典,在哲学中表现为理想主义与现实主义,最后在政治中表现为乌托邦和改良主义。

青年卢卡奇的思想生涯起于资产阶级知识分子的典型问题式,他们处在一战前价值崩溃的世界中,在那时,意义与存在是艺术与哲学中的主导问题。正如阿索尔·罗萨(Asor Rosa)所指出的[1],这一类型的危机深深影响了卢卡奇。这场危机——人与世界之间的和谐的丧失——被他指认为主体性的创造性力量发现它受困于自己的活动,不再栖身于任何客观价值之中。[2] 但是,卢卡奇也认识到"精神的创造性"是对抗资产阶级知识分子脱离社会世界的唯一力量。换句话说,卢卡奇认识到在理想与现实无法和解的恶性循环中,精神的自主性(本真性)与脱离社会,想象的创造性与政治无能,文化创造与缺乏行动之间存在的不是矛盾,而是一种因果联系。

这样看来,青年卢卡奇的危机类似托马斯·曼(卢卡奇最喜爱的现代作家)笔下的某些主人公的危机,比如《死于威尼斯》的古斯塔夫·阿申巴赫(Gustav Aschenbach)或托尼奥·克罗格(Tonio Kroeger),两人都摇摆在伟大的、苦行的美学形式理想和一种对生活的持续渴望之间。"生活,"托尼奥·克罗格说,"是心与艺术之间的永恒矛盾,因此……艺术家必须是非人、超人,他必须与人性保持一种奇怪的、冷淡的关系。只有这样他才能处在描绘人性的合适位置……达到好的效果。风格、形式和表达上的天赋不过是这种对待人性的冷酷、吹毛求疵的态度……**必须将这种贫困与破败当作一种初始的条件……因为正确的感**

---

[1] Alberto Asor Rosa,"Il Giovane Lukacs Teorico dell'Arte Borghese", in *Contropiano*, n.1, 1968, p. 64ff.
[2] Alberto Asor Rosa,"Il Giovane Lukacs Teorico dell'Arte Borghese", in *Contropiano*, n.1, 1968, p. 89.

觉没有品位。"①与托尼奥·克罗格相仿，早期的卢卡奇也是一位"壮志难酬的资产阶级分子"，他深深认识到资产阶级世界的矛盾，但除了艺术的救赎力量——精神的追求——他看不到任何其他的选择，艺术能够为经验存在赋予秩序，不然它们就是无形的混沌。虽然在《心灵与形式》和《小说理论》中，他不认为绝对的精神追求和相对的、碎片化的资产阶级世界之间的鸿沟能够得到沟通，但是他不接受别的出路，即理想自身的毁灭——"古斯塔夫·阿申巴赫之死"——或者是理想以实证的方式转化为一种社会—政治规划。相反，卢卡奇假设形式是一种伦理和美学的理想，它永远都是超越了实现的可能性的乌托邦。

在《小说理论》的结尾处讨论"成长教育小说"时，虽然卢卡奇暗示了一种新史诗的可能性——一种新的总体化的视角——但他明确拒绝社会维度，因为在这一阶段，社会维度还等同于社会学的、经验的个人。如果一种新史诗是可能的，那么它最终会再次出现在"纯粹心灵现实的领域，在这里人是作为一个人而存在着，而不是**一个社会存在**，也不是孤独的、唯一的、纯粹的因而是抽象的内在"。② 事实上，成长教育小说"处在集中于纯粹行动的抽象的理想主义和把行动内在化并将之降格为沉思的浪漫主义的中间"。③ 反对塞万提斯和福楼拜的是歌德和托尔斯泰。"情节结构受制于一种必要条件，即内心与世界的和解虽然问题重重，但却是可能实现的……它代表适应性更强的、更为柔和的、更为具体的理想主义。"④换句话说，这里所涉及的不是社会行动，而是**客观文化**的理想，它不再根植于唯我论式的自我历险，而是根植于"由各种

---

① Thomas Mann, *Death in Venice and Seven Other Stories*, New York: Vintage Books, 1963, p. 104, p. 98. 黑体为作者所加。——译者注
② Georg Lukács, *The Theory of the Novel*, trans. Anna Bostock, Cambridge, MA: The MIT Press, 1971, p. 152.
③ Georg Lukács, *The Theory of the Novel*, trans. Anna Bostock, Cambridge, MA: The MIT Press, 1971, p. 135.
④ Georg Lukács, *The Theory of the Novel*, trans. Anna Bostock, Cambridge, MA: The MIT Press, 1971, pp. 132-133.

人格性实现的"人类共同体。它被视为"一个教育过程的加冕,是一种通过拼搏和努力赢得的成熟";[①]它是以歌德和席勒为代表的德国古典传统中的**成长教育**。它在《小说理论》中只是初见端倪。实际上卢卡奇认识到在他那个时代背景下实现这一计划是困难的,就算实现了,成长教育小说仍会面对内在的危险,它要么陷入传统主义,这样一来世界就不再是问题重重的了,要么通过把乌托邦呈现为已经存在的现实来浪漫化现实。[②]

但是,它们——具有自传意义上的先兆性——首先预示了将要成为晚期卢卡奇**讨论主题**的"艺术创造与历史现实之间不可能的中介"。在这一点上,阿索尔·罗萨正确地把《小说理论》看作青年卢卡奇从主观主义的乌托邦主义迈向成熟的客观主义的现实主义的过渡。因此《历史与阶级意识》成了一个例外:在这里,实际上是革命而不是艺术与文化,成了人与世界和解的唯一手段——即便这一和解受到许多矛盾的限制。在《历史与阶级意识》中,心灵与形式的存在主义式辩证法被定位在世界变革的历史进程内,变革的主体不再是艺术家,而是意识到历史使命的无产阶级。但即便这样,无产阶级信念还只是纯粹哲学意义上的[③],其基础更多的是理想型,而非对现实工人阶级构成的具体分析。卢卡奇眼中的阶级意识在理想的阶级意识和现实大众经验的、物化的意识的对立中再现了**应然**与**实然**的二分,因此这一概念指的是一个不具有历史特殊性的神秘实体,它唯一的功能就是去实现**总体的人**这一普遍主义—人本主义理想。相似的是,卢卡奇将无产阶级阶级意识指认为工人议会——第三国际马克思主义者眼中的必要条件——

---

① Georg Lukács, *The Theory of the Novel*, trans. Anna Bostock, Cambridge, MA: The MIT Press, 1971, p. 133.

② Georg Lukács, *The Theory of the Novel*, trans. Anna Bostock, Cambridge, MA: The MIT Press, 1971, pp. 139 - 143. 总而言之,这是诺瓦利斯对歌德的《威廉·迈斯特》的批评。

③ 关于这一点的详细阐释,参见 Paul Piccone, "Materialism and Dialectic in Lukacs", in *Telos*, Spring 1972, n. 11; G. E. Rusconi, *La Teoria Critica delta Societa*, Bologna: Il Mulino, 1968, p. 86ff。

所表达的意识,这一看法并不意味议会的政治功能高于呼吁着重新成为总体的人的伦理理想——它与倡导自由和自我选择的资产阶级民主理想别无二致。

正是这种从意识形态的角度看待阶级和阶级斗争的抽象观点,导致卢卡奇在德国革命失败后未加批判地承认,列宁主义政党是阶级意识的新体现("人与历史的具体中介"),而此时恰逢这一类型政党的政治重要性下降。列宁主义政党有意义的条件,是它的动态机制(先锋与大众,政治目标与经济主义、工联主义的要求之间的区分)再现了当时的欧洲工人阶级的现实物质构成。换句话说,大众—先锋的二分再现了退化阶段的欧洲资本主义社会中实际领导斗争的工人贵族与其余的工人之间的现实区分。正是这种工人贵族催生了工人议会的实验以及自我管理的意识形态。"熟练工拥有高度专业化的能力……非常熟悉自己使用的工具,能与技术员和工程师合作……出于这种物质基础,他们的立场……更容易接受工人议会提倡的政治和组织方案,即生产的自我管理。"[1]这种组织模式是列宁主义政党的基础,但在面对理性化的欧洲资本主义为了应对阶级斗争而采用的新的劳动力形式时,它就在政治上没那么重要了。现代的流水线工人不需要技能,他们高度流动,可以互相替代,他们取代了具有政治上的专业精神和自我管理的老一辈工人。卢卡奇坚持认为社会主义是资本主义的理性实现或它的最高阶段,因此毫不奇怪,他毫无困难地就认为斯大林主义实现了他的革命模型。足够讽刺的是,卢卡奇恰好是在此转变正在发生之际才发现了列宁主义政党。然而到了 1924 年,他发现的只能是斯大林而非列宁,"斯达汉诺夫"(Stakhanovich)[2]而非**总体的人**,同时,工人的自我管理

---

[1] 参见 Sergio Bologna, "Composizione di Classe e Teoria del Partito aUe Origini del Movimento Consigliare", in *Operai e Capitate*, Milano: Fetrinelli, 1972, pp. 15 - 16。
[2] 斯达汉诺夫是被载入苏联史册的采煤工人。1935 年 8 月 31 日,斯达汉诺夫在一班工作时间内采煤 102 吨,超过普通采煤定额 13 倍。他曾荣获列宁勋章、红旗勋章。——译者注

已经成为一种新的剥削组织,它只不过以工人国家的名义被掩盖了。这当然不是一场意外。到了 1924 年,卢卡奇不再相信大众的革命潜能,他将其打扮为"现实主义",同时逐渐转向改良主义立场。正是在这一寻求现实主义的过程中,卢卡奇将认识的反映理论和以启蒙运动为代表的历史主义视角引入他的理论装置。通过这种历史主义视角,卢卡奇试图接续唯物主义的(认识)瞬间与黑格尔—马克思主义的辩证法。在这种意义上,彼得·卢兹(Peter Ludz)的观点是错误的,他声称反映论与马克思主义的历史主义的联姻最终会消解"列宁的认识论的意识形态基础"。① 但其实相反,正如辩证唯物主义的全部历史所示,客观主义和理性主义的历史主义是互补的,因为它们在独立于任何革命行动的纯粹客观主义的层面上,确保社会主义的实现如同逐渐展开的"运动中的精神"。因此,反映论的引入不是离开黑格尔,而是重新发现黑格尔主义的真正内核。正如在黑格尔那里,逻各斯成为决定一切的唯一原则,它将它的对象仅仅当作实现自身的手段;在卢卡奇那里(正如在所有历史主义的马克思主义者那里),"黑格尔的颠倒"将主体还原为一个已经被决定的、预先形成的社会经济现实的阴影,此现实不再被理解为"现实的感性活动",而只是一个事先被给予的基础,这完全对应了 18 世纪的物质概念。

在美学中,卢卡奇基于反映论提出这样一个假设,认为艺术必须忠实再现独立于我们的知识和表象的各种模态而被给予的预先构成的现实。② 艺术再一次成了**模仿论**。《小说理论》中初显的新史诗现在终于得到了实现。正如在古希腊的神秘世界中,精神再一次发现了它的家,发现了它与外部世界的和谐关系,因此它能够以被动接受的态度栖息

---

① Peter Ludz, *Georg Lukács: Scritti di Sociologia delta Letteratura*, Milano: Sugar Editore, 1963, p. 64.
② Georg Lukács, *Beiträge zur Geschichte der Aestbetik*, Berlin, 1954. 特别参见"关于马克思和恩格斯的美学作品的介绍"这一章。

在一个完整的世界中。① 凭借《小说理论》对古典时代的人与世界的关系的描述,卢卡奇已经正确预示到他成熟时期的艺术观,在他极端地清除一切"主观主义的"元素后,这一艺术观被降格为对现实的无效复制。因此卢卡奇才能宣称,马克思主义美学不需要对古典现实主义传统进行任何创新,并且指出幻想无产阶级解放必须借助某种形式的文学先锋主义是错误的。他没有认识到的是,这么做就恰恰否定了由反映论担保的马克思主义处理文化现象的方法所具有的特殊性。因此,当他试图为马克思主义的美学批评奠基,他只能提出最过时的资产阶级美学原理。这也不是意外:反映论与马克思主义或革命的视角不匹配,尽管卢卡奇"效仿列宁"②,欲以辩证的方式加以阐释。但是存在与意识、主体与客体以及作为反映论核心的最重要的理论与实践的新康德主义二元论,不是仅凭对被反映的客体的辩证阐释就能加以克服的,这一做法可见卢卡奇尝试为自己被扣上的"粗俗唯物主义"帽子进行辩护。实际上,卢卡奇的辩证现实仅仅突出他的辩证法的异化特征,它外在于反映的主体,因而只是反映主体的**沉思**对象。尽管他持续批判所有自然主义,但他的**现实主义**停滞为一种描述性的方法,它的真理不再维系于一个主观的、实践的规划,而又一次成为一种学院派的**认知**:它不是现实的形成和转变过程中的一个瞬间,而仅仅是事物对现存秩序的联系和服从。

卢卡奇《美学》中的每一页都看不到真正的主客体辩证法,或者更恰当地说,看不到真正的辩证法,这部著作的"基本原则"是内容对形式的优先性——这或许是对马克思主义观点的转译,即每一种形式都是

---

① Georg Lukács, *The Theory of the Novel*, trans. Anna Bostock, Cambridge, MA: The MIT Press, 1971, p. 29.
② 实际上正如柯尔施指出,列宁从未听从至少从未实践反映论,只是把它当作反对波格丹诺夫的经验批判主义的政治工具。参见 Karl. Korsch, *Marxism and Philosophy*, trans. Fred Lallyday, London: NLB, 1970, pp. 109-116。

具有确定内容的形式。① 卢卡奇不仅认为每一种真正的创新必须是内容(社会存在)层面上的创新,还认为由社会存在产生的概念的内容先于形式。② 从社会存在上升到概念的内容再上升到形式,这一等级秩序意味着:第一,卢卡奇形式概念的含混性,它在世界观和文学体裁之间游移;第二,卢卡奇的"唯物主义"具有唯心主义基础,它浪漫地将**技艺**(technè)从属于概念的精神性内容,认为它的出现和形成先于技艺的物理表达和语言表达。③ 因此,卢卡奇远非"转译马克思",他的"原理实际上得出相反的结论,因为形式的**事后**出现使它被还原为一种非历史的因素,它能为服务于某人的目的而被任意使用,它好像是一个中性的工具,不受社会历史发展的影响"。④ 这正是卢卡奇的做法,他把过去历史时期的文学形式当作他的"现实主义"的典范,比如 19 世纪史诗般的小说。正如布莱希特指出,我们在这里遇到一个明显的矛盾。⑤ 因为形式的存在要么独立于内容、适用于不同的历史时期——在这种情况下它是一条形而上学原理,一个精神的永恒范畴,甚至是一种文学活动——要么形式被内容并且与内容一起共同决定("形式是具有确定内容的形式"),在这种情况下,声称能用沃尔特·司各特和巴尔扎克的范畴再现 20 世纪的现实是荒谬的,除非一个人假设从他们那时起,时代就没发生过变化。

当卢卡奇试图通过比较艺术与科学等其他对世界的认识和把握形式来对艺术下定义时,这一矛盾重新出现了。根据卢卡奇,艺术就它的对象(内容)而言与科学并无不同,因为两者都反映了"在它自身内已经

---

① György Lukács, *Estetica Vol.* Ⅰ, Torino: Einaudi, 1970, pp. 19-34.
② György Lukács, *Estetica Vol.* Ⅰ, Torino: Einaudi, 1970, p. xxii.
③ 参见 Tito Perlini, "Sul Concetto di Prospettiva in Lukacs", in *Nuova Corrente*, ns. 48-49, 1969, p. 56。
④ John Willet (ed.), *Brechht on Theatre*, New York: Hill and Wang, 1966, pp. 109-110.
⑤ John Willet (ed.), *Brechht on Theatre*, New York: Hill and Wang, 1966, pp. 109-110.

具有具体形式的事物"。① 差别存在于反映的形式。如果艺术和科学都反映已经具有形式的相同内容,那么美学形式的特殊性从何而来?又是什么保证了艺术反映的独特形式不改变内容的形式?卢卡奇引入艺术与科学的分工,科学负责抽象的普遍规律,而艺术同时反映单一与普遍,也就是具体的普遍,**特殊**,但这并没有解决问题。这是站不住脚的。这一区分再次引入了形式与内容的二元论——同样的客体,不同的形式——它并没有解释如果是形式决定了什么是艺术,为什么"每一种真正的艺术创新总是发生在内容层面"。

这里的困难在于,卢卡奇试图重新引入艺术领域的对象正是他的政治和理论框架不接受的主体性。在晚年卢卡奇的唯心主义和改良主义视角中,艺术不仅是主体最佳的活动领域,而且再一次成为唯一允许主体性发展的领域,这与之前《心灵与形式》和《小说理论》的视角无异。尽管青年卢卡奇在《心灵与形式》和《小说理论》中指出了艺术与政治的二分,但他仍然为主体性活动保留了一定的地位——至少是作为对既有现实的否定性力量,是对与现实同谋的拒绝——艺术仍然能够创造世界,即使被创造的世界局限于心灵的内在性领域,而晚年卢卡奇最终从一种革命的视角割裂了艺术与文化,并强迫艺术要"忠诚地"反映被给予的现实,因此他抹杀了主体性和创造性的全部痕迹,迫使艺术成为对现实的辩护,不再与美学有关。在这些条件下,艺术不仅无法区别于(机械主义和唯科学主义的)科学,而且成了后者的从属,因为在晚年卢卡奇的具体框架中,科学无疑能够提供更好的表现形式。

对于晚年卢卡奇来说,科学与艺术的差异在于,科学只能向我们提供一幅**近似现实**的图像,而艺术总是能够提供**总体化**的全景视角。但是,什么是艺术必须反映的那个现实?或者换个说法,什么是总体性?这个黑格尔主义范畴是卢卡奇思想的核心,贯穿了他的思想发展中的

---

① György Lukács, *Estetica*, Vol. I, Torino: Einaudi, 1970, p. xxii.

不同阶段。然而仔细检视会发现,这其实是从古典文化的人本主义传统中发展出来的一种理想型。在晚年卢卡奇那里,总体性概念汇集了它在《心灵与形式》《小说理论》《历史与阶级意识》等不同时期的属性。它是和谐现实的图像,就像它在《历史与阶级意识》中代表人的本质,被当作社会主义社会的目标,这一社会的任务是克服资本主义分工造成的人格性的碎片化。最后,它是马克思主义辩证法的本质,是科学性和真正的艺术(现实主义)的标准。由于真理只出现在整体中,艺术的任务便是重建整个社会的运动机制,重建不同时刻的实在背后所隐藏的联系,并将它们呈现为一个统一的过程。用马克思主义的术语来表达,艺术是对意识形态的批判,它依托丰富的历史记载揭示出社会现象的真实面目。正是从总体性的视角出发,卢卡奇的现实主义或"批判的现实主义"反对任何形式的自然主义[1],认为它是一种虚假的客观主义(比如描述性小说、报道,等等)。它们武断地反映了一种非辩证的现实,这种现实停留在事物的表面,无法抓住事物的本质内容。卢卡奇用同样的观点批判了不同的对象,在《心灵与形式》和《小说理论》中批判了现代艺术的特定形式,在《历史与阶级意识》中批判了资产阶级科学特别具有的事实拜物教。自然主义是"坏的直接性……它认定自身是一种最终的、固定的数据,这种数据的本质已经变得凝固……(它)是被剥夺了联系的现象,它仅凭自身便能获得意义"。[2]

从另一方面看,总体性与本质观念相联系,然而它既不是普遍的抽象,也不是个别的事件,而是二者的综合。这一综合是**特殊**,它的功能是中介普遍与个别,科学与常识的直接性,以及是与尚未是;它是具体的人所感受和经历到的具体现象中蕴含的现实历史趋势。这样看来,特殊是时代意识的综合:一个给定的历史时期的具体本质。然而,这种

---

[1] György Lukács, *Marxismo e Critica Letteraria*, Roma, 1963, pp. 270-322.
[2] Tito Perlini, "Sul Concetto di Prospettiva in Lukacs", in *Nuova Corrente*, ns. 48-49, 1969, pp. 24-25.

历史本质是一种伦理理想,它早就是一个内在于世界的客观过程。换句话说,它是理性在实在中的在场。艺术之所以有别于科学,是因为它不像后者那样反映一些分散的要素,它所反映的是一定的**质**,是"历史辩证法的理性内核"。卢卡奇跟启蒙时代的人一样,认为历史是一种内在论理性的发展过程。"他们做一件事,但他们没有认识到这件事。"卢卡奇特别看重这条格言,或许是因为这句话最为贴切地描写了他成熟时期著作中洋溢的无穷的乐观主义。正是**理性**,保证了不同的历史时期与历史**进程**——它是科学预测在文化层面上的平行对应物——之间的统一性。因此,资产阶级社会向社会主义的过渡表现为**质**的变化而不是**量**的变化。历史中存在统一的进程,它偶尔会承载于不同的中介:资产阶级只能将其推进到某处,即资产阶级革命发展的进步时期,或1848年之前,那时无产阶级尚未凭借自己的历史使命带来的全部力量登上历史舞台。对卢卡奇与辩证唯物主义理论家而言,社会主义社会在量上与资产阶级社会没有什么不同,它与曾经鼓舞资产阶级革命的理想之间没有断裂。至少在一种意义上,卢卡奇是正确的:"实现了的社会主义"已经历史地再次产生了资产阶级社会的全部矛盾与价值,尽管它是否达到了更高的理性化程度还令人存疑。

因此,卢卡奇对现实主义的辩护成了对理性主义的辩护,它被理解为进步—革命阶段的资产阶级的文化遗产。这样一来,马克思主义远非对资产阶级世界的否定和推翻,它是资产阶级重新获得关于自身价值的自我意识的一个历史阶段。在卢卡奇看来,马克思主义教导资产阶级如何通过坚守它的"民主"理想而成为真正的自己。如同托马斯·曼,卢卡奇也在"寻找资产阶级类型的人"[1],这样的人别无他选,只有去反对"资本主义的文化贫瘠和非人性……资产阶级过去的……文化和人本主义,从浪漫的反资本主义视角批判资本主义系统"。[2] 他对作为

---

[1] Georg Lukács, *Essays on Thomas Mann*, New York: Grosset & Dunlap, 1964, p. 13ff.
[2] Georg Lukács, *Essays on Thomas Mann*, New York: Grosset & Dunlap, 1964, p. 161.

文学经典的19世纪小说的具体阐述反映出精神上的深刻怀旧,追忆秩序井然的、同质化的世界,因为在这种世界中存在一系列共同的客观价值,知识分子仍然能够在他的创造活动中综合他的时代的所有经验。

　　沿着他笔下的德国资产阶级的典型道路,即"从革命到悲观和一种国家保护下的顺从心性",[①]卢卡奇最终退回到非历史的理性,它只经历过简单的质性变化,与断裂和非延续无关,在最后的日子里,他把这些断裂和非延续性斥责为非理性的、反动的。总之,这是他批判法西斯主义——这是他思想发展中的一段痛苦的、有决定意义的事件——的核心观点:"法西斯主义似乎完全脱离了德国历史……它是向野蛮主义的新沉沦,是对德国的全部文化和政治历史的篡改。"[②]因此,"夺取这些遗产……成为最重要的历史任务"。它必然包含保卫那些在文化和艺术中发挥作用的**永恒经典**,内容上的改变可能只是扩大了它们应用的范围,并没有改变它们的应用。[③] 卢卡奇认为这是摆脱相对主义和非理性主义的唯一出路,两者会把文化还原为混乱的碎片化经验,阻碍它们被统握为一个统一的过程。"当马克思主义美学强调艺术进化中的永恒时刻,它把自身的基础设定为内在于人性的历史发展中的连续性。凭借此连续性,发展过程中实现了的并对自然与人的关系施加影响的要素总是能够被保存下来,并通过持续地克服矛盾得到进一步发展,如此一来,这样获得的经验就不会丧失,而会逐步地累积。"[④]不用说,这种进化的视角含有一种累积的、非辩证的文化观念,它的基础是科学预测模型,同时还含有目的论式的历史观念,作为其终点的社会主义的实现不断从前向后投射,因此它看起来在引导并决定这一进程的每一瞬间。据此,卢卡奇整个美学中突出的先验主义,除了巨量的分析和系统化阐

[①] Georg Lukács, *Essays on Thomas Mann*, New York: Grosset & Dunlap, 1964, p. 27.
[②] Georg Lukács, *Essays on Thomas Mann*, New York: Grosset & Dunlap, 1964, p. 144ff.
[③] György Lukács, *Marxismo e Critica Letteraria*, Roma, 1963, p. 28.
[④] György Lukács, *Marxismo e Critica Letteraria*, Roma, 1963, p. 19.

述外，最终成了一个文化法庭，它的任务就是裁决某个给定的规范有没有得到认真对待。其成果是现代版本的亚里士多德的《诗学》，书里定义明确的文学形式对应明确的世界观，它不断将先验图示从上至下地应用于实在界活生生的复杂性。然而这样一来，艺术丧失了它的历史内涵，成为超历史的原则。更糟糕的是，历史自身变成超历史的，依据黑格尔的观点，人类不知不觉达到的成就被还原为实现历史的被动工具。这明显符合卢卡奇对特殊性的看法，特殊性不仅是他的体系中的核心美学范畴，也是一种社会历史的维度。这一范畴太过重要，因为对卢卡奇来说，"普遍性向特殊性的转化（即理性在实在中的体现）正是社会转型的关键"。[1] 因此，特殊作为一个美学范畴，执行青年卢卡奇赋予它**客观形式**的功能，它在经验或单一在普遍的含义中被发现的那一瞬间，成为普遍规律下的特殊。在科学领域中，这两个端点之间存在一种直接的、相互的运动，但卢卡奇认为在艺术领域中，存在的不是单一和普遍的相互运动，而是单一和普遍同时向特殊的运动——朝向作为真正的相互中介点的中心的运动。这就是为什么对卢卡奇而言，艺术在本质上是感性的直观和表象。在晚年卢卡奇的客观主义框架中，普遍性和单一性的双重交互运动成了虚假的安排，因为中心在不断崩解。问题在于，单一和普遍在何处相遇。但是据卢卡奇讲，这是一个无法解决的问题。最终，这成为作者视角的功能，以及作者看穿现实本质的能力的功能。然而，这是让我们回到原点的同义反复。特殊要么倾向于以唯心主义的形式显现自身，即普遍从上至下地应用于经验，要么在把单一绝对地变成普遍规律的过程中显现自身，即作为一种自然主义的新形式。

在1930年后，卢卡奇愈加放弃阶级的视角，转向一种普遍主义的立场，此立场认为所有的分歧和矛盾业已解决，或处在正在解决的过程

---

[1] Georg Lukács, *Prolegomeni a un'estetica Marxista*, Roma: Editori Riuniti, 1971, p. 50.

中。它的根源早已在《历史与阶级意识》中显露,然而在这里,总体性的实现仍然被看作一个政治方案,它需要加强"部分"的活动,强化阶级的特殊利益。在卢卡奇晚年时期,阶级的视角已经被文化阵线主义视角完全掩盖,在这一视角中,总体性是已经被给予的——它不是作为一种结果,而是作为一个起点。因此在《现实主义的当代意义》的序言中,卢卡奇甚至声称,"传统意义上的社会主义和资本主义的对立不再能够表达当今历史时刻的需要"[1],他还庆祝社会主义阵营与资本主义进步势力联合起来共同保卫人类价值、现实主义和理性。

讽刺的是,资产阶级作家经常批判卢卡奇的独断论式的不妥协性,特别是他将文化置于限制文化的政治视角下的做法。他们没有认识到卢卡奇的美学著作与最伟大的资产阶级理想之间没有矛盾,它是系统保卫资产阶级文化观念的最新的宏大努力,今天的资产阶级甚至都已遗忘了这一观念。卢卡奇在《马克思主义与和平共处》中用来阐明他的文化立场的语句回响着歌德,席勒与全部唯心主义传统,它们在教育中看到了社会问题的解决:"我为改变上层建筑而奋斗——因为大众越早**理解**发生之事,他们便越容易克服旧事物。"[2]他与几乎所有形式的现代艺术不断进行论战,本质上是在抱怨它们放弃了教育和进步的传统。实际上,卢卡奇正是以理性和人本主义的名义,抨击一切反现实主义的形式(超现实主义、达达主义、印象主义等),认为反人本主义、退化、虚无主义和非理性主义是它们的特征,它们甚至成了现代社会中一切罪恶的象征。阶级斗争让位于现实主义和反现实主义之间的斗争,卢卡奇从知识分子特有的视角出发,将此斗争理解为秩序井然的社会瓦解的起因,而非结果。他抱怨道,当代艺术无法做到从积极的视角看待实在,它所提供的异化图景没有探究它的历史起因,而只是停留在把异化

---

[1] Georg Lukács, *La Signification presente du réalisme critique*, Paris: Gallimard, 1960, pp. 18-19.
[2] Georg Lukács, *Il Marxismo nella Coesistenza Pacifica*, Roma: Editori riuniti, 1967, p. 27.

普遍化为人类的永恒状况的背景中。这一诊断在许多方面是正确的。然而卢卡奇没有意识到的是,他给出的解决方案比病症本身还要糟糕。一种积极的视角不能是智识上的操作带来的结果,不是正确解释世界这一认识论问题的答案,而只能是对改变现实所做的规划的结果。但是如果现实是根据独立于主体活动的自身的规律演进,这样一种视角会失去它具有的批判的—实践的全部力量,成为表象中的新对象——一个新的被给予之物。从这一观点来看,起源于现代艺术的否定性视角在内容上更丰富,更接近现实,并且比卢卡奇主张的理性主义世界视角更加理性。正如波里尼所述,真正的非理性主义不是抽象的否定,而是将抽象的、非历史的理性实体化,并且所有事情都可以在它的名义下得到和解与辩护。[1] 非理性是对艺术能够实现总体性的一种期望,而这种总体性被现实的阶级分化所否定:艺术能够中介现实中分裂的事物,并使它们得到和解。正如布莱希特经常强调的那样,一个人不能在艺术中呈现解决方案:它们属于别的领域。艺术至多能够使我们意识到解决方案的必要性。它能鼓励我们去行动,但它永远不能替代行动。

(谢瑞丰 译)

---

[1] Tito Perlini, "Sul Concetto di Prospettiva in Lukacs", in *Nuova Corrente*, ns. 48 - 49, 1969, p. 38ff.

《审美特性》中的科学问题*

[匈]亚诺什·科勒曼

一

"我们的目的既不是去详述也不是去概述科学思维的认识论和方法论问题。"①这是卢卡奇在《审美特性》中的宣言,他不打算系统地阐释科学哲学。实际上,虽然可能有人不承认卢卡奇是一位科学哲学家,但他的不情愿似乎只是由于文风的影响。这只是他的一种表达方式,他的意思是当时的他尚不能详细回答这一问题,关于这一主题的冗长探讨注定只是一些线索,无法完成。

虽然这暗示著作的论域受到限制,但《审美特性》不仅仅是一种美学意识理论。任何读者都可以明显发现,作者心里装着一种总体反映论,在这一框架中,"审美特性"通过与其他反映形式进行比较,例如日

---

* 本文出处:János Kelemen, *The Rationalism of Georg Lukács*, NY: Palgrave Macmillan, 2014, pp. 58 - 69.

亚诺什·科勒曼,布达佩斯罗兰大学名誉教授,匈牙利科学院院士。在匈牙利、意大利和美国出版了20多本关于不同哲学问题和意大利文学史的书籍(主要关于卢卡奇、克罗齐、但丁、翁贝托·埃科和语言哲学)。

① Georg Lukács, *Die Eigenart des Ästhetischen*, Ästhetik Teil 1, Werke 11, Neuwied: Luchterhand, 1963, p.199.

常意识与科学,从而得到定义。因而,科学(或"科学的"东西)的"特性"也是卢卡奇著作的主题之一。

但我们还可以解读出更多东西。在讨论科学时,卢卡奇提出了他早期反复思索的一些问题,《历史与阶级意识》对这些问题思考得最为缜密。回顾《历史与阶级意识》可能对我们大有裨益,这部著作触碰到了科学哲学的核心问题,例如社会科学的方法论,自然科学与社会科学在认识论和方法论方面的二元论,科学与社会、哲学与具体科学、经验材料与理论之间的关系。此外,我们发现有些部分讨论了历史知识与科学理性的本质,还发现了其中的一些问题,它们涉及事件的参与者对事件的主观反映和对那些事件的科学描述之间的关系。

相对于这个内容丰富的问题清单而言,《审美特性》所检验的关于科学哲学的主题不算多。但更重要的是要注意《审美特性》怎样回答了《历史与阶级意识》中提出的上述一连串问题,它是一种连贯的理论,与之后同样具有连贯性的美学著作所阐述的理论截然不同。必须注意的是,两种理论之间存在的不仅仅是一种简单的差异,我们能够发现某些基本范畴的内容和功能发生了转变。因此,参考最初的一连串问题,会发现一个具有连续性的瞬间被保存了下来。要找到转变过程中的坐标轴并不困难:在《历史与阶级意识》1967年版的序言中就可以找到线索。卢卡奇在这份自我批评中强调,劳动范畴的缺席①以及对反映论的拒斥②强烈影响了《历史与阶级意识》中的观点。

《历史与阶级意识》1967年版的序言创作于《关于社会存在的本体论》时期,这个发展阶段显然可以用来解释卢卡奇为什么要提及劳动的关键地位。但是,他的许多分析早已出现在《审美特性》中,它们的基础

---

① Georg Lukács, *History and Class Consciousness. Studies in Marxist Dialectics*, trans. Rodney Livingstone, Cambridge, MA: The MIT Press, 1971, p. xviii.
② Georg Lukács, *History and Class Consciousness. Studies in Marxist Dialectics*, trans. Rodney Livingstone, Cambridge, MA: The MIT Press, 1971, p. xxv.

是劳动范畴(我们可以想想他的日常意识的理论,他对巴甫洛夫第一信号系统与第二信号系统理论的阐发,或者劳动的对象化和科学的对象化之间的比较),所以毫无疑问,《历史与阶级意识》和《审美特性》之间的根本区别首先源自对反映论的应用。

二

现在的问题是两种观念的区别在哪里?《历史与阶级意识》中标志性的科学理论在后来如何发生了转变?

如果我们想要通过研读《历史与阶级意识》中的主要论文回答上述问题,那么我们会清楚地看到**对科学的批判**是那些论文的显著特征。就此而言,它与带有社会学倾向的后库恩式科学理论有许多相同之处。

另一个需要着重指出的是卢卡奇**认识论和方法论的二元论**,我们需要马上对其做出评论。这种二元论观点与一种有关科学和社会之间关系的观念密切相关,它把**社会科学从自然科学的方法论理想中的独立**看作无产阶级科学的重要特征。卢卡奇坚持认为自然科学的特征与资本主义的社会结构具有联系,他按照这个逻辑总结道:那些在社会科学中采取自然科学模式的人成了资本主义现象世界的俘虏。

卢卡奇宣称"自然科学方法倾向于适应资本主义社会"[①],这并不妨碍卢卡奇评估自然科学知识的价值。他的二元论本质上意味着,虽然将自然科学的认知理想应用到自然时会产生充分的知识,但当同样的理想应用于社会领域时,产生的一定是畸形的知识。任何充分的社会知识都以一种**自主的社会科学**为先决条件,正如《历史与阶级意识》向每位读者展现的那样,只有站在无产阶级立场上的社会知识才是可能的。《历史与阶级意识》的读者也熟知,充分的社会知识作为一个总体,

---

① Georg Lukács, *History and Class Consciousness. Studies in Marxist Dialectics*, trans. Rodney Livingstone, Cambridge, MA: The MIT Press, 1971, p. 7.

表达了无产阶级的可能意识或者被赋予的意识,于是它同时也是无产阶级**自我认识的知识**。那种知识是一种认识自我后得到的知识,卢卡奇宣称,至少在历史和社会的范围内,它是普遍有效的:"历史知识的每一部分都是一个认识自我的行为"①。

同样的二元论式的科学哲学也表现在青年卢卡奇备受争论的**辩证法**概念中,他据此把社会辩证法当作历史过程的真正特征(此处他强调总体性和矛盾这两个范畴),但他拒斥了自然辩证法。当他指出马克思主义的鲜明特征是"**总体性的视角**",而非"经济目的的首要地位"时②,他的论域是社会层面:总体性,就像矛盾范畴一样,是一个有关社会存在和社会知识的范畴,作为这样的范畴,它也是无产阶级科学的方法论基础。在应用总体性范畴的各种方面或各种结果中,需要特别注意的概念是"**统一的科学**",它是参照社会科学提出的。对于马克思主义而言,只存在作为一个总体的、单一的、统一的——辩证的和历史的——社会进化的科学。③

篇幅有限,此处我们无法评定凝聚在这个简练句子中的观念。它涉及的许多问题尚无定论,但正如同最近的科学哲学讨论所证明的,它无疑是一种富有成效的尝试。尽管卢卡奇后来在晚年时期做出了诸多自我批判,但卢卡奇并没有完全否定《历史与阶级意识》。恩斯特·乔斯(Ernest Joós)说卢卡奇是一个"惯犯",他"收回自己的错误观点,为的只是以别的方式来确证它们"④,虽然乔斯有所夸大,但卢卡奇的自我批判确实常常只涉及被撤销的声明中的某些方面。卢卡奇在《我走向

---

① Georg Lukács, *History and Class Consciousness. Studies in Marxist Dialectics*, trans. Rodney Livingstone, Cambridge, MA: The MIT Press, 1971, p. 237.
② Georg Lukács, *History and Class Consciousness. Studies in Marxist Dialectics*, trans. Rodney Livingstone, Cambridge, MA: The MIT Press, 1971, p. 28.
③ Georg Lukács, *History and Class Consciousness. Studies in Marxist Dialectics*, trans. Rodney Livingstone, Cambridge, MA: The MIT Press, 1971, p. 28.
④ Ernest Joós, *Lukács's Last Autocriticism*, Atlantic Highlands: Humanities Press, 1983, p. 13.

马克思主义的道路》(这是卢卡奇于 1971 年在布达佩斯出版的一本哲学论文集)的序言中谈道,"书中的一些错误论断具有正确的内核"①。

这句话是否也适用于《历史与阶级意识》中有关科学哲学的论述?与这条引文相邻的语句直接给出了这一问题的答案。1969 年的卢卡奇在他将马克思主义理解为"一门专门讨论社会的理论"的早期著作中发现了"意料之中的进步趋向":

> 社会发展的辩证法要想在科学上奠基,如果它依靠的方法无法历史地、本体论地从自然存在这一哲学上必然更加简单的生存论范畴引出社会存在这一发展的最高阶段,就不会成功,它反而希望从前者那里找到一种方法论模型,以此建立更高形式的存在的法则。②

这就是说,卢卡奇又一次拒斥在"自然存在的生存论范畴"的基础上建立"更高形式的存在的法则",或者换句话说,拒绝采纳自然科学的方法论模型。当然,上面的引证回响着《关于社会存在的本体论》中的措辞并非无条件地适用于在此之前的《审美特性》。

确实,《审美特性》——至少初看之下——在自然科学和社会科学的关系问题上显得不同:它没有讨论**建立在自主原则之上的社会科学**的方法论和认识论。它也缺乏任何**对科学的批判**。无论我们以何种方式去评估和说明,这两个缺失的方面是相互依存和相互决定的。

---

① György Lukács, *Utam Marxhoz* Ⅰ-Ⅱ.［My Road to Marx］, Budapest：Magvető, 1971, p. 22. 这本书(标记的写作时间是 1969 年 10 月)的序言只有匈牙利文版,不要与《我走向马克思的道路》("Mein Weg zu Marx",1933 年发表于《国际文学》)相混淆,这本论文集也在 1957 年增加了一份后记。
② György Lukács, *Utam Marxhoz* Ⅰ-Ⅱ.［My Road to Marx］, Budapest：Magvető, 1971, p. 22.

三

首先，让我们看一看早期**对科学的批判**是如何发生转变的，以及我们在那里发现了什么。《历史与阶级意识》已经显示出它主要将科学和确定的社会结构（资本主义）之间的关联作为其出发点，这意味着它没有在认识论的层面上检查各种科学理论的社会结构和有效性，也就是说，它没有从证明这些理论的正当性的逻辑条件和经验条件入手。在这里，理论的充分性（真理性）完全由既定社会结构规定的立场所决定。换种更值得琢磨的说法，理论的内容不是被它与客观领域的关系（被反映模式）所决定，而是被主观方面决定，视角必定被社会立场所决定。资本主义确保资产阶级能够无限地、充分地攫取自然，但本质上剥夺了它看待社会现实的正确立场。因此，资产阶级的视角产生了一种先天错误的社会科学，而无产阶级视角则具备先天正确的关于社会和自我的知识。这种对科学的批判与自然科学无关：它从开始就指向社会科学，指向资产阶级的社会科学。它们总体上都必然涉及十分难解的问题。例如，如果自然科学和资本主义之间存在一种内在关系，那么充分的自然知识在其他社会形态中如何可能？如果所有事物都取决于立场，那么不同理论的追随者之间是否具有一起讨论的可能性呢？是否能根据一些与个人的起始立场无关的独立标准来解决这些争论？这些问题或多或少有些相似。第一个问题无法在《历史与阶级意识》的视角中找到答案，这是卢卡奇理论的一个重大缺陷。后两个问题的答案是，根据认识论的标准，理论之间的竞争和斗争（最终是无产阶级的社会科学与资产阶级的社会科学的斗争）绝不产生一种要根据认识论标准进行评判的问题，而取决于阶级斗争的结果。

相对于《历史与阶级意识》中对科学的批判，《审美特性》的一个**主题**是，由于科学的本质和不受限制性具有人的特征，所以科学具有人化

(humanizing)的效果。这些陈述大都涉及一个概念:"对现实的去拟人化反映"(the desanthropomorphizing reflection of reality)概念,它是《审美特性》的理论基础之一,相比《历史与阶级意识》,它是全新的。简言之,这是"去拟人化"的原则,它"在本质上是进步的、人道的"①。这样一来,**批判科学**总体上被**保卫科学**所替代。

将去拟人化概念引入科学理论是卢卡奇接受反映论后的具体结果。在反映论的框架中,科学被定义为一种反映模式,它是一种人类从劳动发展而来的普遍的反映能力的必要形式,具有稳定的结构特征,独立于给定的社会结构或立场——去拟人化概念是对它的刻画。为了与此论述协调一致,卢卡奇不再强调资本主义的运作和自然科学的流程之间的类比,他宣称"古希腊哲学……发现了反映自然的确定的方法论模型,尽管它的细节在不断变化"。②

值得一提的是,保卫科学之论的论点恰好与去拟人化概念一同出现,这绝不是意外。早先假设的资产阶级科学和无产阶级科学之间的区别现在被拟人化和去拟人化的总体趋势之间的斗争所替代。在这种对立中,科学的去拟人化是作为绝对正面的原则出现的,而有时干扰科学的拟人化被认为是与科学不相容的外部力量。让科学成为科学的批判没有存在的空间。卢卡奇揭示出现代的科学批判中的概念混淆,即把去拟人化错当成去人化:"由世界观产生的对真正科学原则的抗拒总是固执地认为,去拟人化等于非人道。"③

统治阶级越是不能容忍对现实进行真正的反映,它就越是会在它的意识形态中把科学描绘成非人的或反人本主义的。为了反抗那些不

---

① Georg Lukács, *Die Eigenart des Ästhetischen*, *Ästhetik Teil 1*, *Werke 11*, Neuwied: Luchterhand, 1963, p. 197.
② Georg Lukács, *Die Eigenart des Ästhetischen*, *Ästhetik Teil 1*, *Werke 11*, Neuwied: Luchterhand, 1963, p. 146.
③ Georg Lukács, *Die Eigenart des Ästhetischen*, *Ästhetik Teil 1*, *Werke 11*, Neuwied: Luchterhand, 1963, p. 175.

同类型的虚假的人本主义,卢卡奇不得不一遍又一遍地强调:"从去拟人化的视角看待由思想和情感引领的世界转型……不意味着对人类现实做出虚无主义的或相对主义的去人化解释。"①另一方面,真正的人本主义是科学的特征,原因有二:第一,从客观方面看,"科学的去拟人化"确保了人对对象世界的支配地位;第二,从主观方面看,去拟人化成为使人变得更好、使得人的类型更加丰富的方式:"科学的态度"使得对现实的探索更有成效,于是使人变得比他可能成为的其他样子更加多样、复杂和人道。②

除了说明科学态度和科学观的总体特征,卢卡奇并没有提出任何具体的认识论问题,因此他没有特别对科学的发展提出认识论层面上的批判与质疑。也许有一个简单的理由可以解释这一点。他认为在这样一个时代,从认识论上批判科学知识、理论或假说的可靠性、可验证性或合理性是无关紧要的,因为在这个时代,科学"无法区别于一种具体的拟人化的世界观"③。

这不过是对科学的一种独断论式的信任——卢卡奇的批评者可能会义正辞严地指责道。

这种信任源自——用费伦茨·费赫尔的说法——"认识论的专制主义"④,这种认识论的专制主义认为,没有什么能限制我们对世界的了解,同时这种信任还源自理性主义的一个版本,这种理性主义界定了卢卡奇后来的哲学,它赋予理性过多的权力。同时,前面提及的卢卡奇的论断——科学,作为对现实的去拟人化的反映,在今天没有挑战者——

---

① Georg Lukács, *Die Eigenart des Ästhetischen*, *Ästhetik Teil 1*, *Werke 11*, Neuwied: Luchterhand, 1963, p. 177.
② Georg Lukács, *Die Eigenart des Ästhetischen*, *Ästhetik Teil 1*, *Werke 11*, Neuwied: Luchterhand, 1963, p. 158.
③ Georg Lukács, *Die Eigenart des Ästhetischen*, *Ästhetik Teil 1*, *Werke 11*, Neuwied: Luchterhand, 1963, p. 167.
④ Ferenc Fehér, "Lukács in Weimar", in Heller, *Lukács Revalued*, Oxford: Basil Blackwell, 1983, p. 90.

也直接源于他建立在普遍进步观念之上的历史哲学概念,顺便一提,这是对科学的最高检验。

但是,不管对卢卡奇的科学概念的批判是否合理,亦不论卢卡奇是否真的过于自信地忽视了科学发展产生的认识论难题,对我们而言,他为了保卫科学而进行的论证无疑向我们传达了积极的信息。现如今,科学哲学中非常时髦的相对主义、怀疑论以及方法论中的无政府主义都符合卢卡奇多年前就准确界定的趋势。如果我们认为那些趋势的复活单纯是由于在关于科学理论的可通约性、有没有可能区分科学和非科学等争论中出现的认识论问题,那么我们就太天真了。更关键的是,一场为了树立科学的世界观而进行的斗争正在打响,它不仅仅是科学哲学中各种转向的结果,它还如卢卡奇正确看到的那样,是社会发展和智识发展中的一个永恒的、必要的现象。认识论难题通常只是一个斗争的借口。

四

前文提到,《审美特性》的另一个"缺陷"是它抛弃了**自主的社会科学**的观点,或者换句话说,拒斥了《历史与阶级意识》中的二元论的科学哲学。在卢卡奇后来的作品中,科学是意识的一种统一的、不可分割的形式,二者运用同一种原则,即在反映社会和反映自然时都运用了去拟人化原则。这是一种与《历史与阶级意识》中的主题内容保持连续性——超越断裂——的方式。卢卡奇从未放弃总体性原则,这意味着早期只是限制社会科学的那种要有"一门单一的、统一的科学"的要求,现在在《审美特性》中成为对所有科学的限制:

在它的发展趋势中……只会存在一门科学,一种全面研究统一的、客观的自在世界的方法。①

需要注意的是,要有"一门单一的、统一的科学"的要求,现在不再只适用于马克思主义。它是作为一条不受限制的原则被提出的,也据此成为所有科学的标准。因为科学与艺术截然相反,它的特征是各门科学和科学分支形成了一个总体,尽管它们之间有一定的差异性,也就是说,它们是在一幅关于现实的那种总体性的全景图中统一起来的。对此卢卡奇提出,在美学领域中,单独的艺术作品形成了一个封闭的世界,作品的同质性中介(homogeneous medium)指向"某种独特的、终极的东西",与之不同的是,"科学反映的同质性中介……对科学的每个分支而言都是统一的"。② 简而言之,科学的总体性预设了一种单一的同质性中介。

上述论述相当于那种非常基本的**对一致性的要求**,它要求科学知识的次级知识必须参考其他次级知识,让自己得到延续、完成并受到批判。没有一条科学知识是自足的,它只有作为整个知识体系的一部分才是有效的。"认识论的总体性要求"将科学看作一个整体,而不认为科学是单独的科学,更不是各种特殊的科学理论。至此我们自然可以明白,早期标志性的总体性原则是如何与反映理论联系起来的。前文提及的对一致性的要求的论据是,物自体——作为客观现实——也是一种总体性,"从严格的认识论的观点"看,"只有发展到合题程度的'为我们的总体性'(totality for us),才算是物自体的具体对立面"。③

当然,卢卡奇的统一科学观存在着诸多争议。但这不就是抹除社

---

① Georg Lukács, *Die Eigenart des Ästhetischen*, *Ästhetik Teil 1*, *Werke 11*, Neuwied: Luchterhand, 1963, p. 181.
② Georg Lukács, *Die Eigenart des Ästhetischen*, *Ästhetik Teil 1*, *Werke 11*, Neuwied: Luchterhand, 1963, p. 181.
③ Georg Lukács, *Die Eigenart des Ästhetischen*, *Ästhetik Teil 1*, *Werke 11*, Neuwied: Luchterhand, 1963, p. 290.

会科学的特性而导致的一种结果吗？卢卡奇的一些强调暗示了一种肯定的答案。

卢卡奇最后的论述有关社会本体论，作为实践观点的有力倡导者，他在《审美特性》中写道：

> 共同的本质特征是研究的对象总是独立于人而存在的现实的客观性；即使人自身被当成生物学调查对象或者社会—历史调查对象，归根结底，还是为了探索这种客观的"对象化"或过程。①

换言之，关于人的科学也在进行着去拟人化反映。把去拟人化与关于人的科学联系在一起讨论不一定会产生矛盾，但也并非没有问题。然而，卢卡奇在此并没有提到等待他回应的任何问题。他只是说社会存在的矛盾本质"使得资产阶级思想难以将拟人化反映理论正确有效地应用于社会科学"②。于是，社会科学唯一的、完全不是由研究对象产生的特征在于，"在资产阶级社会，去拟人化的方法只能有限制地应用于社会科学"③。

受到限制的去拟人化理论为资产阶级思想留下了仅有的两条道路：要么在社会历史进程中"固化成无生命的形式主义"，要么在历史生活中变得"非理性化"。④ 科学史证明卢卡奇是正确的。但是，去拟人化完全不可能实现，这会不会导致社会科学或人的科学的问题域完全枯竭？除了外在于科学的偶然的决定因素之外，在科学主题和科学目标

---

① Georg Lukács, *Die Eigenart des Ästhetischen*, *Ästhetik Teil 1*, *Werke* 11, Neuwied: Luchterhand, 1963, p. 180.
② Georg Lukács, *Die Eigenart des Ästhetischen*, *Ästhetik Teil 1*, *Werke* 11, Neuwied: Luchterhand, 1963, p. 199.
③ Georg Lukács, *Die Eigenart des Ästhetischen*, *Ästhetik Teil 1*, *Werke* 11, Neuwied: Luchterhand, 1963, p. 202.
④ Georg Lukács, *Die Eigenart des Ästhetischen*, *Ästhetik Teil 1*, *Werke* 11, Neuwied: Luchterhand, 1963, p. 200.

中真的不存在从原则上阻碍了去拟人化观点得到应用的某种因素吗？非常有趣的是，卢卡奇很少提及社会科学中的例子。实际上，他几乎只把经济学当作统一过程和去拟人化思想的标准案例。显然，他没有在这个领域充分展开他的考察。我们必须记住的是，在《审美特性》中，卢卡奇区分了辩证唯物主义和历史唯物主义，无论他多么强调二者之间积极的互动关系，他后来也从未动笔去写这部著作中计划讨论的历史唯物主义的部分。在那个没有写出来的部分中，没人知道他的科学理论会朝哪个方向发展，例如，他会给"理解的"阐释学方法确立什么样的地位，这是在去拟人化的范畴下难以讨论的问题。

五

在卢卡奇实际完成的内容中，我们能够推断出他没能看到自然科学的主题与社会科学的主题之间的区别，这些主题将决定这两个科学领域的结构。这从根本上符合他的哲学的总的出发点，对世界统一于物质的阐释使他没有从反映对象说明美学领域与科学领域的差别："如果……我们想要探究反映在日常生活、科学和艺术中的差别，我们必须时刻记住这三种形式都反映同一个现实"。[1] 也就是说，卢卡奇会坚决反对不同的科学范式描述的不是同一个世界，或者"不在同一个世界运作"[2]的观点。

自然而然，每一种唯物主义都起码要认识到，世界不但具有物质性，还具有统一性，世界对每个人而言终究都是一个相同的世界，它与一个人对世界的主体性关系无关。然而，这仅仅是意义上的要求，它不

---

[1] Georg Lukács, *Die Eigenart des Ästhetischen*, *Ästhetik Teil 1*, *Werke 11*, Neuwied: Luchterhand, 1963, p. 35.

[2] Thomas Kuhn, *The Structure of Scientific Revolutions*, Chicago: The University of Chicago Press, 1970, p. 150.

能掩盖的是,作为对象性的世界不是由它自身给予的。当然,卢卡奇绝不希望否认反映的能动性。尽管如此,纵观他对其理论或反映理论的详细阐述,他更加关注反映的**方式**(去拟人化和拟人化),而非反映的**对象**。他没有详细说明,为什么反映(在我们的例子中是科学知识)的能动本质比反映形象的能动建构更有意义。科学也创造认知的对象①,这种活动是对象建构过程中的一部分,而不仅仅是认知过程的一个客观前提。各门科学以不同的方式建构他们的研究对象,这使得反映或知识的对象有所不同。因此,人们才无法认同"所有反映的对象都是这个唯一的、统一的现实",也无法认同每天接触到的科学,思想以及艺术反映的都是同样的内容。

反映论在《审美特性》中得到了详细的阐释,它的核心无疑是"主观的东西与客观的东西"的对立或"确切的分离"②。在对科学史的概述中,卢卡奇同样发现这种分离的进程成为主流趋势。正如我们所看到的,他将此观点的适用性扩展到社会科学领域。于是,《历史与阶级意识》中宣称的"主体与客体的同一性"消失了。继而,科学知识不能被解释为自我认识,因为社会科学不得不像自然科学那样,通过去拟人化来对待自在的客体。

但是"作为自我认识的知识"(knowledge as self-knowledge)概念没有完全消失:它被转移到艺术反映的领域之中。卢卡奇确实在美学领域放松了"同一的主客体"之间的关系,并且期望模仿能做到"反映独立于人的意识的现实",但他的著作中仍然保留了一个主要观点,即"艺术这种模式最适合表达那种最高层次的人类意识"③。解决此刻出现的

---

① 只需要在此提一提这些分析中的一种就足够了:路易·阿尔都塞已经区分了"真实客体"和"认知客体"(Althusser and Balibar, *Reading Capital*, London: NLB, 1970, p. 41)。
② Georg Lukács, *Die Eigenart des Ästhetischen*, Ästhetik Teil 1, *Werke* 11, Neuwied: Luchterhand, 1963, p. 278.
③ Georg Lukács, *Die Eigenart des Ästhetischen*, Ästhetik Teil 1, *Werke* 11, Neuwied: Luchterhand, 1963, p. 616f.

复杂问题超出了当前的分析范围。有些问题我们不得不忽略,即使它们与科学哲学的关系更密切。

仅有的几点分析似乎也只是在证明下面的结论:卢卡奇采用反映论的直接结果是放弃了二元论的科学哲学。追求**科学总体**的那种统一的科学观念要求强制推行客观性,去拟人化范畴的提出就是为了表达这种客观性。结果是,资产阶级意识形态与无产阶级意识形态之间的差别,概括地讲,是反动阶级意识形态和进步阶级意识形态之间的差异没有出现在科学领域之内,而是出现在科学与非科学中,或者去拟人化和拟人化的对立中。与此同时,统一的科学观念没有被改造成一种有助于澄清社会科学的特殊性的形式。去拟人化的范畴似乎不足以解决问题。而且有一点非常重要,社会科学和历史知识不能再被构想为自我认识——同样地,无产阶级意识不再是对总体性的自我认识。自我认识或自我意识的功能被让渡给艺术,但即使如此,主体也不是一个阶级,而是全人类。

科学的东西,它对应于全面界定整个科学的非拟人化概念,成为《审美特性》中的一个基本价值。与所有对科学的批判相反,它产生了一种对科学的同情式辩护。除了建议把这种精神当作卢卡奇遗产中经久不衰的因素外,我们还必须强调:对科学与科学观的辩护并不意味着不加批判地接受。按照卢卡奇的观点,去拟人化必须同时扩展到主体和客体两方面。主体的去拟人化正是不断地自我限制和自我批判。这是一种主体面对现实的态度,这使主体能够"持续不断地掌控自己的观点、想法和概念的塑造过程"[1]。

(韩雅丽 译)

---

[1] Georg Lukács, *Die Eigenart des Ästhetischen*, *Ästhetik Teil 1*, *Werke* 11, Neuwied: Luchterhand, 1963, p. 146.

卢卡奇及其神圣家族[*]

[匈]阿格妮丝·赫勒

1968年1月,戈德曼在法国华幽梦[①](Royaumont)组织了一场关于美学理论的会议。[②] 阿多诺是主讲人之一;我作了关于卢卡奇的《审美特性》的报告,那时这本书还不出名。我们陷入了热烈的讨论中,为三种明显不可调和的不同立场争得不可开交。当时发生了一件完全出人意料的事情。一个年轻人冲上演讲台,怒气冲冲地说:"卢卡奇、戈德曼和阿多诺都一样,他们都是神圣家族的成员!他们主张艺术作品的自律,在世界的神圣形象中寻求救赎。他们都是老派的、资产阶级的、卑劣的!我们不需要他们,我们需要阿拉巴尔[③]!"一群年轻人齐声重复他的话。他们高喊"阿拉巴尔!阿拉巴尔!"。这便是后现代主义诞生的时刻。整个场面立刻扭转了。阿多诺、戈德曼和我本人(代表卢卡奇)成了同一阵营。我们不再相互批判,而是相互支持。我们观点之间

---

[*] 本文出处:Ágnes Heller, "Lukács and the Holy Familiy", in *Telos* , 1984 (62), pp. 145 - 154.
   阿格妮丝·赫勒(1929—2019),东欧新马克思主义的重要代表人物之一,布达佩斯学派最主要的代表人物之一,被公认为该学派的发言人,曾任纽约新学院阿伦特讲席教授。已发表40余部著作,其中大部被译成英文、法文、德文、意文、日文、西班牙文、丹麦文、葡萄牙文、塞尔维亚文、中文等多种文字出版。

[①] 华幽梦,指华幽梦皇家修道院,位于巴黎北郊,是许多著名国际哲学会议的举办地。——译者注

[②] 与会期间戈德曼与阿多诺之间的讨论,参见戈德曼《文化创造》的附录3:Lucien Goldmann, *Cultural Creation*, St. Louis: Telos Press, 1976, pp. 131 - 147.

[③] 费尔南多·阿拉巴尔(Fernando Arrabal,1932—),西班牙裔法国剧作家、导演。——译者注

的共同因素突然变得比分歧更重要。保卫自律的艺术作品意味着保卫一种可能的主客统一,即保卫一种不只关乎个人品味问题的审美判断。它包含这样的假设,判断艺术作品的质量和价值的标准**一定存在**,"高级"和"低级"之间的差别是有效的,并且支持某种艺术作品类型,同时反对其他类型,是至关重要甚至生死攸关的问题。在那时,对自律艺术作品的承诺显得比任何具体评价都重要。至今,我仍旧认为对贝克特(Samuel Beckett)戏剧的评价绝对谈不上生死攸关。但对于阿多诺来说,贝克特几乎成了拯救者,是唯一一位成功(至少在文学领域)解决现代性问题,并尽可能以最高的艺术形式表达这些问题的人。相反,对于卢卡奇来说,贝克特几乎是魔鬼——是一个自鸣得意地对异化的世界进行调整的作家。然而,卢卡奇和阿多诺都认为,这些类似的评价关乎人性的存续。

从某种意义上说,若约蒙的年轻人是对的。卢卡奇、阿多诺和戈德曼确实属于神圣家族,还可以把布洛赫算进去。然而,下文主要讨论的是卢卡奇。

在卢卡奇转向马克思主义且《历史和阶级意识》的哲学倒塌之后,卢卡奇最后用一件古旧的官方**辩证唯物主义**外衣重新包装了自己的思想。他开始用话语掩盖而不是展现他想传达的信息。有时这种语言用来伪装,而在其他时候,它与信息本身融为一体并歪曲了信息。这里,一些后现代主义者的方法派上了用场。必须以"反文本"的方式来解读卢卡奇——尤其是晚年的卢卡奇。这意味着无视苏联**辩证唯物主义**的语言及其所有变形。拯救下来的是卢卡奇对现代性的态度。今天,卢卡奇的美学作品没有根据它们本来的样子被研究。那么就让我们尝试一种不同的解读方式。

卢卡奇的所谓的"保守主义"并非源于他对共产党当局及其文化政策的任何妥协。相反,这源于他年轻时做出的一个基本选择。卢卡奇是在19世纪末的文化氛围中、在第一次文化相对主义的高潮中长大的。他的生活环境,布达佩斯的犹太资产阶级,疯狂地进行同化,刨除自己的根基,故意切断与自身传统的联系。这种社会环境与文化相对主义沆瀣一气。当年轻的卢卡奇第一次阅读荷马和詹姆斯·费尼莫尔·库珀(James Fenimore Copper)的小说时,他发现了一个本真的世界——一个与自己所处的不真实的环境比较后他觉得"真实"的世界。这一基本经验塑造了卢卡奇余生对文化的态度。这个阶段奠定了文化保守主义的基础。但这种文化保守主义后来又与弥赛亚主义产生了激进的结合。与许多人一样,卢卡奇把赌注押在了未来,押在了救赎,押在了尘世的弥赛亚的到来,他认弥赛亚将摧毁"绝对罪恶的"世界,将文化从玩世不恭的相对主义深渊中拯救出来,并以新的形式修复旧文化。在一个真与假的界限晦暗不明的世界里,也没有办法分辨善恶。但如果这就是事实,那么相对主义的世界注定要灭亡。因此,救赎意味着恢复真与假、善与恶之间的区别。这就是为什么对卢卡奇来说,区分艺术作品的高低、真伪、善恶、进步与倒退成了生死攸关的问题的原因。正是这种失去所有标准,没有绝对差异、没有绝对标准的感觉,激发了卢卡奇对救赎的追求。

沃林(Wolin)把某些后现代主义的尝试称作"伪民主",一方面,它模糊了高级(自律的)艺术作品与文化工业产品之间的界限,另一方面,它用日常的"文化实践"代替对自律的艺术作品的创作和接受。[①] 但只有另一种令人向往的、可行的和真实的民主存在,才可以说民主是"虚假的"。但是,在目前的条件下,文化能否既真实又民主呢?对自律艺术作品的创作和接受可以是民主的吗?如果这些问题的答案是否定的,那么我们不得不将后现代的状况看作一个事实,看作是**经验**民主的**当前**状况。让我们重新表述一下关键问题:现代西方文化能否同时具有真实性和民主性?对现代自律的艺术作品的创作和接受能是真正民

---

① Richard Wolin, "Modernism vs Post-modernism", in *Telos*, (62) 1984, pp. 9 - 29.

主的吗？毫无疑问，这些问题的答案大体是否定的。

卢卡奇和阿多诺都接受了这个挑战，并以牺牲**一种**规范为代价来满足另一种规范的要求。阿多诺捍卫真实的现代艺术作品，并因此放弃了民主的规范；卢卡奇拒绝真实的现代艺术，为传统的"现实主义"辩护，这样做他就支持了民主。阿多诺是精英主义者，卢卡奇却不是。阿多诺为现代文化中最优秀的艺术杰作辩护，因为他是一个精英主义者；卢卡奇却并未对这些作品另眼相待，而是站在每个人都能接触到的艺术作品一边。对于卢卡奇来说，小说必须有故事，还要有人物；故事必须从开始直到结束；一幅画必须有形象，并传达所有人都能理解的信息；音乐必须具有一种**集体主义**的旋律，可以被所有人"吟唱"，而不只是独奏。阿多诺则不然。卢卡奇并没有像阿多诺那样严格区分低级艺术和高级艺术。对于卢卡奇来说，在"高级"和"低级"之间应该有一种不间断的毛细作用和持续的相互影响。他并非完全不考虑"文化工业"。卢卡奇认为，文化工业（卢卡奇没有使用这个术语）可能会成为一种精致的操纵手段，但它也可能创作出具有真实人物和真实生活的真实故事。卢卡奇提倡日常生活和艺术作品之间的"规范性"关系。艺术家一定是从普通人的日常经历中获得灵感，从一个历史时代的共同经历中获得灵感。艺术作品一定会渗透到每个人的日常生活中，让人们对自己的生活方式有所反思，通过提供反思和理解——包括自我理解——的标准从而阐明他们自己的问题。如果情况如此，对艺术作品的接受可以使我们的生活变得更好。在接受艺术作品前，作品就必须呈现出对高层次的乌托邦现实的意愿。这一意愿不必然是有意识的。它的形式可以是一种无声的、不满的形式，一种对不同的、更高层次的、更崇高的东西的渴望或追求的形式。卢卡奇的例子是犹滴（Judith）的故事，她是戈特弗里德·凯勒的小说《绿衣亨利》（*The Green Heinrich*）中的农家女。犹滴没有受过教育，但通过阅读阿里奥斯托（Ariosto）的《疯狂的罗兰》（*Orlando Furioso*）拥有了良好的常识。这部叙事诗让她理解了她自己以及她对亨利的爱。她经历了卢卡奇所说的"净化"：一种对生命本质的洞悉，它可以触动一个人的个性，并可以为一个人过去的、现在的和未来的每一次生命体验带来新的视角。

阿多诺和卢卡奇至少在一个关键点上达成了共识：在现代世界，只有艺术作品才能具体表达"去拜物教的"现实。卢卡奇比阿多诺更激进，他甚至排斥现代社会科学。在他看来，现代（资产阶级的）科学只是表达而不是批判地阐明拜物的世界。现代"资产阶级"哲学也紧随其后。工具理性（卢卡奇称之为形而上学理性）在科学和哲学中都占据了上风，对形而上学理性的质疑最终成为非理性主义。严格意义上的哲学必须成为美学，因为去拜物的信息只能通过艺术作品的语言来解码。卢卡奇之所以成为一个激进的文化保守主义者，是因为他致力于民主。他坚持自己的信念，认为现代艺术作品以一种类似于哲学的社会科学的方式，只是表达而非揭露拜物的现实。不能被所有拥有常识的人理解的文本，对有常识的人来说是陌生的。人类感到陌生的东西被异化了。一件艺术品越是精英化，它就越是会被异化。说到现实主义，卢卡奇谈论的不是一种文学或艺术的风格。现实主义的艺术作品是去拜物的，它的对象是每一个具有常识并准备净化的人。此外，它鼓励人们相信，可以以别的方式生活，可以改变生活，人类不受不可改变的命运的支配，他们仍然可以自由地为命运做些什么。但是他们真的能吗？

本文是一篇对卢卡奇抱有信仰的文章。卢卡奇坚决否认现代资产阶级生活是完全异化的，并否认现代人的意识是完全拜物教的。对他来说，辩证法从来都不是否定的。如果生活完全被异化了，艺术和文学也不禁会表达这种异化。这样一来，异化的表达将是一个祛除拜物教的过程。然而人们仍然面临着真正的选择、真正的选项和真正的替代方案。他们仍然能够通过选择自己想要的东西来重申他们真正的（尽管是相对的）自由。现代世界不是封闭的，而仍旧是开放的。如果这是真的，那么呈现世界的封闭性的艺术作品并不会祛除世界的拜物教，而是推动了世界的拜物教。现实主义艺术作品构成了一个自由的世界。在面对自己的命运时,有些人利用自己的自由,有些人则没有,是**因为**他们致力于某件事,并没有把它当作不可避免的人类境况的结果。这是**他们的**命运,而不是命运"本身"。现实主义艺术家逆潮流而行。就艺术才华而言,他们不一定优于其他艺术家。然而,他们的优越性在于,他们符合艺术的历史使命:去拜物化。这就是为什么对于阿多诺和卢卡奇来说,"高级"和"低级"的区分适用于文化实践图绘中完全不同的领域。

有时,卢卡奇似乎惊人地接近某种后现代理论立场。一个如此痴迷体现在大众庆祝活动中生活和文化的统一的人,最不可能反对"特殊事件"。同样,他也会对日常生活中的"艺术实践"思想深表同情。卢卡奇不会为精英主义的消亡而流泪,也不会谴责他亲身实践的"反文本阅读"。他甚至没有蔑视时尚。他不信任文化的"高级祭司",对于艺术和文学的适宜**场所**而言,他对文化市场的厌恶远超对街角的厌恶。然而,他确实属于"神圣的家族"。正如我已经提到的,卢卡奇哲学的基础是对生命的态度,它可以被理解为一种对 19 世纪末的反应,一种对首次出现的后现代状况的反应。他的全部作品都是对后现代状况的直接反应,尽管他的同情与某些后现代主义者的同情之间偶尔会一致。

此外,卢卡奇是比阿多诺还坚定的启蒙哲学家。或者更准确地说,随着年龄的增长,卢卡奇越来越致力于实现启蒙的承诺。在不无视内在于启蒙计划中的矛盾的基础上,他认为启蒙的事业尚未完成。卢卡奇的批评者经常指责他为资产阶级艺术辩护。他也确实这样做了。卢卡奇可以将罗莎·卢森堡的著名信条"没有资产阶级的权利,只有人的权利",改述为"没有资产阶级的艺术和文学,只有艺术和文学"。他把自律的艺术领域的出现看作是一个**解放**的过程。卢卡奇认为,"真正的历史"并不像在马克思那里那样始于共产主义:它是始于艺术和文学的彻底解放,始于艺术形式中装饰和描述的融合,这些艺术形式除了自身的规律之外不遵循任何其他规律。就艺术和文学而言，卢卡奇既是极度的黑格尔主义者，又是反黑格尔主义者。尽管卢卡奇十分尊重阿尔塔米拉（Altamira）岩画和古代工艺的改进（这是对一切人类成就的一种尊重），但他从未认同关于艺术和文学的文化相对主义。他相信艺术创作是演进的。他把独立的艺术领域、自律的艺术作品的诞生看作长期演进的结果。因为"真正的历史"正是从这里开始的。当然，他不认为这种发展是单线的。古希腊艺术，作为我们进入真正历史的自我表达，始终保持着其范式特征。他甚至赞同黑格尔的理论，即一切伟大的时代都提倡一种艺术形式，同时反对其他艺术形式，每个时代都有一种"占主导地位的艺术形式"。但卢卡奇从未认同黑格尔关于艺术终结的预言。对卢卡奇来说，这意味着历史的终结。相反，艺术的时代还没有结束，它才刚刚开始。早在《小说理论》的时候，卢卡奇就给出了复兴陀思妥耶夫斯基小说的理由。他认为，资产阶级社会在严格意义上是一段短暂的历史时期，这段历史时期理应开创一个一切艺术和文学体裁都可以蓬勃发展的新时代。这一进程中的挫折只是暂时的。艺术不会被打败，它将会履行自己的承诺。卢卡奇直到生命的尽头都在坚持这种观点。

乍一看，卢卡奇描述中的某些内容的确很像"艺术崇拜"。然而，这是一种极度蔑视"艺术牧师"的崇拜。这种结合听起来很奇怪，但这里有一条线索可以帮助我们理解卢卡奇对启蒙的深刻信念。

"艺术品的存在如何可能？"这是卢卡奇第一部美学著作提出的问题——在韦伯看来，这个问题彻底改变了我们对美学的理解。卢卡奇坚持认为，每一件艺术作品自身都是一个**世界**，一个他称之为"作品个体性"的完整世界。每一件作品的个体性都表现了一个时代的历史意识，但仍然保持着一种总体性和个体性。每一件艺术品都表现并再现了独特性。历史性和普遍性的融合，就是一部艺术作品的"世界"的全部内容。而且，每一件作为个体的艺术作品都**具有普遍性**。这既不是

卢卡奇及其神圣家族　221

一种理念,也不是一种原则;它真实地**体现在**作品中。普遍性并不**控制**艺术作品的创作,却是其构成要素之一。黑格尔的三个主要范畴,即个体性、特殊性和普遍性,在艺术作品中是同质化的。此外,正是首要的历史性(特殊性)范畴承载着另外两个范畴。历史性越具有普遍性和个体性,越能连贯地**融合**其他两个范畴,艺术作品的地位就越高。最高的艺术作品的典范是最高尚的人格的典范。一个具有特定历史性的人越能成为一个独特的**个体**,越能在自己身上**体现**普遍性(人性),他或她就会变得更崇高,更"高尚"。此外,一个人要拥有其中一个范畴,就不能缺失另一个范畴。如果不体现普遍性,一个人就不可能成为一个个体,如果我们不能变成完整且独特的个体,即使追求普遍性也不会使我们"崇高"。卢卡奇毫不掩饰自己借鉴了德国古典主义——特别是歌德——关于人格性模式的论述。他经常引用歌德的话,每个人都可以是"完整的"。这种完整性并不依赖于教养、正式的文化或良好的品位。有时情况恰恰相反。此外,自律的艺术作品的个体性以及古典的人格性观念不能简单地归为"平行的"现象。卢卡奇坚信,一个人越"完整",他就越有可能成为艺术作品的真正接受者;反过来,对自律的艺术作品的接受有助于人获得自律的人格性。卢卡奇可能会痛恨人格性解构的观点,因为正是作为人的个体性和普遍性相统一的人格性,贯穿了他的一生。

卢卡奇深刻意识到能够解构自我的社会制约性。这就是他成为激进的文化保守主义者的原因。他认为现代艺术作品显示出对自我的解构,或者至少它没有对此提出反对。这就是为什么对现代艺术的接受不能产生净化,甚至不能成为建构人格性的出发点。对卢卡奇来说,大体上只有20世纪之前的艺术作品才能完成这一任务。由于我们的世界还没有完全被拜物教化或异化,人格性的建构仍然是可能的。然而,这一过程只能通过自律的艺术作品来推进,这些艺术作品既具有普遍性又具有个体性,而且可以被所有人理解,无论这个人已经"完整"或可能变得"完整",无论这个人是否受过教育,是否有教养。

正如前文所提,对于卢卡奇来说,真正的历史始于自律的艺术作品出现的时刻。只有在人们意识到人的本质之处,我们才能恰当地谈论历史。这正是艺术作品变得自律的时刻,在这一刻,它们变成了属于它们自己的"世界"。因此,艺术作品代表并体现了人性的历史。对于卢卡奇来说,"人性"概念不是经验的,而是规范的,因为他将这个术语等同于"类本质",并区别于"无声的类"。我们的类开始在艺术和文学中发声。这就是为什么人性的**记忆**是在艺术作品中体现的。卢卡奇非常熟悉他的阐释学。他在自己的第一部美学著作中写道,所有解释都是误解。但是我们与一个个体对象的关系就是我们与那类对象的关系。当我们以各种解释再现过去时,我们也是以不同的方式解读人类历史。但并不是所有东西都足以成为历史解释的对象。自律的艺术作品最配得上这样的解释。我们通过**阅读**这些作品来揭示过去,我们只能通过**阅读它们**来揭示过去。没有过去和记忆的人类不可能获得人格性。通过接受艺术作品,我们在我们的记忆中重新征服了过去。

但这一概念中存在两种矛盾:一种是表面的矛盾,一种是真实的矛盾。首先,若卢卡奇对艺术作品的**崇高性**定下了如此高的标准,以至于只有少数艺术作品能够达标,那么,人们怎么能去强调卢卡奇美学的民主特性呢?答案很简单:没有人比卢卡奇更不关心艺术家和艺术创作的细节。当代艺术家不能完成卢卡奇期待他们完成的任务,这一点是卢卡奇最不在意的。卢卡奇只对接受的过程感兴趣。如果只有荷马、莎士比亚或巴尔扎克的作品能符合他的标准,这会产生什么影响?人们可能会仔细地阅读这些作品,参观米开朗基罗的雕像,听巴赫、贝多芬和莫扎特的音乐。同时,卢卡奇并不认为接受者是永不磨灭的艺术影响的被动容器。他设想在高雅艺术和日常实践之间有不断的"互动",在净化式的接受和日常的创造性艺术实践之间存在持续的相互作用。他拒绝那种专业的艺术创作,它自称"高雅"却忽略了标准,同时它忽略了对日常实践的追求,不具备创作优秀艺术作品的能力。因此在卢卡奇那里,最高的标准与民主之间的矛盾只是表面的。

然而,第二种矛盾并非如此。正如我们所看到的,卢卡奇在真假之间划下了一条清晰的界线:去拜物教的艺术作品是真实的,其他所有的艺术作品不仅低级而且虚假。支持去拜物教的(现实主义)艺术作品的人都是对的;为拜物教的、反现实主义的艺术作品辩护的人都是错误的。没有细微差别,没有"或多或少",只有"非此即彼"。艺术作品要么真要么假,要么主张解放要么主张颓废,要么主张充分发展的人格性要么主张人格性的解构,要么主张异化要么主张去异化。它不是顺应潮流就是逆流而上,不是朋友就是敌人。然而,真与假之间如此鲜明的界划,真的能帮助我们分辨善恶吗?它能为我们提供一个**道德**标准吗?

卢卡奇主要关心的不是美学,而是伦理学。为了能够区分善恶,他想要在真与假之间建造一堵墙。他与阿多诺(以及本雅明)都认为,现代哲学必须成为一种**艺术哲学**,它必须诉诸唯一能够去拜物教化的对象化。卢卡奇认为,它必须这样做,目的是为了规避我们这个世纪的道德僵局,即消失的集体道德:**伦理**。但美学或任何一种艺术哲学能否当此大任?尽管卢卡奇对真假有着明确的区分,尽管他提出了严格的审美标准,但他并没有提供任何区分善恶的标准。

艺术作品应该是自律的,人的人格性也应该如此。但是,坚持人的人格性的充分发展,坚持逆流而上,坚持去拜物教化,并没有提供一种道德标准。艺术作品的标准可以应用去拜物教化的标准;然而,艺术是自律的,恰恰是因为它有**自己的**标准,就算这些标准有道德内涵,也**不**是道德标准。人类不能通过追求这种自律来实现道德自律。他们必须知道应该遵守**何种**规范,应该遵守**何种**道德标准,也必须知道他们的人格性应该基于什么样的规范和标准发展。卢卡奇没有提供此类标准。然而,在不遵守任何道德规范的情况下寻求自律,可能会让我们变得善良,也可能让我们变得邪恶。卢卡奇梦想着一种人格性伦理，它建立在马克思完全祛除异化的弥赛亚希望之上。如果人类和个体完全结合在一起，就不需要道德规范来使人变得善良。但是，个体与类的完全结合不过是彻底得救的弥赛亚式希望，甚至从乌托邦的立场看都不是一个社会的可行远景。这样的形象并不能给当下的我们提供道德上的指导，甚至不能成为一种规范性的实践理念。就这一点而言，卢卡奇非常接近后现代主义，尽管他投身的是与其相反的东西。他不想接受**任何**超越个人的外部权威。但是，如果所有的外部权威都必须被同样拒绝，如果人格性只能遵守他或她自己的内在法则，那么**一切**外部权威都是一样的，无论它们是道德的还是不道德的，专制的还是民主的，普遍的还是特殊的。如果一个人得出的结论是这个理念的实现还不可行，如果一个人不得不放弃天堂会在今天或明天降临到地球上的希望，那么他或她就可以与**一切**外部权威和解；具体是哪一个已不再重要。

晚年卢卡奇逐渐认识到，艺术哲学不能成为指向伦理学的线索。这就是为什么他决定写一部以社会存在本体论为基础的伦理学。由于这个本体论是根据劳动范式组织起来的，因此，所有的价值模式都一定来自目的理性的模式，因此，最后的这次冒险听起来并不比以前的尝试更有希望。但仍然可以看出，他改变了态度。在此之前，卢卡奇已经与外部权威的现实达成和解，尽管他并没有意识到这种和解。这一次，卢卡奇意识到了和解。但后者不再是与政治权威的和解，而是与我们的历史性达成和解，与我们被抛入当下世界的存在进行和解。这种和解的精神源自黑格尔《历史哲学》一书的序言：在当下的十字架上寻找蔷薇。意识到当下是一个十字架，但人们仍然可以在十字架上找到蔷薇，这催生出对一种新型斯多葛主义的理论依恋。斯多葛主义一直表现在各种倾向中，但之前从未有过伦理学层面上的斯多葛主义，晚年卢卡奇最终寻求用理论表达自己的倾向。这种新的斯多葛主义最终本可能会产生出充分的道德哲学。

回到"后现代的状况",想要在文化上重现既自律又民主的艺术作品,其可能性现在十分渺茫。阿多诺和卢卡奇阐述了昔日的两个选项,它们仍然是今天的后现代主义的备选项。可以这样解读它们:要么我们拥有表达人类状况之崇高性的自律的艺术作品——在这种情况下,我们必须放弃民主并拥抱精英主义——要么我们接受文化保守主义,在这种情况下,我们仍然可以是民主的。在某种程度上,卢卡奇的选项比阿多诺更得势。如果没有出现新的"崇高"的现代小说,如果没有创造出新的自律的雕塑或音乐作品,最高层次的西方传统作品会依旧具有吸引力,同时它们坚守着标准,并用乌托邦现实与当下进行对比。只要艺术在日常生活中具有一席之地,"向上的"趋势就不能完全被阻止。卢卡奇坚持认为,一切"顶尖"的事物都是从"最低处"发展而来的,如果存在一种带它"向上"、提供希望的人格性的话。卢卡奇或许还会补充道:人格性永远不会被抹掉,所以希望存在。

不可否认的是,阿多诺和卢卡奇为艺术哲学奠基的尝试都完全失败了。哲学,特别是道德哲学,不能效仿艺术。日常生活是唯一可靠的起点。在这里,卢卡奇再次占据上风。只有当一个人拒绝完全异化和完全拜物教的否定辩证法,一种哲学才能从当代日常生活中发展起来。但是,如果没有同时与经验生活相关的规范基础,这类工作就无法开展。但是,如果这种工作能够开展,它必须以一种斯多葛式的方式来完成:没有恐惧和希望,或者,更温和地说,没有过度的恐惧和过度的希望。

神圣家族代表着规范和标准:它代表自律和人格性。从这个角度看,这个家族的成员可以作为典型。然而,神圣家族不够神圣,或者更确切地说,它的成员的神圣方式有时是错误的。他们不够神圣,因为他们要么秉承最低限度的道德,要么坚持最高程度的道德。他们没有解决生活、政治和人际交往中的**规范性**问题。他们的神圣在方向上错了,因为他们不接受生活方式、文化和人的人格性的多元性。在目前的十字架上有不同颜色和气味的蔷薇，它们都能传达一些真、善、美的东西。但我们需要一个标准，不是去定义哪朵蔷薇具有真正的真善美，而是指导我们区分十字架和蔷薇，同时识别出那些想把我们钉在十字架上的人。

（杜红艳 译）

作为末世论范畴的善——格奥尔格·卢卡奇与保罗·恩斯特通信中的第一伦理与第二伦理[*]

[俄]谢尔盖·尼古拉耶维奇·泽姆良诺伊

1915年,卢卡奇与恩斯特的通信中讨论了道德哲学或者说作为哲学的伦理学,也就是第一伦理与第二伦理的相互关系。一方是责任与义务的伦理,它的基础是国家和社会机构要求的内在化,另一方是以"心灵的绝对律令"为基础的伦理——从多种角度来看,今天这个主题在哲学上很有趣并且意义重大。首先,这个主题在不同形式下具有不同变体,比如,在基督教中,这个话题是旧约的戒律伦理与新约的神恩伦理之间的相互关系。与此同时,阐明通信中提出的问题所必需的文本尚未在俄罗斯得到研究:第一,这次通信以及其他文本和有关资料在20世纪70年代被发现,并在七八十年代出版,其中卢卡奇未完成的有关陀思妥耶夫斯基著作的笔记对理解他的作品极其重要。第二,我们对这一材料的研究表明,努力去揭示俄罗斯古典文化的哲学潜力的不仅有俄国白银时代思想家,还有同时期西方一流的思想家。第三,在这里我们能够亲眼看见一些伦理反思主题的转变的奥秘,它们经历多种

---

[*] 本文出处:Сергей Николаевич Земляной. Этическая мысль. Вып. 3. М.:ИФ РАН,2002,С. 189 - 209.

谢尔盖·尼古拉耶维奇·泽姆良诺伊(1949—2012),俄罗斯(苏联)哲学家,哲学副博士。主要从事美学、西方马克思主义、西方激进思潮的研究。当代俄罗斯卢卡奇研究的著名学者,曾用俄文译介过多部卢卡奇的著作。

文化的千年发展,转化为具有庞大哲学主张的成文伦理学。第四,这种伦理作为人类生存本体论(精神作为一种本真的现实以及精神的决定性范畴)的那种本质,被证明与整个20世纪是一致的。

一、历史语境

这里提供一些关于发现卢卡奇文本的情况,包括他与恩斯特的通信。1973年,一名德意志银行海德堡分行的德国职员偶然发现,弗里茨·拉达茨于1972在汉堡出版的一本口袋书是献给匈牙利著名哲学家和政治家格奥尔格·卢卡奇的,卢卡奇当时在联邦德国和民主德国的知识界知名度很高,尽管两地对卢卡奇评价不一。银行职员产生了一个奇妙的想法:拉达茨作品中的主人公与银行职员不认识的客户格奥尔格·冯·卢卡奇是不是同一个人呢?这位客户在1917年11月7日把手提箱存入德意志银行的保险柜中,但半个多世纪都没取走。德意志银行海德堡分行在比对两个卢卡奇的生平资料后得出一个斩钉截铁的结论:是的,他俩是同一个人。

在卢卡奇去世一年半后,这个发现以及物主身份的消息在德国轰动一时。手提箱中存放着极具价值的资料,这为青年卢卡奇在1902—1917年间的生平和创作提供了新的说明:1600封信件、笔记本、日记,还有一些无论是拿着放大镜的研究员、字迹辨认人员还是印刷机构都不熟悉的未完成手稿。同样令后来保存所有这些文件的布达佩斯卢卡奇档案馆工作人员吃惊的是,资料中还有卢卡奇在第一次世界大战爆发后就立即开始写作但后来在1915年半途而废的陀思妥耶夫斯基手稿。

1974年卢卡奇与恩斯特的通信出版后[1],便成为世界范围内众多

---

[1] K. A. Kutzbach, *Paul Ernst und Georg Lukács. Dokumente einer Freundschaft*, Duesseldorf: Lechte Verlag, 1974.

理论家的研究对象。信件的作者卢卡奇（1885—1971）我们或多或少听说过，他在苏联生活过，曾是哲学研究所的研究员，并在这里通过了第二个博士学位的论文答辩。在这里，描述卢卡奇在 1907—1915 年人生经历中的几个阶段会对后续理解会大有裨益：1906—1907 年，卢卡奇与格奥尔格·西美尔相识；1908—1909 年，他在柏林弗里德里希·威廉大学参加讲座，他参加了西美尔在住所举行的私人研讨会，并成为西美尔最为看重的学生之一；1909—1911 年，卢卡奇仍然在柏林西美尔那里，但是此时他更投入新康德主义和现象学研究（如文德尔班、李凯尔特、拉斯克、胡塞尔等人）；1911 年，卢卡奇搬到佛罗伦萨，在那儿他作为一名自由艺术家生活；1912 年卢卡奇来到新康德主义西南学派聚集地海德堡，在那儿他参加了文德尔班和李凯尔特的课程，并且加入了著名的马克斯·韦伯圈子（包括滕尼斯、桑巴特、阿尔弗雷德·韦伯、文德尔班、李凯尔特、特勒尔奇、布勃诺夫等人）并成为圈子里的代表。卢卡奇想在海德堡就职，但没能实现。

保罗·恩斯特（1866—1933）——德国剧作家、演员、记者、哲学家。青年时期亲德国社会民主党，并与恩格斯通过信；晚年变得保守。作为一名德国自然主义剧作家，恩斯特与阿尔诺·霍尔茨关系亲近，并受到了列夫·托尔斯泰的影响。后来他从自然主义转向新浪漫主义，又从新浪漫主义转向新古典主义。在第一次世界大战期间，恩斯特曾支持德国沙文主义，这导致了他与卢卡奇之间产生意识形态—政治思想路线的分歧，卢卡奇持有鲜明的反战立场。

我们应该了解清楚，卢卡奇与恩斯特的通信中关于第一伦理与第二伦理的问题，如果不考察以下背景是不可能充分理解的，一方面，是卢卡奇早期作品的背景；另一方面，是卢卡奇创作《陀思妥耶夫斯基》的外部语境。我将从卢卡奇早期作品的背景开始谈起。

二、心灵与生活的二元论

卢卡奇完成了德国"生命哲学"的学习:威廉·狄尔泰在他眼中是一位无与伦比的"精神科学"大师,前文也提到,卢卡奇跟随格奥尔格·西美尔完成了柏林大学的学习。在"生命哲学"思潮中,卢卡奇形成了形而上学的基本概念,以及他关于高级文化和艺术的哲学观念,这在令托马斯·曼大为赞赏的著作《心灵与形式》(1911)一书中,以及在论说文集《审美文化》(1913)中首次展现出来。卢卡奇的学生乔治·马尔库什在文章《心灵与生活:青年卢卡奇和"文化"问题》中指出:"对于卢卡奇而言,'生活'('日常的'生活,'心灵'以及与此相关联的'真实的','鲜活的'生活的概念)和'形式'的概念是哲学、形而上学—存在主义分析的基本范畴。首先,生活是'机械而冷漠地对待我们的世界',是与人相异化的僵化形式(规定和制度)的世界;它们曾经受理性和目标的引导,由心灵创造,但是之后它们必然已经成为或将成为真正的外部力量"。它们正在并可能已经变成"第二自然"。如同第一自然,第二自然被界定为不同意义的认知规律的总和。这种"生活"概念不仅仅与社会的、人际间的客观性层面相对应,也对应于与之相关的主观性层面。青年卢卡奇认为,"日常生活的经验个体是孤独和孤立的;他在黑暗中不知疲倦地寻找通往他者的道路,但由于传统的交往方式,这条路永远也不可能找到,因此他也仅仅是一个生活在边缘的人。在这种生活中,人只有两种基本类型的行为是可能的:要么陷入习俗的世界,丧失自己真正的个性,要么从非理性的外在必然性的枷锁中摆脱出来,获得纯粹的内心"。[①]

[①] György Márkus, „Die Seele und das Leben. Der junge Lukacs und das Problem der «Kultur»", in *Die Seele und das Leben. Studien zum fruehen Lukács*, Frankfurt: Suhrkamp, 1977, S. 105ff.

相反,对于卢卡奇而言,心灵是本真的存在性。在形而上学的语境中,它是人类世界的实质,是任何社会制度和任何文化现象的创造原则和构成原则。心灵是一种本真的个体性,是使每个个体都能成为绝对独特和不可替代的,并获得自身价值的"内核"。正如乔治·马尔库什认为的,"'生活'和'心灵'、非本真存在和本真存在之间尖锐的二元对立,可能构成了青年卢卡奇哲学的最鲜明的特征"。[①]

在卢卡奇那里,"日常的"、非本真的生活范畴成为异化的同义词,而异化本身是被他强烈否定的人类存在的本质特征,但这实际上是形而上学的永恒不变性。卢卡奇的反心理描写和反相对主义使这一概念区别于狄尔泰和西美尔的"古典"生命哲学,在他们那里,创造的主体性,"心灵"与非理性的感受之流混为一谈;而对卢卡奇而言,"心灵"不能被还原为"感受",这是充分发挥每个个体固有的潜力、能力和精力的最高阶段。心灵就是一个人为了找到自己的人格性,成为是其所是。

可能性范畴在青年卢卡奇哲学观点中占有重要地位。既然本真的生活是人类心灵的积极表现,它作为心灵在行动中的表达,在独特个性的自我实现中,将整个生活集中到一个统一体中,那么这种自我实现本身同时意味着实现超越个人的东西,这已经超出了纯粹人格性的界限。自我实现是生活可能性、人类可能性变成行动和事实的转变过程,虽然没有人能够重复这一行动和事实,但它对每个人来说都是规范和典范。"这就是心灵的做派:拒绝一切不属于它的东西,将心灵塑造成真正的人格性;但塑造的产物又超越了纯粹的人格性。因此,这种生活是典范。这是因为,一个人的实现标志着每个人的可能实现"[②]。只有从这种极端的存在主义,从这种内心与生活的强行斗争中,个体才能在其中

---

① György Márkus,„Die Seele und das Leben. Der junge Lukacs und das Problem der《Kultur》",in *Die Seele und das Leben. Studien zum fruehen Lukács*,Frankfurt:Suhrkamp,1977. S. 107.

② Цит. по: *Die Seele und das Leben*. S. 110.

获得真正的普遍性,永恒的人性和绝对性。根据卢卡奇的说法,"救赎诞生于我们的贫困和局限"①。

三、作为末世论范畴的善

在这里,我需要概述陀思妥耶夫斯基、俄罗斯思想、俄罗斯神秘的革命主义在青年卢卡奇的思想和创作中所具有的意义、地位和作用,并在此基础上研究青年卢卡奇的意识形态遗产。这些思想与其他(形而上学的、历史哲学的、文化批判的、伦理的)主题一起,在他与恩斯特的通信和未完成的陀思妥耶夫斯基著作中构成了一个不可分割的整体。在开始这一工作很早之前,大约1914—1915年,陀思妥耶夫斯基就是青年卢卡奇探究道德和哲学的焦点。他借助陀氏的小说——主要是《罪与罚》《白痴》《少年》,特别是《卡拉马佐夫兄弟》改造了他的伦理信仰和"形而上学伦理学"。毋庸置疑,这一点明显表现在卢卡奇的《审美文化》(1910)一文中,该文以"陀思妥耶夫斯基的圣名"为结尾,最为明显地表现在《论精神的贫困》这篇对话录作品中。

在对话录中,卢卡奇以对话参与者的口吻探讨了"心灵的善"这个话题。这种善超越了任何成文的道德,超越了任何确定的形式,并从中产生了直接的知识。鉴于这一对话片段的思想对接下来的对话非常重要,请允许我引用一段原文。对话的主人公说,"人类知识是一种对陈述和符号的阐释,谁又能知道它们是真的还是骗人的呢?可以肯定的是:我们是根据自己的规则阐释那些发生在他者身上永远未知的事情。然而,善是恩典。你记得圣方济各是如何洞悉别人的内心想法吗?他从不琢磨它们。不。在他那里,它们是显而易见的。他的知识远远超过了符号和阐释。他是善人。在那些时刻,他是他者。"

---

① Цит. по: *Die Seele und das Leben*. S. 110.

根据卢卡奇的说法，这种精神之善无法通过一般标准来衡量。对话的主人公哲学家反问他的交谈对象马大①："请您想一想陀思妥耶夫斯基的索尼娅，梅诗金公爵，阿列克谢·卡拉马佐夫！……难道你没有看到他们的善也是无效的，既糊涂又没有任何结果。善从生活中突显出来，不被理解并被误解——就像一部孤独而伟大的艺术作品。梅诗金公爵帮助了谁？相反，他难道不是到处散播悲剧吗？这难道不是他的本意？当然，他所生活的领域处在悲剧之外，是纯粹伦理的领域，或者，也可以说是一种纯粹的宇宙本质。但是，梅诗金公爵离开了悲剧的世界，就像克尔凯郭尔那里做出牺牲的亚伯拉罕离开了充满悲剧性冲突和英雄的世界，即做出牺牲的阿伽门农的世界"。②

紧接着："梅诗金公爵和阿廖沙是善的：这是什么意思？我只能这样说：他们的认识在行动中实现了，他们的思想远离知识的纯粹概念化的领域；他们对人的看法成为理智直观。他们是主张行动的**诺斯替教派**③。（"诺斯替教派"这种非日常的表达方式将永远成为格奥尔格·卢卡奇的思想武器：他将其激烈的反对者贝拉·库恩视为"诺斯替教派"。）④"除了把一切理论上不可能发生的事情诠释为他们用行动真真切切地实现了的事情，我不知道该如何用其他方式让你理解。它是一种照亮一切的人类知识，在那里主体和客体坍塌为彼此：善良的人不再诠释他者的心灵，他阅读别人的心就如同在读自己的心；他已经成了他者。正是因为这一点，善是奇迹，是恩典，是救赎。它是一种伦理的废止：善不是一个伦理范畴；任何连贯的伦理系统内都找不到它。理由很充分。伦理是普遍的，有约束力的，远离人的；它是人类第一次——最

---

① 马大是在她家中接待耶稣的两姐妹之一。主对她说："马大！马大！你为许多的事思虑烦扰，但是不可少的只有一件。"出自[路加福音 10:41]。
② Georg Lukács, *Soul and Form*, trans. Anna Bostock, New York: Columbia University Press, 2010, p. 205. ——译者注
③ 黑体为本文作者所加。——译者注
④ Georg Lukács, *Soul and Form*, trans. Anna Bostock, New York: Columbia University Press, 2010, p. 205. ——译者注

原始地——超越日常生活的混乱;它意味着人远离自身,远离他的经验条件。然而善是向真正生活的回归,人真正发现了自己的家。那个你称作生活的生活,我关心它什么呢?重要的是严格区分这两种生活。"①

对于《论精神的贫困》的对话参与者而言,有唯一一个无法挽回的僭越行为——从这两种生活中选择一种生活的选择所具有的不明确性。马大向哲学家宣称:"可见,你眼中只有一种罪恶——等级的混杂。"我们谈论的是生活本身造成的等级。"这些等级不是社会的:它们是生活本身的等级。这是'日常生活'等级;这是各种形式的等级,同质性媒介将创造'作品'——作为对象化——的人纳入这些形式;第三个是'活的生活'的等级,它超越了任何形式,彻底打破了所有形式——这一等级中的人已被赐予善的恩典"。②

一般的罪恶概念不适用于"善的"生活。主人公说,"人不能想变得太善良,重要的是,人永远都不能想去善待某人。一个人想要救赎,但他的做法恶劣,残忍,暴虐,因此每一个行为都能变得罪恶。但就连罪恶也算不上善的对立面,即使它们之间有什么关系,那么也只是音乐伴奏中必要的不和谐音符。放眼望去,关于自己和他人的想法、前景、细节、克制、怀疑——我们在面对的一切都是不人道的,无生命的,上帝遗弃的,真正有罪的。我想过纯粹的生活,只用保持干净的双手小心翼翼地、谨慎地触碰这一切。这种生活方式把虚假的范畴应用于生活。从生活中分离出来的行动结果(Work)必须是纯粹的。然而,生活既不能变成,也不是纯粹的。日常生活和纯粹性一点都不相关,生活中的纯粹性只是无能为力的否定;这不是摆脱困惑的途径,相反这会扩大困惑。伟大的生活,善的生活不再需要这样的纯粹,因为它具有另一种更

---

① Georg Lukács, *Soul and Form*, trans. Anna Bostock, New York: Columbia University Press, 2010, p. 205. ——译者注
② Georg Lukács, *Soul and Form*, trans. Anna Bostock, New York: Columbia University Press, 2010, p. 213. ——译者注

高层次的纯粹。生活中的纯粹正是简单的装饰，它永远不会成为行动的有效力量。"卢卡奇关于作为世界末日的善的整体思想和见解直接将我们引入他未完成的著作《陀思妥耶夫斯基研究的笔记和计划》的秘密中，引入其中的关键概念"第二伦理"中。正是在这里，在笔记《第二伦理历史哲学》（No. 88）中大致包含卢卡奇的伦理末世论，其中善是旧世界的炸药："第二伦理没有更确切的内容……一切都必须被砸烂——因为耶和华—魔鬼带来的可能性。"[1]

四、伦理与恐怖

在这里应该指出一个非常重要的时刻：从 1914 年初，具体是同奉行恐怖主义[2]的社会革命者叶莲娜·格拉本科结婚后，特别是在欧洲进入第一次世界大战之后，格奥尔格·卢卡奇更多是通过俄国弥赛亚革命主义与恐怖主义的视角来研究陀思妥耶夫斯基的作品。

卢卡奇伦此次在理学和哲学上的思想此次转变记录在了他与保罗·恩斯特[3]的信件中。卢卡奇在 1915 年给恩斯特的信中，也新颖地展示出自己关于陀思妥耶夫斯基著作的最初构想，也展示出这部著作对那个时代的召唤和挑战的回应。1915 年 3 月，卢卡奇在寄给恩斯特的信中写道："我终于快构想出我的新书——《陀思妥耶夫斯基研究的笔记和计划》了（暂时搁置了《美学》）。[4] 该书将不仅仅局限于陀思妥耶夫斯基的思想，它还将包含我的形而上学、伦理学和历史哲学的一个重

---

[1] Georg Lukács, *Soul and Form*, trans. Anna Bostock, New York: Columbia University Press, 2010, pp. 207-208. ——译者注
[2] 本文中"恐怖主义"仅指沙俄时期的恐怖主义，其袭击对象为掌权精英，而非平民百姓。沙俄时期的恐怖主义对俄国文学产生了重要阴影。——译者注
[3] 在下文中，所有卢卡奇和恩斯特的信件都由本文作者从德语翻译而来，出自 Georg Lukács, *Briefwechsel*, 1902-1917, Budapest: Corvina, 1982。引用的部分信件内容并未用脚注标记，仅用寄信日期标记。
[4] 这里谈到的卢卡奇关于美学的系统论述，他打算在取得海德堡大学教职期间提交这一论述。

要部分。"关于这本书,卢卡奇向恩斯特提出,"我对您还有一个请求。《柏林人日报》(*Berliner Tageblatt*)1910年连载了罗普辛①题为《苍白的马》(*Конь бледный*)的新小说。搞到它对于我来说非常重要(因为在讨论陀思妥耶夫斯基的时候,我要大量地讨论俄国恐怖主义的心理学),但这里的图书馆没有这家报纸的旧报。"卢卡奇请恩斯特帮忙弄到相关期数的《柏林人日报》。

但恩斯特未能完成卢卡奇的这一请求。在4月14日的一封信中卢卡奇感谢恩斯特的辛劳并坦言:"尽管见您和这本书②对我来说是同样重要的,但如果我放下手中的书去柏林显然得不偿失。在此期间,我妻子已经用德语为我朗读了那本俄语原文书,她还准备为我提供其中一些关键段落的译文。这个工作现在就得做,尤其是我对作为一件艺术作品的整本书并不感兴趣。与我最相关的其实就是一个恐怖主义的伦理问题,在这一方面,这本书是一份重要的文献。它的作者是一个著名的、曾参与了对封·普列韦和萨格的暗杀的恐怖主义者,他切身地了解我所感兴趣的那些特征。"

在给卢卡奇的信中,恩斯特称这本书为"疾病的征兆"(Krankheitsbild)。卢卡奇在回信中说,他"在——被认为是一份文献,而不是一件艺术品的——罗普辛那里没有看到疾病的征兆,而看到了第一伦理与第二伦理(心灵的诫命)之间一个老矛盾的新表现"。

当然,陀思妥耶夫斯基的名字一次又一次地出现在通信中绝非偶然。卢卡奇通过聆听"历史之音"的绝对音感,在陀思妥耶夫斯基小说中辨别出出乎意料的和谐音。为了这些对当时的他来说唯一重要的和谐音,他忽略了陀氏遗产中所有其他的东西,包括明显的不和谐音。在第一次世界大战的动荡年代,卢卡奇全身心地接受了陀思妥耶夫斯基

---

① 弗·罗普辛是社会革命恐怖主义者鲍里斯·萨文科夫(Бориса Савинкова)的笔名;这表示他的小说在1909年被翻译成了德文。
② 指萨文科夫小说的德文译本。

的"俄国思想""俄国上帝""俄国村社"。卢卡奇把它们当作世界历史和即将来临的革命的谜底,当作道德上和哲学上的唯一承诺,即"绝对罪恶时代"终将结束,更加美好的未来即将来临。一个完全不同的世界"即将降临的光(日出、黎明)。精神的贫困是一种善",这就是希望的公式。这是青年卢卡奇用来摆脱20世纪的危机、二律背反和灾难的公式。精神的贫困——这是新约的公式:"神贫的人是有福的,因为天国是他们的"。这个公式反映了青年卢卡奇所追随的弥赛亚主义,他同犹太弥赛亚主义者一样,相信这个世界的可怕的痛苦表明救世主和新的美好世界就在眼前。①

不言而喻,世界大战的爆发将一种特殊的张力赋予青年卢卡奇的这些高涨的愿望,革命的热情,救世的期望,神秘的信仰[相应地,《朝霞》是德国著名神秘主义者雅各布·波墨(Jakob Böhme)著作的不完整标题]。在陀思妥耶夫斯基创作中并在匈牙利哲学家哲学探索的熔炉中经受冶炼而生的愿望、热情、期望、信仰的战争,创造出了极为独特的思想混合物。战争年代与保罗·恩斯特的通信又一次显示出卢卡奇充满异质性和矛盾性的思想混合物中的一些想法。

卢卡奇于1915年4月14日写给恩斯特的一封信中,在讨论了罗普辛的著作《苍白的马》和出版1905—1907年第一次俄国革命参与者德文版精选回忆录的计划后,卢卡奇接着写了关于罗普辛的序言。在这篇序言后,在报告了关于陀思妥耶夫斯基的书的进展后,在所有这些之后,作者转而讨论一个偶然的事情,强有力地插入了一段对自己而言至关重要的主题。论述的主题是心灵的形而上学现实与无限权力的体制、机构、习俗的关系:"结构的力量的增长势头一点都没有衰竭,对于大多数人来说,较之于实际存在的事物自身,它更加准确地表现了存在着的现实。但是——对我而言,我们不能容许这种现象,这是从战争经

---

① 参见 Michael Löwy, „Der junge Lukacs und Dostojewski", in *Georg Lukács — Jenseits der Polemiken*, Frankfurt: Sendler Verlag, 1986. S. 23ff.

验中得到的最终教训。必须再一次强调:我们和我们的心灵终究是唯一的本质;即使所有的永恒事物都是一个先验,心灵的客体化(这让我们想起了恩斯特·布洛赫的美丽隐喻)都不外乎是纸币,它只有在能够兑换黄金的时候才有价值。当然,结构的真实力量是不能被否定的。但黑格尔之后的德国思想界已经犯了一个错误,这就是那个反对精神的最主要的原罪:它已经管理了一个对所有权力的形而上学的神圣化。噢,是的,国家也是一种权力。对于这一点,即它已经被承认为是哲学的乌托邦意义上,也就是在本质层面上运作的真实伦理意义上的存在者,它理解吗?对此我并不相信。我希望能够在我论陀思妥耶夫斯基的文章中的非美学部分对这种看法提出强烈抗议。国家(和所有其他从中生发出来的结构)都是一种权力——但它们都是地震和流行病。既然我们只能够以机械的方式去做这些事情,那么,后者事实上更难对付。尽管如此,在我们的情况中,无论如何,我们至少还有伦理的处理方法。"[1]

在1915年4月28日恩斯特给卢卡奇的回信中,他礼貌但又强硬地以概念的方式表达了自己对卢卡奇的论点的不赞同。首先,从他把俄国恐怖主义者解释为"新型人"的论述开始:"按照你的建议我阅读了罗普辛的书,并且是怀着最深的热情阅读的……这本书描述的是一幅疾病的征兆。如果我是俄国人,我也会成为一名革命者,而且很可能是一名恐怖主义者。但是,作者在其心灵的最深处所遭受的不是迫害、贫穷、惩罚、恐惧等,这些都是外在的。他遭受的是情感的折磨,他可能感到国家以及民族都病了。他是一个诚实的人,我觉得我可能也属于这类人;可怕的是,诚实的人在类似的情况下可能会不可避免地会犯下罪行。因为失败的革命就是犯罪。人们知道他们的犯罪行动毫无意义。我不确定我是否清楚地表达了自己的观点"。

---

[1] 参见卢卡奇《卢卡奇早期文选》,张亮、吴勇立编译,南京大学出版社2004年版,第188—189页。——译者注

恩斯特本质上批判了卢卡奇的反国家立场,他否认国家是真实的存在,恩斯特还批判了此观点蕴含的反战含义:"我认为国家,或家庭,抑或权力的概念,对我来说同其他所有名词或形容词最低限度的对象化具有相同的实在性。但是我不仅仅是我自身,我还生活在他者之中。显然,在这场战争中,'我'与民族的距离被拉近了。这里存在着和谐,因此我认为国家是某种神圣的东西"。恩斯特的国家观遭到卢卡奇的激烈反击:那种把国家当作至高无上的圣物的态度,认为在它面前,所有其他的价值黯然失色,无足轻重。此外,根据有关陀思妥耶夫斯基著作的资料来看,卢卡奇认为德意志国家和日耳曼民族即将发生的悲剧的根源之一正是这种态度。

顾及恩斯特的爱国情怀,卢卡奇在自己的信件中没有直截了当地触及德意志沙文主义和帝国主义。他也没有碰触恩斯特特别亲近的普鲁士军国主义。在为讨论他的狂热爱国主义戏剧《普鲁士的精神》而写给卢卡奇的信中,恩斯特指出:"我认为我不希望'以形而上学的方式神圣化'国家,将它作为某种在我之上的东西;我的一部分同国家融为一体。但这是一个比喻性表达。我认为1915年的德意志帝国和普鲁士国家无法与我的民族分割,我自身只有在它们中间才是我,就如同我只有在故土上才是我。我想,人们可以说这是一种放大的自我?"

卢卡奇在1915年5月4日给恩斯特回信,在这篇哲学短文中,卢卡奇简要描述了自己的世界观和政治立场,它们本质上与恩斯特的观点相对立。卢卡奇明确指出,"一旦我们相聚,我们就应当尝试着协调我们的国家观(和客观精神的其他建构)",之后,卢卡奇开始进一步与恩斯特进行直接对峙:"如果您认为国家是自我的一部分,那无疑是对的。我们与任何事物所达成的关系,都是自我的一部分(即使是数学的客观内容),但是,这些(在它们被理性所综合的意义上)创造了客体并因此与之保持着不可消解的联系的自我是一个"抽象"、一个方法论概念;因此,当被创造的客体分享了自我的一部分,那这个关系就是一个纯粹的方法论关系,它只有在方法论领域的内在王国中才是合法的。由自我构成的欺骗宣称将成为我的心灵。既然给予主体以具有实体性的事物这样一个地位,同时也对相应的实体性客体进行了补偿,那么,"结构"就变成既是真实的又是形而上学的了。但是,只有心灵能够拥有一个形而上学的实在。这绝不是唯我论。"①

在这里,陀思妥耶夫斯基的小说、新伦理、革命与恐怖的主题的线索被编入卢卡奇"总体的"哲学话语的结构中。根据卢卡奇的说法,"问题是去发现那从心灵到心灵的通道。其他的每一件事情都具有一种功能,并作为手段服务于那个目的。我相信,如果我们不是为了使生活绝对地避免矛盾,而是为了保证矛盾只是在心灵于十字街头发现自我的境遇中方才出现,并达到了这个超越其派生物(比如说从一个以伦理的方式被内在化的直觉中生发出来的权力和责任)的领域的绝对先验,那么,很多矛盾就会消失。我当然不否认:确有一些人,他们的心灵至少是一部分,已经准备好了并愿意进入与客观精神及其结构的关系中去。我只是反对那些认为这种关系就是规范并宣称每一个都应使其心灵的宿命与之相联系的人。(因此,我认为普遍征召行动是现存之最可恶的奴役。)"②

只有"聪明的目光"才可以看到,引发信件中思想碰撞的主要人物仍然是陀思妥耶夫斯基。关键在于,鲍里斯·萨文科夫在关于恐怖主义者的故事中展示了由陀思妥耶夫斯基的基本情节发展而来的道德情节,激发了青年卢卡奇进行了如此广泛而深刻的关于道德和哲学的思考,卢卡奇通过陀氏的棱镜领会到了这本关于恐怖主义者的著作的内容。

---

① 参见卢卡奇《卢卡奇早期文选》,张亮、吴勇立编译,南京大学出版社 2004 年版,第 189—190 页。——译者注
② 参见卢卡奇《卢卡奇早期文选》,张亮、吴勇立编译,南京大学出版社 2004 年版,第 190 页。——译者注

值得注意的是,卢卡奇怀着极大的哲学热情,选择思考陀思妥耶夫斯基小说中内含的**后无神论信仰的可能性和方式**问题。这是黑格尔和尼采宣布"上帝已死"后的信仰问题。在《陀思妥耶夫斯基研究的笔记和计划》①一书的草稿中,卢卡奇在第 42 号注释做出了精巧但有争议的研究:"无神论者(斯塔弗罗金,伊万总是宣扬陀思妥耶夫斯基的观点"。在第 40 号注释中卢卡奇记录了无神论和虚无主义在陀思妥耶夫斯基的书和世界观中所起的建构性作用:"陀思妥耶夫斯基与其他(作家)之间的区别在于他认为虚无主义不是一种信念,而是一种体验……在陀思妥耶夫斯基那里,上帝已死;在其他人那里,误解得到澄清。因此,只有在陀思妥耶夫斯基那里,才会发生一些由无神论引发的事情。(巴扎洛夫、尼尔斯·伦奈,他们与其他人一模一样,只是不相信上帝)。"

效仿从陀思妥耶夫斯基那里得到的观点,卢卡奇在第 39 号注释中给俄国无神论和欧洲无神论划下一条清晰的界线:没有什么欧洲的无神论,只有俄国的(和佛教的)无神论。我们应该使用中世纪的论证(方法),给无神论的论点分类,从它们中间区分出本体论的,物理—目的论的和道德的论点。同样,我们应该将无神论的整个问题聚焦于唯实论的问题(再次采用中世纪的方式:唯实论=概念的实在论)。因为真正的唯名论仅存在于 19 世纪(费尔巴哈对俄国的意义),所以也有时间的问题;然而,在西欧,它只是被揭示为个人(自我主义的)问题(尼尔斯·伦奈):能出现的只有英雄的无神论概念(他在俄国以巴扎洛夫为代表)。但这是一种悲剧—动态形式,并引出指向黑贝尔-易卜生-保罗·恩斯特的谱系:**如何能够在没有上帝的情况下死去?**②(尼采和他的超人在这里不过是黑贝尔的黑格尔谱系旁边

---

① 引文以及注释的编号或者索引引自以下出版物:Georg Lukács, *Dostojewski. Notizen und Entwuerfe*, Budapest: Akademiai Kiado, 1985.
② 着重符号由卢卡奇所加。——译者注

的一个支系)。陀思妥耶夫斯基问道:怎样能够那样生活?① 将会发生什么(在宇宙而非人类的意义上)?

欧洲无神论和俄国无神论之间的分界线对于卢卡奇来说非常重要,因为它更清楚地展示了这种或那种无神论的立场导致了什么。在第10号注释中,关于伊万·卡拉马佐夫,卢卡奇指出:"伊万最后的犹豫是无神论者的一种类型:在上帝是否存在之间[犹豫](这种类型的无神论者相信上帝;或许基里洛夫是一个例外)。因此,由上帝不存在[得出]:不是新道德,而是[假设]'一切都被允许'……有必要——隐秘地——塑造一个新的,沉默的上帝,这个上帝需要我们的帮助和其信徒(卡利亚耶夫),他们也认为自己是无神论者"。作为一名信奉无神论者的恐怖主义者和社会革命党成员的伊万·卡利亚耶夫,他信仰一个"新的,沉默的,需要我们帮助的上帝"——他是陀思妥耶夫斯基预测的、卢卡奇猜测的耀眼的时代人物。

卢卡奇在反思"作为神秘主义者的革命者"时参考了弗里德里希·施莱格尔(Friedrich Schlegel)的著作,并引用以下段落:"在革命期间行动的少数革命者是神秘主义者,这只是这个世纪的法国人的特征。他们将他们的本质和行为创立成一种宗教,并且在未来,这似乎是革命的最高目的和尊严"。并且卢卡奇在注释 R/B 中借助罗普辛(以及弗里德里希·施莱格尔)的革命比较了马克思的革命:"罗普辛的问题:第一伦理(罗森斯特恩、依玻里多)和第二伦理(包洛托夫、谢廖沙)的斗争。马克思:第一伦理的胜利,反对耶和华的斗争,发展革命思想(实体的退却)。可见,革命者真正的牺牲(确实)是牺牲自己的心灵,只为了从第二伦理中得出第一伦理。马克思不是先知,而是学者。危险:形式主义(现实的政治)。在另一种情况下:道德浪漫主义,必要但不是罪行(包洛托夫和车夫338),个人和集体的罪行(谢廖沙·斯廖兹金和德拉贡尼

---

① 指没有上帝。

尔)。不可避免的罪过(246)：不能[杀人]①，但[杀人]②是必须的"。卢卡奇在这里探讨了鲍里斯·萨文科夫著作中的情境和人物③。萨文科夫和卢卡奇笔下的恐怖主义者以"诺斯替教徒"的身份出现，他们自认为是真正的新上帝的最忠诚的仆人。卢卡奇直截了当地声明："圣徒必须成为罪人"。

如上所述，上帝的死亡以及由此产生的真正的俄国无神论可能产生两种后果：首先，打着"一切都被允许"的旗号下的活动；其次，"新伦理"框架下的活动。无论卢卡奇是否正确地解释了"一切都被允许"的假设，所有在实践中坚持它的人都会被认为是罪犯。但是，需要记住，卢卡奇在《陀思妥耶夫斯基研究的笔记和计划》中使用的不是法律意义上的犯罪概念，而是伦理与历史哲学意义上的犯罪概念。在卢卡奇那里，成为一个罪犯的含义是什么？根据笔记注释 19，罪人是"尽全力(炸毁'体制'，第二伦理)犯罪(例如，罗果仁-梅诗金)"。因此对卢卡奇来说，犯罪小说，这种陀思妥耶夫斯基在 19 和 20 世纪对其发展做出贡献的小说类型，其本体论的和形而上学的意义在于"犯罪小说"是"现实的突破口"(注释 25)。在犯罪小说中会发生"逾越法律和伦理"的情况(注释 25)。卢卡奇并未不否认犯罪的伦理内涵。

卢卡奇把罪犯、恐怖主义者和革命者(后两者称为"迫不得已的罪人")归为"反叛"范畴，具有浪漫底蕴。卢卡奇在以"犯罪"为题的注释 31 中写道："作为国家中的闲散人员对'法律'的'承认度'的削弱以及'反抗'它的'义务'(逃避：美学上的厌恶)。——因此，作为一个整体的国家综合体可以沿着耶和华(自然法则)的路线运作。④——作为英雄

---

① 括号内为本文作者所加。——译者注
② 括号内为本文作者所加。——译者注
③ Б. Савинков, Воспоминания террориста. Конь бледный. Конь вороной. М., 1990.
④ 卢卡奇将"耶和华主义"解释为正直的犹太人认为是他们的上帝耶和华创立的无情的、形式的"戒律"以及所有类似的现象。在卢卡奇的伦理学中，耶和华主义的对立面是魔鬼，其标志是反对耶和华的暴动。

的恐怖主义者,其本质表现为反对耶和华的斗争——但是如果反耶和华斗争的中心突然变成其他东西了呢?俄国的法律体系认为罪犯是'不幸的';在托尔斯泰的《复活》中也批判了司法制度"。然而,卢卡奇并未将托尔斯泰和陀思妥耶夫斯基置于同一思想体系,他在注释64中写道:"俄国的**犯罪**概念有如下两个观点:(a)罪犯是不幸的;(b)作为罪犯的立法者:所有流血都是犯罪[拉斯柯尔尼科夫(Раскольников)Ⅰ422]。这是客观精神的废除,是托尔斯泰的路线。重新思考陀思妥耶夫斯基的体验:罪行作为形而上学式的存在和意识的显现(只有无神论掩盖了这一点:梅诗金不可能犯下的罪行,Ⅱ29)。因此,客观精神的一部分变成了绝对精神,而另一部分则淹没在无足轻重的地方(就像托尔斯泰的家等一些东西变成了自然)"。

"耶和华—魔鬼"的对立,对与卢卡奇同时代的著名人物,如恩斯特·布洛赫,马克斯·韦伯和托马斯·曼产生了巨大影响,这尚未体现在我们的文献中。布洛赫写了有关魔鬼概念的文章:"魔鬼成了卢卡奇最喜欢的概念,自然是从我们的伟大导师马吉安那里汲取的,他生活在公元200年"。我们谈论的是伟大的诺斯替主义者西那普的马吉安(85—约160),他独创了一种二神论观念:公正而专制的此世之神耶和华,以及未知而陌生的善之神。卢卡奇很重视这个观念,体现在他于1916年写的一篇几乎被遗忘的文章中,他在文章中提出:"但会不会到头来还有一个神呢?会不会只死了一个神,而另一个具有不同本质和不同关系的年轻一代的神正向我们走来呢?我们那种失去目的的黑暗会不会只是一个神的黄昏和另一个神的曙光之间的夜的黑暗呢?……从这种双重性中,陀思妥耶夫斯基的主人公诞生了:同尼古拉·斯塔夫罗金相对的是梅诗金公爵,同伊万·卡拉马佐夫相对的是阿廖沙·卡拉马佐夫"①。

---

① Michael Löwy, „Der junge Lukacs und Dostojewski", in *Georg Lukács — Jenseits der Polemiken*, Frankfurt: Sendler Verlag, 1986. S. 30.

卢卡奇认为,魔鬼是"美学的形而上学贫困"。我引用诺伯特·博尔兹的《逃离施魅的世界》中的一段话,"魔鬼是神自身内的否定性能量,它反对作为人类之子的冷酷的耶和华派和诺斯替派牧师",即弥赛亚①。韦伯夫妇——玛丽安妮·韦伯同马克斯·韦伯完全一样——认同此种对魔鬼的解释。特别是玛丽安妮·韦伯写道:"对于卢卡奇来说,内在世界文化的辉煌,主要是审美文化的辉煌,意味着某些反对上帝的东西","魔鬼与上帝的活动的较量"②。马克斯·韦伯的著名学术演讲《科学作为天职》明显援引了卢卡奇所讨论的艺术中的魔鬼主题:"美学事关艺术作品的存在。它正试图论证这一事实会在什么条件下发生。但是它没有怀疑这个艺术世界可能是一个辉煌的恶魔世界,一个本质上反对上帝的世界"③。当然,马克斯·韦伯只是出于自己的目的而使用了青年卢卡奇的思路,但是这种联想本身是极其重要的。此外,卢卡奇的魔鬼思想的接受史还不止于此。

1924 年,托马斯·曼的小说《魔山》出版,小说充满战争爆发前的鲜活声音,同时代的读者开始寻找其中那些角色的原型,包括像纳夫塔那样的配角。今天,多少可以肯定,当曼写出"纳夫塔"时,想到的是他的老朋友格奥尔格·冯·卢卡奇博士。小说借纳夫塔及其反对者塞塔姆布里尼之口宣称,整个欧洲文化都是反对一位神的"魔鬼思想"暴动,最终在未来的国际秩序中,这位神将被镇压:"纳夫塔冷淡而尖锐的叙述一针见血——教会作为宗教—禁欲思想的承载,本质上远非在支持和保护任何想要持续存在的东西,即世俗教育与国家秩序④,相反,它长期坚决地反对它;那些被认为值得保存下来的一切,那些懦夫、鄙俗之人、

---

① Norbert Bolz, *Auszug aus der entzauberten Welt*, München: Fink, 1989. S. 16.
② Éva Karádi, „Ernst Bloch Georg Lukacs im Max Weber-Kreis", in *Max Weber und seine Zeitgenossen*, Goettingen-Zuerich: Vandenhoeck & Ruprecht, 1988. S. 695.
③ М. Вебер, Наука как призвание и профессия, in М. Вебер, Избр. произведения. М., 1990, С. 720.
④ 耶和华主义!

保守派和小市民试图保护的一切,也就是国家、家庭、世俗艺术和科学,这些总是自觉或不自觉与宗教思想和教会产生矛盾,而教会的最初追求和坚定信念,是消除一切世俗法令,并按照理想的共产主义的诸神之城来重建社会。"① 通向这座城的途径是革命。

在注释 R/c 中,卢卡奇概述了"革命伦理"的纲要。正如上面所解释的,其核心表现为第一伦理和第二伦理之间的斗争:

(1) 我该不该牺牲自己?

(2) 犹滴(Юдифь):(a) 上帝是**谁**?(b) 行动是什么?

罪行的明显性:只有认为杀人是罪行的人才被允许杀人。

(3) 最低限度的伦理要求。

(4) 政治的问题:在伦理中——超越,在政治中——行动。

(5) 抽象的善(对人性的热爱):魔鬼和圣灵②。车尔尼雪夫斯基(Чернышевский)论同情心[马萨里克(Масарик) II 48]。

(6) 暴力:作为一种理想的永久和平;但是只能容忍一种可取的状态。问题:世界的外部变化是否具有伦理价值(马克思作为先知的悲剧)。伦理与耶和华主义的关系。

(7) 信仰的明显性:(a) 独断论者的无知;(b) 对因为荒谬所以信仰(credo qua absurdum)的认识(异教徒)。

(8) 实体从客观精神中的退却;废除虚假。米哈伊洛夫斯基(Михайловский):"对自己的**社会**地位负有**个人**责任感"[马萨里克(Масарик) II 172]。由此得出:革命作为责任(马克思主义)。

(9) 没有罪就无法行动(但不行动也是行动=罪过)。[:位置:]耶和华主义的主张(对比托尔斯泰)。"自己"的罪(牺牲纯粹性)。

(10) 完美的平庸主义(作为浪漫主义者的包洛托夫 232)。我们无法得知 133、247、339。

---

① Т. Манн, Волшебная гора, Т. 2. М., СПб., 1994, С. 289.
② 撒旦和救世主。

如果认为这些深刻的原创性伦理反思没有表现在卢卡奇后来的作品中,没有以某种方式融入他关于"革命者的十字架""道德与政治"以及"策略与伦理"(这是成为马克思主义者的卢卡奇所写的最早著作之一的题名)主题的哲学思考中,那就太草率了。什么是"十字架"?可以通过老共产主义者约瑟夫·伦杰尔的回忆录知晓,他对卢卡奇持批判态度。伦杰尔遇到了所谓的"伦理主义者",即一群在1919年初像格奥尔格·卢卡奇那样加入共产党的人。伦杰尔说,"除了卢卡奇同志以外,卢卡奇的妻子,前社会主义革命家叶莲娜·格拉本科在其中也具有领导地位。他们直接或间接地从海德堡大学学到了德国人费希特和丹麦人克尔凯郭尔的哲学,以及黑格尔为主导、马克斯·韦伯为补充的社会学,并将其与马克思的观点相融合"。在大家的敦促下,伦杰尔"终于阅读了陀思妥耶夫斯基的《卡拉马佐夫兄弟》。这比托尔斯泰深刻得多!首先,我必须阅读佐西玛长老有关'伟大成就'的谈话,因为这样一种成就远超为某种事业做出的牺牲。去牺牲,坚定而勇敢地去做大事,是容易的。但人应当努力像圣人一样活着!——我阅读了长老的谈话,太好了,好极了!但这与我何干?当我后来得知卢卡奇的圈子正在讨论这些问题时,我真是目瞪口呆"。——"这里列举其中的一个问题:我们是犹太共产主义者。我们的残酷事业是将耶稣钉在十字架上。但是,这罪恶的工作同时是我们的使命;耶稣只有通过死在十字架上才能成为上帝,这对于拯救世界来说是必要的。因此,我们共产党人为了拯救世界而承担起世界的罪过。我们为什么要承担世界的罪责?"对此问题,黑贝尔的剧本《犹滴》给出了一个非常"明确"的答案:"如果上帝将罪摆放在我和要我去做的行动之间,那我怎能逃避它?"本书引用了这些论点中的一个例证:1919年,卢卡奇作为匈牙利红军一个师的政治委员,亲自下令处死逃兵营中六分之一的士兵。

1919年,一场保护卢卡奇的国际运动开展了,那时卢卡奇在匈牙利革命失败后逃往奥地利,维也纳当局打算将他引渡回布达佩斯的白色政权,这意味着他必死无疑。恩斯特·布洛赫在《白树叶》(*Die weissen Blätter*, 1919)杂志上发表了《营救卢卡奇》一文。在文章中,他谈到卢卡奇是道德天才,在卢卡奇的《陀思妥耶夫斯基研究的笔记和计划》的书稿中,他看到了一部内容结构完整清晰的重要著作,这应该成为他的"伦理学"。这本书像斯宾诺莎的作品一样全面而严谨,但更有权使用这个先验的准则性的题目。"在理论层面,卢卡奇将沿着托尔斯泰和陀思妥耶夫斯基为他指出的道路贯彻到底。"从更高的意义上讲,这实现了。

(王思楠 译)

吕西安·戈德曼——卢卡奇的"简单接受者"*

[匈]费伦茨·费赫尔

戈德曼通常被看作是卢卡奇著作的诠释者,卢卡奇的"信徒"和"简单的接受者"。促成这一看法的正是戈德曼自己的做法:经常引用卢卡奇,并不断尝试从卢卡奇理论的前提和文本出发。理解帕斯卡和萨特所处时代的哲学和艺术问题,可以证实此种对他的行为的看法。然而对此,人们一定会立刻提出这个问题:"如果一个理论接受者在哲学中起到了必要的辅助作用,那么他或她真的是一个'简单的接受者'吗?"我们想一想费希特这个典型例证,费希特认为自己的理论体系只是对康德哲学的运用和适度扩展,作为一名"简单的接受者"的他,逐渐激起了康德的愤怒,康德怀疑并拒绝费希特将自己的学说推向极端的建构做法,政治自由主义者无法接受雅各宾派。如此,上述问题的答案已经揭晓。事实上,具有理论原创性的接受者是哲学史中的重要角色,他们与那些从无(néant)中创造出一个新世界的思想家一样,都是同样受认可的人物类型。

---

* 本文出处:Ferenc Fehér,"Lucien Goldmann, the 'Mere Recipient' of Georg Lukács", in *Philosophy Social Criticism*, 1979 (6), pp. 3 - 24.
  费伦茨·费赫尔(1933—1994),匈牙利哲学家、美学家、艺术批评家。1967—1970 年担任卢卡奇的助手。布达佩斯学派重要成员。著作主要涉及马克思主义理论、诗学理论、陀思妥耶夫斯基、现代性理论、生命政治等。

为了理解戈德曼在接受卢卡奇过程中做出的原创性贡献,我们有必要进行更多的说明。在 1942—1943 年间,戈德曼在关于康德的专著中反复写道:"黑格尔、马克思和卢卡奇是真正的辩证思想家。"这句话不是标新立异,而是近乎荒谬。这也属于卢卡奇的哲学奥德赛历程中最了不起的那些方面,他在与西美尔的长时间——即便不是亲密的——交流中开始哲学研究,曾被马克斯·韦伯这样一个吝于溢美之词的学者评价为唯一一位在康德之后发表过关于美学的科学观点的人。在卢卡奇还是一个哲学青年的时候,托马斯·曼在他的《一个不关心政治者的观察》(Betrachtungen eines Unpolitischen)的杂文中将卢卡奇指认为德语散文大师,卢卡奇在 40 多岁的时候写作了《历史和阶级意识》,而作为曾经这一切的主角的卢卡奇却在 20 世纪 30 年代中期从世界知识界版图中悄无声息地消失了。如果我们想要诉诸海德格尔式的语言并通过具有代表性的英雄人物来描述本真的历史的话,这场独一无二的、令人震惊的转变与两个方面有关:斯大林和希特勒。一方面与斯大林有关,一位匈牙利共产党的失败政治家、一本"异端"作品《历史和阶级意识》的作者,竟敢越过底线去批判马克思主义的创始人恩格斯,这使得卢卡奇在莫斯科居住期间被禁止接触哲学。卢卡奇年轻时的一位同僚,曾是文德尔班的弟子,也是一个道德上和理性上双重破产的人,在一部使用笔名的小说中对卢卡奇表示了冷嘲热讽的轻蔑:"从来没有这样的哲学家,他只被允许整理文学汇编。"这部小说在 20 世纪 30 年代莫斯科的紧张氛围中诞生。如果我们再考虑到审查不仅来自外部同时也来自内部的话,便可以把握到卢卡奇近乎神秘地完全从知识界消失的原因。另一个方面与希特勒有关,与进步德国文化的毁坏和逃离有关,当然,其中的一部分还保持着在世界文化和国际舆论中的影响力;只需想想托马斯·曼,作为德国文化中引人注目的一部分,他在德国文化的接受过程中消失得无影无踪或遭到了极大阻碍。对照此背景,戈德曼的功绩便凸显出来,他大胆地根据那时只有少数精英所知的著作,把卢卡奇放到他眼中的当代哲学的核心。

然而事后看来,我们也能够发现这种选择完全合理且具有坚实的理论基础。在戈德曼极度新颖的哲学观念中,卢卡奇变成了核心人物,原因很简单,因为卢卡奇是两个基本哲学流派的先驱:他既是"悲剧哲学"的先驱,其标志是年轻时期创作的论说文集《心灵与形式》,尤其是其中的著名论说文《悲剧的形而上学》,戈德曼认为它直接影响了海德格尔关于《存在与时间》的构思;卢卡奇也是辩证哲学的主要代表,因为《历史和阶级意识》现在反过来激起了海德格尔关于卢卡奇著作的核心范畴"物化"的直接论争。1970年,戈德曼英年早逝,相隔不久,比他大30岁的他心中的英雄卢卡奇也溘然长逝,在此之后,能够证实戈德曼观点的哲学证据正在增加,它们主要源自卢卡奇之前未出版的早期手稿。我们可以说戈德曼对卢卡奇的选择是深思熟虑的,尽管当代欧洲思想并不缺乏代表性的转变。对于某个人来说,成为两个不同流派的先驱是罕见的现象,即使这两个哲学流派互相关联。卢卡奇恰恰是这样一个先驱,所以戈德曼为自己最后的论文集之一《精神结构与文化创造》(*Structure mentales et création culturelle*)中增加了一句格言:"大师格奥尔格·卢卡奇,在本世纪之初就已经开辟了今日思想的运动路线",对戈德曼来说,这句话是事实陈述而非夸张的赞扬。

我已经提到了戈德曼开拓性的新哲学观,而且事实上,如果不详细分析这种哲学观,我们就无法理解他的艺术理论。对戈德曼来说,马克思在其理论生涯的一开始就明显对立于恩格斯,马克思主义所谓的"好"哲学与"坏"哲学的划分,即唯物主义和唯心主义的二分,是不存在的,或者说只是起着次要的、从属的作用。他将现代哲学,即后笛卡尔主义的欧洲哲学划分为三个主要流派。第一个流派,显然是由笛卡尔本人开创的理性主义,同时包括它的极端独断论形式和温和的怀疑论形式;怀疑论形式的另一位代表人物是学者大卫·休谟(David Hume)。也就是说,戈德曼对"温和的怀疑论"的态度摇摆不定,有时他把它放在"理性主义"的大标题下,事实上他在关于康德的著作中也是这样做的,有时他将其看作哲学类型学中的一个重要篇章,以启蒙主义的怀疑论形式出现。后者实际上是《隐蔽的上帝》(Hidden God)中所表达的观点。根据这一观点,帕斯卡面对的不仅是笛卡尔,还有蒙田;康德面对的不仅是莱布尼兹时代的本体论,还有休谟。因此还要提一下,在戈德曼的哲学中,实际上不是有三种而是有四种哲学类型。

理性主义具备下述特征:(1)它的宇宙形态学奉行原子论;(2)它的伦理学奉行个人主义;(3)它的政治哲学奉行自由原则;(4)它以本体论方法作为哲学大厦的建构原则。但在这里,我们直接面临两个根本问题,它们尚未被任何理性主义—个人主义哲学完全解决。第一个问题是如何创造和建立粒子、原子、单子的统一体或最基本的相互联系?统一体的原则显然只能是原子以外的东西;萨特甚至在《存在与虚无》(L'être et le Néant)中违背笛卡尔的前提,将这种类型的世界构成称为**外在性**(extériorité)。介入了本质上无神的体系的神,至多只是**自然神**(Deus sive natura),或者说是从外部引入的秩序范畴。但在最后一种情况下,我们有理由问:范畴的普遍性从何而来?这是所有个人主义、理性主义体系永远无法解决的第一个问题。戈德曼指出,第二个根本的、尚未解决的问题与第一个问题有关:本体论的大厦、对"如此存在"的描述和界定,如何存在于这样一种作为无限知识的唯一担保人的上帝只是出于礼貌的原因才没被驱逐出建构过程的哲学中?有限的知识可以形成关于无限的断言吗?事实陈述能与价值陈述分开吗?如果不能,我们难道不该把人的随机性强行拖入一种机械主义的、"科学的"、可预测的、可靠的世界?任何一种理性主义—个人主义哲学都无法令人满意地回答所有这些问题。戈德曼指出,只有独断论才能规避困境,并断言某些如**我思**的**先天**存在这样无可争议的"第一原则"的有效性,而那些接近犬儒主义的次要的怀疑论代表给出的答案,并不把这个世界可能不具有统一性的观点看作一个悲剧的鸿沟。原子论真的是一切理性主义代表的普遍特征吗？我们应该搁置戈德曼和萨特的权威性，对此提出质疑。严格地说，答案是否定的。谈起笛卡尔物理学框架内最伟大和最重要的典范，人们不会想到任何一种原子论。说起原子论无可争辩的经典案例，只有莱布尼茨的单子论值得一提。不过，集体主义思想家——从马克思到戈德曼和萨特——把原子论的**我思**看作一种理解和世界构造的统一体，这并非没有基础；因为如果人们离开单子论，一切内在于单子论中的问题都会被提出。

戈德曼在他的两部杰出的哲学史著作《康德哲学中的人、共同体和世界》(Mensch, Gemeinschaft und Welt in der Philosophie Immanuel Kants)和《隐蔽的上帝》中描述了现代哲学的两种平行类型，一种是总体性哲学和"部分-总体性"(part-totality)哲学（这是一种不够充分且相当笨拙的描述），另一种是表述更为周全的悲剧的、辩证的哲学。戈德曼认为它们都渴望理解世界的最深层含义，因为它们回答或试图回答理性主义提出但未解决的问题，有时理性主义还完全歪曲了这些问题。所以它们之间有相似之处，而且还有共同的特点。第一，它们的基本范畴都包含世界、全体和共同体。它们从未通过任何**外在性**在外部去统一原子，它们甚至不承认原子而只承认部分，部分是相对的全体和整体，而整体是**先天**被相对地给予的。对它们的结构性理解会在不同解释导致的不同建构中将它们显示出来。第二，如果我说，由知识产生的一种不同的"阐释"、方法或者行为，客观地、结构性地改变了物一般的**星丛**，那么我也会说，在一切总体化的哲学中，无论是悲剧哲学还是辩证哲学，不存在分离的、完全不同的主体和客体，主体和客体都只是相对的差异，我们的实践目的是持续不断地让它们重新统一起来。第三，悲剧哲学和辩证哲学的特点都是追求绝对。追求绝对是人的使命，当然，绝对在这两者中的意义有所不同，但它大体说来是人的能力的演进以及对宇宙整体的不断领会。第四，二者都是总体性哲学，这意味我们生活在总体性之中，我们不是像创造概念、创造外在于我们的事物一样创造总体性,它是我们的眼界,而不是我们的财产;它不是被给予的,而是被抛给(nicht gegeben, aber aufgegeben)我们的一个任务。因此,一切总体性哲学,无论是悲剧哲学还是辩证哲学,必然成为关于实践的哲学(practical philosophies),即使它们不必然是实践哲学(philosophies of praxis)。尽管它们都在调动我们的实践功能,尤其是道德功能,二者的差别在于,悲剧哲学没有认识到人的实践(Praxis)在任何情况下都是哲学努力的出发点和回溯点。最后,哲学思维的形式——悲剧形式和辩证形式——不再是本体论,即使它有时被叫作存在论,比如在海德格尔那里。事实上,批判的观察者必须增添一种充满问题的分类原则。即使这对于辩证哲学来说总体上是对的,当然并不总是如此。若没有黑格尔,辩证哲学的历史是可想象的吗?黑格尔难道没有建立一种非常人为的泛逻辑本体论吗?历史学家戈德曼做出的最令人难忘的贡献,是详细分析了"前批判"时期的康德是如何与笛卡尔主义本体论的传统问题作斗争并得出了一种新的思维形式,即批判哲学,它抛弃了关于宇宙的形而上学知识,在人自身找寻新的、构建世界的能力;分析了人对世界的构建如何变成了新哲学的真正主题和新方法;并最后分析了康德本人如何"变成一个天才",如果这个术语在这个过程中真正有意义的话。当新哲学承认历史的存在和相关性,当然历史并不是两种哲学及其所有版本的共同特征,历史哲学就变成了思辨的核心。

这两种哲学思维之间有什么差别?第一,在哲学建构中,它们赋予未来的作用是不同的。若摒弃远景与未来,辩证哲学是不可想象的。它的两个功能都不可或缺:作为本质上有别于现存之物、甚至与之形成鲜明对比的东西,以及作为提升现存的人的可能性的"希望"和"承诺",即作为"人类学所想象的"未来。悲剧哲学的悲剧性正是在于,它感到迫切需要未来,却否认未来的可能性,尽管其代表思想家表现这一点的方式和程度不尽相同。比如,帕斯卡认为人类学—道德的状况在未来不会得到任何改善,然而,这并不会减弱我们需要不断与自身的弱点作斗争的道德责任。至于康德，他的确有无限进步的观点，而且这对知性起到了关键作用；然而，这样一种进步甚至不能阻止我们的存在被分裂为**人类本体**(homo noumenon)和**人类现象**(homo phenomenon)。在此需要指出的是，戈德曼对康德的评价揭示了一个非常引人深思的断裂，他一方面认为康德触碰到了悲剧哲学的边界，另一方面认为他开创了一种新的辩证思维模式。我认为康德二者兼具；并且戈德曼长存的功绩在于，他在当时的文化氛围中重新发现了康德的一个主要贡献，当时"康德式的"这一词已经接近于**谩骂**(Schimpfwort)，而黑格尔的世界精神概念毫无保留且毫不犹豫地赢得了现存资产阶级社会的认同，黑格尔变成了德国古典哲学的不可置疑的偶像和顶点。

第二，悲剧哲学体验矛盾并加以表达。帕斯卡的理论或康德论述的世界的二律背反，表达了对事物的悖论状态的不满甚至绝望，要求达成综合并亲力于此，但同时认为综合是不可能达成的，这与前一观点不可分割。对综合的要求与坚信综合不可实现之间的张力，正是此种哲学的悲剧特征。此外，即使是在这一方面，帕斯卡和康德也是不同的。对于帕斯卡来说，数量有限的一组不能被定义、但通常有效且被认可的原始命题，对令人满意的真正知识来说是必要的，但这样的原始命题并不存在，或者不能存在。对于康德来说，世界的悖论特征在原则上是无法消除的，但在行动时可以通过实践来消除。

第三，即使悲剧哲学家愿意，他也不能把总体性原则完全内在化。对于帕斯卡和他的**隐蔽的上帝**(Deus absconditus)来说，这甚至不是一个问题，当然，尽管准确来讲，上帝对他来说是不可知的，上帝不再等同于机械因果律，只不过作为一种结果，原则上能够代替其他事物。但对于消除了上帝存在的本体论证明的有效性的康德来说，仍然有一个界限；也就是说，他澄明了这一命题既可被证明也可被证伪，从而使该问题与本体论无关。他实际上是想在内在世界中找到一个共同体主义者的原则，因此他不断与霍布斯主义的人类学做斗争，认为上帝存在作为共同体唯一可行的原则,必须将其当作一个实践的公设,保持其有效性。

第四,戈德曼用以下术语描述悲剧哲学家:(1)主张绝对真理;(2)拒绝一切妥协;(3)要求综合矛盾;(4)**赌**(le pari)未知和不可知的上帝存在;(5)坚持道德原则的首要性。很明显,由这些特征构成的整体同时引发了人格结构方面和对象性方面的悲剧性张力。辩证哲学家的品质是什么?这里我们不得不讲一些消极的情况。戈德曼从他的理论生涯一开始就清楚地知道,他盼望的社会主义尚未实现,所以他主要强调两种性格特质:(a)辩证哲学中存在未来或远景,存在人类学的乐观主义原则;(b)替换"我如何在这个世界上存在"这一问题。在他对马尔罗(André Malraux)的小说,尤其是在《人类的命运》(*Condition Humaine*)一书的精彩分析中,他明确指出,强行假设存在着一种所谓没有问题的个体和共同体,只会走向一种后史诗状态,也就是说,会走向一个个体性被纪律吞噬的共同体。

所有熟悉卢卡奇的《历史和阶级意识》一书的人一眼便可看出,这样一种区分的基础以及哲学的功能主要存在于这部巨著中的"物化和无产阶级意识"一文中。有必要强调,得到戈德曼详细论述的只是基础,也就是说,我们面对的状况是,解释者的站位实际上高于他所尊敬的被解释者。而且这种哲学观也远远优于恩格斯对唯物主义和唯心主义的区分。原因有二。首先,因为它属于后本体论、后形而上学时代,而恩格斯的观点属于一种典型的本体论—形而上学问题:"作为宇宙的'这样一个世界'的本质是理念还是物质?"在某种程度上,这一问题无法回答,或者它只属于**永恒**(sub specie aeternitatis),是上帝的时间,不属于哲学的时间,这一问题对于后康德的批判时代而言是无关紧要的。戈德曼超过恩格斯的另一个原因也众所周知。传统观点认为是恩格斯用实证主义入侵了马克思主义。

这里需要一些更正和补充。首先,一位非常敏锐的读者提醒我,在类型学内部的具体次级划分中——悲剧是一种类型——存在许多像理性主义那样十分混杂的元素，它们掩盖了怀疑论—经验主义作为独立类型的共同存在。无疑，有的哲学不能被认为是理性主义的。它们的原则是公开的非理性主义。这仅仅意味着一种与理性主义问题的直接联系，不是在表达绝对的反驳，并且这间接证明了分类结构的有效性，我将在下文尝试给出解释。无法将它们归为理性主义类别的真正原因在于，它们的哲学不包含这一类型的任何要素，尽管它们的深刻特征表现为"悲剧张力"，以及悲剧般的不妥协性。那我们可以反驳说，它们是悲剧的。但是这又会引发新的问题。大体上，认为理性具有核心地位的思想家会被当作理性主义者，而认为辩证法具有核心地位的思想家会被归为辩证思想家，无论他所说的辩证概念究竟是什么。因此，不是所有具有"悲剧张力"的哲学家都承认悲剧的核心地位和意义。举一个能说明问题的例子就够了。可以肯定，克尔凯郭尔和尼采都是充满张力的悲观主义哲学家，无论我们是否在意他们的存在或他们的作品。但是他们能被归为悲剧思想家吗？考虑到上述条件，尼采无疑可以。悲剧是尼采的思想的核心范畴，也是其存在模式的核心精神。然而，阴郁程度相当的克尔凯郭尔，出于众所周知的原因，拒绝承认悲剧的重要地位。亚伯拉罕的牺牲这一真正令人崇敬的事迹，超越了阿伽门农的那种"只不过是人之间的"悲剧行为。每当我们仔细检视戈德曼的核心范畴悲剧思想时，我们将会发现，对它的可能阐释中存在无法解开的矛盾交织物。但是，在这个我直到现在都还为之辩护并用以反对恩格斯的全部类型学框架中，依旧存在一个深刻的矛盾。更有趣的是，这个矛盾正是来源于戈德曼以为通过采取《历史和阶级意识》的立场就解决掉了的问题。这就涉及我上文说的戈德曼相较于卢卡奇的优越性了。我们可以将这一问题表述为："划分的原则从何而来？"戈德曼认为，它们的来源明显是一种"人的模式"的假设，它具有对外在现实做出反应的有限模式集合：理性主义模式、经验主义—怀疑主义模式、悲剧模式、辩证模式。无论人们扩大还是缩小这个列表，毋庸置疑的是，这不是《历史和阶级意识》的立场。卢卡奇明确否定了任何非物化的理论立场、命题、分类等的可能性，它超越了自身的历史阶段以及与自身相称的、有限的有效性。从卢卡奇的出发点来看，他一贯认为，任何"人的模式"及其"有限的反应模式集合"都是非法的—物化的假设，其内容实际上只能在自身的历史限度内被解释。这里我不想讨论卢卡奇的立场问题，我只想要说，无论谁将《历史和阶级意识》融入自身立场的基础并发展出一种类型学，比如戈德曼那样，那么他就采取了一种矛盾的立场。

尽管如此，戈德曼的解决方式还是超越了20世纪四五十年代的卢卡奇，原因如下。卢卡奇本人感到唯物主义—唯心主义的二分最终成了苏联官方的教条。整体上讲，马克思主义愈加导致辩证思想走向死胡同。因为卢卡奇不能完全与苏联意识形态决裂，而只能在其限制内采取策略手段，所以这是他在苏联时期没有自己的哲学的一个内在原因。因此，卢卡奇采取了一个折中方案：他用另外一组辩证法的与形而上学的矛盾原理，来补充唯物主义和唯心主义的"基本矛盾"，其结果是一个完全绝对的但折中主义的哲学混合物，这突出表现在《理性的毁灭》(Destruction of Reason)中。

但是如果我们深挖这个问题，我们就会发现戈德曼的概念是令人满意的。在20世纪30年代至60年代中期，左翼马克思主义激烈指控理性是异化的原则。对此我不做赘述，只举一例。阿多诺和霍克海默(Horkheimer)在《启蒙的辩证法》(Dialectic of Enlightenment)中讨伐"工具理性"，他们在书中清晰地指出，启蒙的结局要为人们在工具理性建造的折磨室和集中营中所受到的遭遇负责。这种严酷的说法有时被放大到歇斯底里的程度，萨特的《家庭中的白痴》(L'idiot de la famille)亦是如此，书中以父亲的形式和"父亲的目光"出现的理性分析(Raison analytique)，要为一个叫福楼拜(Gustave Flaubert)的自我(cogito)的畸形的性取向、悲惨的人生和无尽的折磨负责。另一方面，卢卡奇的结论同样残酷、片面且带有偏见：他认为**向非理性的堕落**导致了希特勒。他代表"将要重新获得的理性"，对"被丢弃的理性"有着强烈兴趣，这导致他忘记了传统理性主义中一切可疑的方面和一切未解决和不能解决的谜语，他现在将传统理性主义视为对胜利进军的神话式非理性的反抗，而20年前，他曾是这些谜语最伟大的分析师。

吕西安·戈德曼，这位诠释者、"简单的接受者"在这里代表了清醒的、富有建设性的亚里士多德方法的原则。不屈不挠地批判笛卡尔理性主义的原子主义—个人主义特征的人，当然不会放弃理性主义和民主的伟大联盟，不会放弃为一切民主奠基的笛卡尔名言："良知是人间分配得最均匀的东西（rien n'est mieux partagé que le bon sens）。"戈德曼不断证明理性主义标志性的个人主义有限性，这使它不能够创造一个值得人类解放去追求的世界，但同时他不想将自己的观点推向极端，把理性主义描述为应为各种非人道狂欢负责的主犯，甚至都不愿把它描述为帮凶。他不停地证明，悲剧哲学和辩证哲学面对的共同问题恰恰是理性主义提出和构想的问题，帕斯卡面对的是笛卡尔的问题，康德面对的是莱布尼茨的单子论。没有理性主义，我们不能想象悲剧否定或辩证否定的精神。另一方面，卢卡奇夸大的非理性主义神话学也消失了。非理性主义是对有限性的惩罚，是对个人主义理性主义的未解之谜的惩罚，它是一种逃离主义，从无法统一的单子的世界逃离至心灵的宗教式共同体，或者更糟的情况下，逃离至血缘维系的种族共同体。它是一种衍生物，但没有作为先行者的理性主义，我们就不能理解它。很难找到什么词语能够充分赞扬戈德曼那种冷静且坚定的精神，实际上在哈贝马斯哲学出现前，戈德曼一直独自辩护社会主义中**启蒙运动新的当下意义**，认为它是"自我招致的教导产生的结果"。这两个术语都很重要。那些攻击"分析"理性或"工具"理性，归其为时代噩梦的唯一责任者的人，将对于社会主义来说不可或缺的理性原则削弱至濒临危险的境地，他们实际上都是理性主义者，比如萨特和阿多诺。另一方面,社会主义的启蒙必须是新型的理性主义,因为它最陈旧的形式,即卢卡奇事实上所属的形式,没有准确回答相关的问题:"个人主义的世界时代能够被超越吗? 如果能,怎样超越?"在所有这些问题上,戈德曼的概念实现了卢卡奇在20世纪20年代早期提出但后来又抛弃、或至少是受冷落的纲领,并表现出了富有建设性的方法。

为什么恰好是戈德曼成为卢卡奇的接受者,并且哲学救赎思想可能来源于他? 我已经回答了这个问题。卢卡奇是悲剧哲学和辩证哲学的主要参与者。这一观点可以从卢卡奇和海德格尔的"相似性"(parallel biographies)得到证实。这里戈德曼实际上重复了他心目中的导师卢卡奇的哲学成就(卢卡奇在20世纪20年代猜到了尚未出版的马克思《巴黎手稿》的存在,尽管他当时并不知情),卢卡奇在不知道相关文本的条件下,发现了异化这个核心范畴在马克思那里的正确位置。类似,戈德曼也无法知晓卢卡奇的基本核心著作,它们是理解卢卡奇的基础,这是由于像《现代戏剧发展史》等匈牙利文著作尚未被翻译成其他语言,还因为一些著作的德文手稿直至卢卡奇和戈德曼逝世后才被发现(例如《海德堡美学》①和《海德堡艺术哲学》)。尽管如此,戈德曼依然猜到了某些核心范畴的存在,它们对理解存在主义至关重要,那时这些范畴还处于形成之中。

究竟是何种基本哲学创新将卢卡奇提升到戈德曼所谓的"悲剧哲学"的主要参与者行列,并且后来促使他回到辩证的马克思主义思想? 第一是主客二分的悲剧经历,即强烈认识到作为"结构"(Gebilde)的客体和构成物,它们的存在方式是非本真的,并且抵触了唯一本真的存在,即"心灵"或**此在**(Dasein)。补充一下,"本真—非本真"这对范畴存在于生命的形式中,海德格尔的**现成存在**(Vorhandensein)②范畴中,及"机械文明"的形式中。第二,卢卡奇早期美学实际是一种悲剧解释学,

---

① 原文为《海德格尔美学》,似有误。——译者注
② 原文为Verhandensein,似有误。——译者注

其核心范畴是误解,是真正产生好结果的误解。也就是说,范畴的存在意味着基于共识产生的意义从范畴中蒸发出来,只留下了人际交往的**残渣**(caput mortuum)。第三,这种状况游移不定,有时是青年卢卡奇认为的一种被历史决定的状况,有时是后出生的辩证法家①认为的一种生存论意义上的"人类的命运",这一双重表现证实了戈德曼的假设,即两位哲学家的哲学其实是相同的。第四,海德格尔的核心范畴**向死而在**(Sein-zum-Tode)及其附属的**决心**(Entscholssenheit)范畴,明确表现在《悲剧的形而上学》中,戈德曼正是在这一论说文中发掘出海德格尔和卢卡奇之间尚未在哲学领域中被揭示出来的秘密对话。"袒露的心灵之间的交融",与异化世界的鲜明决裂,不足以认识、更不消说实现我们的本真性了。只有在安葬着自我招致的死亡的殡仪馆(pompes funèbres)那里,以及在戈德曼评价拉辛(Jean Racine)时可能会说的对世界的拒绝(refus du monde)那里,伟大的心灵、本真的人格性才能获得终极意义。但是,探求丧失的共同体作为戈德曼描述卢卡奇早期哲学的"悲剧"特征的最根本元素,一直表现在他的哲学中,其出场形式有时是《小说理论》中的希腊古典理念,有时是"俄国思想"。

上述对卢卡奇早期哲学的基本特点的概述事实上再次确证了戈德曼的最初论点,我们很容易看出卢卡奇和海德格尔的共同倾向以及分歧的根源。基本的共同倾向如下:(1)主体与客体的同时设定,在卢卡奇那里表现为心灵与形式;在海德格尔那里表现为"存在与此在"。(2)正如已经提到的,二者共同强调"向死而在"和"决心"是本真性的核心范畴。(3)第三个范畴需要更为细致的分析。众所周知,海德格尔是胡塞尔的入室弟子。但是鲜为人知的是,卢卡奇几乎也在同一时间彻底研究了胡塞尔,并试图运用其早期现象学理论去超越包括新康德主义在内的一切理性主义哲学的原子论,尽管这一点在已发现手稿和

---

① 指海德格尔,海德格尔生于1889年,卢卡奇生于1885年。——译者注

已出版遗作中得到了文献学证明。这又是一种与海德格尔一致的哲学努力。失败以及随后的醒悟也是两人的共同感受。简而言之，海德格尔和卢卡奇都拒绝了胡塞尔的解决方式，即主客体世界的先验构造。因此，他们亟须一个新原则。埃米尔·拉斯克为他们提供了出路，他是韦伯圈子中不是非常有名但十分关键的成员。拉斯克看上去是一位谦逊的大学**讲师**（Dozent），似乎只是柏拉图和康德著作的简单阐释者，但他实际是一位创新型人物，可比肩新康德主义海德堡学派名人文德尔班和李凯尔特，并且同样是哲学转向的重要主角。在新康德主义阐释者的掩饰下，实际存在的是半个存在主义哲学家的理论张力，即原子论与流溢逻辑的哲学之间的张力，拉斯克也将这一高度原创的方法论原则传给他的朋友（卢卡奇和海德格尔都与他关系融洽）。流溢说是否是一种真正的逻辑，尚可存疑，但是它确实是一种总体化原则；作为这样一种原则，它为20世纪两个具有代表性的总体性哲学家提供了最关键的智识工具。

目前为止，我对卢卡奇与海德格尔的相似性分析只是用戈德曼未知的文献确证了他的观点。如果我们看一看后续的发展，看一看20世纪20年代，我们会发现戈德曼再次得到了确证，但这次是两位伟大思想家的对立，而非他们的相似。当然，没有那些共同的因素，对立就不具有代表性：卢卡奇和海德格尔都是总体性哲学家；他们是通过一个单独的行动（uno actu）便设定主体与客体、人与世界的思想家。但在此基础上，我们发现在他们的基本原则之间具有不可调和的矛盾。首先，在《历史和阶级意识》中，卢卡奇认为，社会世界与历史世界是同一的，人的世界是在历史中并通过历史创造的，而对于海德格尔来说，历史在本质上是非本真的。其次，海德格尔将卢卡奇在20世纪20年代试图极力克服的"袒露的心灵之间的交融"原则，改造为自身体系的基本原理。主体与客体、人与世界、存在与此在由同一行动构成，但人的自由恰恰增长到了能够摆脱只是"闲谈"（das Gerede）的对话的程度，也可以摆脱只是"在手的"对象。最后,卢卡奇在《历史与阶级意识》中运用集体主体概念,而海德格尔更多运用的是个体主体概念。但是我们必须指出,即使对海德格尔来说历史中也存在本真的瞬间,那便是个体和国家共同体相遇的时刻,这是海德格尔唯一认可的复数主体概念,并且认为这是本真的。但愿上述分析能够证明戈德曼对关于20世纪20年代的卢卡奇与海德格尔的"相似性"研究能够通过一种哲学对立保持它的整体有效性。

然而,在论述戈德曼的文学社会学之前,即他希望将他的卢卡奇研究真正予以应用的那个领域,我们必须先论述他最喜欢的范畴——集体主体。就戈德曼这样的反原子主义者而言,不难理解他寻找复数主体而不是单数主体的动机。个人意识与世界的每一次对照都是一次根本的认识行为,它与资产阶级经典的理性主义认识论的"原始图景"是一致的;而且,这种对照通过意识内容这一不可回避的概念,似乎会或实际上倾向于再现经典原子主义认识论的所有矛盾和未解之谜。那么,这种探索的动机是绝对有根据且合理的。我认为,由此产生的结果,即这一概念本身,是有大问题的。首先,因为希腊哲学主要依据劳作(work)产生了主客体概念以及它们的分离,所以实际上不可避免的是,主体与某物的大致同一也可被描述为一种意识的中介。然而这样一来,每一个复数主体都有某种神秘的内涵;复数形式的事物怎么会有一个共同的意识呢?如果我们讨论一个社会阶级——主体——反对作为一个客体的国家,我们实际上意指一个集体行动者,一个社会学的合法代理人,但与认识论毫无关系。其次,戈德曼对集体主体(复数主体)概念的使用有着明确而特殊的困境。也就是说,他拒绝将民族作为可能的集体主体,因为它带有明显的侵略性色彩;尤其是这个世纪出现了比如海德格尔的英雄和国家共同体的模式,以及那些加入最糟糕的民族主义独裁中的哲学家们。戈德曼还没有准备好接受《历史与阶级意识》中的集体主体的概念,这本书是卢卡奇唯一一部运用集体主体概念的著作，他认为无产阶级是在认识论上具有优越地位的集体主体。他的论点大多带有社会政治性质。戈德曼指出，卢卡奇所预言的主体与客体的世界历史性同一是无产阶级获得自由的行动，并没有得到历史的印证。但是这一案例最能说明集体主体的神秘色彩。卢卡奇这位伟大哲学家很清楚所谓的工人阶级的经验意识与被赋予阶级的世界历史抽象之间的张力，前者只是特定工人们的特殊意识的集合。因此，他大胆创造了一个新的意识维度——可能意识，或者更好的译法是被赋予的意识（我们半个世纪之后才知道这个概念），它不是神秘的"第二种意识"，不是集体主体的集体意识，而是特殊实体——党的机构——的经验集合。我们必须先思考戈德曼的关键概念集体主体的深层问题特征，之后再讨论他的文学理论和发生结构主义。

首先必须要探讨戈德曼的发生结构主义与卢卡奇的现实主义理论之间的对立。戈德曼习惯通过阐释卢卡奇的文本来解释他自己的理论，大部分是卢卡奇本人并不认可的青年时期文本，同时戈德曼一直不认可当时卢卡奇自己认可的美学。后一论断在1968年1月他与赫勒的华幽梦争论中得到明确的证实，戈德曼在他的《卢卡奇与海德格尔》(*Lukács and Heidegger*)中提到了这场辩论。卢卡奇的现实主义理论实际上隐秘延续了《历史和阶级意识》哲学，只不过把庞大的主题缩减到了简单的形式。卢卡奇有些自欺欺人地将该理论的适用目标缩小至艺术，成为物化意识世界中的艺术哲学。只有从这一观点出发，该理论的首要特征才可以被理解，即艺术作品同时优先于作者的意识形态和主人公的意识形态。虽然这是美学家卢卡奇自青年起就坚信的一个信条，但还是让我们回想一下他对康德论点的回归：他将"先天综合判断如何可能"变为非常吸引马克斯·韦伯的构想——"艺术作品何以可能"。它在现实主义理论中获得新的维度。由于每个意识都自在地被物化了，从20世纪30年代开始卢卡奇便不再承认任何在认识论上具有优先地位的主体，无论是复数主体还是单数主体；非物化的作品如果不是由人的未知能力带来的神秘馈赠的话,只能被看作是特殊意识的主体间性带来的结果,它们具有相互矫正的作用。进一步来说,卢卡奇的现实主义理论是一种本质主义观念,这同一切源于黑格尔的物化理论是一样的。被物化了的是"外壳""表面""日常""平均"——这些是卢卡奇使用的术语。但是存在一个反抗表层上的无所不能的物化的担保概念:本质,这是一个最模糊且最不明确的概念,有时等同于经济领域,因此卢卡奇本人正是以他眼中的拜物式方法将社会因素还原为经济因素,与马克思《巴黎手稿》中的类本质具有相同内容。最后,现实主义理论不可避免地包含反思,反思的精神(mind)必然是一种个体的精神,其原因与前文涉及戈德曼集体主体的分析相同;集体的精神是一个神秘的实体。但是,单独的主体与"如此存在的现实"的对抗再次重复了原子主义认识论的经典状况,这是一个所有马克思主义思想家都憎恨但没有一人能躲掉的状况。

这里模糊和粗线条的描述,或许展示了为什么戈德曼一定不赞同卢卡奇20世纪30年代开始的现实主义理论。他选择集体主体而非那种通过渐渐交织的结构来解释彼此的主体间性,这类结构只有在对照本质或被本质穿透时,即被揭露和转变时才会显现,才能获得真正的意义,并且最明确的是,戈德曼的理论没有采用个体的精神来反思"如此存在的现实"这一形而上学噩梦。在辩证一词逐渐丧失一切意义的当下,这里是探讨戈德曼辩证法创新的真正恰当的场合。他的认识论的基本观点如下:每个结构都是意义,每种意义都是结构。这一观点的主要优点不难理解:它解决了个体、粒子、元素与一般之间的矛盾,这种矛盾总是标志了理性主义的限度并削弱了它对普遍世界的解释权。因为只存在两种——同样糟糕的——可能性:要么从整体解释和说明粒子和元素,这意味着它涵盖了粒子和元素的所有方面;也就是说,它认为个体或者个体的某些方面不能根据其自身的存在来加以解释,并将其纳入总体之下,也就是说,它们仍未得到解释,它们抗拒理性。作为意义的结构和作为结构的意义不是"粒子"或"元素"。根据定义,它是一个总体化动态中的有意义的个体。这些总体化动态的功能最充分地体现在《隐蔽的上帝》。

在这方面戈德曼说得很直白。他这样描述发生结构主义:

> 这种方法具有双重优势,首先,它以统一的方式看待全部人类事实,其次,它既是理解,又是解释,因为对于意义结构的说明构成了理解的过程,而意义结构置入一个与其相关的更大结构之中,则构成了解释的过程。让我们举个例子。(阐明帕斯卡的《思想录》和拉辛悲剧的悲剧结构,是一个理解的过程;通过把它们置入极端派詹森主义(extremist Jansenism)之中来揭示这一流派的思想结构,并不是理解后者过程,而是一个对帕斯卡和拉辛作品的解释过程;将极端派詹森主义全部置入詹森主义历史之中的解释过程,解释了前者,理解了后者;将作为一种意识形态表达运动的詹森主义放在17世纪穿袍贵族(noblesse de robe)的历史之中的做法,解释了詹森主义,理解了穿袍贵族;将穿袍贵族的历史置入法国社会的全部历史之中,是通过理解后者来解释前者;等等。)因此,解释和理解并不是两个不同的思维过程,而是应用到两个参照系的同一个过程。

显然,此时出现了一系列问题。第一个问题是"为什么戈德曼的结构主义被称作发生的?"对此,他的回答毫不含糊。戈德曼成功完成了将自身的意义结构置入整个法国文化生活中的解释工作,以及由此产生的特性界定。对列维-斯特劳斯(Levi-Strauss)来说,存在着宏伟的、形式的且主要是超历史的结构,这个结构实质上排除了人的未来,但不存在必然属于悲剧意义上的张力。我认为将斯特劳斯称为戈德曼之后的一位重要的悲剧思想家,并不是不可接受。对于福柯来说,对结构的分析是明确的,而意义——如果它确实存在的话——存在于无意识中,存在于疯癫中。我们已经知道,戈德曼认为上述对严格意义上的理性的反抗是接近非理性神话学的危险尝试。阿尔都塞则发展出一种马克思主义的结构主义,这种结构主义认为历史存在于结构之中,但拒绝将结构与人的活动联系起来,这是一种甚至拒绝主体思想的客观主义,因此对于戈德曼来说是不可接受的。最后,关于存在主义,我认为戈德曼只是以一种非常不公正的方式发现了其中的笛卡尔因素,如抽象的个人主义和抽象的自由概念。这就是为什么戈德曼实际上是唯一一位直到去世还在为卢卡奇在1948—1949年存在主义争论中令人遗憾的表现进行辩护的法国理论家。

特性界定或许为第一个问题给出了答案。戈德曼的发生结构主义拒绝斯特劳斯的悲剧的、超历史的特征,并将历史纳入结构的理解过程中;与福柯相反,戈德曼理解保留了它与启蒙的积极关系,结构的意义必须被自觉意识到;戈德曼反驳阿尔都塞,认为与历史有关联的结构只能被认为是一种暂时的,而非终极的主客体同一。

在此基础上,第二个问题出现了:不同结构之间存在着因果关系吗?这是否意味着'最初'有一个结构产生了其他结构?那么,将一个结构置入另一个更大结构中的解释过程,只不过模拟了创造结构的最初过程。戈德曼的回答将是肯定的,因此他属于模仿说的思想家。然而我认为,代表较小的社会群体、社会生活、历史等的艺术作品与"更大的"结构之间没有因果关系,后者并不会生成前者。我坚信,艺术属于基本的社会生活,即马克思所谓的**交往形式**(Verkehrsformen),它们主导了日常社会生活。

第三个问题是"什么构成了结构本身,什么是一致性的构成要素?"对此问题,戈德曼同样毫不含糊。处于结构中的集体主体,与结构自身的各种特征(它们与将要被置入的更大结构的特征是同源的),最终在一定程度上被置入价值中。可以通过戈德曼对马尔罗的分析来例示集体主体,集体主体的构成要素是革命共同体、中央特使、"党"等,或者说是共同体以及它与外部主体之间的主体间关系。而关于第二点的例子是他对**新小说**(nouveau roman)的反复分析,他指出与市场关系同源的小说结构将作为较小结构的小说与市场社会以及作为更大结构的解放过程联系起来,同时,"与市场关系的同源"恰好构成了小说本身的结构。最大的问题在于价值范畴。像在一切非实证主义理论中一样,价值范畴不可避免地存在于戈德曼的哲学和艺术理解中。同时,他又不能解释实证的价值理论。这就是为什么概念要么等同于无法再缩小下去的经济价值,要么继续是模糊的、不能定义的。

  如果我们通过下结论的方式对卢卡奇和戈德曼的艺术理论即现实主义和发生结构主义之间进行比较,我们应该会再次看到"简单的接受者"实现的代表性作用。戈德曼的立场至少具有四个成果。首先,尽管结构的解释原则和构成原则以一种温和的方式作用于艺术作品(也是一个结构),但它们从没有被简单地归为哲学、社会学的抽象,而这些抽象是对卢卡奇的方法的一种广为人知、并不完全偏颇的评价。其次,不管一个人是否接受戈德曼对于给定艺术作品的具体评价,不可否认的是,他着眼于艺术作品的内在性并为即将进行分析的评论家提供了分析工具。再次,对于戈德曼来说,没有特权的时代,比如在卢卡奇那里,它能产生其他时代不能产生的完整的、令人满意的艺术作品。戈德曼可以从卢卡奇的前提出发得出这种非卢卡奇式的结论,这真是意识形态史中的一次讽刺性报复。正是《历史与阶级意识》详细论述的异化理论,启发戈德曼将物化理解为一个结构,并在它的同源性基础上分析其他结构。戈德曼认为,根据真正宏大的悲剧的、辩证的艺术,这个异化的年代不仅充分表达了物化的理性主义和非理性主义,还充分表达了悲剧的、辩证的哲学。应该特别强调"悲剧的"这一形容词,因为马克思主义作为一种所谓的乐观主义世界观,在解释悲剧艺术的伟大之处和实质相关性方面总是捉襟见肘。如果我们比较卢卡奇青年时期谈论悲剧和戏剧的华丽文章和他在转向马克思主义之后所写的文章，我们可以明显发现这种矛盾的态度。所以应该赞扬戈德曼保卫悲剧艺术在马克思主义内的高贵地位。最后，同时也是一个戈德曼备受赞扬的优点，他的发生结构主义没有经历现实主义理论的认识论困境。但是卢卡奇在一个根本层面总是远超戈德曼。戈德曼不断与集体主体进行斗争，无论其初衷如何，这将他的阐释与深受限制的社会群体连接起来：阶层和阶级。因此，这位《历史和阶级意识》的狂热崇拜者离柯尔施（Karl Korsch）更近了，对于柯尔施来说，阶级文化是相互隔绝的实体。他有时创造出一种柯尔施主义的文化宇宙，并在涉及下述问题时显得神秘莫测：为什么一种与其像阶级一般的承担者紧密联系的文化结构，能够被其他阶级的所有成员所理解？对于唯一可以媲美黑格尔对艺术的历史哲学理解与解释的卢卡奇来说，上述问题永远都构不成危险：他将艺术与"人类事业"直接相连，还与他分析的广度和世界历史维度相连。

　　戈德曼作为卢卡奇的"简单的接受者"和不知疲倦的支持者，并没有获得卢卡奇太多的认可。卢卡奇作为20世纪两大哲学思潮的主人公，还是一个与自身青年时期的关系问题重重的思想家，他这样居高临下地评论戈德曼："可怜的戈德曼！一个绝对正派的人，也是我的支持者；我只是不知道他在我的《心灵与形式》《历史和阶级意识》这样不成熟的著作中能够发现些什么。"但是这正是戈德曼最杰出的特点——一种无私的自我中心主义，他完全未被这种冷淡的态度所干扰，不厌其烦地坚持自己对卢卡奇的解释。生命和历史的正义是他获得的奖励。首先是一种狭义上的嘉奖："戈德曼的"卢卡奇打破了顽固的法国文化的抵抗。看起来就无法容易忘记伤害和冒犯的萨特在《家庭中的白痴》中出其不意地写道："马克思和卢卡奇是对的。"这里明显指的是《历史和阶级意识》，这是萨特第一次承认《历史和阶级意识》对他的积极促进意义，中介人只能是戈德曼。还有更广泛和更重要的嘉奖：那些伪装成阐释卢卡奇的巨著，确保戈德曼在他真正所属的文化中的不朽地位。即便戈德曼的生活如悲剧般破碎,但他契合了他的思想导师卢卡奇的格言:"若能完成自己的作品,那么对于命运还能有什么更多的要求呢?"(Can one expect more from destiny than the completion of one's own work?)

(杜红艳　译)

"意识形态"及其观念:卢卡奇与戈德曼对康德的解读[*]

[匈]乔治·马尔库什

一

怀着一种特别的坚持和(我个人认为并非独有的)理论上的谦逊,吕西安·戈德曼在他的全部作品和整个人生中都强调卢卡奇的早期著作深刻影响了他的思想形成和发展,其中最重要的便是《历史和阶级意识》。戈德曼认为,这本著作从方法论上影响了他对文化现象进行分析的方法。在最近的几年,强调这种"影响"本身有多符合还未转向马克思主义的青年卢卡奇的一个核心范畴——构成性(和创造性)误解,在某种程度上已经司空见惯了。如果真的要比较细致地回顾这个主题,我必须相信,这样一种检查可能有益于卢卡奇和戈德曼都非常重视的事业:将历史唯物主义应用于历史唯物主义本身,既为了解释其历史,也为了澄清其范畴的系统性意义(在眼前的情况下是意识形态理论的

---

[*] 本文出处:Georg Márkus, "'Ideology' and its ideologies: Lukács and Goldmann on Kant", *Philosophy Social Criticism*, (8)1981, pp. 127-147.
乔治·马尔库什(1934—2016),匈牙利哲学家,毕业于莫斯科罗蒙诺夫国立大学。1965—1966年受福特基金会资助前往匹兹堡大学访问,在奎因和塞勒斯的指导下完成关于维特根斯坦的博士论文。布达佩斯学派成员之一,卢卡奇全集的编者之一。

系统性意义）。在本文中，我对此问题的讨论将会严格限定在卢卡奇和戈德曼的早期马克思主义著作范围内。戈德曼从20世纪40年代和50年代开始的著作——更具体地说，是在《物化》（1959）论文之前写的那些文章——或许首次预示了他思想中的理论和实践方面的重大转向。在主题方面，我关注的是他们各自对文化现象的分析中蕴含的基础概念框架与哲学和方法论上的基本前提，也关注他们的"意识形态理论"，我用的是这个词的宽泛含义。为了避免陷入概念差别的笼统概论之中，因为概论对于具体历史分析的实操的重要性可能会遭到质疑，我还将讨论这些范畴如何在一个特殊情况——对康德的解读中使用。

然而，关于影响的问题绝不仅仅是文献学和传记的问题。戈德曼本人认为自己对早期卢卡奇的"发现"是"偶然"[①]——这种界定不仅在生平的意义上是真的，而且也真实体现在这种影响在20世纪40年代中期的政治和智识环境中具有的独一无二性。不过，正如米夏埃尔·洛维指出的那样[②]，我们的两位主人公之间无疑有着绝非偶然的、客观的相似之处，这体现在他们的历史境遇还有他们对待自身历史境遇的态度上。对于20世纪20年代的卢卡奇和40年代至50年代早期的戈德曼来说，关于危机（不仅是资本主义世界的危机，还是工人运动自身的危机）的一种深层理论意识都与一种关于社会主义转变即将来临的坚定信念有关，这种在历史事件的影响下慢慢消失的信念，使得实践和观念上的重新定位不可避免。从这个意义上说，也许戈德曼对卢卡奇的重新发现所具有的"独一无二性"可以得到历史的解释：他无疑属于非常小的西方激进知识分子群体，（随着战争的结束）这些人坚信社会转变的道路是由**无产阶级**领导的，同时，他们对作为一个阶级的无产阶级组织的现存经验形式保持着具有批判性的距离。

---

① 转引自 *Introduction á la philosophie de Kant*, Paris：Gallimard, 1967, p. 18。
② 转引自"Goldmann et Lukács：La vision du monde tragique", in *Le structuralisme génétique*, Paris：Denoel/Gouthier, 1977, pp. 99-101。

但是,这一关于境遇的相似性的论述已经使人们注意到绝非不重要的差别。这是戈德曼面临的一个**另外的**危机;首先是一个**另外的**资本主义危机。第一次世界大战凭借堑壕战的血腥疯狂,打破了资本主义和平"进步"状态下的压迫性的、似乎不可动摇的几十年的稳定,这被卢卡奇看作资产阶级社会一切潜在的矛盾和非理性以一种直接形式爆发的大灾难。而第二次世界大战作为反法西斯主义的斗争和以广岛大爆炸为标志的反法西斯主义的胜利,则不是仅凭这些术语就能体会得到的。它的过程和结局都对人类的道德存在和物理存在提出了质疑。

但这也是工人运动的另一场危机。根据工人阶级的直接生活状况和特殊利益所标志的资本主义社会对工人阶级的相对整合中的普遍的、结构性方面,卢卡奇能够构想出世界大战中社会民主主义的背叛和20世纪早期西方无产阶级革命尝试的失败,以此为基础,《历史和阶级意识》的一切理论问题——它的所有伟大和所有矛盾——都从中产生。但是,第二国际和第三国际对于法西斯主义在德国的胜利所担负的共同责任,以及最重要的斯大林主义,无法再被(那些准备去完全理解它们的人)描述为背叛或整合。

20世纪20年代初,卢卡奇能够凭借对列宁主义的党的理论做出的仅具有哲学连贯性的概括,凭借"自我布尔什维化"——其过程激动人心地记录在《历史和阶级意识》的文本中——来结束(即使只是暂时结束)对发达资本主义中的革命理论的探究。对于他来说,重新夺回马克思主义的总体意义和解放意义的探索可能已经在马克思主义理论史上最恐怖的句子中结束了:"党的纪律,在运动的实践中无条件地同化每一个组织成员的全部个性,是实现真正自由的唯一可能的方式。"[1]在经历法西斯主义和斯大林主义之后,没有人能够公开并真诚地把这当作

---

[1] Georg Lukács, *Geschichte und Klassenbewusstsein*, *Werke 2*, Neuwied: Luchterhand, 1968, p. 497.

答案。① 在戈德曼关于康德的著作②中,他捍卫个体自主的原则——反对"统治了前30年欧洲思想"的世界观。戈德曼提到了在阶级中放弃和丢掉个性的要求,但紧接着这种要求又在民族、国家或在死亡的名义下得到表达。如果这是在有意识地与卢卡奇论战(我对此表示怀疑),那么对于戈德曼来说,不可能有什么比理论的**实践**结论带来的批判更重要。然而,对于社会理论来说,实践并不是一个应用性的结果,而是决定提问意义的现实生活基础。所以,如果情境的抽象相似性创造了有关接受(因为"影响"总是有选择的)的敏感性,那么可能的实践解决方案所涉及的具体—历史差异就会让这种"影响"成为它在文化传播与创造过程中一次又一次的一种"构成性误解",也就是说,继承—采纳而来的理论的一种**转变**,在转变过程中,它通过成为别的东西而存在。

二

作为一个阶级的无产者的直接利益(它在资产阶级社会**内**的特定利益)与其世界—历史使命之间的矛盾,以此为核心催生了《历史和阶级意识》的全部问题——诊断西方工人革命运动的危机。在强调社会主义革命的实质在于废除经济发展中不受控制的自发性的基础上,这一矛盾的**消解**不能简单地通过"理性的狡计"(通过纯粹由特殊利益驱动的行为的非预见性后果),而必须通过无产阶级自身的自觉实践来**解决**。卢卡奇不仅复活了马克思的社会主义概念的原初的、解放的意义,而且在新的条件下,从发达资本主义条件下的社会主义转变的困难与矛盾这一新问题式的角度,使其焕发生机。从这个意义上说,卢卡奇在

---

① 明确地讲,卢卡奇在20世纪30年代早期向斯大林主义的政治妥协,同时意味着在理论上远离了布尔什维主义的这种主导的(和秘密的)原则。作为"拥护者"的知识分子和他自己反对政党的思想垄断的"党派斗争"的实践,加上这所有的妥协和40年的延续,都见证了这一点。

② 转引自 *Introduction á la philosophie de Kant*,Paris:Gallimard,1967,p. 63。

20世纪20年代初的著作是第一次持续的努力,得出了"西方革命"理论,这种理论被他看作是一种关于阶级的特殊利益和普遍利益的**中介**理论。

正是使得这种对西方社会主义危机的持续分析在**主观—心理**上成为可能的事实,从原则上排除了理论解决方案的可能性。卢卡奇认为,"西方"革命的暂时困境的结构性原因与俄国革命所激发的热情有机联系在一起:他相信客观上有可能即将迎来遵照"十月革命"模板的世界革命。通过接受布尔什维克革命的典范特征,卢卡奇不仅在实践上取消了发达资本主义中社会主义转变的特殊性问题,而且他把在一种**瞩目的政治**行动中对历史连续性的极端破坏,确立为实现"真正的"阶级意识的必要前提,继而他把阶级意识设定**在**阶级的实际生活实践**之外**。特殊利益与历史使命的矛盾由此转化为一种二元论,这种二元论的各方面在现实中是无法中介的。因此,作为《历史和阶级意识》特征的思想的巨大压力和艰难求索,以及随之产生的所有丰富的矛盾,最终导致了一种不可避免的惨败:在理论上导致了一种末世论—目的论的历史观,并在实践上导致了政党的替代主义。

卢卡奇所阐述的分析社会意识的概念框架是由实践问题和上述方案所决定的,并受其矛盾的制约。从根本上讲,他研究了许多相互对立的范畴(其中最重要的有三对:真/假、经验的阶级意识/被赋予的阶级意识和意识形态/理论),旨在阐明历史现实与潜能之间的矛盾,以及它们之间被中介的相互联系。然而,著作的最终逻辑将历史的可能性转化为一种实体化的"更高的现实"。①

这里不可能对这些基本的方法论范畴进行详述。我必须把自己限制在一些相当抽象的评论上。

卢卡奇的社会意识理论始于对虚假的阶级意识和真正的阶级意识

---

① 根据的原则是"历史的发展趋势构成了比经验'事实'更高的现实"。Georg Lukács, *Geschichte und Klassenbewusstsein*, *Werke* 2, Neuwied: Luchterhand, 1968, p. 366.

的区分。他定义了虚假的意识(用来反对个体层面上的"错误的"意识和意识形态上的"虚假的"意识),它是两组特征的结合。① 一方面,它是一种丧失了本质性、趋势性特征的意识,因此它也不理解其意图达到的"客体"的历史重要性,**只是因为**它被客体所决定,被对象性的一种由历史给予的社会形式的结构所决定,所以,在这种(理论的)意义上,它在主观上是合理的、真实的,尽管在客观上和认知上是错误的。另一方面,虚假意识是一种未能认识到其自身主观目标而直接认识到社会的客观发展趋势的意识——在这种(实践的)意义上,虚假意识是主观错误的,尽管在客观上是充分有效的、正确的。卢卡奇坚持这种双重的、辩证的决定性的同一,不难理解这里他实际上掺杂了两个大不相同的问题:一切人类思维的历史**决定性**和**有限性**,以及与个体有意识的目标相关的人类活动带来的**异化**,这是个体联合的非自愿性质的后果。

因此,真正的意识同样具有双重意义。一方面,它是一种激进的人类历史性的意识,这种意识在实践中认为一切思考和行动的前提条件都是历史的,也就是说,它们在原则上是可转变的,并且这种意识只能存在于一种自由的、自由选择的联合体和集体中。另一方面,它是一种超历史的意识,能够把握历史的总体,并因此能够理解一切历史现象的"真正的"和最终的历史意义,这些历史现象具有与之对应的神秘承担者,即作为主客体统一体的无产阶级。

但真假意识的区别只够用来标记史前史和"真正的"历史的分界。只有经验(或"大众心理学")意识和被赋予的意识的范畴才能使它具体化,以某种方式使它适用于界定不同历史阶段和时代的特征。把被赋予的意识定义为一个阶级认知可能性的最大化,这一定义广为人知——同时也经常遭到误解。很少有人问,"被赋予的意识代表的意识的最大化**与什么有关**?"卢卡奇对此问题的回答清晰明白:与阶级的**客**

---

① 转引自 Georg Lukács, *Geschichte und Klassenbewusstsein*, *Werke* 2, Neuwied: Luchterhand, 1968, p. 223.

观状况和利益有关，与其成员的经验意识**无**关。被赋予的意识是历史唯物主义的理论建构，它提供了一个内在的**历史**标准，根据它就能判断一个阶级的大众心理意识以及与各种文化的对象化产物有关的"虚假性"，这种虚假性首先是由它们中"受阶级制约的无意识"①的地位、作用和特征所决定的。对于卢卡奇来说，被赋予的意识永远无法被具体体现在文化创作中，原则上只有无产阶级能够实现其被赋予的阶级意识，然而其实现不是在一些学说、理论或文化的对象化产物中，而唯有在作为一种不间断的历史中介过程的理论和实践的统一体中才能够实现。（在《历史与阶级意识》的最后，这个统一体再次等同于——至少在一段明确的历史时期内——作为最终目标和策略步骤之间的中介的党的战略路线，而这是另一个问题了。）

因此，被赋予的意识的概念提供了一种内在历史性的尺度，用来评价（就其历史功能而言）和批判（就其尚未主题化的断言而言）文化的对象化产物，而不是用来指认它们。它们被卢卡奇指认为"观念体系"。文化创作（或者，更确切地说，哲学创作，《历史和阶级意识》②只讨论了它们）是观念体系，因为总体看来，它们无意识地将阶级存在条件等同于人类存在的条件，因此，将只有通过实践才能解决的历史任务转变为通过寻找思辨答案来解决的理论问题。从这个意义上说，观念体系总是某种阶级立场的表达，尽管它们不是（至少不必然是）对阶级成员的感情、态度和思想的典型表达（甚至——就它们的连贯性和系统性而言——是非典型的表达）。它们的历史意义取决于，它们无意识的—尚未主题化的"偏见"指向的是阶级发展中的一些特定的、短暂的境况组合，还是指其自身长存的、基本的生活条件，以及它们能够在多大程度

---

① Georg Lukács, *Geschichte und Klassenbewusstsein*, Werke 2, Neuwied: Luchterhand, 1968, p. 225, 289, 299.
② 然而应该指出的是，在那时卢卡奇对艺术创作的看法已经体现出与先前明显不同的特征。尤其参见《诗歌的起源与价值》（"Entstehung und Wert der Dichtung", in *Organisation und Illusion. Politische Aufsätze* Ⅲ. 1921-1924, Neuwied: Luchterhand, 1977）。

上连贯地思考由这些条件本身的被实体化的普遍化所导致的所有矛盾。当在这个方面成功了，观念体系就变成了"经典"，成为对一段过去的一种不可取代的、典型的表达，并使现在成为其所是，没有了它们，我们根本无法理解现在。①

这一概念框架在很大程度上决定了观念体系分析的方法论实践。让我们在这里指出它的几个特征。

第一，分析的主体内容主要被看作一个历史**过程**。也就是说，个人的意识形态构型（比如一定的哲学**全集**）没有被看作是根本上自我封闭的单元，其意义可以通过与某种社会学的"等价物"建立关系得到理解。相反，对它们的真正理解是把它们看作一个历史发展的**环节**。这一方面要求确立它们与作为历史的客观连续性要素的一系列独特的历史境况之间建立关系，另一方面又要求揭示它们与继承下来的思想传统之间的论战关系。人们可以看到，文化—意识形态领域中这种强烈的"过程化"倾向，不仅出现在著名的第二章《物化》论文中，还出现在那个时期主要讨论一部单独**全集**的论文（比如《莫泽斯·赫斯与唯心主义辩证法问题》）中。然而，对那时的卢卡奇来说，理解它就意味着能够把它置于一个经历观念体系变化过程的阶级整体之中，而这种变化的界限是由被赋予的阶级意识所限定的。这也意味着**共存**的观念体系之间相互论战的多元性是被卢卡奇严重低估和贬低的——最好的例子是他在《物化》论文中将德国浪漫派完全整合到德国古典唯心主义的统一发展过程中了。②

第二，一种观念体系在历史中的"定位"构成了对它的真正理解，就其相对狭义的解释而言，这种历史定位首先需要对它的"无意识的预

---

① 比如卢卡奇对德国古典唯心论的意义的总结。Gerog Lukács, *Geschichte und Klassenbewusstsein*, Werke 2, Neuwied: Luchterhand, 1968, pp. 299, etc.
② 在这方面，那些熟悉卢卡奇晚期思想的人会发现《历史和阶级意识》中十分"令人惊讶"的陈述——比如暗示青年黑格尔的方法论的积极结论与雅克比（Jacobi）的相同。Gerog Lukács, *Geschichte und Klassenbewusstsein*, Werke 2, Neuwied: Luchterhand, 1968, p. 382.

设"进行主题化思考,并需要把那些受阶级制约的思维**限制**思考为历史问题,这些思维限制的存在是因为任何一种观念体系必然达不到其自身阶级的被赋予的意识。在这种意义上,观念体系分析对于着手证明下面一点非常关键,即除了无产阶级,没有阶级能在过去和现在都能够有意识地创造历史——没有哪种观念体系能够在过去和现在都获得一种关于其自身地位的充分的意识,无法充分意识到其自身的利益是与历史—社会总体相关的。在这种意义上,意识形态的分析是实践的历史批判的一部分。

第三,揭示一种思想体系中尚未主题化的、因而非历史地实体化的先决条件,等于探索这一体系的矛盾的根源。正是通过对后者的阐明使得对一种思想体系的分析意味着对狭义的思想体系的批判。从解释学的角度来说,卢卡奇从一个哲学家的诸部"著作"的基本—内在矛盾(这种矛盾与单纯的逻辑或心理的矛盾不同)中建构了一部"全集"。从这个意义上说,他的思想体系分析的批判方法是内在性批判方法的一种"延续"——是其从文本领域向社会领域的"转换"。

三

我已经试图提醒人们关注这一时期卢卡奇方法的一些基本特点,目的是将它们与戈德曼早期著作中运用的方法进行对比。这一方法后来凭借戈德曼的一种稀有的方法论自觉和明晰性的特征,得到了他本人的界定和哲学上的论证,并且我可以安全地把自己限制在只是指出这些差别的最突出方面。

当戈德曼——在早先提到的新的历史条件的影响下——拒绝接受《历史和阶级意识》的最终实践—政治解决方案时(即政党的替代主义),他也态度一致地拒绝在卢卡奇所提出和证明的哲学框架内阐释问题,即卢卡奇的黑格尔主义化的历史终结论。应该强调,理论重新定位中的关键因素,即坚持认为一切主客体同一性必然具有**部分性**特征,在戈德曼最早的著作①中就已经存在了,并且在后期著作中得到了更多的重视和说明。然而,通过这种方法,卢卡奇的所有核心范畴都在实质上得到了重新解释(即使常常是无意识的)。首先就是**总体性**的范畴。在卢卡奇的著作中(尽管有一些术语上的歧义),总体性主要指"历史本身的具体的、总体的过程"②。后来戈德曼明确拒绝这个观点——"人实际上不可能知晓历史的整体"③,他更是从一开始就只将"历史感"的预设当作一种实践的"信念"和"打赌",这种信念和打赌的非盲目的、"理性"的特征可以(但总是**部分地**)通过对(相对的)总体的分析得到说明,这些总体是我们仍然能够获得的最广泛的总体,即一定历史社会形态的结构和动态。在戈德曼的方法论实践中,总体性,归根到底,始终指在历史变化产生和消解过程中加以考察的这些不连续单元。④ 其意图无疑是在尝试进一步将卢卡奇的"绝对历史主义"推向极端;然而,其结果导致从激进历史主义的立场退回到了哲学人类学的立场。

就文化领域本身而言,这种基础性重新定位的最直接的结果就是拒斥真假意识之间的对立。真正的意识概念"具有价值主要因为它是一个理想的概念而非一个实际的现实"⑤;任何一个意识形态的相对的真理—内容只有通过与其他"更真的"意识形态的**比较**才能被(同样总

---

① "同样,形式与内容、主体与客体之间的极端分离——这也是个人主义的人的思想特征——将必须被克服,尽管人们可能会问这些对立是否将**完全**消失。"(*Introduction á la philosophie de Kant*, Paris: Gallimard, 1967, pp. 162 – 163.)
② *Geschichte und Klassenbewusstsein*, Werke, Bd. 2, Luchterhand, Neuwied, 1968, p. 327. "历史总体本身是……一种真正的历史力量……它正是构成本真的历史现实的历史过程的整体……"(lbid., pp. 334 – 335. Cf. also pp. 371 – 372, 386, etc.)
③ *Le dieu caché*, Paris: Gallimard, 1959, p. 105.
④ 因此,戈德曼把辩证法(卢卡奇基本上把辩证法理解为一个总体过程及其环节之间关系的逻辑)理解为整体与其部分之间关系的逻辑。"在历史领域……知识的进程不是从个体到一般,而是从抽象到具体,这就是说从一个相对整体(同样是个体的)的个体部分出发,以及从整体到部分"。(*Le dieu caché*, Paris: Gallimard, 1959, pp. 265. Cf. also p. 16 ff., 108 f. etc.)
⑤ *The Human Sciences and Philosophy*, London: Cape, 1969 (originally published in 1952), p. 51. 在康德著作中已经给出建议,"真正的意识"在卢卡奇思想中所起的作用与康德的"理知世界"和黑格尔的"绝对"所起的作用是相同的。

是相对地)建立,就是说后者能够解释前者的社会功能并让我们得以理解前者的有限性和非连续性。然而,被赋予的意识概念作为意识形态"虚假性"的具有历史内在性的标准(与有关的阶级的客观利益相关)变得同样无效了。戈德曼能够保留这一概念并保留它在卢卡奇那里作为可能意识的最大化的正式定义,是因为他彻底重新阐释了这个概念:对他来说,可能性的最大化并非与阶级的客观状况和利益有关,而是与其成员的**经验意识**有关;被赋予的意识意味着理想、情感和思想的集合所具有的**完全一致性和完整性**,这些理想、情感和思想把一个社会群体的成员统一起来,并把他们与社会上所有其他群体对立起来。① 这样,可能意识的最大化就从意识形态理论的建构转化为其基础的、根本的**信息**:理论家发现它体现在伟大的、有代表性的文化作品中。"它是一种集体意识现象,这种集体意识在思想家或诗人的意识中达到了概念或感觉上的明晰性的最大化。"②

然而,所有这一切仍使得该理论完全处于历史相对主义的指控之下。诚然,它可以解释如何以及为什么有可能在共存的、必然相互竞争的观念体系之间做出理性选择,但它没有解释属于一个本质上已被超越的社会历史发展时代的文化作品的典型意义。这里,与卢卡奇相比,戈德曼最直接的创新在于引入了"世界观"概念及其类型学,其基础是一种假定永恒的人类个性结构。"一种哲学或艺术超越其所诞生的时空并保留其价值的可能性恰恰在于,它们表达的历史境况能够被**转换**到那些由人与他人的关系和人与宇宙的关系所提出的伟大的根本问题的层面上。由于人对这些问题集合的**连贯性**反应的数量是被人的个性结构所限制的,所以每种反应都与历史上不同的、并经常相互对立的状

---

① 转引自 *Introduction á la philosophie de Kant*,Paris:Gallimard,1967,p. 75;*The Human Sciences and Philosophy*,pp. 128 - 129;*Le dieu chaché*,pp. 26 - 27ff。
② *Le dieu chaché*,Paris:Gallimard,1959,p. 28.

况相符合。"①为了证明这一点,卢卡奇和戈德曼在各自的意识形态分析中都使用了有限的类型学。但是卢卡奇使用的类型学是一种基于"人类在生产过程中所处位置的类型"②的极端历史性的类型学。与卢卡奇相反,戈德曼使用的是一种稳定的人类学类型学,这种类型学是由社会个体与其环境之间可能存在的心理学意义上的基本关系的有限数量所决定的。由于戈德曼一贯坚持历史的开放性,这种人类学永远无法得到充分阐述。但是在它的相对无法阐释性中,可以把这种假定的人类学的人性统一体,看作某种**被给予**的东西,这样它就成为解释伟大的文化创作的"永久"有效性的基础;也可以把它看作一个**目标**,这样它就同时构成文化创作有效性的终极标准——将单纯的人类学统一体转换成真正的一具体的人性**共同体**,在最后的分析中,它决定那些伟大的文化创作的相对意义,所有这些伟大的文化创作都凭借一种同等的完满性和一致性来表达各自的超个体主体——一个确定阶级——的最大化的可能意识。

如果我们认识到,在戈德曼的实际方法论实践中,正是**社会群体(阶级)**被转化成了**理论的建构**,那么这种诉诸全部人性的统一性的真正姿态就会变得更加清晰。这也解释了通常被认为是戈德曼的方法论中的一个主要错误。如果人们同时将处于讨论中的社会群体及其"被赋予的意识"(体现在一些文化的著作中)作为理论从经验中被给予的信息,那么非常尴尬的是,戈德曼对于在两个焦点(例如帕斯卡和**穿袍贵族**)之间是否存在一些经验的一社会学的关联(通过关于文学品味、文化影响等的历史社会学可得到证实)不怎么感兴趣。但是,他始终把阶级定义为"共同行动的复数主体",并且偏离了这样的假设,即"就群

---

① *Le dieu chaché*, Paris: Gallimard, 1959, p. 30. 应该再次强调这种基本的人类学类型学思想已经清晰地出现在康德的著作中。(*Introduction á la philosophie de Kant*, Paris: Gallimard, 1967, p. 161ff.)
② Gerog Lukács, *Geschichte und Klassenbewusstsein*, Werke 2, Neuwied: Luchterhand, 1968, p. 23.

体而言,思想和行为之间的一致性是**严格的**"①。也就是说,戈德曼只把阶级理解为"自为的阶级"——这种理解甚至体现在那些在历史上**从未**实际达到这种实践上的一体化水平的社会群体。所以,可以说,如果卢卡奇将被赋予的意识定义为一个群体所具有的观念体系,假定它能在社会总体中充分评估其立场和利益,那么戈德曼则把社会阶级定义为会根据其被赋予的意识而行动的群体,并假定它能够达到一种有意识的社会—政治组织的程度。

这个看似奇怪的过程的关键无疑体现在戈德曼对当代性问题的实践态度中。卢卡奇已经看到在发达的资产阶级社会中,社会主义革命的结构性困难产生于无产阶级的直接利益和历史使命之间的矛盾。但是,工人阶级是由其在资本主义经济结构中的客观地位所决定的,在他看来,工人阶级的革命潜力仍然不容置疑,并且最近历史上的一切革命风暴已经充分证明了这一点。这种直接确定性在法西斯主义和斯大林主义的双重影响下不可避免地丧失了。对于戈德曼来说,马克思主义(就其理论内容而言)不再提供关于工人阶级具有预先确定的革命潜力的**证据**,而是——作为实际存在的可能阶级意识的最大化——为其提供**保障**。从这个意义上说,戈德曼的方法属于"西方马克思主义"(从卢卡奇到马尔库塞)在20世纪30年代到50年代之间所有具有代表性的重要著作所体现的发展路线,即论证社会主义的可能性从经济领域到文化对象领域的或隐或显的转变。事实上,他早期的作品或许以最精巧的方法论表现了这个转变。另一方面,对于戈德曼来说,这种转变并没有伴随着通常会出现的理论补充,即它远离了将唯一的革命代理人指认为无产阶级的观念,并且远离了将人类解放的冲动和利益向哲学上的迁移当作一个自我构成的类。正如我们所看到的,尽管戈德曼的

---

① *Le dieu chaché*, Paris: Gallimard, 1959, p. 26; 转引自 *Introduction á la philosophie de Kant*, Paris: Gallimard, 1967, p. 210。

早期作品包含了指向这个方向的元素,但总的来说,他仍然坚持一贯的阶级分析中的实践和理论计划。这种结合无疑在他的作品中造成了一些困难和歧义,但也构成了其丰富原创性的主要来源。

  最后,为了"完整"起见,需要就戈德曼方法论实践的一些特点谈几点看法。分析的主题被他理解为一种文化个体性(作品),这种分析重新融入了一个更广泛的意义结构,即社会整体,从而得到了其客观意义,或者说,这个主题被理解为历史上共同存在的多个具有代表性的文化个体性,它们要么在结构上是同构的,要么处于一种彼此争论的关系中,并且在它们的总体性中决定了一个时代的文化—智识生活的面貌。在用这种方法重建意识形态转变和发展的**过程**中存在着一定的困难(尽管这里我们不能讨论它们),典型的例子有《隐蔽的上帝》中关于德国古典唯心主义的演化的一些令人困惑的看法。

  从解释学的角度看,从"作品"中构建全集,主要是通过应用某种世界观的**一致性**原则实现。这种世界观通常由一个社会群体的成员特别共享的**实际的**理想、情感和思想,向一种完整的、一致的和**自觉的价值态度**的转变构成(与卢卡奇不同,这并不是通过将一个阶级的**实践**生活状况的最终决定性因素转变为**被无意识地**接受了的思想的普遍**认知**前提)。如果对戈德曼的理解是正确的,那么一个单一阶级的所有文化创作都表达了同样的基本价值,但是被他们所接受和展现的**价值和事实之间的关系**可能根据社会总体中相关阶级的历史变化的作用和功能而变得不同,因此它们可能属于(在人类学的对比意义上)不同类型的世界观。

四

  然而,在理解社会文化现象时,概念框架和方法论实践绝不仅仅是一个脚手架。它们不仅深刻地影响着"评价",而且是对被分析的文化作品的"意义"的重构。坦率地讲,不同的意识形态理论不仅导致对某一给定"意识形态"的社会功能的解释有所不同,还会导致对处在解释中最基本和最直接的层面的作品的直接内容的理解有所不同。这一事实最充分地体现在卢卡奇和戈德曼各自对康德的解读中,因为这里我们所面对的例证不仅是一种不容置疑的、公认的"影响",而且我们面对的这两种解释之间也存在着深刻的远非琐碎的相似之处。

在这些相似之处中,应当特别强调三点:

1. 卢卡奇和戈德曼(在各自的相关时期中)都特指康德是代表性的资产阶级哲学家。

2. 他们都把总体性的范畴作为理解康德哲学体系的关键。

3. 他们都认为康德的哲学在某种意义上是"悲剧的"哲学,即使卢卡奇并不经常使用这种表达。

第一点无疑需要一些论证,但是对于已经明确这样表述过的戈德曼[1]而言则不需要,此外戈德曼对待黑格尔的态度(至少在关于康德的著作中)是非常模棱两可的。[2] 而从卢卡奇 20 世纪 20 年代采用的引文中可以很容易发现他对黑格尔的态度,卢卡奇清楚地将黑格尔指认为总体上的资产阶级哲学的顶峰。然而,这些单独的论断并没有表明他在特定时期的观点的复杂性。换句话说,卢卡奇极为明确且反复强调,在涉及最关键的理论与实践的关系,在"是"与"应该"之间的关系上,黑格尔实际上从未能够克服康德的观点,并且以一种隐蔽的方式,仍然陷在同样的二元论之中。[3] 因此,从这个意义上说,在关于资产阶级思想二律背反的大讨论中,康德所起的实际作用要比黑格尔大得多,这绝非偶然。在这个问题上,卢卡奇的观点在 20 世纪 30 年代中期以后才会

---

[1] 转引自 *Introduction á la philosophie de Kant*, Paris: Gallimard, 1967, p. 36。
[2] 尤其请参阅他在《康德哲学导论》所评论的黑格尔体系中人文理性主义与反动神秘主义因素统一中的非有机特征。
[3] Gerog Lukács, *Geschichte und Klassenbewusstsein*, *Werke 2*, Neuwied: Luchterhand, 1968, pp. 651-652, etc.

改变。

尽管卢卡奇和戈德曼都认为康德是资产阶级世界时代最具代表性的思想家之一，但是他们的判断中蕴含的意义则大不相同。对于卢卡奇来说，康德是经典资产阶级哲学家，因为他的体系最具连贯性地展示并说明了，一旦人们将资本主义社会创造的社会—历史形式的对象性（以及主体与其相对应的关系）接受为"我们的思维"总体上不可超越的形式后，就必然会产生二律背反。康德哲学在整个世界历史时代的典范特征意味着康德是取代马克思主义的唯一真正的思想选项，他因此也是革命思想的最大**敌手**。而戈德曼的观点与此大相径庭，他相信将康德哲学当作"我们的、甚至我们在今天的出发点"的可能性和必要性。[①] 对于戈德曼来说，这种哲学是对一切资本主义发展所创造的所有**积极价值**（首先便是个体自由和自主价值）的最高级的思想表达，并清楚地意识到它们的局限，还具有毫不动摇地克服它们的意图，尽管这种意图悲剧般地无法完成。戈德曼的著作实际上是在重树康德对当下激进思想的意义（首先将康德从资产阶级自由主义精神指引下的新康德主义的康德阐释中解放出来）；它从当代的角度将康德看作是马克思主义最重要的文化**遗产**。鉴于这种把某种哲学当作资本主义发展中的最典型代表的态度，戈德曼的康德著作更接近《青年黑格尔》，而非《历史和阶级意识》。

这些不同的历史评价同时与对体系中的那些要素的不同理解有关，并且这两种解释都认为体系是最重要的。首先，这涉及总体性本身的问题。对于卢卡奇来说，康德哲学中的总体性概念的核心要义由这一事实得出，即在其中，如同在完全自觉的理性主义体系中（用卢卡奇意义上的理性主义来说），对现实整体的统觉是一切思考所必然要求的，仅凭这就能够认定它具有真正知识的特征，尽管对人类知识可能性

[①] 转引自 *Introduction á la philosophie de Kant*, Paris: Gallimard, 1967, p. 55。

条件的理性反思,不可避免地揭示出一切此类知识主张的不可满足性甚至是无意义性。因此,在卢卡奇的解释中,总体性对于康德来说,仍然是一种无法说明的、完全空洞的思维界限,思维在发展过程中总是必然朝着总体性努力,但是不能实现——在原则上——甚至不能接近。"德国古典哲学的伟大、矛盾和**悲剧**"①,在康德的体系中得到了最好的证明,它们存在于纯粹理性主义思维(其真正的生活基础是个人主义的物化实践)的这种必然的、**客观的失败**中,这种失败明确表达出:一旦"体系"的问题和要求被完全有意识地提出,它同时也一定得不到解决。

另一方面,戈德曼的整本书是一条单一的论证,其支持的观点表现为,总体性概念对于康德来说不再只是形式上的、空洞的界限概念,而是(通过与形式**普遍性**和具体**普遍性**之间的区分)在一个未来普遍的**人类共同体**的概念中变得具体化了,人类共同体作为一个目标无法被论证,但却是不灭的理想和希望,它独自构成了追求自由、伦理—社会行动的有效动机。对于戈德曼来说,这种哲学的悲剧特征,并不必然是一种在结构上不可解决的困境,尽管这种困境是由整个体系无意识创造的,并且破坏了其有效性,但是有意识地表达和阐释这样一种世界观,即人类生活的本真意义定位在一种永远无法证实的希望之中,它应该无条件地被转变为行动,这种行动与其目标无关。

不用说,这种对一种哲学的总体意义的理解上的重大差异,不可避免地导致了对有关文本的直接解释以及文本关联度的标准(相关文本对全集的建构)产生深刻分歧。让我们纯粹通过解释和列举的方式,在这里引用在康德哲学中一定不能被归为纯粹细节的三个问题:**自在之物**的问题,康德伦理学的特点,以及整个体系的构成和结构。

1. 戈德曼通过他的整部著作发起了一场原则性极强的斗争,反对新康德主义将自在之物解释为一个纯粹"界限概念",认为这是对本真

---

① Gerog Lukács, *Geschichte und Klassenbewusstsein*, Werke 2, Neuwied: Luchterhand, 1968, p. 295. 黑体为本文作者所加。

康德的一种误解和一种为补偿自由主义而做出的歪曲。[1] 另一方面,卢卡奇明确地**接受**这种解释[2],但将其看作不充分的解释,因为它无法发现康德指出的理性多种多样的、表面异质性的"界限"的最终的现实基础,即一个无法解决的、具体的、充满内容的总体性问题。

2. 对于卢卡奇来说,康德伦理学的**形式**特征也许构成了批判哲学总体上最重要和最明显的局限性:证据是"个人行动的实践(康德唯一知道的一点)只是实践的假象"。[3] 在其无法确定具体的人类行为的任何质料规范上(在这方面,卢卡奇接受了黑格尔对绝对律令的解释及彻底批判),康德伦理学代表"以理性主义的方式不触动实存"[4]的姿态。相反,戈德曼更果断地强调康德的伦理学"不是纯形式的"[5]。尽管这种否定的意义在某种程度上是模棱两可的,[6]基本上戈德曼认为康德的道德哲学是一种**质料**(material)伦理学,因为其最高的价值是共同体,它拥抱全部人性和它在人类个性中的表达,而且在某种程度上,戈德曼认为它是对"现存社会的激进拒斥"。[7]

3. 最后,卢卡奇完全把三大批判的划分接受为批判哲学的内部结构,其中他认为美学是体系的实质结束和完成。另一方面,与康德在《逻辑学讲义》(*Lectures on Logic*)中的观点不同,戈德曼对整个体系进行了深层次的重构。在他的阐释中,这一体系包括三个部分:(1)**形而上学**。不仅包括康德的理论哲学(作为"自然形而上学"),而且还包括

---

[1] 特别参见 *Introduction á la philosophie de Kant*, Paris: Gallimard, 1967, p. 139 ff.
[2] Gerog Lukács, *Geschichte und Klassenbewusstsein*, Werke 2, Neuwied: Luchterhand, 1968, p. 2.
[3] Gerog Lukács, *Geschichte und Klassenbewusstsein*, Werke 2, Neuwied: Luchterhand, 1968, p. 652.
[4] Gerog Lukács, *Geschichte und Klassenbewusstsein*, Werke 2, Neuwied: Luchterhand, 1968, p. 381.
[5] *Introduction á la philosophie de Kant*, Paris: Gallimard, 1967, p. 234.
[6] 相较于 *Introduction á la philosophie de Kant*, Paris: Gallimard, 1967, p. 232, 235 中谈及的内容。
[7] *Introduction á la philosophie de Kant*, Paris: Gallimard, 1967, p. 235.

戈德曼实际上将其等同于《纯粹理性批判》的道德形而上学;(2)**道德哲学**。主要存在于《伦理形而上学探本》和《道德形而上学》(第二部分);(3)**宗教哲学**。它在历史哲学中得到补充并在某种意义上被世俗地解释和激进化了,历史哲学(至少从进一步的理论发展看来)尽管具有完全碎片化的特征,但是它构成了康德哲学的顶峰。美学基本上被看作是体系的第一部分和第三部分之间补充性的连接纽带。①

所以毫不奇怪,我们的两个主人公并不是从同一文本出发来构建全集的。对于卢卡奇来说,三大**批判**至少提供了"真实性"的标准,其他作品的相关性需要通过它们来判断。戈德曼经常对第一**批判**的完全成熟性持保留意见,并在很大程度上把他的解释建立在所谓"体系外"的作品基础上,而且对于卢卡奇来说,戈德曼建立在手稿性遗作包括遗著中的解释可能会是一个真正的"丑闻"。

五

马克思的"意识形态"的概念首先是在一种论战语境中提出的:它有助于"揭露"一切文化创作(主要是社会—哲学理论),这些文化创作——通过宣称掌握了元历史真理——将某个特定阶级的特殊利益转变为普遍理性、人类利益等,从而执行了合法化一个给定社会统治制度的功能。然而,在这一直接的批判意图背后,马克思的意识形态理论还有更深层次的哲学意义,或者说至少指向了这样一种哲学意义:它将文化的对象化产物(首先是那些具有显性认知内容的作品)从传统认知框架重新彻底定位到社会实践框架。这意味着基本上不把它们看作现实的**再现**(与现实的对应关系将最终决定它们的有效性),而是把它们看作对具体社会行动者的现实—实践生活状况的沟通性表达和"**表现**",

---

① 转引自 *Introduction á la philosophie de Kant*, Paris: Gallimard, 1967, p. 169f., 217ff., 241, etc.。

社会行动者通过这些表现,有可能潜在地获得他们自己的自我理解。然而,马克思从未真正成功地把这两个概念的用法联系起来。此外,在他的晚期著作中,就试图建立这种联系而言,他自己的理论仍然对一种潜在实证主义的合理批评持开放态度,这给它自身至少带来了意识形态一词中的第一个"斥责性"含义所指的"意识形态的"歪曲的可能性。

我们所谈到的卢卡奇和戈德曼在各自时期的全部作品,无疑是马克思主义哲学史上为实现一种连贯的意识形态理论所做出的最重大的尝试。正因为如此,这一简要的比较结果可能不仅仅具有传记—文献学的意义。在他们的理论构建的典型案例中,意识形态理论自身最后成为从实践和历史上进行的推测,这些推测是意识形态的创造者没有——也不能——完全意识到的(不必说因为对于在这些情境中正在行动的行动者来说,他们排除了我们,不向我们开放)。因此——尽管这些理论具有连续性和影响力——这些理论对同一种文化创作的解释却大相径庭,甚至在文本意义的基本重建层面上也是如此。考虑到卢卡奇和戈德曼自己的观点,我认为这是一种破坏性的结果。他们都把意识形态理论看作是建立文化作品本身的**真实**意义和隐藏意义的方法:通过把它整合到一个无所不包的社会总体,从而在一个更大的社会历史结构中的地位和功能来"解释"它,使我们对它有了真正的"理解"。而且从这一目标出发,卢卡奇和戈德曼的典型著作中出现了两种对康德的不同解读,这对于整个事业来说似乎还存在着深刻的问题。

但也许在这次失败中也隐藏着一种胜利。如果卢卡奇和戈德曼未能实现他们所渴望的目标,他们所取得的成就其实也超过了他们的预期;他们对康德留下的解读,对现在的我们来说共同决定着批判哲学的**意义**。今天对康德感兴趣的一些人不论赞同他们的解读与否,既担负不起忽视他们的解读的后果,也无法忽视他们对康德的"解读"。而且这一事实本身也可以为各种意识形态理论的性质和功能提供一些启示。

如果我们彻底接受马克思主义的观点,即作为"意识形态"的文化对象化产物在交往性自我理解的历史—社会过程中发挥着重要的功能,那么我们就一定会得出这样的结论:"唯一真实意义"这一概念和解释是有问题的。(只有有待发现的不再向我们"说话"的"文献"具有固定的意义。)某种东西能成为作为一种文化要素的**文本**,需要它可以根据接受者的疑问和兴趣来掌握和理解,所以在过去的作品的例子中,作者没有提出也不能提出这些问题。这并不意味着解释是随意的。每个文本都是一个意义结构,就像所有的对象化产物一样,它对接受者的态度提出了规范性要求。但是,在另一方面,每一个接受者对于特定类型的文本都有自己的由社会—文化所决定的期望和要求。这两个相反的规范性要求的结合——在与构成其接受过程的文本的对话中完成的结合——是作品得以解释和理解的形式,是使其内容具有普遍性的有效性的方面。如果两者不再结合,文本就变成了一种关于有待破译的陌生的、纯粹特定的内容的交流,一个纯粹的历史文献。

意识形态理论是把握当前和过去文化对象化产物的一些明确的—特殊的方式。它们的特殊性不在于它们所提供的理解具有虚假的客观性,而在于它们的**批判性**特征。它们在批判文化与现实生活已分崩离析的世界的视角下来把握文化遗产。它们证明了使一切文化创作维系在现代社会中的"非人的孤独"(借用萨特的话),没有向它们传达一种元历史的有效性,也没有向它们传达它们所处世界的任何真正的独立性。它们是对文化的对象化(cultural objectivations)的批判,这一批判过程经历了与它们的真实生活基础的对抗。另一方面,它们是对这种生活基础本身的批判,它们通过与生活基础的"意识形态"及其典型的文化的对象化的对抗,来批判这种生活基础,这些典型的文化对象必然只能在其生活基础中保留为一种单纯的"文化",只能是观念和理想。

在这两种尝试的统一体中,它们阐明并实现了一种由创造一种新文化的任务所决定的对文化的把握,这种新文化将直接阐明并促进自由人类共同体的自我意识和自我创造的展开。它们通过过去的文化遗产向我们诉说新文化在这种激进转型的集体社会事业中的可能意义和作用,这种转型需要根据当前历史关头的问题和需求确定,而当下的历史情形则赋予过去各种要素以新的可能意义和重要性。这种真理,不是被发现的而是被创造的,归根结底,意识形态理论应该追求这种真理。

(杜红艳 译)

卢卡奇与本雅明：相似与差异[*]

[匈]费伦茨·费赫尔

一、相遇：有意与无意

尚不十分清楚的是，写出《小说理论》和《悲剧的形而上学》的格奥尔格·卢卡奇在何种程度上影响着本雅明的经典作品——《德意志悲苦剧的起源》(*Ursprung des deutschen Trauerspiels*)中的观念。即使在关于本雅明的最佳专著[①]中，理查德·沃林也只是笼统地谈论了这种影响。实际上，《小说理论》作为本雅明十分了解也十分尊崇的著作，在他为反抗尼采日益膨胀的权威、保卫**现代戏剧的存在权**而创作《德意志悲苦剧的起源》的过程中发挥了激励作用以及方法论上的支持作用。尼采的理论是直白的。古希腊悲剧作为唯一合法戏剧已然解体，这是受到历史上首次出现的启蒙事业即苏格拉底时代的负面影响而造成

---

[*] 本文出处：Ferenc Fehér, "Lukács and Benjamin: Parallels and Contrasts", in *New German Critique*, No. 34 (Winter, 1985), pp. 125-138.

费伦茨·费赫尔(1933—1994)，匈牙利哲学家，美学家，艺术批评家。1967—1970年担任卢卡奇的助手。布达佩斯学派重要成员。著作主要涉及马克思主义理论、诗学理论、陀思妥耶夫斯基、现代性理论、生命政治等。

[①] Richard Wolin, *Walter Benjamin: An Aesthetic of Redemption*, New York: Columbia University Press, 1982.

的。批判性思维消解了古希腊剧作家创作中的狄奥尼索斯元素和阿波罗元素。辩证法和激情取代了直觉和狂喜。但经历了无数个世纪的刻板规则以后，曾经盛行的苏格拉底精神现在开始瓦解。悲剧的退场和一种对新的神话和悲剧的呼吁在苏格拉底的自满背后浮现出来。德国的音乐，尤其是理查德·瓦格纳的音乐，注定要填补这一空缺。因此，这项计划并**不**是一种新型的悲剧，甚至不是一种现代的非悲剧的戏剧，而是一种古代悲剧的**复兴**。甚至连尼采与瓦格纳的公开决裂也不能改变这一再创造的美学策略。

本雅明的期望与尼采的预言之间存在着鲜明反差。他同样批判启蒙事业，但并不希望古代悲剧和神话回归。他对古典艺术和文学的现代替代方案有着特殊考量。对这时的本雅明而言，《小说理论》这本在《德意志悲苦剧的起源》中并未直接引用的著作已经成为一种范式。虽然原因不同，但是卢卡奇对古代史诗的钟爱与尼采对公元前6世纪的悲剧的钟爱是相同的。卢卡奇与早期尼采类似，把史诗、悲剧和哲学的连续阶段看作古希腊精神自我瓦解的不同时期。然而，卢卡奇是小说这一"问题重重的个体的问题重重的体裁"的坚定支持者。青年卢卡奇的著作中潜藏着黑格尔（明显还有马克斯·韦伯，他认为现代性是不可取消的历史时期，具有不可废弃的成就），因为他接受这一新的"问题重重的体裁"，赞扬它是这个历史性时刻的最佳"代言人"。

早期的本雅明没有时间关注黑格尔和马克斯·韦伯对这方面的论述，但他热切拥抱《小说理论》的建议，并明确将这本书视为可与尼采的作品相提并论的著作。这本书是本雅明的荆棘路上的维吉尔，引领他**去发现现代的、非悲剧的戏剧**即**悲苦剧**的特殊主张和特征。跟随他自己选择的典范，本雅明坚信**悲苦剧**是"上帝隐退的世界"的充分的自我表达（后者是卢卡奇的用语，也是本雅明所论述的巴洛克时代戏剧的现实灵韵）。"神隐性"（Godforsakenness）对立于尼采描述的"上帝之死"所导致的一系列事件。神隐性被包裹在一种忧郁的氛围中，尼采蔑视地称这种氛围是由犹太人的软弱而非雅利安人的决断所引发的典型结果，但它对于富于创造的精神而言，并非没有创造性。世界确实变得空虚、碎片化，丧失了真正有生命力的宗教崇拜，不确定的内在性和制度化的宗教取而代之。当尼采赞扬路德是德国的次神时，本雅明认为反对善举的路德宗是一场问题重重的、无意识的世俗化运动的尾声，是对丧失意义的生活的无力但耗费自我的探索。在忧郁作家的作品中，人总是以造物出现，不论是暴君还是殉道者，在这里暴君甚至是他们自己病态情感的殉道者，殉道者甚至是掌控自己情感生活的暴君。但是他们既没有真正的悲剧主人公的自由，也没有其决心。作品的真正体裁实际上是戏剧。然而，结局不是自由决定的结果，因此它不属于悲剧。第二，在悲苦剧这种关于神隐世界和造物的现代非悲剧戏剧中，历史取代了神话。本雅明的想法直接来自卢卡奇，卢卡奇在《现代戏剧发展史》中已经明确表述了这一交替范式，虽然本雅明不熟悉这部著作；但它同样涉及《小说理论》中与史诗进行对比的小说，本雅明细致研究并紧紧遵循这部著作。造物的历史是"自然历史"，历史变成自然，或者用更为现代的词语来说是被物化的历史。"自然历史"在寓言中得到了它的充分表达，这种关于古典主义象征的对立图像并没有解决救赎问题，而只是非法地期望救赎。

目前尚未受到足够关注的事实是，青年卢卡奇的另一篇论说文《悲剧的形而上学》得到了本雅明《德意志悲苦剧的起源》的运用和明确引用。该文对本雅明产生了双重影响。第一，如果人们像我一样接受吕西安·戈德曼的分析，认为物化概念首次出现在该文中，那么我们可以毫不牵强地认为，《悲剧的形而上学》就是本雅明把造物的历史当做自然历史的理论前身。神隐性在此处以一种新的形式显现出来，并具有双重功能。一个被众神遗弃的世界等同于丧失自身意义的世界。但是，无意义等同于死亡或者一个"单纯的物"。于是，物化成为一种对给定事态的**历史性解释**，从这一事态中可能会也可能不会出现救赎，但物化并非虚假的本体论或神学人类学的原则。与此密切相关并对本雅明十分重要的另一种含义是：神隐性意味着对虚假的历史连续体的刻意摧毁。其次，本雅明需要《悲剧的形而上学》来与尼采进一步争论。如果尼采是正确的，这样一来悲剧的英雄确实只不过是狂喜的神的伪装，观众、歌队以及主人公在他们的酒神精神共同体中融为一体，那么，以一种危险的、新的、综合性的神话形式重建这种共同体原则或者虚假共同体原则的诱惑就始终存在。在一种奇异的辩证法中，正是创作《悲剧的形而上学》中的精英主义的卢卡奇在此刻帮到了本雅明。卢卡奇故意颠倒了尼采的悲剧剧场理论，指出舞台上孤独的英雄面对着自己的命运，观众席上孤独的观众们没有加入任何类型的共同体，上帝作为众多观众中的一员，既不是集体精神也不是悲剧体验的基础和根据。诚然，卢卡奇同意尼采，并且本雅明恰好引证了"民主时代敌视悲剧"这句话。然而对卢卡奇而言，悲剧不需要获得公共意见的赞同，也不依赖任何有关酒神或非酒神的神话。悲剧依赖于崇高的激情，它消耗着悲剧英雄的经验自我，激情迸发的火焰标志着悲剧英雄的经验自我在完成他的悲剧命运的过程中变成形而上学主体的路径，这是对被选中的生命的加冕和辩护。这种精英主义的前存在主义观念，使得本雅明对悲剧戏剧和非悲剧戏剧的新颖理解与尼采把神话当作悲剧的先决条件的假设形成对比。此外，这一源自卢卡奇的观点使得本雅明能够彻底批判尼采对希腊神话的阐释。本雅明批判的主要目的是将神话以及悲剧的人变成一种超越道德评判的、完全审美的现象。

至此，我已经论述了格奥尔格·卢卡奇与瓦尔特·本雅明**有意的**相遇。然而，他们之间还存在一种**无意的**相遇，对这种相遇，我们只是在卢卡奇去世后才知晓。人们发现了一部德文手稿，后来在其中整理出名为《"罗曼史"的美学》("The Aesthetics of the 'Romance'")的文章，这篇文章探讨的是非悲剧戏剧出现的可能性，即本雅明所说的悲苦剧。本雅明不可能知晓这一手稿，这使得卢卡奇与本雅明的莫名相似更令人感到震惊。简单总结卢卡奇从未完成的思路即可发现，他们的相似是不言自明的。卢卡奇认为，一切得体的戏剧一定是悲剧，并且反过来，一切悲剧作品一定是戏剧，这是体裁的一条形式假设，如果不算喜剧的话。但在文学史上总有一组独特的作品，从古代印度文化到欧里庇得斯到卡尔德隆直至最现代的戏剧，我们凭直觉就能确定它们虽然都是重要的作品，但毫无疑问它们并不是悲剧。这种体裁的明确术语是"罗曼史"（romance）。它最显著的形式特征是美满的结尾。它最接近各种史诗形式中的寓言，在寓言中，过去的黄金时代的形而上学成为装饰品。"罗曼史"重新获得了被寓言丢弃的形而上学深度，其手段是建立戏剧性的、近乎悲剧的冲突，最后这种冲突受外部因素的干扰而偏离，欧里庇得斯的著名戏剧手法"机械降神"是最具代表性的此类干扰之一。在那种意义上，"罗曼史"是一种非理性的体裁。在这种体裁中，凭借人物和情节找不到为什么仁慈的外部力量会走解围的理性解释。悲剧的戏剧是理性的，它以必然性为基础，它是内在的、象征的，而"罗曼史"——非悲剧戏剧和悲苦剧总是非理性的、超越的和寓托式的。在悲剧中，**激情**是事情的核心，它引领英雄从他的经验性存在到形而上学存在以及他的悲剧性的自我辩白。在"罗曼史"中，激情总是**病态的**，原因很简单，激情反对主人公的悲剧性目的，它使这种目的发生偏离并提供一种新的意义和结果。智者、殉道者和富有救赎精神的女性是"罗曼史"的典型主角，这一类型的主角在真正的悲剧中会是平庸的或没有存在感的，但正是在"罗曼史"中，他们能够表现自己独特的伦理观。

仅仅浏览这个精彩的片段，就可以发现处于《悲剧的形而上学》和《小说理论》之间的青年卢卡奇在自己的文本中遇到了本雅明在悲苦剧文本中的"罗曼史"理论，并且事实上卢卡奇在诸多方面都超越了本雅明。虽然卢卡奇的模式暗示了一种替代悲剧的**形式**方案，而这种方案未必是历史哲学的方案，但是"罗曼史"的代表性主人公及支配这一体裁的非理性，远远超出了一种文学形式的先决条件。在这样一个世界中,激情必定是非理性的甚至是病态的;智者动摇了他用来面对无意义世界所奉行的顺从和不行动的斯多葛主义伦理观;殉道者,作为本雅明最喜欢的主人公和暴君的对立面,占据了核心地位;女性成为救赎者——所有这些与其他几处特征明显揭示出现代的神隐性,它是悲苦剧、非悲剧的戏剧的温床。与此同时,这种中间体裁只是戏剧艺术的**一种版本**,并非像本雅明认为的那样是现代戏剧唯一可能的实现形式。《悲剧的形而上学》发挥了作用。其中描写的被命运束缚的英雄,以"赤裸的心灵面对着它赤裸的命运",成为现代性的**悲剧**戏剧的一种可能版本。青年卢卡奇对艺术多样性的多元主义和宽容态度——一种他渐渐丧失的能力——使得他能够比本雅明更深刻地理解现代戏剧的典型代表莎士比亚。而本雅明却是以悲苦剧的标准一刀切地对待莎士比亚的全部作品。与此同时,在这场无意的相遇中,敏锐的本雅明期待的史诗剧来临的可能性并未出现在卢卡奇那里。

二、出乎意料的差异:本雅明和卢卡奇的艺术与文学理论

这两位激进美学家在分别以极具个性的方式转向马克思之后,还有过多次的理论相遇,但这种相遇显然是单向的。大度的本雅明从未停止对《历史与阶级意识》的赞赏,这样极其友好的关系不同于阿多诺对卢卡奇那种充满恶意中伤的关系。卢卡奇不仅亲自公开放弃了自己的杰作,而且后续转变极其之大,不过这并未干扰本雅明的关注点。1940年,本雅明在这一最为黑暗的历史时刻写出了著名的《历史哲学论纲》,这部作品通过将《历史与阶级意识》耐人寻味地翻译成了他自己的神秘主义救赎语言,坚持了对救赎的希望。相比之下,卢卡奇则不够大度。在晚年的《审美特性》中,他在分析的关键之处回到了现代艺术和文学中的象征与寓言的二分,这一做法令他饱受争议。他把矛头指向

《德意志悲苦剧的起源》,并以极其偏狭和缺乏理解的方式来对待《德意志悲苦剧的起源》。40年前[1],他在《"罗曼史"理论》中接受的现代性所必需的多元主义,即寓托的"罗曼史"和象征的悲剧戏剧之间充满矛盾的共生关系,在古典主义美学中以一种严格排他的形式出现。要么我们坚持一种重新获得的历史意义:"我们在真理中存在",那么我们的方法是理性的、此世的[2](所有的术语都是对"象征"的解释);要么我们绝望地放弃了这层含义:历史遭遇我们,呈现出濒死的面孔,那么我们的方法是非理性主义的、堕落的和超验的(所有的术语都是对寓言的解释)。卢卡奇相信他已经找到了他的神和通向历史的钥匙,不再有时间去关注神隐性及其变迁。

然而,在这个充满误解和并不互相友爱的悲伤的相遇故事中有一个尚未研究的章节值得进一步分析,因为它明显有悖于对这两位作者的普遍看法。本雅明一生短暂而不幸,曾经是文学界不为人所知的人物,最终被近几十年中出现的一本毫无批判力的吹捧性传记发掘出来。他以"最后的知识分子"、无所畏惧的骑士和新天使的形象出现,他的翅膀虽然在黑暗已经降临的时刻伸展开来,但在飞行中却完全没被历史的污秽所污染。而卢卡奇在他的各类批判性阐释者[他们的个性差别极大,例如多伊彻、布莱希特、阿多诺、里希特海姆(Lichtheim)和乔治·斯坦纳(George Steiner)]眼中,是一名典型的斯大林主义者,是那个糟糕年代的间接辩护者。请允许我声明在后续内容中我不会尝试去"洗白"卢卡奇。即使我再尊敬、再爱戴我的精神导师和朋友,也不能改变这一历史事实,他怀着对那个野蛮时代的厌恶,用最糟糕的黑格尔主义形式,与逐渐斯大林化的现实进行"和解"。然而,对卢卡奇的任何反感也不能消除同样无可争辩的事实,即在这一"和解"中一直酝酿着重要的反抗因素,这也是那些审查者觉察到的因素,这使他在生命最后的15年里成

---

[1] 《审美特性》出版于1963年。——译者注
[2] 原文为thiswordly,似有拼写错误,应为thisworldly。——译者注

为批判的、反对性的马克思主义的代表人物。

在这里我想提出卢卡奇与本雅明之间一个出人意料的差异,这是至今还无人解释过的一个悖论。在1936年,卢卡奇的肉体和精神几乎完全受制于统治文化和意识形态的最高长官,那时他在关于现实主义的关键研究的后记中总是要恭维一番伟大的权威,而本雅明正在巴黎创作著名的《机械复制时代的艺术作品》。按照现在盛行的研究观点,二人最明显的区别在于,本雅明的写作方式优雅、简洁且诙谐,是真正先锋的,对那时尚处在萌芽状态中的电影美学产生了完全出乎意料的影响,而卢卡奇笨拙地尝试在权威和他的文化保守主义主张之间进行"被迫的和解"。尽管这一普遍看法不容置疑,我仍要对本雅明的这篇论文提出一种截然不同的解读。我认为本雅明的著作即使不是完全反动的,也是一种问题极大的现代艺术批评。《机械复制时代的艺术作品》的开篇发掘正在进行的用各种技术机械复制艺术和文学的统一化过程。在分析这一过程时,本雅明令人不能接受地混淆了完全异质性的技术,如木刻术、印刷术、平版印刷术、摄影和电影。在这位进化论的坚定反对者的描述中,出人意料地出现了明确的"进化论"口吻,他还明确比较了艺术复制技术内在的进步和技术进步在日常生活中的应用。本雅明赞同并引用了瓦莱里(Valéry)的话:经过艺术塑造和机械复制过的声音、图像,和现代日常生活中的空气、流水和电力等之间没有差别。这个粗暴的"工业化"观点,强烈冲击了本雅明作为一位精致美学家的典型形象,这个观点具有一个公开的美学目标:消除现代艺术作品中的"灵韵"。尽管本雅明对这个概念的构想是相当晦涩的,但在这部著作中他的表达很明确。"灵韵"是被复制的艺术原作所逸出的东西,是独特的、本真的人格性的特征,并且这种标志着令人无法容忍的自律性的记号不得不被根除。《机械复制时代的艺术作品》是本雅明命名的"进步的大众文化"的有意识宣言,它反对"反动的个体性的艺术作品"。消除"灵韵"的下一个步骤是废除传统。它通过摧毁崇拜和仪式来发挥作用，因为在几千年的发展中，个体性的艺术作品早已通过这种仪式被整合进艺术的文化传统之中。仪式在最初表现为巫术，后来才具有了宗教色彩。在一个世俗化的时代，它采用了为美而美的仪式的外表。但当大众想要将艺术作品和自己的距离拉得更近一些时，就如同他们将抽水马桶、电烤箱、气体加热器等与他们的日常实践拉得更近一些，仪式总是变得问题重重，并且在现代变得彻底反动。在这种意义上，消除"灵韵"就是解放。恰恰是摄影技术在用**展览价值**替代崇拜价值的过程中迈出了关键一步。作为现代性的核心艺术形式的电影完成了这一转向。电影执行了许多解放的行动。它迫使舞台剧演员原本"灵韵的"个性以及原本具有"解释自由"的观众服从于一个发号施令的中心意志：电影导演的意志。在银幕演员的表演中，可以没有"灵韵"的元素。演员不再在任何传统意义上表演（play），严格地说更是一种服从和"执行"（perform）。这就是为什么银幕演员需要一种外部性的"展览价值"和明星形象，以此作为对他们"非灵韵"的个性的必要补充。与此同时，本雅明似乎没有准确意识到，这个无法容忍演员的灵韵个性或观众的解释自由的"中心意志"，极大造成了众所周知的、备受争议的、从未理解的现象：大量煊赫一时的电影出乎意料地迅速销声匿迹。进而，电影使观众变成了**专家**；而且，它在总体上消除了存在于创造者和接受者之间的传统差异。讽刺的是，本雅明的主要证据是在苏联（此文写于1936年），在那里非专业演员占据了电影的世界，而这些人是无法进入西方资本主义世界的电影界的。在电影的影响下，对待艺术作品的（例如对毕加索的绘画）传统的"反动"的态度让位于"进步的"态度，这种进步的态度结合了享乐和专业，是具备专业知识的大众"自发组织在一起的"，而不是艺术馆中看画展的接受者所特有的原子式的闲逛。总之，机械复制带来了一个"文化层面上的大众社会"，本雅明正在挑衅性地强调：这种社会的独特态度就是在消遣状态下去接受。

众所周知的是，本雅明思路的最后一环激怒了阿多诺，这一点理查德·沃林已经做了大量分析。在阿多诺关于"文化工业"的整套观念中,处于顶峰的是"退化的听觉";他对以市场为基础的宇宙的整套现象学分析令人印象深刻,他认为在市场的宇宙中,市场的诸范畴不再在分配的层面上仅仅外在于艺术作品,这是对本雅明挑衅的一次回应,这个回应详尽而又充满激情,它强调市场影响艺术进行作品的进入并扭曲了艺术作品传达的解放信息。然而,这种反驳是片面的。阿多诺没能发现其他几个原因也导致本雅明的立场根本是有问题的:本雅明毫无批判地迷恋技术处理以及所谓的"进步"趋势;他痛恨自主的个体性(作者、受众以及艺术作品等);他推崇演员和受众都要服从的那个没有特色的"中心意志"(它在本雅明对斯大林主义的积极论述中获得了意想不到的政治反转);他歌颂艺术接受中的技术态度——"专业知识"。

如果人们不偏不倚地看待卢卡奇在20世纪30年代早期和20世纪50年代中期之间的美学著作,就会发现他在这一时期的哲学藏匿在"人类的第二重要的审美教育"中;此外,如果人们能够对他有时缺乏想象力的文风和对权威的"阿谀奉承"进行提炼,就会发现他有力反驳了本雅明的立场,但没有亲自告诉本雅明这个反驳。按照卢卡奇的理论,毫无批判就对技术处理感到的兴奋,消除自主个性以及肯定对控制每个人的"中心意志"的至高无上性,对现在的我们来说是"社会主义的现实主义"的宣言。(诚然,本雅明践行这一责任所依赖的精致、文化和优雅,本应使他的著作从一开始就远离那个充满指导艺术和文学的"权威文件"的世界。)卢卡奇提倡生活和艺术中的自主个性。对他而言,自律的艺术作品是人类解放时代的征兆,正如马克思所预言的,那将会是一个自由的、联合起来的个人的世界。因此对他来说,剥夺艺术作品的"灵韵"就相当于剥夺了它们传达的解放信息。无疑,崇拜或仪式需要改造;卢卡奇也支持从文化"仪式"中的神秘残留和宗教残留中解放出来。但是艺术作品在变成人类自我记忆的对象化的感性表达的过程中,涉及作者和受众都要参与的世俗"仪式"。第一种仪式是在"社会"

分配给艺术家的"社会任务"的引导下来超越仅仅停留在特殊水平上的个性的仪式;第二种仪式是卢卡奇心目中的净化心灵的仪式。对科学技术("专业知识")的态度和对艺术经验的态度必须被严格分开。"专业知识"对艺术经验的任何侵犯都是非法的、物化的。最后,艺术和对艺术的接受不是驯服艺术并迫使它服从中心意志的过程,而是人们通过自我教育走向成熟的自由的过程。

如果我们不想武断地翻转卢卡奇和本雅明的典型印象,即卢卡奇是特别正统的人,本雅明具有反专制的独立精神,而这当然不是我的意图(虽然我会彻底改变二人的对比),那么我们就会面临一个悖论。除了通过老派但可靠的普鲁塔克方法,即简述作为现代知识分子两种代表性形态的二人的"相似的生命",没有其他方式可以解释这个悖论。

三、相似的生命

在卢卡奇与本雅明之间存在着显而易见的共同特征。这些特征本质上并不是心理学层面的,而是建立在重要事实之上,即他们都属于19世纪末的最后一代人,他们都在作为19世纪终点的第一次世界大战前经历了人格成型和融入社会的体验。第一个共同特征十分明显地体现在以下事实中:本雅明和卢卡奇是著名的"自由漂浮的知识分子"群体中的代表人物和具有自我意识的一类人。他们两位都没有全心全意地将自我整合进向知识分子敞开的各种形式的体制中。卢卡奇和本雅明都想要通过教职考核成为德国的编外讲师。尽管他们都交出了自己的杰作,即《德意志悲苦剧的起源》和《海德堡美学》,并且卢卡奇的评委是顶尖学者李凯尔特,但他们都没能获得学术界的头衔。甚至有一段时间,卢卡奇先是在匈牙利共产党,后来在德国共产党成为一名官员。在六十多岁的时候,卢卡奇被任命为布达佩斯大学的教授,但是因为政治原因,他只教了五六年。十分明显,本雅明和卢卡奇都没有适应任何组织的能力。这本身并不是特别的现象。世界大战后右翼和左翼的激进运动中充满了职业生涯失败的知识分子。然而,卢卡奇和本雅明都没有成为内心受挫的职业失败者,这就是我所说的"自由漂浮的知识分子"的自我意识。他们只是大度地接受被体制边缘化的现实,并径直走向他们自己眼中的使命或天职。他们甚至没有经历普遍发生的自我补偿:对自己天赋的崇拜。这两个例子都展示出,一种忍耐逆境、贫困和忍耐缺乏安全感和认可感的斯多葛主义的私人伦理学,属于典型的"自由漂浮的知识分子"的自我选择的生活方式。

第二个共同特征是对知识分子扮演的救赎角色或弥赛亚角色具有坚定的**原初**信念。知识分子的职责不是"传播光明"。青年卢卡奇和青年本雅明都不仅仅质疑启蒙事业,只不过他们的讨论方式和层面有所不同。在被上帝遗弃的世界中,历史赋予知识分子的任务是充当救赎的方舟。"从什么情况中救赎"与"以什么形式救赎"都是需要回答的问题,格奥尔格·卢卡奇和瓦尔特·本雅明都以富有个性的方式给出了答案。对卢卡奇而言,现代性的非本真性以及机械的无生命的文化是他冷酷的激情的主要目标。瓦尔特·本雅明更加温热的灵魂聚焦不可名状的人类苦难,认为甚至有一天死者也应该从中得到救赎。卢卡奇几次尝试去实践救赎,但计划失败后便退回到恶劣现实中的恰当位置。单单在这方面,卢卡奇具有显著的实践精神。亚瑟·科斯特勒(Arthur Koestler)笔下令人难忘的本雅明的歇斯底里的自杀,绝对不可能发生在卢卡奇身上。卢卡奇的座右铭是,只要不是死到临头就绝不关心被绞死的事。对于本雅明来说,救赎的实践不是知识分子的任务。但关于救赎,他们有两个共同的坚定信念。第一个信念是救赎一定不掺杂统治。尽管卢卡奇一次次幻想成为实践救赎者或哲学王的潜在顾问,但幸运的是,这个白日梦未曾实现。放荡不羁的本雅明则太过清醒,一秒钟都接受不了那种自欺欺人的想法。第二个信念是卢卡奇和本雅明都相信文化,尤其是艺术和文学,他们认为文化不仅仅是构成生活"更为重要的"部分的"上层建筑的附属物",而且是独特的基础,这一领域会打响支持救赎和反对救赎间的战争。不过他们以完全不同的方式解释"文化"概念。卢卡奇总是迷恋于追寻古典主义的和谐、建构主义的秩序和一种尴尬的柏拉图式的肉体的超脱。而本雅明逐渐变成了一位后现代主义的先驱:他对每种新奇事物都保持开放的态度,以至于今天的女权运动者发现他是女性主义的倡导者。但他们都毫不动摇地坚信作为救赎的文化,并且矢志不渝。

他们的第三个共同特征是,卢卡奇和本雅明都是论说文家:前者无意成了论说文家,后者有意成了论说文家。马克斯·韦伯凭借敏锐的目光,发现他这位年轻有为的朋友具有这一特征,然后试图以极其新教徒的方式把这一特征的全部问题都翻译成职业伦理的语言。韦伯在第一次世界大战之前写给卢卡奇,劝导他要么放弃学术追求,要么遵从体系性思考的规则。本雅明身边的朋友和守护神——阿多诺、朔勒姆(Scholem)以及其他人——对他著作的论说文特质更为敏感。吊诡的是,本雅明这种论说文特质并非与卢卡奇毫不相关。本雅明非常崇拜卢卡奇《心灵与形式》中的著名论说文《论说文的本质与形式》,他接受了文中的观点,即在过时的"体系"与不连贯的纲要之间,论说文是通向真理的正路。在我们两位主人公表层的心理结构特征背后,更深层问题是他们为了支持和反对救赎文化的总体性特征或非总体性特征而展开的斗争。卢卡奇从未放弃对总体性的主张,但他也从未实现它。他那本呼唤总体性原则的最著名的著作《历史与阶级意识》,是内部联系相对松散的论说文集。他许诺要写出与晚年所写的《美学》著作篇幅相当的第二部分,但并未实现。他最后的著作《关于社会存在的本体论》,抛开它的失败和不可读性不谈,也是一部未完成的著作,他反复修改,直到笔从他的手中跌落。卢卡奇极其推崇躯干雕塑。在年轻时代,他深刻地评论道,我们用幻想补全躯干雕塑,使之成为完成的艺术作品。这可以视为自我安慰,但它当然也是一种无意中进行的带有预示性的自我描述。本雅明也很想成为躯干雕塑。更确切地说,他从未感觉到他自己只是一个躯干雕塑。他在《德意志悲苦剧的起源》中评论道,论说文和镶嵌艺术(mosaique)是西方文化的高峰。然而,卢卡奇和本雅明的这个共同特征中,存在一个深层的问题:救赎本质上不能是论说文式的。它要么是总体性的,要么保持为一个未实现的诺言。

两人的第一个重大差异存在于他们各自与**信念**和**实验**的关系。卢卡奇遵从新的**规范**、**原则**和**信念**。他漫长的一生处在相对主义的两次浪潮之间,即犬儒相对主义和虚假民主的相对主义。印象主义的相对主义认为,每个判断仅仅事关个人的品味和见解,后现代主义的相对主义则认为标准和准则是压制性的权威。卢卡奇的生活经常是独断论的,但不可比拟的是,他更经常投身于反对过去和将来的相对主义的解放斗争。在青年时代,他想要在传统基督教的废墟上建立一个与基督教无关的神秘宗教。这导致他对一个集体性的新上帝产生神秘主义的兴奋,他内心幻想这个新上帝的野蛮仪式会成为以独断但理性的信仰为基础的宗教无神论。

本雅明具有同样神秘的,甚至更为神秘的心灵,他毫不关心规范、原则和标准。本雅明完美体现了我们这个时代的原则,正如阿多诺的美学所述:在没有确定性信念的地方,实验是正当的。本雅明一直坚持的实验现在经常让我们觉得可笑和不可理解。他的突然改变,他披上的最令人意外的伪装,即他同时追求明显相互冲突的研究路径,例如,他同时痴迷布莱希特和在犹太教卡巴拉基础上所理解的卡夫卡,他拥抱共产主义,他对震惊的朔勒姆宣称这是一个审美实验——所有这些以及其他特征都表现了他对原则和信念的极度冷漠,虽然还没上升到激烈反对的程度。重要的是,要看到本雅明在这些示例中找不到一丝犬儒主义的痕迹。卢卡奇和本雅明的这个分歧让我们看到关于同一终极事件的两个截然不同的设想。救赎或许能以最后的审判的形式出现,在那里有一个坐在法庭里的最高权威用一个单一标准来衡量;或许以一个和解的行动出现,它会救赎无尽的人类苦难共同体中的所有人。

要理解卢卡奇与本雅明的第二个差异就必须要理解他们的共同根源:这两个人一开始都背井离乡,游历四方。他们都想得到的"自然的"归属状态受到了阻碍:卢卡奇和本雅明都没能成为"被同化的人"或者民族主义者。这种转变不可能发生,既因为特定的历史环境,也因为同化根本不在救赎的水平上,但恰恰是在这里他们的共性消失了。卢卡奇总是钟爱普遍性:起初是共产主义,后来是"人类解放"。只是有到晚年他才发现自己的匈牙利性而不是犹太性,但即便在那时他也没有对此深信不疑。在这方面,本雅明是一个分裂的存在。一方面他也专注于普遍性。从《德意志悲苦剧的起源》中出现的历史的濒死的面孔,到1940年最后的哲学片段中的历史的天使,他总是对普遍性抱有强烈关切。然而,他总是比卢卡奇更"自然地"寻找他的根源。他对犹太教神秘主义的持久兴趣证明了他对身份的追求。谁又会怀疑,对于卢卡奇和本雅明身上的背井离乡性问题的这两个对立的解决方案,或者更准确地说是不加解决的方案,不是"自由漂浮的知识分子"的朝圣之行的典型特征呢?

但是最后的差异也许最为重要。本雅明本人以独特的、极具个性的方式体现了他自己的原则:生命是一个被中断的连续体,它不承认进化。新的思想确实涌现在他的视域中;新的态度却从来没有出现在他的宇宙中。在不同的星星下出现的形式各异的救赎仍然是他不变的原则,这既是他的长处,也是他的主要弱点。然而卢卡奇的经历代表了一个知识分子从救赎者到新苏格拉底主义教育者的演变,即作为教育者的知识分子反过来也被其他人教育,例如被1956年匈牙利革命过程中崛起的工人阶级所教育。于是我们回到了起点:尼采以及他向据称遭到错误理解的苏格拉底的世界时代所发表的开战宣言。如果卢卡奇从无意义的历史污秽中救赎出来的典型生命中只存在一条重要信息,那就是放弃知识分子的救赎者角色,拥抱知识分子的新苏格拉底主义教育者角色。

(韩雅丽 译)

作为20世纪存在主义先驱的卢卡奇[*]

[匈]伊斯特万·费赫尔

非常高兴能够受邀来参与此次题为"匈牙利的学术贡献"的研讨会。我很荣幸能在这次会议上发言,就匈牙利在哲学领域中的学术贡献谈一点粗浅的看法。

不同国家在不同时期都对"学术"有着或多或少的贡献,这是否就说明"学术"是某种坚实而永恒不变的事物呢?这种提问方式多少隐含着柏拉图式的观点——在当今这个以后现代主义为特征并实际上受其冲击的时代——似乎比以往任何时候都更具争议。尽管如此,我们也许并不需要直接提出如此重要的问题。避免提出此类问题的一种方法,或许就是将本次会议的主题理解为,尝试评价匈牙利在不同时期的贡献在多大程度上接近、等于或赶上某一学科在某一特定时间所达到的最高水平。在哲学领域,如今公认的20世纪最杰出的思想家之一马丁·海德格尔,对许多学科都产生了深远的影响。因此,一些诠释者试图发现并论证他和格奥尔格·卢卡奇的思想具有相似之处,这种做法

---

[*] 本文出处:István Fehér, "Lukács as a Precursor of 20th Century Existentialism", in *Hungarian Studies*, 12/1—2, 1997, pp. 73 - 83.
伊斯特万·费赫尔(1950—2021),曾任布达佩斯罗兰大学人文学院荣誉教授,哲学史系主任,匈牙利科学院院士。主要研究领域为19世纪和20世纪欧陆哲学。

并非无足轻重。海德格尔在第一次世界大战后所推动的转向也被称为解释学转向①，与著名的"语言学转向"意义相当，甚至比之更加重要，几个重要的事实都证明了它在此后几十年里产生了持久的影响。他在第二次世界大战后发起的运动后来被人们称为存在主义——尽管海德格尔本人坚决不认可这个术语，认为这一理论既未恰当界定他的思想又过时已久，但这场以解释学或解释学哲学为名的运动至今仍颇具影响。②

吕西安·戈德曼，一位罗马尼亚裔哲学家，他在法国生活，也在法国出版了他一生中最重要的一些著作，正是他最先提出了一个惊世骇俗的论题，即卢卡奇和海德格尔的哲学发展之间存在严格的相关性。戈德曼的这番言论收录在他的康德论著（该书于1945年首次出版）的附录中，可总结为两点：第一，卢卡奇的论说文集《心灵与形式》可被视为现代存在主义的基础，因为它提前使用甚至在一定程度上阐明了后来海德格尔的**本真性**（Eigentlichkeit）和**非本真性**（Uneigentlichkeit）的

---

① 参见 David C. Hoy, "Heidegger and the Hermeneutic Turn", in Ch. Guignon (ed.), *The Cambridge Companion to Heidegger*, Cambridge: Cambridge University Press, 1993, pp. 170 - 194。同样可以参考我的论文 Istvan M. Feher, "Heidegger's Postwar Turn: The Emergence of the Hermeneutic Viewpoint of His Philosophy and the Idea of 'Destruktion' on the Way to *Being and Time*", in John D. Caputo and Lenore Langsdorf (eds.), *Phenomenology and Beyond: Selected Studies in Phenomenology and Existential Philosophy*, Vol. 21, pp. 9 - 35; also in *Philosophy Today*, Vol. 40, n. 1, Spring 1996。

② 奥托·珀格勒（Otto Pöggeler）认为"所谓的存在主义恢复了生命哲学的动机，将自身与现象学哲学紧密相连"；但是"它获得其突出形式的方式不是将'私人'有限的状况当作它的出发点，因为它的问题是，哲学和技术是如何塑造我们的世界的，或者艺术和人文科学在一个技术主宰的世界里有什么样的意义，诸如此类。如果这种哲学试图理解和解释我们面对世界中的特定领域的不同方式，如果它因此试图诉诸哲学的历史，也就是说，它自己的历史，那么人们就有资格来讨论一种'解释学'哲学，而不是'存在主义'或生存论上的存在论和现象学"。(O. Pöggeler, "Hermeneutische Philosophie," in *Heidegger und die hermeneutische Philosophie*, Freiburg/München: Alber, 1983, p. 25.) 参见最近的论述："（在当代哲学中）解释学实际上已经取代现象学和生存论哲学，成为所谓的欧陆哲学的主要形式；这样一来，它也同时继承了它们的遗产。" (Jean Grondin, *Der Sinn für Hermeneutik*, Darmstadt: Wissenschaftliche Buchgesellschaft, 1994, p. XII.) 更详细的内容参见 J. Grondin, *Sources of Hermenutics*, Albany, New York: The State University of New York Press, 1995, p. 1ff., 也可参见 Gunter Scholtz, "Was ist und seit wann gibt es 'hermeneutische Philosophie'?", in *Dilthey-Jahrbuch für Philosophie und Geschichte der Geisteswissenschaften*, 8 (1992 - 1993), pp. 93 - 119。

概念;第二,《存在与时间》(Being and Time)整体上与卢卡奇《历史与阶级意识》进行了一场隐蔽的、也许是无意识的论战——戈德曼认为《历史与阶级意识》彻底克服了作者早期的存在主义。① 不幸的是,戈德曼英年早逝,未能详细阐述这个主题。他的遗著只包含一篇导言和由他的学生们编辑的听课笔记。② 在这部作品中他几乎只关注了第二点,没有讨论第一点。这个问题直到今天也没有定论。在我看来,戈德曼的观点是相当合理的。此外,卢卡奇和海德格尔在1970年戈德曼去世后出版的一些作品似乎也为戈德曼的论点提供了更多的证据,这既使他的观点变得更为复杂,同时又揭示出了新的维度。

在接下来的内容中,我会对戈德曼的两个观点中的第一个观点进行更加详细的解释。在这个过程中,我希望最终能在20世纪初德国和奥匈帝国的代表性思想变化和哲学思潮的背景下对此观点进行评估。

海德格尔在《存在与时间》中的一个中心主张是,传统哲学在对人的描述中,使用了完全不充分的概念,如"我思"、"主体"、"精神"、"人格"、"思执"(res cogitans)、"一般意识"。这些概念一方面"未就它们的存在进行发问",另一方面又倾向于描述一种"用幻想加以理想化的主体",远不包含"'现实的'主观性的先天性,此在"。③ 相比之下,海德格尔的生存论分析计划探索那些隐藏在古典传统中的维度,这些维度最终也可以用来解释这些虚假主体得以存在的原因。在海德格尔看来,

---

① 参见 Lucien Goldmann, *Mensch, Gemeinschaft und Welt in der Philosophie Immanuel Kants. Studien zur Geschichte der Dialektik*, Zürich/New York: Europa Verlag, 1945, p. 241ff。在该书的法文版中,戈德曼删去了这篇附录。*La communauté humaine et l'univers chez Kant*, Paris: Presses Universitaire de France, 1948.
② Lucien Goldmann, *Lukács et Heidegger*, Fragments posthumes établis et présentés par Youssef Ishaghpour, Paris: Denoël/Gonthier, 1973; *Lukács and Heidegger: Towards a New Philosophy*, London: Routledge & Kegan Paul, 1977.
③ Martin. Heidegger, *Being and Time*, trans. J. Macquarrie and E. Robinson, New York: Harper & Row, 1962, p. 43f, 125f, 272.

人的存在,即此在(Dasein)①,与其他一切事物的存在截然不同,因为此在的基本特征是向来我属的。然而人的存在也可以不属于他们自己,而且他们经常如此。海德格尔将这两种主要的存在模式称为本真性和非本真性。最初,人总是以一种非本真的方式生活着,他只能在向死而在和决心(Entschlossenheit)中才能获得本真性。本真存在的概念经常被一些学者非常粗鲁地解释为某种对日常生活的贵族主义的超越和轻蔑——如果仔细阅读相关文本就会发现,这种解释没有任何根据。鉴于本真性源于非本真性,它永远离不开非本真性;可以说,它被遮蔽住了。如果用一个悖论式定义来界定本真性的话,它不过是从非本真存在到本真存在的不断转变或穿越。本真性不是与非本真性对立的一种独立自主的领域。简单来说,本真性在于有意识地为一个人的多种可能性设定限度,这一限度从当下起就处在一个人的终极可能性即死亡的背景下。一旦下定决心,就能把一个人的生活变成一个整体(Ganzheit),并赋予其自我(Selbstheit)。在海德格尔那里,本真性的结构包含了整体或总体性与自我之间相互关联的要素。"向死而在"是对整体性问题的根本回答,也是对自我问题的解决之道。② 这种本真性概念中的结构性要素与卢卡奇的早期作品相关联,甚至有时术语都是相同的。

　　寻求本真的存在,寻求自我,是卢卡奇《心灵与形式》中最重要的文章——《悲剧的形而上学》的中心主题。"人类存在最深切的渴望是……人对自我的渴望,"③卢卡奇写到这里发现,只有悲剧的英雄才能触碰到它。"在日常生活中,我们对自我的体验(erleben wir uns)是只

---

① 参见 Martin Heidegger, *Being and Time*, trans. J. Macquarrie and E. Robinson, New York: Harper & Row, 1962, p. 168, 224, 344f。
② 详细解释这两个要素在海德格尔本真性概念中的相互关系,可参见我的论文"Eigentlichkeit, Gewissen und Schuld in Heideggers 'Sein und Zeit': Eine Interpretation mit Ausblicken auf seinen späteren Denkweg", in *Man and World*, 23, 1990, pp. 35–62, esp. p. 36f。
③ Georg Lukács, *Soul and Form*, trans. Anna Bostock, London: The Merlin Press, 1974, p. 162. (德文初版:*Die Seele und die Formen*, Berlin: Egon Fleischel, 1911;匈牙利文初版:*A lélek és a formák. Kísérletek*, Budapest: Franklin, 1910.)

浮在表面的";"在这里我们的生命没有真正的必然性";"生命中没有什么是明确的。"①奇怪的是,实现自己的个性竟与去个性化同时出现,这里去个性化是指摆脱并抛弃日常生活中的人所特有的各种扰人的心理动机和特性。决定现代生活人际关系的个人习惯、风俗和取向获得了丰富性和支配地位,这在卢卡奇看来标志着退化、消散和物化。他称之为"心理学"或"经验心理学"的领域,连同它在艺术和印象主义中的反映,是一个严重阻碍人际交往的混乱领域。在对心理学的厌恶中,卢卡奇的态度显然与当代许多思想家的反心理主义相似,如胡塞尔和维特根斯坦②,同样还有海德格尔,海德格尔认为心理学绝对称不上探究人类存在的主导科学。③

卢卡奇力求用界限(Grenze)概念展示从非本真存在向自我的转变,它也可以用来区分这两种生活方式。因为非本真存在不知道界限,所以毫不奇怪,英雄发现自己和自己个性的那一刻也是他意识到自己无法逾越的界限的那一刻。"对界限的体验是心灵获得意识和自我意识的觉醒。"④卢卡奇意味深长地指出,正是界限使英雄获得自我,而这个界限本身就是死亡。然而卢卡奇解释,界限不应该被认为是纯粹外在的。它"只是从表面上看是一个限制和毁灭可能性的原则。对于已经觉醒的心灵来说,它是对真正属于自己的东西的认知"⑤。界限只有从非本真的人的角度出发才被认为是外在的,对他们而言,真正的存在和自由等同于"从所有束缚中解放出来……从每一个强有力的内部束

---

① Georg Lukács, *Soul and Form*, trans. Anna Bostock, London: The Merlin Press, 1974, pp. 157, 40.(此处和后文中引文有轻微改动。)
② 例如参见维特根斯坦的《逻辑哲学论》5.641; E. Husserl, *Logische Untersuchungen*, Vol. 1, esp. §§17ff.
③ 参见 Martin Heidegger, *Being and Time*, trans. J. Macquarrie and E. Robinson, New York: Harper & Row, 1962, §10。
④ Georg Lukács, *Soul and Form*, trans. Anna Bostock, London: The Merlin Press, 1974, p. 161.
⑤ Georg Lukács, *Soul and Form*, trans. Anna Bostock, London: The Merlin Press, 1974, p. 162.

缚中解放出来"①。意识到界限就是获得一种新的、确切的知识。然而在日常生活中,"人们讨厌和害怕明晰的东西"②。除了与后来海德格尔的分析有明显的相似之处,这里我们也遇到了术语上的一致性。因为海德格尔用来描述非本真存在、"常人"(das Man)的一个概念就是"模棱两可性"(Zweideutigkeit)。③

"界限"(Grenze)这个词在海德格尔那里比较少见,每当它出现时,它的含义是不同的。然而,具有非常一致的方法论功能并得到详尽阐发的还有一个概念:**有限性**(finitude)。我来引用两个例子:"溺乐、拈轻避重这些自行提供出来的近便的可能性形形色色、无终无穷,而生存的被掌握住的有限性就从这无穷的形形色色中扯回自身而把此在带入其命运(Schicksal)的单纯境界之中。""只有那同时既是有限的亦是本真的时间性才使命运这样的东西成为可能……"④同样应该注意的是,"命运"这一概念也出现在了卢卡奇的《悲剧的形而上学》一文中,被当作本真的存在方式,这同海德格尔是一致的。另一个相似之处便是卢卡奇和海德格尔都在他们的分析中将本真和罪责联系在一起。⑤

卢卡奇对日常生活的界定与海德格尔对日常生活(Alltäglichkeit)和常人的分析非常相似。然而重要的区别在于,卢卡奇使用生动形象的论说文,而海德格尔使用的是高度凝练的现象学语言。在描述日常

---

① Georg Lukács, *Soul and Form*, trans. Anna Bostock, London: The Merlin Press, 1974, p. 173 ["von allem, was stark und von innen bindet"].
② Georg Lukács, *Soul and Form*, trans. Anna Bostock, London: The Merlin Press, 1974, p. 153.
③ 转引自 Martin Heidegger, *Being and Time*, trans. J. Macquarrie and E. Robinson, New York: Harper & Row, 1962, § 37。
④ Martin Heidegger, *Being and Time*, trans. J. Macquarrie and E. Robinson, New York: Harper & Row, 1962, pp. 435, 437.
⑤ "经由罪责,人对所有发生在他身上的事都说'是';通过把它当作自己的行为和罪恶,他征服了这一切……"(参见 G. Lukács, *Soul and Form*, trans. Anna Bostock, London: The Merlin Press, 1974, p. 165);关于海德格尔,请参阅我的论文"Eigentlichkeit, Gewissen und Schuld in Heideggers 'Sein und Zeit': Eine Interpretation mit Ausblicken auf seinen späteren Denkweg," in *Man and World*, 23, 1990, p. 44ff.

生活时，卢卡奇不拘泥于一个词；他使用诸如"普通的生活"（gewöhnliches Leben）、"现实生活"（wirkliches Leben）或单个词"生活"（Leben）等表达方式。然而，在卢卡奇写于第一次世界大战期间，但直到他去世后才于1974年出版的《海德堡美学》(*Heidelberg Aesthetics*)中，我们可以找到他对日常生活的一个严谨的哲学分析——在我看来是第一个真正哲学意义上的分析——确定了日常生活的固定术语，即体验的现实（Erlebniswirklichkeit）。在新康德主义—胡塞尔哲学观点的框架内描述"体验的现实"的主体，又可称为"整体的人"（der ganze Mensch），可以被看作是他的早期论说文与海德格尔后来对日常生活的分析之间的中介。

我们可以在这里读到，"整体的人"的特征是"他的主体性的扩张不知道障碍和界限"；"一方面，他作为主体，没有任何与客体的联系……另一方面，他又受制于他的各种体验（Erlebnisse）中的客体：只有当他具有关于一个客体的体验，他才存在。无限的任意性和无规范的束缚所体现的模棱两可性，"卢卡奇总结道，"使主体没有定形、模糊不清"。[1] "无限的任意性（Schrankenlose Willkür）"和"无规范的束缚（normenlose Gebundenheit）"是日常生活中两个对立但又紧密相连的极端。正如他之前所写，一切均有可能是因为一切未曾实现，反过来一直说，一切未曾实现是因为一切均有可能，并一直保持着可能。[2] 形容词"无定形的"（gestaltlos）和"模糊不清的"（verschwimmend）让我们想起了"常人"的世界，特点是"每个人都是他人，而没有一个人是他自己"[3]。

---

[1] "主体性束缚的扩展，然而，另一方面，它完全受经验对象的支配。它只是在体验……对象中的某物……这种无限的随意性和无规范的束缚的模棱两可使主体本质上……无定形和模糊不清……"(Georg Lukács, *Heidelberger Ästhetik*（1916 - 1918）, in Lukács, *Werke*, Vol. 17, Gy. Márkus and F. Benseler (eds.), Darmstadt und Neuwied: Luchterhand, 1974, p. 34.)

[2] 参见 Georg Lukács, *Soul and Form*, trans. Anna Bostock, London: The Merlin Press, 1974, p. 153。

[3] Martin Heidegger, *Being and Time*, trans. J. Macquarrie and E. Robinson, New York: Harper & Row, 1962, p. 165.

在另一本论说文集《审美文化》(*Aesthetic Culture*)中,卢卡奇写道,彻底的自由是最可怕的束缚、最残酷的奴役,因为人受制于不断变化的瞬间和偶然带给他的东西。① 一切统一之物的消解,或者如他所写,"每一个强大的内在联系"的瓦解,都是自由在非本真存在的世界中的体现。这些正是海德格尔的术语"无根性"(Bodenlosigkeit)和"消散"(Zerstreuung)等描述的现象。② 卢卡奇抱怨说,每一种稳定性都从生活中消失了,相反本真存在应该显示出稳定性,这绝非偶然。海德格尔也格外强调自我的稳定性;在他对本真性,对"先行的决心"(vor-laufende Entschlossenheit)的分析中,他将"自我性"(Selbstheit)、"常驻性"(Ständigkeit)和"独立自驻性"(Selbständigkeit)的结构元素结合起来。在他的一个具有启发性的典型再造词中,他对比了"独立自驻性"(Selbst-ständigkeit)与常人的"常驻于非自身的状态"(Unselbst-ständigkeit)、物的"持存性(Beharrlichkeit)"。③ 稳定性作为一个要素也包含在卢卡奇的"界限"概念中。他在《悲剧的形而上学》中写道,"(心灵)存在是因为它有界限,正是因为它有界限,它才存在",在关于斯特恩(Sterne)的对话体论说文中,一个主人公这样说道:"我们绝不能忘记,我们内心的界限不是由我们自己的虚弱、怯懦或感性能力的缺失所划定的……而是由生活本身划定的。……我们觉得我们的生活只是在这些界限以内,界限以外的都是病态和消亡。无序状态是死亡。因此我反感无序,以生活的名义与无序抗争,以生活的富矿的名义与之抗争。"④

---

① Georg. Lukács, "Esztétikai kultúra", in Lukács, *Ifjúkori művek (1902—1918)*, Á. Timár (ed.), Budapest: Magvető, 1977, p. 425;第一版出自 Lukács, *Esztétikai kultúra*, Budapest: Athenaeum, 1913。

② Martin Heidegger, *Being and Time*, trans. J. Macquarrie and E. Robinson, New York: Harper &·Row, 1962, p. 43, 223, 441f.

③ Martin Heidegger, *Being and Time*, trans. J. Macquarrie and E. Robinson, New York: Harper &·Row, 1962, § 64: 364ff, especially 369f.

④ Georg Lukács, *Soul and Form*, trans. Anna Bostock, London: The Merlin Press, 1974, p. 128f.

反感人成为上帝的观念以及关于无限和绝对的观念——而这些观念几乎是古典哲学不可或缺的必要条件——也是两位思想家的文本中反复出现的主题。卢卡奇和海德格尔认为，人为了能够以人的身份生活和行动，应该接受他们的有限性和界限，使之成为他们活动的条件。"只有一个关于人的抽象的绝对观念才会认为一切关于人的事情都是可能的。"卢卡奇意味深长地评论道，并暗示这些观念只会使人越来越感到无根。当神的存在用来称呼人时，这一观念就变得矛盾了，他引用了保罗·恩斯特的话："当我无所不能时，我还能想要什么吗？"他继续问："神能活着吗？"[1]他当然不是在问神的生命的可见性，而是在问：如果人是不受限的，他还能活着吗？也就是说，他还有目标并实现它们吗？完美不是让每一个鲜活的存在都变得不可能吗？至于答案，卢卡奇自己当然暗示过但并没有给出明确的答案，或许维特根斯坦的话给出了答案："不仅没有什么能保证人类灵魂在时间上的不朽，"他写道，"……而且，在任何情况下，这种假设也完全不能实现它一直以来意图达到的目的。还是说我的永生解开了某个谜？永生不也像我们现在的生活一样是个谜吗？"[2]我认为没有必要去关注"界限"和其他类似的概念在《逻辑哲学论》(Tractatus)及后来的著作中所起的中心作用，也没有必要关注维特根斯坦不断拒绝人具有无限自主性的思想。[3] 在上述表述中，维特根斯坦直接颠倒了基本问题。而且海德格尔也认为，最需要回答的问题不是人为什么是有限的而不是无限的，或者人是否能够达到无限以及如何达到无限；要问的问题是，为什么以及在

---

[1] Georg Lukács, *Soul and Form*, trans. Anna Bostock, London: The Merlin Press, 1974, p. 161, 162.

[2] Ludwig Wittgenstein, *Tractatus logico-philosophicus*, 6.4312.

[3] 参见《逻辑哲学论》序言(Ludwig Wittgenstein, *Tractatus logico-philosophicus*, London: Routledge and Kegan Paul, 1922, p. 27)，还可进一步参阅该书的5.6和5.61。对维特根斯坦保守主义世界观的详细探讨，参见 Ch. Nyiri, "Wittgensteins's Later Work in Relation to Conservatism", in B. McGuinness (ed.), *Wittgenstein and His Times*, Oxford: Blackwell, 1982, pp. 44–68.

什么条件下,本来绝对有限的人会去问关于无限的问题,即它所暗示的人不断追求无限的生命形式会不会引领他走向自我。①

那是哲学在 20 世纪初期的新起点,一个既可以超越又可以彻底理解古典哲学视角的出发点:克服它的限制,但仍然没有与它完全决裂。关于绝对的问题,我们不应当简单地将其看作一种历史遗迹然后完全抛弃;也不能不加批判地接受它,把它当作任何时候的哲学都应该发问的一个必要问题。它可以被保留下来,但无论如何,它的意义从一个时代到另一个时代可能经历的偶然变化,都要加以考虑。从这个角度看,我认为,如果说对绝对的攻击意味着与其彻底决裂,那就太夸张了:这更多意味着放弃它的旧概念并制订一个新概念。正因为如此,有限的本真存在的概念不单单与绝对概念对立,它也是一个全新的绝对概念。

最后,我们可能会问,为什么这些重要的思想家们要攻击**那种**绝对思想——一种最终使 19 世纪为之着魔的思想?答案显而易见,因为与其相关的希望和期望尚未实现,或只实现了一部分。但是我认为同样真实的是,或许更加真实的是,20 世纪初奥匈帝国和德国的思想环境发生变化正是因为那些思想**的确**实现了,人们通过攻击从而揭示出那些思想的内部矛盾,它们最后变成了它们各自的对立面。例如,完全自由的思想在实践中变成了一个充满非本真的、平庸的、日益机械化的生活的世界,一个"常人"的世界——这恰恰抵触了这一思想的内涵。这些思想家完成了对这一事实的诊断,扩展了关于理解这一事实的相关概念,并且以新的方式理解人类及其世界的哲学视角——这一视角自身也在他们后来的哲学思想中

---

① 关于无终的时间的非原始性及其从有终的时间中的推导,参见 Martin Heidegger, *Being and Time*, trans. J. Macquarrie and E. Robinson, New York: Harper &Row, 1962, § 65 (esp. 378ff.), and § 81 (esp. 476f)。

经历了各种转变。①

（孙建茵、马爽 译）

  鉴于本文的具体目的，不妨再提出两点。首先，不可忽视的是，卢卡奇与海德格尔的立场之间存在几处重大差异，在这里不能进一步讨论。最主要的一个可能是，海德格尔的本真存在与青年卢卡奇对它的理解相冲突，海德格尔的本真存在也与晚年卢卡奇在他后来的著作（主要是在《理性的毁灭》中）中考察海德格尔立场的方式相冲突，并不具有必定悲剧的特征。扬·帕托契卡（Jan Patočka）特别强调这一点，他声称海德格尔"对向死而在的分析得到了卢卡奇的简单讨论；不过这只是流俗之见"。他接着指出，"卢卡奇继续用他自己在《悲剧的形而上学》中的术语来理解它……他完全忽略了这样一个事实，海德格尔的此在以及它的本真的存在并不一定具有悲剧性质，此在不是在实际死亡的过程中，而是在它承担责任，并以负责任的方式敞开的过程中达到了不可避免的生存高度"。帕托契卡还补充说——这是卢卡奇和海德格尔之间的另一个差异——"这里（海德格尔）不涉及脱离社会和历史领域的问题，情况正好相反：这是一个彻底向这些领域敞开自己的问题，或让自己为它们保持敞开的状态。卢卡奇以这样的方式解释海德格尔哲学，使他沦为自己的存在主义开端的俘虏，未能有条理地思考自己的存在主义。海德格尔的主要意图，即打破封闭的主体性概念，因此被完全忽视了"。（Jan Patočka, "Heidegger vom anderen Ufer", in *Durchblicke: Martin Heidegger zum 80. Geburstag*, Frankfurt am Main: Klostermann, 1970, pp. 394 - 411.）

---

① 例如，卢卡奇后来想要采取黑格尔—马克思的历史哲学的观点，戈德曼认为这是对他早期存在主义的一种克服；再后来，他放弃这一尝试，并含糊地认同一个比较正统的辩证唯物主义观点。关于戈德曼提出的第二个观点，以及在卢卡奇和海德格尔的哲学道路和政治活动背景下对二人进行比较，请参阅我的论文: "Heidegger und Lukács. Überlegungen zu L. Goldmanns Untersuchungen aus der Sicht der heutigen Forschung", in *Mesotes. Zeitschrift für philosophischen Ost-West-Dialog*, 1/1, 1991, pp. 25 - 38; "Heidegger und Lukács. Eine Hundertjahresbilanz", in I. M. Fehér (ed.), *Wege und Irrwege des neueren Umganges mit Heideggers Werk. Ein deutsch-ungarisches Symposium*, Berlin: Duncker & Humblot, 1991, pp. 43 - 70; "Fakten und Apriori in der neueren Beschäftigung mit Heideggers politischem Engagement", in D. Papenfuß and O. Pöggeler (eds.), *Zur philosophischen Aktualität Heideggers*, in *Philosophie und Politik*, Vol. 1, Frankfurt am Main: Klostermann, 1991, pp. 380 - 408. 对于卢卡奇与海德格尔在哲学史语境中的比较，可以参考我的论文: "Lask, Lukács, Heidegger: The Problem of Irrationality and the Theory of Categories", in C. Macann (ed.), *Martin Heidegger. Critical Assessments*, Vol. 2, London: Routledge & Kegan Paul, 1992, pp. 373 - 405; "Parallelen zwischen Heideggers und Lukács' Schelling-Interpretation", in H. M. Baumgartner and W. G. Jacobs (eds.), *Philosophie der Subjektivität? Zur Bestimmung des neuzeitlichen Philosophierens*, Vol. 2, Stuttgart- Bad Cannstatt: Frommann-Holzboog, 1993, pp. 391 - 402.

第二点与最近才发现的卢卡奇和海德格尔的联系有关,它可能预示了当代解释学哲学的某些主要特征(见注释和上文)。跟随吕西安·戈德曼的建议,伽达默尔最近声称,卢卡奇的海德堡手稿中的某些段落,可能受到了埃米尔·拉斯克的反唯心主义转向和他对美国实用主义的看法的影响,这些片段显示出后者的影响(甚至涉及术语的影响),并且接近于海德格尔在《存在与时间》中对周围世界的分析。参见 H.-G. Gadamer, "Erinnerungen an Heideggers Anfänge", in *Dilthey-Jahrbuch für Philosophie und Geschichte der Geisteswissenschaften*, 4, 1986/87, p. 24。按照伽达默尔的提示,我们看到卢卡奇确实将他所说的"体验的现实"(Erlebniswirklichkeit)界定为一个"实用主义的世界",如果我们想要找到与海德格尔的相似之处或对海德格尔的预示,下面的一段话是有用的:"对体验的现实的'思',就是去把握实体的真实性,对抗、抑制或促进行为的'作为整体的人'。"(Lukács, *Heidelberger Ästhetik*, p. 29,31.)如此界定的(而不是作为术语强调的)"对体验的现实的思",明显类似于海德格尔的"寻视"(Umsicht),即"使用着操作着打交道不是盲目的,它有自己的视之方式,这种视之方式引导着操作……是寻视(Umsicht)"。(*Sein und Zeit*, Tübingen: Niemeyer, 1979, S. 69;或者 Martin Heidegger, *Being and Time*, trans. J. Macquarrie and E. Robinson, New York: Harper & Row, 1962, p. 98.)"对体验的现实的思"与"寻视"的共同点特别体现为,它们都不是对现有理论知识的应用;卢卡奇在《海德堡美学》谈道:"从定义上讲,在经验现实层面上,沉思的'思'是不可能的,因为通过最简单的思维方式,经验的现实被废除了……然而,毫无疑问,思维是不能被排除在'整个人'的经验之外的。"(Lukács, *Heidelberger Ästhetik*, p. 31.)至于在海德格尔那里:"'实践的'活动并非在茫然无视的意义上是'非理论的',它同理论活动的区别也不仅仅在于这里是考察那里是行动,或者行动为了不致耽于盲目而要运用理论知识。"(Martin Heidegger, *Sein und Zeit*, Tübingen: Niemeyer, 1979, S. 69; Martin Heidegger, *Being and Time*, trans. J. Macquarrie and E. Robinson, New York: Harper & Row, 1962, p. 99.)

"为何不选择卢卡奇?"
或者:关于非资产阶级的资产阶级存在[*]

[匈]拉兹洛·塞凯利

引 论

1992年,在匈牙利南部小城塞格德的一处私人花园,一位匈牙利共产主义思想家的雕像隆重揭幕。1948—1989年间的匈牙利人民经常目睹这样的事件:匈牙利政府以及其他官方组织为卓越的共产主义者、共产党领袖以及官方认定的工人阶级英雄人物竖立雕像和纪念碑。然而,塞格德的这尊雕像竖立于20世纪90年代初,正是所谓的社会主义政治系统和意识形态倒塌的时候。那时不再竖立新的共产主义者雕像和纪念碑,而原有的雕像和纪念碑也被从公共场所移除,这是一场激烈的政治和意识形态斗争的一部分内容。

这样一来,塞格德的雕像就变得愈发有趣,因为在这一时刻聚集在赛格德的人不是那些共产主义者的地下群体,后者不能接受共产主义

---

[*] 本文出处:László Székely,"'Why Not Lukács?' or: On Non-Bourgeois Bourgeois Being," in *Studies in East European Thought*, Vol. 51, No. 4, 1999, pp. 251-286.
拉兹洛·塞凯利,匈牙利科学院哲学所高级研究员,布达佩斯罗兰大学客座教授,研究方向为哲学史、认识论和科学哲学。

政权的变更和崩溃。这些人是来自于不同领域的哲学和人文社会科学的教授和研究者,他们接受民主变革,在塞格德的学术圈广受尊重。揭幕仪式不是一场秘密集会。尽管雕像的选址是一处私家花园,但庆祝活动却是一次公共事件,塞格德的大学和学术组织都收到了印刷版的邀请信。

熟悉前几十年的东欧意识形态史特别是匈牙利意识形态史的人,也许早已猜到我们讨论的这位共产主义思想家就是匈牙利哲学家格奥尔格·卢卡奇。格奥尔格·卢卡奇是在1989—1990年政治变革后的匈牙利知识界中唯一一位没有完全失去名誉的共产主义者。尽管如此,他之前的盛誉在1990年后也已崩塌。就连他的名字和著作也遭到新政权和反共意识形态代表的攻击。他的雕像已从公共场所移除[1]。唯一的公共纪念物是他最后的居所(卢卡奇档案馆现址)墙上的大理石标牌,保留着在匈牙利共产主义政权倒塌后人们对他的怀念,而在1990年的某个午夜,它被人用锤子砸坏并泼上血一般的红漆。虽然卢卡奇在一些匈牙利知识圈层中仍然保持着声誉,但因为这件事,在20世纪90年代早期为卢卡奇立像是一种不寻常的、孤立的、极端的(甚至是勇敢的)行为,表达了仪式参加者对这位匈牙利哲学家的特殊的喜爱。

聚集在雕像周围的人大多是"卢卡奇学术圈"的成员,这是一个由特别喜爱卢卡奇理论的塞格德教育工作者和学术研究者组成的半正式组织。几年前,这个学术圈出版了一本题为《为何选择卢卡奇?》(Why Lukács?)的集刊,仿佛他们想要事先解释为何他们认为卢卡奇在匈牙利共产主义政权解体以及共产主义历史视角消失之后仍然值得立像。

在此文中,我将尽力回忆20世纪70年代晚期特殊的学术氛围,它是这个学术圈建立和展开工作的前提条件。继而,本着一种反对

---

[1] 塞格德的卢卡奇雕像最初位于匈牙利科学院的中心建筑中。移走以后,时任塞格德教师培训学院哲学部主任的蒂伯·萨博(Tibor Szabó)为了防止它遭毁坏,将其以象征性的价格买下。

此前提到的那本集刊（借此也要反对本文作者以前的思想，他曾是"卢卡奇学术圈"的前成员以及《为何选择卢卡奇？》这本集刊的合著者）的精神，我试图批判性地重述当时许多青年匈牙利哲学家以及社会科学家崇拜卢卡奇哲学的特定动机。换言之，我将论述我们当时为何选择卢卡奇，以及为何我现在认为，我们在卢卡奇哲学引导下的思想道路是一条虚假的路径，无论从今天的视角还是20年前的视角来看都是如此。我的论文既不会去分析卢卡奇的著作及其失误，也不会去分析卢卡奇学术圈成员所写的论文。相反，这篇论文将会批判性地回忆当时的学术环境，它虽然已经成为历史，但在今天仍然产生着一定影响。

如前所述，塞格德的卢卡奇学术圈由一群哲学和社会科学的教师和研究者组成，他们来自乔泽夫·阿提拉科学大学、医科大学以及朱哈兹·久洛师范学院。这个圈子的成员都是他们各自领域中的专家，但是没有人在匈牙利的智识生活中成为主导性的显赫人物。因此，他们的名字不那么重要。然而，这个圈子作为当时匈牙利知识分子中几大有组织的团体之一，值得一些关注。卢卡奇学术圈是匈牙利智识生活中唯一自发的非官方组织，它的基础是卢卡奇哲学的总体声誉。尽管这是一种非典型的个别现象，但它充分反映出卢卡奇在匈牙利社会主义晚期对青年学者的影响。如果仅通过阅读《匈牙利哲学评论》或由卢卡奇最亲近的学生所建立的所谓的"布达佩斯学派"的著作，是不可能发现和理解卢卡奇哲学的影响和地位的。所有这些仅仅表现了卢卡奇的精神在匈牙利精神生活中的"巅峰"地位。然而，如果没有数以百计的哲学教师和社会科学家去阅读卢卡奇及其学生的著作，并成为这种哲学真正的接受者，这一巅峰便不可想象。塞格德的卢卡奇学术圈鲜明地体现出了这个环境。因此，回顾其起源的动机和学术条件，似乎对匈牙利近期的意识形态史而言是一个重要的、无可替代的贡献。此外，在这一背景下，我们必须考虑的是,卢卡奇学术圈中的成员们代表的是不同于布达佩斯学派的另一代人。他们在卢卡奇逝世后接触到的是卢卡奇哲学的完整形态。对他们来说,卢卡奇一生的作品已经是哲学史中的一部分,所以这一代人对卢卡奇哲学的接受没有掺杂布达佩斯学派和卢卡奇之间的关系。

一、20 世纪 70 年代晚期匈牙利的意识形态形势

要界定匈牙利 20 世纪 70 年代与 80 年代之交的政治和意识形态状态,最好的词就是"不明确"。这种不明确被"最令人愉快的喝彩"这一短语表现得淋漓尽致,西方杂志常用它指示匈牙利和所谓的"东欧集团"中的其他国家之间的国情差异。

然而,匈牙利的党和政府在 20 世纪 60 年代秉持的相对自由和宽容的态度并未形成一种固定的政治和意识形态。共产主义力量的钟摆一直在摇摆,一端是企图恢复斯大林主义结构的共产主义保守派,另一端主张政治自由化和经济改革。在这一摇摆中,20 世纪 70 年代的标志性特征是 1971—1973 年间政治趋于保守,不仅叫停了 1966—1968 年开始的改革,并且大大限制了意识形态自由。虽然存在这种转向,但政治形势依旧复杂。虽然反改革的取向仍然居于主导地位,但它自身具有矛盾性,保守派并不能够达到他们的目的。此外,我们在 20 世纪 70 年代末似乎可以看到,保守主义的复辟势头已逐渐耗尽。反改革的措辞逐步消失,对思想作品的控制开始弱化,共产主义者中的斯大林主义保守派领导人贝洛·比斯库(Béla Biszku)被免去党内领导职务,他曾从"左"的立场批判雅诺什·卡达尔(János Kádár)的政策,企图将改革引向捷克斯洛伐克的古斯塔夫·胡萨克(Gustav Husak)和民主德国的埃里希·昂纳克(Eric Honecker)的政策。然而,复辟政治力量的式微并不意味着新一轮改革的开始。党在改革和保守主义之间的无人地带

摇摆不定。

这种不明确同样体现于在匈牙利公共生活中的意识形态和卢卡奇哲学在其中的位置。1973年,负责执行意识形态向保守主义转向的匈牙利党中央委员会意识形态工作组发布公告,矛头直指卢卡奇最亲近的学生,他们因此被禁止参与公共知识分子生活。① 然而,虽然他们激怒了斯大林主义保守派,也受到了明确的限制,但一些基督徒以及左派民族主义思潮仍拥有一定程度的意识形态自由,如果他们保持克制,不直接批判官方政策的话。甚至匈牙利共产党比其他东欧社会主义国家政党更容易接受西方马克思主义特别是西方共产主义内的各种思潮。也许在今天看来这无关紧要,但在当时它意义重大,在欧洲共产主义辩论会上,民主德国、捷克斯洛伐克、苏联的一些意识形态家们认为意大利和法国的共产主义者的新观念和新纲领是修正主义和反苏联主义的现代形式,而匈牙利共产党领袖雅诺什·卡达尔在一次公开访谈中与这种看法保持了距离。当然,这种意识形态宽容具有严格的界限。所以,正面评价"布拉格之春"或在公众面前坚定支持第77和第79号宪章都会引发党和政府的抗拒。

除一些特殊手稿以外,卢卡奇的所有著作都被翻译成匈牙利语出版,甚至出于政治和思想原因遭到禁言的布达佩斯学派的早期论文和哲学专著都可以在匈牙利图书馆中找到。阿格妮丝·赫勒(也许是布达佩斯学派最杰出的成员)的两卷本伦理学专著分别于1976年和1978年在布达佩斯出版。② 然而所有这些并不意味着政权完全放松了前文提到的1973年公告。布达佩斯学派成员依然被当作思想和政治上的敌人,官方意识形态代表急切地指出,卢卡奇的学生们远离了其导师的

---

① 参见"Declaration by the Working Group of the Central Committee for Educational Policy on the Views of Some Anti-Marxian Researchers in Social Sciences", in *Magyar Filozófiai Szemle* 1-2/1973, pp. 159-169。

② Ágnes Heller, *Portrévázlatok az etika történetéből*, Budapest: Gondolat, 1976; *Az ösztönök.-Az érzelmek elmélete*, Budapest: Gondolat, 1978.

哲学,并宣称他们已经与马克思主义决裂。随后,党的官员把这种决裂当成1973年指控布达佩斯学派的后续证明。①

官方意识形态对卢卡奇的看法此时变得含混不清。党和官方学术界还没有尝试将卢卡奇的哲学整合进党和政府的官方意识形态(这种尝试出现于20世纪80年代中期),卢卡奇被官方当作虽有问题但尚可容忍的思想家,认为最好不要对他做出任何官方表态。然而,曾经反对卢卡奇的哲学讲师和教授逐渐退出舞台,他们曾在20世纪五六十年代之交领导了反对卢卡奇的意识形态运动和政治运动,并且后来在将布达佩斯学派驱逐出匈牙利公共生活的过程中发挥了相当大的作用。作为匈牙利哲学教育中心的布达佩斯大学人文学院哲学系研究所(实际被称作"团体")的领导职位,被交给了卢卡奇从前的学生伊斯特万·赫尔曼(István Hermann),尽管他并非布达佩斯学派成员,但他明确视自己为卢卡奇的追随者。人们经常提醒赫尔曼,卢卡奇在晚年时期已经与他决裂,所以他无权宣称自己是卢卡奇的学生。然而,必须记住的一点是,卢卡奇在1956年前关系最密切的学生一直是约瑟夫·斯盖蒂(Jósef Szigeti),他后来领导了反对老师的意识形态和政治运动。与斯盖蒂不同,赫尔曼从未否定过卢卡奇,在1956年以后的艰难岁月中一直支持卢卡奇。②

---

① 虽然布达佩斯学派的成员被禁言,但他们对卢卡奇的《关于社会存在的本体论》著名的批判性注释和对这些注释的介绍(对晚期卢卡奇哲学思想的尖锐批评)被翻译成了匈牙利文,并发表在《匈牙利哲学评论》上;参见 Fehér, Heller, Márkus, Vajda, "Feljegyzések Lukács Elvtársnak az Ontológiáról", in *Magyar Filozófiai Szemle*, 1/1998, pp. 88-114。(原标题为:"Notes on Lukács' Ontology", in *Telos* 29, Fall/1976, pp. 160-181.)
② 关于1945年以后匈牙利意识形态生活信息最丰富的专著仍然是蒂伯·汉纳克(Tibor Hanák)的《未发生的文艺复兴》(*Az elmaradt reneszánsz*, 1979)。尽管汉纳克并不生活在匈牙利,因此不能注意和了解这一时期匈牙利意识形态史的一切情况,但这本著作依然不失为一本有用的手册,也是进一步研究的基础性著作。同时参见阿格妮丝·赫勒的自传体访谈:《骑自行车的猴子》(*A biciklizö majom*, Budapest: Múlt es Jövö, 1998)。

二、20世纪70年代匈牙利大学和非大学类学院中的哲学教育

众所周知,在匈牙利社会主义时期,哲学是高等教育机构的必修课,它覆盖大学和非大学类学院(例如师范学院以及高等技术学院)。哲学自然而然地被理解为"马克思主义—列宁主义"哲学。它的必修性质导致哲学系和学术教育工作者的过剩。这些教育工作者的哲学知识主要来自20世纪50年代,有些来自苏联。他们中的很多人是政治干部或者党务工作者。因而,尽管有少数特例,但是他们接受的哲学教育大多是有限的、片面的。哲学教育普遍的必修性质也体现在大学和学院的教材中。这些教材包括教育和文化部针对所有院系的官方推荐教材,还包括由某些部门专门编写的特殊教材。这些教材在导向和术语上都是保守的,反映出它们的哲学教育工作者的背景。它们总体代表着传统"斯大林主义的"辩证唯物主义和历史唯物主义。

很容易猜到,在哲学教授和讲师中居于支配地位的老一辈哲学教育工作者反对卢卡奇的哲学,认为他是一位典型的修正主义思想家。没有真正读过卢卡奇著作的人,回想起1956年革命失败之后发动的反对卢卡奇的运动;读过卢卡奇著作的人并不认可卢卡奇,认为他极端反对决定他们思维方式的"辩证唯物主义和历史唯物主义"(即布尔什维克—俄国版的马克思主义)。

然而到20世纪70年代,哲学教育工作者的构成逐渐改变。这种改变主要是因为有了新要求。以前甚至连非大学类学院或党校学历都足够满足哲学教育工作者岗位的要求,20世纪70年代则开始要求具有哲学学位。而且,由于哲学课程是面向所有学生的,无论他们学的是人文科学、自然科学还是社会科学,所以对于哲学讲师而言,他们除了要有哲学学位,还需要在自然科学、社会科学或人文科学另获一个学位。

于是,20世纪70年代的哲学系开始出现资质和教育程度更高的群体。他们不光更有资质,而且他们的哲学教育也不同于老一辈同事的教育。哲学教育工作者的学位只能由布达佩斯大学人文学院颁发。于是,青年讲师必须参加布达佩斯大学人文学院哲学系举办的讲座和研讨会。如前所述,彼时哲学系的领导是卢卡奇以前的学生伊斯特万·赫尔曼。在他的领导下,布达佩斯大学人文学院哲学系逐渐被改造。教育的专业水平得到提高;除了马列主义,哲学史获得了重要地位。这不仅仅是因为赫尔曼地位重要。还因为,与匈牙利其他的哲学系不同,布达佩斯大学人文学院哲学系的老一辈哲学教育工作者主要是卢卡奇的追随者;还有一些人既不认同官方马克思主义也不认同卢卡奇的思想,他们认为哲学是一种专业科目而不是意识形态。虽然演讲和研讨会是由卢卡奇的反对者约瑟夫·斯盖蒂所领导的辩证唯物主义系所举办的,这些是官方哲学课程的一部分,但在赫尔曼的演讲中,学生们接触到了一种完全不同的卢卡奇的哲学研究方法。在这些关于哲学史的演讲和研讨会上,他们接触到关于这一科目的非意识形态的、专业性的介绍(不同于斯盖蒂编写的掺杂意识形态的哲学史教材)。

涉及意识形态的各个系的老一辈哲学教育工作者和在20世纪70年代中晚期开始职业生涯的年轻同事之间的关系逐渐紧张。当然,我们的故事是关于20世纪70年代的匈牙利,那时大部分专注于专业的学院哲学的年轻人基本是政治上的左派,他们认为自己是马克思主义者。然而,年轻的讲师们试图区分他们的马克思主义与年长同事的马克思主义,在这一点上,格奥尔格·卢卡奇为他们提供了主要的方向。[1]

---

[1] 《匈牙利哲学评论》1979年3—4期或许是反映支持卢卡奇和反对卢卡奇的马克思主义哲学家之间的紧张关系的最后一份公开记录,因为这一期同时发表了两位著名的反卢卡奇哲学家埃尔文·罗兹斯内伊(Ervin Rozsnyai)和亚诺什·西波斯(János Sipos)的文章与卢卡奇的支持者伊斯特万·赫尔曼的论文。罗兹斯内伊和西波斯的观点具有老一辈哲学教育家的特征。然而,西波斯准确地描述了年轻一代的情况,公开抱怨卢卡奇和布达佩斯学派对年轻知识分子的影响太大。这篇反卢卡奇的论文并不是单独发表的,同一期中还附带一篇支持卢卡奇(转下页)

哲学教育的特殊形势具有更大的社会背景。20世纪70年代的匈牙利青年知识分子对当局的社会和政治状况极度不满,他们中的相当一部分人是左派。他们想要激进的政治改革和社会改革,但并不想实行全面的私有化和再次资本化。在他们心中,更好的未来图景是1968年的"布拉格之春"和民主的、多元的社会主义。当然,匈牙利青年知识分子的意识形态和政治构成是多元的。他们的政治取向既有左派又有右派,在左派代表中间还有拒斥马克思主义的民族主义群体。而且,某些着迷于青年卢卡奇的青年研究者明确反对成为马克思主义者的卢卡奇。然而在20世纪70年代,卢卡奇在匈牙利的影响(特别他对年轻一代的影响)与他晚年哲学传达的历史信息密切相关,它承诺一种同时超越资本主义和反民主社会主义的新的历史视角。对相当一部分匈牙利知识分子而言,卢卡奇成为一个符号,他既投身于民主社会主义的想法,又以激进的、"本真的"方式批评了关于"真正的社会主义"的官方意识形态。("本真的"在此处意味着具有很高的哲学水平,可以建设性地运用马克思主义理论。)

在上文描述的学术氛围和政治环境中,格奥尔格·卢卡奇在许多年轻学者和学生眼中是一个神话般的人物;作为一位载入史册的伟大的真正的哲学家,他是与柏拉图、亚里士多德、黑格尔以及马克思一样值得尊敬的同路人。对他们而言,卢卡奇是真正的哲学家,而日常的政策制定者和官方意识形态代表相比卢卡奇似乎只是插曲般的人物,他们渐渐消逝,不会在历史中留下任何痕迹。

(接上页)观点的论文,这一事实表明,那时反卢卡奇的学术圈正在失去他们在匈牙利的影响力,以及新的反卢卡奇运动也没有希望。罗兹斯内伊和西波斯的论文是最后几篇在匈牙利期刊上从保守的马克思主义角度对卢卡奇哲学进行批判的论文。参见 Ervin Rozsnyai, "Materialista-e a marxi történelemfelfogás?", in *Magyar Filozófiai Szemle*, 3-4/1979, pp. 389-420; János Sipos, "A praxisfilozófia és a materialista történelemfelfogás", in *Magyar Filozófiai Szemle*, 3-4/1979, pp. 441-465; István Hermann, "A társadalmi lény" (Social Being), in *Magyar Filozófiai Szemle*, 3-4/1979, pp. 421-441。

三、塞格德卢卡奇学术圈的成立

塞格德的卢卡奇学术圈在1979年匈牙利这种总体的知识氛围和特殊的哲学教育环境中成立。建立这个学术圈的年轻讲师对大多数年长的同事有着相似的批判性感情,他们坚信哲学和社会科学不仅仅是纯粹的意识形态,而是把这些科目当作真正的智识事业。他们认为在这些学科的帮助下,人们可以讨论当代历史中真正亟须解决的问题,并为现代社会的热点问题找到可能的解决办法。他们相信,有了哲学的帮助,他们可以回答与社会政治形势和人类历史有关的问题。或者也有可能,他们只是试图去发现和学习一种优越的、重要的哲学,这种哲学可以接近当下的人类历史,并言说与之相关的事情。他们统一了信念,坚信格奥尔格·卢卡奇代表了这一类型的哲学。

然而,这些年轻人的思维和情感具有明确的模糊性,但它未被反映出来。一方面,他们是社会主义教育系统内的哲学和社会科学讲师,因而同样是官方意识形态的代表。很多人还是党员。另一方面,他们对政治环境不满,他们把转向卢卡奇的哲学当作对政权的一种智识上的"反叛"。他们同情思想上的左派反对者(后来这些人成为匈牙利民主反对派的一个重要部分),并且对他们的勇敢和对官方权力的激进批判印象深刻。尽管如此,他们不想也不能够承担成为不同政见者后的危险和不便。对他们而言,从感情上讲,参与官方的公共生活以及留在官方体制的框架内也很重要。

还必须强调的是,卢卡奇学术圈对卢卡奇哲学的接受,在一定程度上也是受布达佩斯学派的启发。然而,由于学术圈成员认为自己是马克思主义者,所以布达佩斯学派后来的发展以及与马克思主义的公开决裂使他们感到困扰。在这种情况下,他们对卢卡奇的兴趣也是在含蓄批判布达佩斯学派。

篇幅所限,我们无法展示这个学术圈的历史。我们仅仅强调它是一个既正式又不正式的组织,它是青年教育工作者的思想工作坊,他们偶尔聚在一起讨论哲学问题,分析卢卡奇的著作。它的历史可以通过其成员所写作的论文和著作来追溯。[1] 学术圈发展的顶峰恰逢1989年秋为庆祝学术圈成立十周年举办的会议。参会的除了其成员还有许多其他学者[如布达佩斯学派的杰出成员米哈伊·瓦伊达(Mihály Vajda)]。在我看来,这次大会是在一个极其特殊的历史时刻召开的。一方面,这是共产主义的保守力量和意识形态崩塌的时期。于是,没什么能够阻止自由公开地讨论新出现的哲学问题。这种思想自由在西方和今天的匈牙利都是正常的。然而,在庆祝学术圈成立十周年的前些年,人们无法想象能够在这样的环境下举办关于格奥尔格·卢卡奇的公开会议。另一方面,每个人仍然坚信卢卡奇的哲学切中当下社会,并且在匈牙利的智识生活和政治生活中扮演重要角色。半年以后,1990年的那场剧烈而极端的政治变革扫清了这种幻觉。在新的社会、政治和意

---

[1] 学术圈的第一位领导人是塞格德医科大学的哲学教育者彼得·卡拉克森伊(Peter Karácsonyi),在他不幸早逝后,葛兰西政治哲学家蒂伯·萨博接替了他的位置。1983年,第一卷作为《哲学热点问题》系列的第59卷,由学术圈的"老资历"成员撰写,哲学教育研究生中心编辑,教育部出版,即《关于青年卢卡奇的论文集》(Tanulmányok a fiatal Lukácsról, Budapest, 1983)。先前提到的第二卷《为何选择卢卡奇?》(Tibor Szabó ed., Miért Lukács?, Budapest, Szegedi Lukács Kör, 1990)于1990年由蒂伯·萨博编写出版。对这一学术圈的简要评论可参见 Tibor Szabó, Filozófiai Figyelo?, 1-2/1982, pp. 162-164; Tibor Szabó, Filozófiai Figyelo, 4/1984, pp. 155-157; Dénes Siroki, Hungarian Philsophical Review, 4/1987, pp. 897-902; Tibor Szabó, "Miért olvassuk Lukácsot?", in Tiszatáj, 4/1990, pp. 93-98。第一个十年代表了这一学术圈的卓有成效的"经典"时期。20世纪90年代,学术圈的常规会议和工作坊逐渐销声匿迹。然而,直到今天,学术圈仍是一个以蒂伯·萨博为中心的松散的研究团体。自1990年以来,该学术圈又陆续出版了四部著作:蒂伯·萨博《葛兰西的政治哲学》(Gramsci politikai filozófiai, 1991);蒂伯·萨博《逆风前行:今天的葛兰西和卢卡奇》(Ellenszélben: Gramsci és Lukács - ma, 1993);蒂伯·萨博编《卢卡奇与现代性》(Lukács és modernitás, 1996);蒂伯·萨博、伽柏·泽科西等《哲学的十字路口:关于格奥尔格·卢卡奇的论文》(A filozófia keresztútjain: Tanulmányok Lukács Györgyröl, 1998)。虽然学术圈在1983年出版的第一卷中只放入了成员们的论文,不过在最后三卷中,我们可以看到其他对卢卡奇哲学感兴趣的匈牙利哲学家的文章。可进一步参见 Lello La Porta, "Gramsci e Lukács oggi", in Critica marxista, 4/1994, pp. 71-72; Mária Palcsó, "Lukács és a modernitás", in Magyar Tudomány, 6/1967, pp. 761-762。

识形态条件下,卢卡奇的哲学同马克思主义一起丧失了重要性。

此次会议将前文提到的著作《为何选择卢卡奇?》作为会议论文集加以编辑出版;它反映了卢卡奇哲学在匈牙利的特殊时刻。

四、为何选择卢卡奇?

前文概括了很多年轻匈牙利知识分子(典型例子是塞格德的卢卡奇学术圈的成员)走向卢卡奇哲学的动机。让我们总结一下这些动机并予以全面分析。

(一)政治动机

最重要的政治动机是那些年轻知识分子对社会和政治处境模糊不清,这种处境源于他们的左派(往往是鲜明的马克思主义)政治立场和他们对所谓的"真正的社会主义"的政治环境的失望之间的冲突。对他们而言,相较于"非本真的"当局,卢卡奇代表"本真的"社会主义的马克思主义,批判了国家社会主义的政治条件和官方意识形态,同时,他许诺了另一种马克思主义的选项。

(二)哲学动机

1. 官方马克思主义作为一种政治哲学,既无力回答当时的热点问题,也无力回答"真正的社会主义"的问题。卢卡奇的著作通过把这些问题放在广阔、深刻的哲学语境中,以一种建设性的方式分析了这些问题。

2. 与党的官方意识形态家不同,卢卡奇是作为哲学史上正统的代表人物出现的,他除了审视当代的社会和政治问题之外,还透过现实讨论伟大的古典哲学问题。

3. 上述两个方面是相互关联的。卢卡奇哲学似乎充满了希望,因为他在伟大的古典哲学问题(伦理学和本体论)的语境中讨论了当代的社会问题,并且在理论和哲学的语境中分析了这些问题。他的方法的基础是一种得到本体论支撑的新的马克思主义伦理学的神话,并且他和他的追随者都坚信在这种新理论的帮助下,改变革命的工人运动实践和改变社会主义政治现实都是可能的。

4. 众所周知,无论是就主题还是相较于其他非马克思主义哲学而言,官方马克思主义的哲学视域是有局限性的。相反,卢卡奇的著作引用了丰富的哲学史和当代"资产阶级"哲学家的思想:他的著作和观点似乎属于人的哲学文化总体。

5. 卢卡奇在匈牙利工作,他认为自己是一位匈牙利思想家。与此同时,他还是一位真正的欧洲思想家,他的哲学著作构成了欧洲思想的重要组成部分,并且举世闻名。卢卡奇的匈牙利追随者认为他是一位神话人物,是柏拉图、亚里士多德和其他思想家在当代的同路人。许多匈牙利哲学家和社会科学家相信,卢卡奇通过努力回答当下最重要的问题,成了我们这个时代的黑格尔,为匈牙利带来了哲学的"世界精神"。

综上所述,我们可以说,卢卡奇对于他的追随者而言是一位独一无二的哲学家,他的著作中即便有马克思主义,也与马克思主义官方代表人物的著作完全不同,他的著作属于普遍的人类文化。卢卡奇的著作似乎向他的追随者许诺了一个超越官方马克思主义局限性的视角,使他们得以深刻理解哲学史和现代世界的思想、社会和政治问题。并且,开创了这个绝妙视角的卢卡奇不仅是一位哲学家,还是一位生活和工作于匈牙利的哲学家。

五、卢卡奇——作为一个非资产阶级的资产阶级

上文提到的动机或许回答了20年前一位卢卡奇哲学钻研者的疑

问——"为何选择卢卡奇?"准确把握这一答案的本质的,是格奥尔格·迈泽伊(Georg Mezei)围绕一个悖论性概念展开的论文《为何选择卢卡奇?》,前文提到的论文集的名字便是向这篇论文"借"来的。① 按照迈泽伊的观点,追随者对卢卡奇哲学着迷的秘密就在于哲学家及其哲学的"非资产阶级的资产阶级"特征。

迈泽伊使用匈牙利文的"资产阶级"(polgár)对应于英文的"资产阶级"(bourgeois)这个词,但匈牙利文的"资产阶级"要比法文和英文的"资产阶级"语义更广、更复杂,这一点十分重要。这个匈牙利词[与德语的"市民"(Bürger)相似]也指那些处于封建等级制度之外的、生活在中世纪皇家自由城市中的社会群体,一般指的是晚期封建社会尤其是现代民主资本主义社会中的非贵族的中产阶级的生活方式和伦理、文化价值观。在这种意义上,对于一个匈牙利人而言,"资产阶级"(polgár)一词不但意味着资本主义的"统治阶级",还意味着金融和政治合为一体的生活状况和一个伦理价值、教育和文化的系统,这个系统的独特观念是自由和人的独立。这个广义的"资产阶级"具有较弱的政治意义和较强的文化意义,它更多地与封建主义而非与现代资本主义的工人阶级相提并论。

当然,这个广义的"资产阶级"的含义也有些模糊不清之处,因为它带有一种古典的消极的政治意蕴。在匈牙利语中,"资产阶级"的概念也指被金钱所决定的非本真的、虚假的世界,也指一种墨守成规的、伪善的、不真诚的生活方式,它瓦解了人类的传统价值观。于是,在此意义上,"资产阶级"代表的人类生活状况是真正的人所必须反抗甚至与之决裂的。这些消极的价值和特征全部被资本主义的激进批判者当做资产阶级生活和文化的本质特征,并且成了所有在政治、文化和思想层面上破除并反抗资产阶级生活状况的基础,包括马克思对资本主义的

---

① Georg Mezei, "Miért Lukács?", in *Miért Lukács?*, pp. 149-160.

哲学批判以及我们这个世纪的共产主义政治起义。

然而,"资产阶级"(polgár)一词对于一个匈牙利人而言也有积极的时候,它意味着一体化的生活环境,中产阶级的传统文化和教育,以及与人的独立和自由相关的伦理和政治价值的体系。格奥尔格·迈泽伊的"非资产阶级的资产阶级"概念建立在这一词汇模糊不清的含义之上。这样,他原本自相矛盾的用语就别有意义,并且适合用来揭示卢卡奇和他的追随者的某些思想特征。

迈泽伊阐述道,卢卡奇的个性和哲学吸引我们,因为他凭借一种浪漫人生观拒绝了中产阶级循规蹈矩的生活方式,以及资产阶级世界狭隘的伦理、情感以及思想视角,同时保留了中产阶级的教育和文化。尽管格奥尔格·迈泽伊界定的"非资产阶级的资产阶级"特征主要指向青年卢卡奇,但我认为这个概念同时把握到并且描述了作为马克思主义者的卢卡奇所产生的影响。

用"非资产阶级的资产阶级"来刻画格奥尔格·卢卡奇的生活和哲学,这个词的模糊不清对应着大部分20世纪70年代和80年代之交的匈牙利青年知识分子所处的政治和思想形势以及他们非常模糊不清的情感。格奥尔格·卢卡奇来自一个资产阶级家庭[①],他沉浸于高级中产阶级的教育和文化带给他的最高的思想和伦理价值。然而,他拒绝中产阶级的循规蹈矩,先是成了一个浪漫的哲学反抗者,后来转向了共产主义。

当然,在我们这个世纪,有许多知识分子的生涯与卢卡奇相似。但他的情况有两个特别之处。第一,他的转变重点发生在**思想领域**并且伴随着**一种卓越的哲学反思**。第二,尽管他拒绝资产阶级的中产阶级

---

① 关于卢卡奇的家庭和他的青年时代请参见朱莉娅·本德斯于1994年在布达佩斯出版的匈牙利语专著《世纪之交到1918年的格奥尔格·卢卡奇的生活》(*Lukács György élete a századfordulótól 1918 – ig*, Budapest: Scientia Humana, 1994)以及她的论文《婚姻与教职资格之间》("Zwischen Heirat und Habilitation", in F. Benseller, W. Jung (Hg.), *Jahrbuch der internationalan Georg Lukács Gesellschaft*, 1997, Bern: Peter Lang Verlag, 1998, pp. 17 – 45.)。

生活方式,也与同样来自资产阶级家庭的许多同志不同,但卢卡奇在他接受的广泛的教育和他与人类文化的关系中,一直代表中产阶级文化,至死方休。恰恰是各种各样的中产阶级教育和精神的长久存在,才让卢卡奇的作品如此独特,正因如此,他的思想生涯才与我们这个世纪其他的共产主义和马克思主义左派思想家截然不同。

当然,卢卡奇的年轻追随者身上的模糊性具有与卢卡奇不同的特征和倾向。卢卡奇从资产阶级世界转向了对这一世界的激进拒斥,并且试图富有成效地把他从资产阶级文化中带来的所有知识和文化资源,投入实现一种非资产阶级的历史目标的政治运动。与卢卡奇不同,那些生活在非资产阶级的政治和思想条件下的年轻追随者,在他的哲学中发现了资产阶级教育和价值观的遗迹,认为这极具魅力。从这种意义上讲,他们的思想从非资产阶级条件转向了资产阶级世界和文化。而且,卢卡奇从资产阶级条件出发,明确且彻底离开了资产阶级世界,而他的年轻追随者却不能也不想在另一个方向上完成如此彻底的转变。他们对当时东欧社会主义的政治和思想现实感到不满,渴望并且相信一个民主的但非资本主义的未来人类社会。虽然卢卡奇保留了各种各样的、涉猎广泛的中产阶级教育,但他的马克思主义和共产主义转向可一点都不含糊,而是意图彻底、全心全意的。虽然在20世纪70年代末开始研究卢卡奇哲学的年轻人同样选择了一种非资产阶级的未来,但同时,他们也被卢卡奇身上的资产阶级的中产阶级教育和文化所吸引。于是,他们选择卢卡奇之后,也表现出他们在匈牙利资产阶级和当代西方社会之间无意识地、模糊地渴望前者中的传统中产阶级生活的一体化状况。

所有这些都被裹挟在一个更大的政治和意识形态背景中。许多东欧和俄国左派知识分子(他们中间甚至还有苏联最后一任党的领导人米哈伊尔·戈尔巴乔夫)以及西方的共产主义者都相信未来是非资产阶级的但又是民主的神话,还相信民主多元的社会主义。从我们今天的视角看，这显然是一种模棱两可的观点，并且它意味着无意识地转向了资产阶级文化和价值观念。民主多元的社会主义所依赖的所有价值观念都来自当下的西方资本主义。所有貌似能够扩展当时官方马克思主义的保守视野的新哲学概念和社会政治理论，以及所有可能切中当代社会和文化的热点问题的思想，都在所谓"资产阶级"意识形态的背景下涌现出来。

六、为何不选择卢卡奇？

上面我们为回答"为何选择卢卡奇？"所做的分析，隐含了"为何不选择卢卡奇？"这一问题的答案。青年知识分子们朝卢卡奇哲学的转向，表现出他们模糊的思想处境，并且由于这种模糊性，卢卡奇哲学成了适合他们选择的对象。然而，一种模糊性无法用另一种模糊性来解决。正是卢卡奇哲学的模糊性使他无法为他的追随者提供新的、明确的思想方向，也无法提供能够摆脱模糊处境的有效工具。与他们的期望相反，卢卡奇哲学将他们紧紧绑在他们努力超越的处境上。

暂且不谈卢卡奇的模糊性，在转向马克思主义以后，他毫无疑问属于我们可以合理界定为"布尔什维克马克思主义"的马克思主义哲学传统，他本人对此坚定不移。因此，卢卡奇的哲学与他的追随者面临着同样的思想枷锁。虽然卢卡奇著作的理论水平和哲学水平绝对高于官方马克思主义、官方的"辩证唯物主义"，但是通过布尔什维克共产主义者版本的马克思主义哲学，卢卡奇的哲学把他的追随者的思想禁锢在与官方马克思主义相同的哲学传统中。如果官方马克思主义是布尔什维克马克思主义的一种形式，且哲学水平过于低下，那么卢卡奇的著作则在一个更高（可能是最高）的水平上遵循并代表了这一传统。接下来，我想详细阐述一下卢卡奇哲学的关键点。

（一）卢卡奇政治哲学中的布尔什维克特征

卢卡奇政治哲学的布尔什维克特征体现在两个方面。

（1）在卢卡奇那里，西方民主政治系统仅仅是一种历史上过时的政治构造，必将在人类历史过程中衰落。而这一观点既排除了对社会政治构造的一种更深刻、更复杂的理解，也排除了积极对待当代西方社会的态度。于是，卢卡奇的历史观念妨碍了他的追随者转换到另一种非布尔什维克的历史视角或历史想象。一个人要想实现这样的转换，只有在阅读卢卡奇的过程中意识到其哲学思想的局限性，并且拒绝卢卡奇的教育。然而，要形成这样的认识，这个人至少对一些西方思想流派和思潮有一些研究和内在的理解，因为卢卡奇和官方马克思主义都拒绝这些西方思想，并宣称它们是陈旧的、衰退的历史世界的思想产品，或者是对"资本主义总危机"的意识形态表达。

（2）前一段中的批判似乎是事后诸葛亮：在20世纪90年代末去批判20世纪70年代的观点。然而即使在70年代，卢卡奇的政治哲学甚至也满足不了年轻追随者明确表达的期望，因为它并不能为民主社会主义观念提供哲学基础。卢卡奇对西方政治结构的批判过于极端和片面，他不能离开共产党的领导角色的神话学观念，这涉及在社会层面上领导工人阶级的原则。于是卢卡奇无法理解，只要西方资产阶级民主和作为其组成部分的西方社会民主的积极价值被纳入非资产阶级的社会主义社会的观念中，民主社会主义的观念就不再只是一句口号。当然，我们今天都知道，这项事业不可能实现，民主社会主义的观念也仅仅是一种幻象。然而，当时对民主社会主义的期望仍然存在，这样一种政治社会系统似乎在历史上是可能的，因为它不仅在许多方面类似西方民主，而且代表了能够真正替代资本主义的历史选项。卢卡奇哲学的问题是对资产阶级世界否定得过于彻底，以至于不能充分理解西方民主模式在民主社会主义中扮演的角色。因此，欧洲的共产主义计划以及多元社会主义思想没有将哲学基础建立在卢卡奇哲学之上,而是建立在安东尼奥·葛兰西的政治哲学之上。葛兰西对资产阶级政治结构和西方资本主义的看法比卢卡奇更成熟,他的理解也更为深刻和宽容。当然,从今天的视角来看,葛兰西的历史概念似乎也是一个幻象。然而,当时葛兰西的资产阶级社会理论及其政治哲学似乎是合适的,至少比卢卡奇的思想更合适,因为他有条理地对待和阐述了民主社会主义的思想。

我们关于卢卡奇政治哲学的相关论述在关于他的文本分析中很容易得到支持。篇幅所限,此处我们仅仅提一下资产阶级民主和社会主义民主之间假定的对抗,这是他关于"布拉格之春"[1]的评论文章呈现出的特征,还有他那个备受争论的论断——最差的社会主义也比最好的资本主义好。正如前文所述,所有倾向民主社会主义的西方左翼政治和意识形态思潮,它们的基础都是承认民主资本主义允许更大程度的自由和独立,于是它可以保证更好的人的生活条件,甚至优于当代相对自由化的社会主义(例如匈牙利)。虽然政治经济多元化的社会主义观念诞生并发展于20世纪70年代中期,但似乎卢卡奇想要提前否定这种对西方民主的社会主义的新理解。

(二)哲学方面

对"为何不选择卢卡奇?"这一问题的回答并非只涉及他的政治哲学。如前所述,在转向马克思主义以后,卢卡奇一直代表了20世纪马克思主义的布尔什维克传统,至死方休。于是,卢卡奇哲学直到最后都取决于马克思主义和资产阶级哲学的分裂;这种分裂源于资本主义正在衰落和社会主义正在崛起的历史图景或想象。在这一语境中,他的哲学特征让许多知识分子觉得同所谓的"资产阶级哲学"一样有趣和吸

---

[1] Georg Lukács, *Demokratisierung heute und morgen*, Budapest: Akadémiai Kiadó, 1985.

引人,为那些对官方马克思主义不满的人承诺了另一个选择,而这样一种哲学走向了他们的对立面:它变成迷惑追随者的无意识手段,精确地把他们局限在他们在卢卡奇的帮助下试图要去超越的传统。

正如在政治哲学这个例子中,这种哲学的分裂视野不仅贬低了"资产阶级哲学",认为它仅仅是对一种逐渐失去历史性的社会形式的表达,是一种必然低劣的意识形态,而且还拒斥了各种温和的西方马克思主义版本。对卢卡奇而言,西方马克思主义的各种形式和当时苏联模式的官方马克思主义是同样不可接受的。

与官方马克思主义的枯燥文本不同,卢卡奇的思想代表了一种充满原创思想和观念的高级哲学。阅读卢卡奇著作的人接触到的毫无疑问是真正的哲学。但这就是为什么卢卡奇对他的追随者而言变得危险的原因。他用一种特别的、有局限的哲学传统"迷住了"他们,暗示他们一定要把那些可能的替代物看作先天"低劣的"。

(三)方法论的问题

我们应该讨论卢卡奇的哲学方法论的主要方面,这与方才描述的特征密切相关。

(1)研究哲学史的方法视角单一,具有强烈的解释倾向。卢卡奇方法论中的致命缺点在于,他没有尝试去内在地解读古典哲学著作和当代非马克思主义哲学著作。想要他对其他哲学著作感兴趣,除非它们能积极或消极地体现他的哲学观念,并能融入他自己的哲学学说中。

人们阅读哲学著作时总是会去解释它。然而,阅读本身必要的解释特征并不会排除内在的、连贯的理解意图。哲学史专家或者哲学家可能不会仅仅满足于未经反思的"阅读"。他们要面对的是多样化阐释经典文本的丰富传统和作为一门专业学科的哲学史。然而,卢卡奇同时忽略了传统标准和专业标准。

在这方面,我们可以比较卢卡奇和海德格尔。海德格尔也是以非常强的解释方式处理哲学史问题。例如,海德格尔关于希腊哲学的一些观点在专业内学者看来是有失水准的。可我们为何感觉海德格尔的解释比卢卡奇更真实可靠?这仅仅是因为海德格尔的哲学具有无可比拟的伟大特征吗?抑或海德格尔的方法论更专业?

我们没有确切的答案。然而,他们的方法论之间存在着明显的差别。海德格尔的解释力求连贯一致。他不但解释而且还进行重构。与海德格尔不同,卢卡奇从哲学史或者当代哲学家著作中选择的片段和想法,只是被当作例子用来充实他自己的思想。他不重构文本和思想,只是引用而已。

(2)政治和社会还原论。卢卡奇哲学方法论的另一个特征是政治和社会还原论,这产生了消极后果。马克思写道:"哲学史是对人类历史的反映。"尽管卢卡奇总是强调哲学可以反作用于历史并塑造历史,但他仍然是这一观点的真正追随者。相似地,在官方马克思主义那里,也在卢卡奇那里,哲学著作不仅受社会政治事件和作者的社会地位的影响,而且还是关于这些社会要素的意识形态表达和意识形态反映。在转向马克思主义之后,卢卡奇认为,理解一部哲学著作必须将其还原到它所处的社会政治条件中,认为这是理解它的决定性因素。[①]

这种方法论阻碍了对古典哲学问题进行内在的理解,因为这些问题只是社会、政治和历史条件的意识形态反映,它们在这些条件下才能表现出来。对官方马克思主义和卢卡奇而言,哲学史的本质都是进步和反动的社会群体(阶级)之间的意识形态斗争,进步的是唯物主义思想,反动的是唯心主义思想。

这种还原主义方法论的灾难性后果出现在他的《关于社会存在的

---

① "因为在人类历史的这一阶段,所有问题最终都会回到这个问题,所有答案都存在于对它的解答之中,那就是商品结构的谜语"——例如卢卡奇在《历史与阶级意识》关于物化的论文中所写的。(Georg Lukács, *History and Class Consciousness*, Cambridge, MA: The MIT Press, 1971, p. 83.)

本体论》的"历史的章节"中,尤其是在他讨论20世纪哲学主要思潮的那些论文中。① 然而,还原主义方法论的消极后果不仅出现在《关于社会存在的本体论》中,还出现在关于文学史的论文和《审美特性》中(更不用说备受争议的《理性的毁灭》了)。

(3)通过引用和联想的方式做哲学。"通过引用做哲学"是格奥尔格·卢卡奇哲学方法论的第三个问题。在这一概念下,我们明白了他的方法论是通过偶然地、缺乏章法地引用哲学史中的不同文本和环节,试图达到有说服力的效果,并证明作者思想的真实性以及其思想与伟大哲学思想之间具有内在的关联。和单一的解释方法一样,这种方法论认为被引著作的真正内容和内在逻辑是不重要的,重要的是使它们与阐释者自己的概念和思想产生联系。

这种单一的阐释方法论和引用的哲学思维是相辅相成的。一方面,碎片化的内容在解释者单一视角的解释下,为其学说提供了非常积极或非常消极的例子,并得以融入他或她的学说。另一方面,碎片化的内容偶然地出现在解释者自身思路的语境中,这种任意引用会忽视或者肢解所援引著作的内部或外部语境。于是,这种方式造成的文本残骸很容易成为任意阐释的受害者,被毫不费力地建构成解释者自己的哲学学说。

这种引用的方法论常常属于官方马克思主义代表人物的特征。然而,这种方法论并不属于某种具体的哲学思潮或意识形态。它已经在青年卢卡奇身上显现出来。而且,相比于官方马克思主义的代表人物,这种方法论只有在诸如格奥尔格·卢卡奇这样受过高水平教育的作者手中才能变得真正有效。与官方马克思主义代表人物不同,对卢卡奇而言,哲学史具有真实的重要性,并且他运用自如。因此,他是运用这种方法论的大师。

---

① 参见 Georg Lukács, *Zur Ontologie des gesellschaftlichen Seins*, 1. Halbband, Darmstadt, Neuwied: Luchterhand, 1984, pp. 343 - 420。

卢卡奇的引经据典经常带有一种联想的特征，并且作为一套自由的思想联合体出现在他的思路中。不管论述的话题是美还是友谊，反映论还是辩证法问题，去拟人化倾向还是作为本体论基本范畴的劳动，卢卡奇都直接把他的思想与亚里士多德或康德、柏拉图或歌德，以及哲学和文化史上其他伟大人物联系起来。这些联想式的引用与其他类似情况一起，使得卢卡奇的哲学如此吸引人。恰恰是引用，让他的哲学给人的印象是思想和文化视域如此之广，嵌入人类思想和文化的总体历史如此之深。这些联想式的引用还让人觉得作者具有卓越的能力把我们在生活和世界中的问题融入哲学传统中，以此找到了真正的理论的—哲学的解决办法。

然而，更深入地研究卢卡奇的著作会发现，在很大程度上，这一切只是幻觉。他的思想与古典思想的联系经常只是他的学说的装饰，就如同圣诞树装饰品和圣诞树一样。它们从属于圣诞树，它们的功能就是装饰。正是这棵树（即卢卡奇的哲学学说）将它们组织成一个结构，并且在这样一种结构中，它们失去了与原初语境的所有关系。

而且，与古典思想和当代哲学家的丰富联合并不总是也不必然代表着一种广阔的知识面和对哲学传统的真正投入。有了联想以及引用的帮助，人们很容易就可以幻想自己的思想与当代思想和伟大前辈的最重要的观点有着密切联系。为了实现这一目标，只需选择一个诸如美、真理，或者劳动概念等一般性的话题就足矣，因为所有有价值的伟大哲学都与这些主题相关。对于这些一般性的或经典的话题，很容易为联想式的引用找到片段。只需将这些片段与它们的原初语境分离开来，并运用正确的技术手段把它们嵌入任何哲学学说或思路之中。在这种方法论的帮助下，一种唯物主义哲学能够将柏拉图的地心说宇宙论当作一个反面的例证，以证明唯心主义与统治阶级代表在意识形态上的保守主义之间具有强关联性。以同样的方式，斯宾诺莎被当作一个正面的例子，这位直觉上的、未意识到自己唯物主义身份的唯物主义者证明了唯物主义这一"正确的"哲学思潮和劳动之间的联系。

尽管卢卡奇与哲学史的联系不只表现为肤浅的引用,但这种方法论的问题时常出现在他的著作中。仔细看卢卡奇的哲学文本,我们注意到他的引用和联想更多反映出他的阅读广泛且丰富,而不是扎实的哲学史专业知识。尽管他受到的教育对于中产阶级来说是最好的教育,但那仍然只是教育,而不是专业知识。在他的参考文献和例证的背后,并没有对给定的文本进行系统的、内在的、沉浸的研究。他著作中描述的总体文化特别是哲学史,似乎是他之前阅读的记忆,是一种笼统的高级教育的杂乱碎片,是他按照自己的哲学学说随意加以选择和阐释的。

至于前文提到的海德格尔与卢卡奇的关系,前者追求对给定文本进行有章法的重构。因而,卢卡奇大量使用的引用和联想的方法论,并不能用来界定海德格尔的哲学。相比其他方面,这一方法论上的本质差别可能是海德格尔的重建比卢卡奇的引用更真实的原因。

(4)全知的、早熟的、教导性的智慧。卢卡奇的哲学无疑是一种宏大的吸引人的理论,它为反抗非本真的人的生命和社会正义提供了一个以历史哲学为基础的承诺,从而感动了人们的内心(情感)和理智(思想)。

然而,卢卡奇的理论的"宏大性"存在一个更深层的问题。这是一个与黑格尔主义——马克思主义历史观相关的特征,它产生至高无上的幻象,让他的追随者坚信,他们走上的是一条唯一可能的正确道路。甚至连卢卡奇本人也对这种幻象充满信心。因此,他用一种全知的、早熟的智慧扫除了所有当代哲学以及它们的特殊问题,就像一个小孩相信所有问题都有理性答案,并且骄傲地为成年人的问题给出概要的但自认明智的答案那样。卢卡奇哲学的这个特征不仅表现在他与当代理论的关系上,而且也表现在他对哲学史上的伟大人物的研究方法上。

例如,卢卡奇主张康德知识学的首要特征不是康德为解决现代认识论的经典问题、超越经验论和唯理论的二元分裂而做的原创性尝试，而是他为调和现代欧洲自然科学逐渐去拟人化的趋势和唯心主义—宗教世界观所做出的被意识形态判定为错误的努力。① 同样对卢卡奇而言，狄尔泰阐释哲学的意义不是用哲学回应19世纪末热门的自然科学和人文科学的关系这一真实问题，而是奠定了帝国主义"生命哲学"的基础，按照卢卡奇的观点，这是20世纪资产阶级思想中最倒退的思潮。② 维特根斯坦、维也纳学派或波普尔争论的认识论问题是典型的资产阶级思想问题。因此，它们要么只是表面上的问题，要么早已得到马克思主义反映论的解决。③

于是，我们可以总结道，卢卡奇的哲学并没有满足那些20世纪70年代晚期和80年代早期的青年匈牙利社会科学家和哲学教育工作者的期望。卢卡奇关于哲学史的方法论和关注没有真正替代官方"辩证唯物主义"，也没有取代更大的马克思主义的布尔什维克传统。它没有为其他哲学提供新的启示，反而模糊了它们。他的方法论的专业水准是有限的，就像其与一般性的文化和教育的关系。尽管卢卡奇的哲学似乎提供了一种反对官方马克思主义的手段，但它只涉及哲学传统的一小部分，并从这一小部分的角度去评价和批评其他的哲学。④

---

① Georg Lukács, *Zur Ontologie des gesellschaftlichen Seins*, 1. Halbband, Darmstadt, Neuwied: Luchterhand, p. 7, 401f.
② 参见 Georg Lukács, *Beiträge zur Kritik der bürgerlichen Ideologic*, Berlin: Akademie-Verlag, 1986, pp. 281 – 307; Georg Lukács, *Die Zerstrdung der Vernunft*, Berlin: Auflage Verlag, 1984, pp. 329 – 350。
③ Georg Lukács, *Zur Ontologie des gesellschaftlichen Seins*, 1. Halbband, Darmstadt, Neuwied: Luchterhand, pp. 343 – 375. 关于卢卡奇对现代实证主义看法的问题也见: Gábor Szécsi, „Realizmus és instrumentalizmus", and László Székely, „Lukács György és Bellarmino biboros", in Tibor Szabó, Gábor Szécsi (eds.), *A filozófia keresztútjain: Tanulmányok Lukács Györgyröl*, Budapest, Szeged: MTA Filozófiai Intézete és a Szegedi Lukács Kör, 1998, pp. 35 – 54, 55 – 88; abstracts in English: pp. 257 – 260.
④ 上面提到的卢卡奇方法论中的缺陷可以通过案例研究来证明。比如，在论文《卢卡奇和枢机主教贝拉明》(„Lukács György és Bellarmino biboros")中，塞凯利详细分析了卢卡奇方法论的缺陷如何在理解人类思想史时倒向了不正确的方向，以及卢卡奇如何在他的本体论中曲解了伽利略和贝拉明的争论。

尽管尚存不足，但我们必须承认卢卡奇哲学还是比官方马克思主义更多地融入了哲学传统。虽然带有一些片面性、碎片性和倾向性，但它对其他文化流派和精神特征的评论依然具有一定意义。于是，卢卡奇的哲学让他的追随者有可能超越和突破布尔什维克马克思主义，甚至还有卢卡奇自己的知识视野。但为了使突破发生，有必要认识到卢卡奇的哲学界限，有意说出"不要卢卡奇"，然后转换到另一个观点。

（四）卢卡奇哲学的东欧特征

激进地反对和反抗资产阶级的中产阶级的生活和价值观，是卢卡奇年轻时代的印记，这些印记伴随他终生。这一根本体验塑造了他的哲学，他的政治宣言和行动，以及他面对世界的思想和情感。在20世纪欧洲思想中，激烈反对资产阶级生活和中产阶级传统是东欧哲学的典型特征。于是，卢卡奇把对传统的中产阶级生活的厌恶纳入他的哲学，这种决定性影响正是他的哲学中的东欧性。然而，东欧特征更明显地体现在他本质上的布尔什维克主义。正如我们所见，他早期对中产阶级生活的反叛促使他接受布尔什维克马克思主义。充满了反资产阶级情绪的卢卡奇选择用一生追随这一传统，他运用俄国的思维来理解和综合西方雅各宾主义和马克思主义。

卢卡奇哲学夸大了哲学理论和理论家的社会政治角色，这一特点吸引了众多匈牙利知识分子，这也可以被视为东欧特征。

因此，卢卡奇哲学只能向他的追随者提供一种独特的东欧的非资产阶级存在方式，使他们坚信这是一个有趣且至关重要的观点，更使他们无法更深刻地理解和接受西方社会的中产阶级传统和价值观。[①]

---

① 当然，本文做出的批判只涉及卢卡奇转向马克思主义以后的哲学。由于青年卢卡奇的情况要复杂得多，这个主题需要进行另一种长期而详细的研究。如前所述，20世纪70年代卢卡奇在匈牙利的影响主要与卢卡奇的马克思主义晚期哲学有关。

七、今日匈牙利的卢卡奇的精神

这位哲学家的纪念碑已经从公共场所移走,他的名字也很少出现在公共视野中。只有少数哲学教育工作者遵循着晚年卢卡奇的精神继续从事教育工作,但他们并不占有重要地位。但是直到今天,卢卡奇产生的间接影响依然为匈牙利思想生活打上了烙印。我们在匈牙利的政治哲学及其对匈牙利政治生活的影响中可以感受到卢卡奇精神的有限但又明显的影响。这种影响体现在所谓的改革派的社会主义者中,尤其是在一些自由知识分子流派中。

乍看之下,后者关于自由匈牙利的思想似乎是矛盾的。但是,我们一定不要忘记,匈牙利许多自由政治家和理论家都是在脱离卢卡奇的思想后走向了自由主义。几位杰出的匈牙利文化和政治自由主义者曾是卢卡奇的追随者,但在20世纪70年代末就已经与卢卡奇的政治哲学决裂了。他们与卢卡奇思想的决裂却呈现出一种矛盾心理。

今天,卢卡奇的精神存续于理论化的知识分子自诩的政治和道德优越感中,这一信念从根本上讲是建立在卢卡奇关于哲学理论和政治实践间的关系之上的。卢卡奇是关于工人阶级事业的哲学先知,人们坚信,掌握马克思主义理论的他代表着唯一可能的真理。今天,某些匈牙利自由政治家和理论家相信自己是西方自由思想和价值观唯一的真正代表。[1] 这一坚定信念是由与卢卡奇理论和实践概念相对应的一种理论态度所导致的。卢卡奇的影响还体现在一些匈牙利自由思想的圈

---

[1] 关于匈牙利自由主义这一派别的意识形态"史前史",可以参阅法国行政法庭法官贝拉·法拉戈(Bela Farago)的著作《从西方自由主义的视角看》(*Nyugati liberalis szemmel*, Paris: Les livres des Cahiers hongrois, Dialogues européens, 1986)以及林茨的《新政权》(András Lnczi, "The New Regime", in *Magyar Nemzet*, January 19, 1999)。

子中。这个方面可以被称为"对左倾国家的想象"。早些年广泛流传着这样一种思想,即匈牙利的政治结构必须基于一个社会主义的、左翼自由的政党,匈牙利的民主必须由这些政治力量组成。然而,从西方自由主义的视角来看,这种观念是站不住脚的,因为它剥夺了传统西方右翼保守主义以及右翼中产阶级社会团体的政治空间和社会空间,而这些是西方社会本质上不可或缺的组成部分。

左倾国家的愿景表明了匈牙利左翼自由主义的矛盾特征:一方面,它无条件地渴望西方资产阶级世界、西方民主以及决定西方政治文化的自由价值观,另一方面,它对右翼保守主义和右翼中产阶级价值观带有无意识的、含糊的厌恶感。对理论家作用的夸大和由这种夸大作用所带来的道德和知识优越感,以及对保守的右翼价值观的厌恶和不宽容,表明匈牙利自由主义思潮的代表们在今天仍然感觉自己更接近非资产阶级的资产阶级代表格奥尔格·卢卡奇。他奋起反抗资产阶级世界并否定资产阶级的中产阶级价值观,而不接近他的父亲,他是资产阶级世界的代表,他反叛的儿子的一切都归功于这个资产阶级世界:支撑他第一个哲学时期的经济条件,成就其著作的教育和博学,这些作品即使在他转向马克思主义之后仍然吸引着许多读者。当然,卢卡奇哲学遗产在左翼自由圈子中的影响并不局限于理论领域。它的影响还存在于匈牙利政治和文化辩论中,以及竞选运动用语和政党之间的关系中。

至于匈牙利哲学,由于政治变化和实现一种改革的民主社会主义的历史机会不复存在,卢卡奇的具体思想和他的"布尔什维克主义"都过时了,甚至对那些过去坚定追随他的匈牙利哲学家们而言也是如此。但卢卡奇的精神直到今天都萦绕着匈牙利的哲学生活。他在当下的影响首先体现在片面的解释和联想的方法论中,以及社会—政治还原论中,二者是当今相当一部分匈牙利哲学论文和哲学教育的特点。

卢卡奇的方法论能幸存下来是自然而然的。承认哲学学说的基本主张存在错误非常容易,难的是使自己从他的方法论中抽离出来,或者从经常被某些关键的哲学解读方法忽视的哲学态度中抽离出来。并且对许多匈牙利哲学教育工作者和研究者而言,这些关键的解读方法是卢卡奇的创造。此外,卢卡奇的方法论在匈牙利哲学中的影响,也因其学生的广泛影响力得到加强。卢卡奇的学生,特别是布达佩斯学派的前成员,是现在匈牙利哲学生活的积极参与者。尽管多年前他们就与卢卡奇的哲学学说决裂,但就方法论而言,他们仍然是自己导师的真正追随者。如果说晚期卢卡奇的主要概念是工人阶级、劳动、本体论、去拟人化倾向、现实主义等——在这些概念的帮助下他以联想的方法论建构了他的著作——那么今天在他的学生们的著作中,我们发现那些新的基本概念是后现代多元主义或海德格尔对存在的追问,但是联想的、解释的方法论是不变的。布达佩斯学派的前成员阿格妮丝·赫勒和米哈伊·瓦伊达都是杰出的哲学家和卓越的作家。尽管他们采用了这种有问题的方法论,但还是写出了饶有趣味并富有价值的著作,他们的论文远远优于那些"专业"但没有天赋的哲学家写出的论文。在我看来,除了卢卡奇,阿格妮丝·赫勒也许是20世纪下半叶匈牙利哲学史上最杰出的人物。如果绕开阿格妮丝·赫勒,就不可能写出匈牙利过去几十年的意识形态史。米哈伊·瓦伊达值得赞扬的地方在于,他努力使匈牙利读者理解了海德格尔。我高度赞赏他们的哲学活动。批评他们的方法论并不意味着否认他们的贡献以及他们在匈牙利哲学史中所起的重要作用。

然而,联想和解释的方法论确实存在极大的风险。如前所述,它不考虑哲学史的专业成果,只让读者从自己哲学学说的视角出发规定对伟大作品的兴趣。阅读用这种方法写出的作品的读者可能会认为,这是真正的哲学方法。他们可能认为,要写出一部哲学著作,只需要阅读某些经典著作,然后围绕自己的思想对那些联想和解释进行组织。然而通过这种方式,联想的方法论可能会变成枯燥的掉书袋哲学。

一边是掉书袋哲学,另一边是专业哲学,二者之间的对比代表了今天匈牙利哲学生活中的特殊张力,它产生的冲突和争论不仅出现在期刊上,还波及了教育、哲学学科的专业组织,甚至还涉及对博士论文的评价。

结　论

按照伊斯特万·赫尔曼的说法,卢卡奇的知识分子生涯是 20 世纪最传奇的知识分子生涯之一,他从腐朽的资产阶级世界的哲学走向了一种新的历史时代的哲学。因此,赫尔曼认为,卢卡奇的知识分子生涯真正在哲学上再现了从资本主义走向共产主义的伟大历史道路。[①]

二十多年前,还是年轻人的本文作者认同赫尔曼的评价,因为他相信资产阶级世界不断腐朽的历史神话,也相信新的民主社会主义不仅会超越资本主义,而且也会超越国家社会主义。然而,今天,人们已经清楚地认识到这种二元的历史观是一种天真的幻想。尽管如此,我的观点并没有改变,卢卡奇是 20 世纪最卓越和最具启发性的知识分子之一。不过,与赫尔曼不同的是,我如今认为卢卡奇的知识分子生涯和个人生活是一个悲剧故事。然而,这个悲剧故事却是一个关于 20 世纪卓越心灵的故事。因此,尽管本文做出了批判,但我仍然认为卢卡奇的哲学值得关注。发生在卢卡奇身上的一切并不完全是其个人失败的结果。上述困扰着 20 世纪许多知识分子的历史观念,产生于历史本身,是历史条件使得这种观念变得极具吸引力,从而在 20 世纪吸引了大量的东西欧知识分子。卢卡奇是被这种观念裹挟的知识分子中最有才华的哲学家之一。他的哲学不仅反映了个人命运和悲剧,而且是 20 世纪思想史的重要组成部分。在他的哲学中洋溢的正是为了真实的人类生活而与历史条件不断抗争的人的思想本身。卢卡奇的知识分子生涯在

[①] István Hermann, *Die Gedankenwelt von Georg Lukács*, Budapest：Akadémiai Kiadó, 1978；尤其要注意参看这部著作的导言和结语部分,第 7—18 页,第 400—403 页。

许多方面都令人扼腕,但它为我们这个世纪提供了特殊的教训:我们不能成为非资产阶级的资产阶级(至少不是在卢卡奇向往的那种政治意义上)。

卢卡奇哲学生涯体现的消极寓意(即非资产阶级的资产阶级不可能存在)反映了现代历史时代的一大悖论。卢卡奇的教导是正确的,我们无法在金钱的世界里,在与金钱有关的价值观所决定的生活中找到真正的价值观。然而,当金钱的世界压制和限制真实的人类价值时,传统的中产阶级也是建立在这个非本真的世界之上并与之交织在一起的。因此,我们不能在对金钱世界的反对中表现真实的人类价值和生活;对这个世界的反叛无论是在精神领域还是在现实生活中都有悲剧的后果。这一悖论使人想起海德格尔的**泰然任之**(Gelassenheit)概念。我们必须像海德格尔面对技术世界那样来面对这个世界。[①]

如此看来,卢卡奇哲学也有一个积极的寓意。尽管他进行了反抗,但他从来没有变成非资产阶级,而是"非资产阶级的资产阶级"。除了他的布尔什维克马克思主义身份,他仍然是资产阶级的中产阶级文化和教育的代表。批判地理解卢卡奇的知识分子职业生涯也会告诉我们,除了金钱世界的负面特征,建立于这个世界之上并被它所决定的资产阶级的中产阶级,是最关切真正的人类价值和生活的不可或缺的基础之一。

卢卡奇是 20 世纪欧洲的重要思想家。他的哲学值得研究。尽管如此,我们也应该理解,卢卡奇并不能与康德、黑格尔、胡塞尔、海德格尔以及 20 世纪哲学思想史上的其他伟大人物相提并论。我们也必须理解他的哲学的局限性,不要让我们自己被他的思想所局限。

(韩雅丽 译)

[①] Martin Heidegger, *Gelassenheit*, Pfullingen: Neske, 1960.

卢卡奇与当代资产阶级意识形态[*]

[德]曼弗雷德·布尔

德意志民主共和国的哲学家们以一种特殊的方式关注着格奥尔格·卢卡奇的作品和活动。第二次世界大战后,他的作品陆续在德国出版,例如《命运的转折》(1947)、《青年黑格尔与资本主义社会问题》(1948)、《存在主义还是马克思主义》(1951)、《理性的毁灭》(1953),以及《歌德和他的时代》(1953),它们对我们的思想产生了一定影响。他的作品帮助我们战胜了反动资产阶级的意识形态,特别是法西斯主义意识形态。最重要的是,卢卡奇的作品不仅帮助我们从意识形态层面上理解意识形态斗争问题,还帮助我们从政治层面理解这一问题。通过这些作品,我们学会了如何利用蕴藏在过去的人本主义潜能去创造未来,同时也学会了如何领导一场反对社会中顽固的非理性主义的斗争。卢卡奇的思想意义重大,尤其对于我所属的那一代人而言。我们之所以讨论卢卡奇,不仅是因为今年是他的一百周年诞辰,更重要的是

---

[*] 本文出处:Manfred Buhr, "Georg Lukács and Contemporary Bourgeois Ideology", in *Soviet Studies in Philosophy*, 1987, pp. 87-97. 本文最初由 Z. A. 索库勒(Z. A. Sokuler)从德语翻译成俄语。

曼弗雷德·布尔(1927—2008),德国马克思主义哲学家、哲学史家。1957 年,在著名马克思主义哲学家恩斯特·布洛赫指导下获得博士学位。曾任德意志民主共和国科学院中央哲学研究所所长,著有《理性的历史——德国古典哲学关于历史的思考》《伊曼努尔·康德》等。

纪念他并向他表达我们深切的感激之情。

根据德国统一社会党中央委员会书记处的决议，德意志民主共和国科学院在1985年3月5日至6日举办了一次关于卢卡奇著作的国际学术研讨会。我们有意识地选取了卢卡奇的《理性的毁灭》作为讨论的主题。在我们看来，理解当代资产阶级世界的意识形态发展是当下的热点话题。我们有意选择进步的意识形态策略，它以捍卫理性为导向，用卢卡奇的话来说就是以"群众为理性而反抗"为导向。在这个意义上，有必要理解我们随后对"卢卡奇与当代资产阶级意识形态"的论述，我们将分四个部分展开。

一

毫无疑问，卢卡奇是20世纪中叶最著名的思想家之一。卢卡奇的思想发展是矛盾的，因为卢卡奇的思想所反映的现实本身就是（而且仍将是）矛盾的。卢卡奇生活和进行创作的时代是从资本主义过渡到社会主义的世界历史转型的伟大时代。卢卡奇富有创见的作品和他的影响力，更确切地说，他的各种作品及其影响力引起了广泛争议。它们或被赞扬，或被责骂，或被忽视，或遭到缄默的对待，或被肤浅地描述，等等。它们还经常遭到误用。实际上它们很少有人研究，更别提建设性地应用于促进社会进步了。

我们认为，在研究卢卡奇的作品时，不应忽视其中的矛盾，这些矛盾是受历史条件限制的。要想获得真正的理解并不容易。因为这首先需要一种建设性的批判导向，既要没有消极的偏见，又要避免过分夸大他的积极作用。这样可以避免扣帽子，也可以避免在意识形态批判和历史研究的困难面前过早投降。我们不应该孤立地看待卢卡奇哲学观点的形成过程，必须放在具体语境中来研究他的作品及其影响，包括我们这个时代的资产阶级意识形态的发展，政治和意识形态的斗争，国际共产主义运动中坚持列宁主义的斗争,以及争取和平、社会进步和肯定具体的人本主义思潮。

从这个意义上说,卢卡奇的哲学、美学等著作实质上仍然具有政治意义。这也是他自己的理解方式。即使是他眼中的"纯"理论著作也是如此,就比如《关于社会存在的本体论》。卢卡奇在这里回到了他早期作品《历史与阶级意识》中探讨的问题,试图从更高的理论高度来讨论它。但是,他的出发点已经暗含着世界共产主义运动的战略和战术问题。尽管如此,卢卡奇似乎在生命的最后几年并不总是清楚地认识到这一方面的问题。那些收集他的各种采访和谈话的人经常用他所谈论的问题来反对他。但是,把这种情况弄清楚,是马克思列宁主义者的责任,更是我们的责任。如果我们不这样做,其他人就会效仿,从而误用和歪曲卢卡奇的言论。

在研究卢卡奇世界观的形成时,我们关心的不是一个纯粹的思想过程,因为这种过程一般是不存在的。认识到这一点之后,我们应该准确地界定他对哲学思想发展的影响程度,并从历史的具体情况出发加以评价。

二

从1917年伟大的社会主义十月革命以及1918年卢卡奇加入匈牙利共产党的那一刻开始算起,他的思想发展不能简单理解为意识形态史上的一个现象,而应被看作国际共产主义运动发展过程中的一个现象。卢卡奇努力使他的思想适应这种发展。但同时,他经常判断不准国际共产主义运动的性质,有时会夸大它的发展水平,有时又会歪曲它。

卢卡奇的十字架上的玫瑰是他思想的蜕变和"中断",并且这绝不只是简单的中断(其中存在着他遇到的主要难点)。我们追溯卢卡奇从

《心灵与形式》到《关于社会存在的本体论》的发展轨迹就可以看出那些能揭示他面临的困境的主题。我们能否由此断言,卢卡奇的思想发展是整体而统一的吗?并不能。但我们可以断言,他的思想确实具有深层统一的主题。

《心灵与形式》中的一句话可以用来理解这一论断:"到目前为止,我们很少提到诺瓦利斯,但关于他的讨论一直在继续。"如果这句话不是最重要的,那也是必要的。简而言之,卢卡奇在不同的创作时期不仅没有忽视,反而经常强调诺瓦利斯的思想。在他的作品中有许多迹象可以证明这一事实。例如,在他那里时而消失、时而以不同形式出现的总体性概念,是从古典哲学和浪漫派哲学发展出来的,并且他用古典主义的评价标准来对待这一概念。此外,在《关于社会存在的本体论》中,卢卡奇再次对"存在是什么",特别是人的存在进行了探索。卢卡奇的思想融合了启蒙传统、古典哲学传统和浪漫派传统,融合了对资产阶级特质的肯定和反对——这种反对是作为解放的意识形态和为解放而斗争的马克思主义和马克思主义的分析——融合了连续性和断裂性,融合了对革命的急切期待和浪漫派的懒散。卢卡奇把所有这一切与英雄主义、历史乐观主义和道德联系在了一起,这种道德体现为一种至关重要的立场,一种强烈的危机感,一种传教士将文化从野蛮中拯救出来的热忱。

三

"卢卡奇与当代资产阶级意识形态"的主题有两个方面,在此我们仅做简要的论述:(1)作为晚期资产阶级意识形态发展组成部分的卢卡奇;(2)作为晚期资产阶级意识形态批判者的卢卡奇。

让我们先谈第一个方面。在研究卢卡奇的观点时,人们往往忽略了一个事实,即他是许多晚期资产阶级意识形态流派的创始人(这一事实遭到了相当一致的忽略）。为了历史准确性，我们不应该忘记上述现实，尤其是因为它时常被这一事实所掩盖，即卢卡奇走过了一条从资产阶级知识分子到马克思主义者的道路，他始于资产阶级知识分子，终于马克思主义者，等等。我们不是想说这是不正确的。但是，它在某种程度上简化了问题，用一种极其单线条的方式描述卢卡奇的发展过程，从而使这一过程变得空洞。因此，晚期资产阶级意识形态发展的重要环节仍然不甚清楚，它们裹挟在其他事物中，试图用反对资产阶级的思想来丰富自身，其中有些思想还借鉴了马克思主义。

卢卡奇也经常参与这些活动。有人认为他是几大晚期资产阶级思潮的先驱，这并不能否定他是一个马克思主义者的事实。相反，这恰恰说明了晚期资产阶级意识形态发展的薄弱，证明了当代资产阶级中缺乏稳定的意识形态立场。这迫使当代资产阶级意识形态家们竟然在他们的意识形态对手中寻找关于存在的复杂问题的答案。在给出完整解释之前，我们还要注意以下几点。卢卡奇关于克尔凯郭尔的长篇论说文非常重要，其标题为《生活本身的形式的分裂：索伦·克尔凯郭尔和里季娜·奥尔森》("The Splitting of the Form of Life Itself: Søren Kierkegaard and Regina Olsen"，1909)，该文体现了他意图研究存在主义哲学——这种哲学是他的哲学得以发展的基础。而最近的资产阶级哲学家没有在他们关于卢卡奇的著作中研究过这种情况。

《悲剧的形而上学》("The Metaphysics of Tragedy"，1910)一文包含了"生命哲学"的诸多核心论点，它与关于克尔凯郭尔的论说文密切相关。如果同时考虑到关于诺瓦利斯的论说文《浪漫派的生活哲学》("Romantic Philosophy of Life"，1909)，再加上评论斯蒂凡·格奥尔格作品的论说文（1908）——其核心论点是"艺术是通过形式表达的灵感"——那么这些作品给我们提供了两次世界大战之间晚期资产阶级的德国生命哲学的主要范畴。二十年后，卢卡奇本人用马克思主义对这些范畴进行了严密而卓越的批判。

我们将注意力转向卢卡奇思想的这一方面，是为了表明他整个思想演进的复杂性，以强调许多晚期资产阶级意识形态家给卢卡奇贴上的标签，如"隐秘的苏维埃""学究""马克思主义文学批评的伟大创始人""被迫的妥协者"等，并非源于对卢卡奇精神的理解，而是源于扭曲这种精神的欲望，它无脑地贬低一切有关共产主义的人和事。

有关卢卡奇的文献已经指出他的《历史与阶级意识》与海德格尔的《存在与时间》之间的联系。如果没有《历史与阶级意识》，就不会有卡尔·曼海姆(Karl Mannheim)的社会学，尤其是他的《意识形态与乌托邦》(Ideology and Utopia)。卢卡奇的《小说理论》影响巨大。受它影响的人物有赫伯特·马尔库塞(Herbert Marcuse)和西奥多·阿多诺(Theodor Adorno)。我们可以提出一个绝非夸大的问题：如果没有卢卡奇的话，不断抨击他但又不断抄袭他的法兰克福学派将会是什么样子？如果没有卢卡奇的《小说理论》和《历史与阶级意识》，他们的"批判理论"又会是什么样呢？

在这方面，有必要补充一个小点。在阿多诺关于黑格尔的著作中，没有提到卢卡奇的《青年黑格尔》一书，尽管阿多诺考察的许多问题与卢卡奇相同：理解劳动和异化在黑格尔辩证法形成中的作用。人们可能会认为阿多诺不知道卢卡奇的这本书。然而，在社会研究所的档案中，保存着一份关于卢卡奇的黑格尔论著的两页书评，奇怪的是，这篇书评竟然出自阿多诺之手。它的标题是《论青年黑格尔的经济学和社会观》，表明阿多诺在通读卢卡奇的书后收获巨大，因为他在这两页上两次写下了"精彩的引文"。但是在这篇基本全是正面评论的书评的结尾，阿多诺指出卢卡奇"出于对党内官员的恐惧"，不敢从黑格尔本人的立场来表现"黑格尔的唯物主义动机"，把自己局限在马克思的观点中。这篇评论清楚地表明，阿多诺不仅曲解了卢卡奇和马克思的关系，还曲解了两人的观点。但是阿多诺无法不受卢卡奇的假设的影响；这让他变得神经质，进而用曲解卢卡奇和给卢卡奇贴标签的方式来补偿自己。

我们已经努力阐明了卢卡奇对晚期资产阶级意识形态的影响，例如对"生命哲学"的影响。在关于卢卡奇是否接近马克思的争论中，这一点经常被低估，甚至被完全忽视。

我们现在考虑第二个方面：作为晚期资产阶级意识形态批判者的卢卡奇。根据上文我们可以断言：卢卡奇与众不同地为批判晚期资产阶级意识形态的各种基本形式奠定了基础。对卢卡奇来说，对晚期资产阶级意识形态的批判意味着他与自己思想的某一部分决裂，这一决裂证明了他在道德和思想上的诚实。卢卡奇不仅认同晚期资产阶级的"生命哲学"的观点，还是这种哲学的创始人之一，同时他也饱受这种哲学的折磨，如果人们可以这样表达的话。在重新思考德国"生命哲学"之后，他也重新思考了自己以前的思维方式。在20世纪20年代末，他开始意识到这种思维模式在政治和意识形态上的致命后果。从那时起，他对晚期资产阶级意识形态的不断批判与对马克思著作的研究重新联系在了一起。这时，他对列宁的著作也产生了浓厚的兴趣，尤其是《唯物主义和经验批判主义》（*Materialism and Empiriocriticism*）。对卢卡奇来说，正如他自己后来所说的，这一切都"开启了一个令人振奋和陶醉的新阶段"。在工人阶级反对帝国主义、反对日益危险的法西斯主义及其意识形态的意识形态斗争中，卢卡奇找到了自己的位置。

在克服晚期资产阶级哲学的过程中，卢卡奇发现了资产阶级古典哲学及其理性思维具有鼓动革命的潜力。因为，晚期资产阶级意识形态在第二次世界大战期间及之后展现出的非理性主义倾向，被转化为了一种摧毁理性的实际纲领。从那时起，卢卡奇对资产阶级意识形态的批判开始指向三个相互联系的目标：一是通过分析古典资产阶级传统的经验教训来丰富马克思主义；二是进一步阐述德国古典哲学和文学的遗产，以便将其有效利用在反对帝国主义法西斯意识形态的斗争中；三是反对帝国主义和法西斯意识形态家们对资产阶级古典传统的歪曲和错误解释。

卢卡奇在列宁主义原则的基础上批评资产阶级意识形态，提出了"革命相关性"的要求。这意味着批判活动应该是积极的、果断的，并针对时代最紧迫的问题。我们现在不讨论卢卡奇如何被赋予与此相关的英雄主义幻想。对我们来说，他身上存在这种幻想是显而易见的。尽管如此，从20世纪30年代初到50年代末，卢卡奇批判的矛头依然主要对准德国法西斯主义的意识形态及其前身，和第二次世界大战后在德意志联邦共和国恢复法西斯主义意识形态的企图。虽然我们不能赞同它的一些结论，但卢卡奇批判理论中的此种导向仍然切中了最近在晚期资产阶级意识形态中复苏的非理性主义。

四

卢卡奇指出，折中主义是法西斯意识形态（包括晚期资产阶级哲学观念中最反动的形式）的典型特征（甚至恩格斯也谈到了其"糟糕的折中主义混乱"）。在这种"混乱"中，我们发现了扭曲的批判形式（被压抑的怨恨和无意识的仇恨占据上风）和关于人性与社会的生物主义理论（种族主义意识形态占主导地位），与类宗教的、神话式的胡言乱语混杂在一起。特别是在从叔本华和尼采开始的德国"生命哲学"的发展中，卢卡奇发现了法西斯意识形态建构的文学环境。德国的"生命哲学"表达了资产阶级在理论上的无能，他们不能也不希望借助理性的手段和方法来领悟存在的本质。它宣称知识上的劳动——这是追溯到黑格尔和歌德的资产阶级古典思想的特征——是一种西西弗式的劳动，然后对其简单加以否定。它开始美化非知识（non-knowledge）。它认为人完全不可能领悟世界，也不可能领悟发生在世界中的行为所具有的理性和可理解性，而且它对历史之"谜"顶礼膜拜。

卢卡奇不仅谴责晚期资产阶级思想在理论上的谬误，而且最重要的是，他还谴责制造实践真空和思想真空会带来的危险，这种真空有可能被各种前卫的理论建构以最不可思议的折中形式所填补。至于晚期资产阶级精神荒芜的实际后果,卢卡奇直指人本主义的毁灭,而这曾是进步资产阶级的主要价值。在20世纪30年代、40年代和50年代的批判著作中,他对德国资产阶级做出的精神病理学描述是对"自我招致的不成熟"(来自康德的表达)的指责和警告,这同时是对回归理性和人本主义价值的呼吁。然而卢卡奇也明白,只有理性的存在者达到理性,理性的实现才是有可能的。卢卡奇总是站在理性的一边。因此,他对资产阶级意识形态的批判仍然切中时弊,尤其是当人们想到这些现象时,诸如保守的非理性的思维方式,臭名昭著的"秩序的具体思想"(concrete thought of order),尼采哲学的复兴,生物学主义,复仇主义以及重新发现卡尔·施米特、弗里尔(Frier)、盖伦(Gehlen)、博姆勒(Beumler)或克里克(Krick),对安德烈·格吕克斯曼(Andre Glücksman)作品的推崇,等等。

卢卡奇对"毁灭理性的纲领"的批判,由于所处时代的限制,存在着一些局限性,尤其是对马克思主义哲学的对象和方法理解得不够精确。但这并不能成为怀疑他思想的整体价值的理由。我们应该理解他的理论前提:历史乐观主义,无条件地强调理性的胜利,以及有必要团结所有正直的人去保卫理性。让我们来看看卢卡奇完成《理性的毁灭》的那一年,即1952年,所谓的欧洲防务共同体(European Defense Community)成立,随后联邦德国重新开启军事化。在两年内,德意志联邦共和国加入了北约。在此强调《理性的毁灭》中的一个观点。卢卡奇写道:"'支持'或'反对'理性的立场同时决定了哲学之为哲学的本质问题,它关系到哲学在社会发展中起到的作用。"从这个意义上说,对社会斗争保持中立的"消极的哲学立场是不存在的"。因此,卢卡奇断言:准备发动一场新的反苏战争就意味着,从意识形态上做好群众的准备成了帝国主义政治的核心问题。他并没有详述这一事实。作为一个坚定的乐观主义者,由于马克思列宁主义与历史乐观主义是密不可分的,卢卡奇主张进行一场捍卫理性的群众运动,并对其寄予厚望。他在保卫和平运动中看到了这种群众运动的范例。他在1960年提到,捍卫和平的全球性运动是捍卫理性的最强大的社会运动,对此他强调,今天争取和平、反对战争的斗争已经成为全人类普遍行动的主线。

以这种方式探讨卢卡奇提出的问题的相关性,最后我们还需要回顾一下他在1948年弗罗茨瓦夫举行的世界文化活动家捍卫和平大会上的发言。卢卡奇那时已经清楚地认识到威胁和平的源头,以及知识分子防止世界毁灭的必要作为。他这样警告道,帝国主义资产阶级的首要任务是使知识分子不能发现正确的社会历史方向。然而,许多知识分子今天已经明白了威胁自由和文化的真正根源。许多备受道德鼓舞的人开始发声反对帝国主义及其备战。卢卡奇强调,作为知识分子的代表,我们的责任就是把这种感觉转化为知识。他说,争取和平的结果在很大程度上取决于知识分子是成了一名推动历史进步的斗士,还是成了一名无能为力的受害者,一个被利用于粗野的反动运动的无助工具。他指出,知识分子与存在、与知识、与文化之间的何种关系是值得的,而何种关系又是不值得的,这是很清楚的。

格奥尔格·卢卡奇是理性事业的坚定斗士,他的作品与当代反对帝国主义政治和意识形态的斗争息息相关。这就迫使我们去研究他的作品,以便在意识形态斗争中加以利用,并继续他复兴理性的事业,以抗衡当代资产阶级意识形态中的非理性主义倾向。

(孙建茵、郑佳　译)